职业(技工)院校核心素养教育系列教材

安全与国防教育

主编　孙文永　张承斌　王占东

山东教育出版社

前言

随着我国职业教育的蓬勃发展和各项改革的不断深化，近年来，职业院校学生的安全问题已经引起了社会各界的广泛关注。加强安全教育，让学生学习必要的安全知识和法律法规，掌握必备的安全防范技能，增强“珍爱生命，遵纪守法”观念和安全防范意识，提高学生自救和他救的能力，最大限度地预防和减少安全事故造成的伤害，保护学生人身、财产、心理乃至生命的安全，已经成为当前职业教育体系中不可或缺的组成部分。

国防教育是建设和巩固国防的基础，是增强民族凝聚力、提高全民素质的重要途径。职业院校的国防教育是全民国防教育的基础，是实施素质教育的重要内容，是加强职业院校学生思想政治教育的有力手段，也是职业院校学生成人并走向职场的必修课，还可以为国防和军队建设培养和造就一批高素质的后备力量。

《安全与国防教育》一书的编写，依据《中华人民共和国职业教育法》《国防教育法》《关于加强新形势下国防教育工作的意见》《国家突发公共事件总体应急预案》《全民消防安全宣传教育纲要》《中小学幼儿园安全管理办法》《教育系统突发公共事件应急预案》《中小学公共安全教育指导纲要》《教育部关于深入开展安全文明校园建设的意见》《山东省突发事件应对条例》等法规要求和文件精神，紧密联系职业院校的安全与国防教育现状，以职业院校学生（以下简称“学生”）生活、学习为基础，结合学生的发展特点，在遵循安全与国防教育基本理论，帮助学生树立和强化安全与国防意识、掌握必要的安全与国防知识与技能的同时，重在培养学生防微杜渐、居安思危的防范意识和临危不惧、沉着冷静的应对态度，以及爱国拥军的思想，让学生能够平安地享受丰富多彩的职业教育生活。

本教材编写遵循“针对性、层次性、递进性”的基本原则，以不同学段的需求和时令季节变化为纵坐标，以模块化的系列内容为横坐标，兼顾螺旋上升，建构科学的内容结构体系。

1. 针对职业院校学段。针对职业院校学段应知应会的目标，合理分解出内容体系。

2. 内容模块化。本课程的主要内容涵盖学生的家庭生活、学校生活和社会生活的方方面面，基本内容有遵纪守法、预防违法犯罪与人身财产侵害、交通出行安全、消防安全、校内外活动安全、食品安全与卫生防疫、自然灾害防范、学生心理安全、网络与信息安全、预防意外事故与职业安全、应急救护、求职就业指导安全、政治安全与廉洁教育、国防教育等。

3. 教材编写满足立德树人、学生安全素养发展的需要。充分考虑学生已有的知识经验，注意不同学段学生的学习和心理特点，难易适度，循序渐进，提高学生的学习效果。

4. 教材呈现方式灵活多样，充分体现导教导学功能，促进学生学习方式的转变。强调教师引导下的主动学习，充分调动学生学习的积极性。教材的编写既注重教学情境的设计，又安排必要的、可供学生参与的实践活动内容。

在呈现方式上，本教材力求用简练贴切的文字、生动的案例、有趣的活动、精美的图片，呈现与学习相关的情境，体现“做中学”的理念，激发学生的学习欲望，便于学生自主学习。

5. 教材的逻辑框架与学生的生活、学习有机对接，难易梯度与其认知水平同步。将安全常识寓于社会生活主题之中，把生命安全知识与国防教育和与其相关的法律、道德、心理健康方面的内容有机整合；以问题解决为导向，统筹设计教材结构。

参与本书执笔编写的人员及分工如下：张承斌（项目一、四）、张桦（项目二）、袁训生（项目三、七）、王占东（项目五、十三）、田康庆（项目六、十二）、马东霞（项目八）、武红（项目九）、李红伟（项目十）、王宗魁（项目十一），全书由张承斌、王占东、袁训生负责统稿，孙文永、张承斌总纂并定稿。

本书在编写过程中，得到了济南市技师学院领导及老师们的大力支持与帮助，还借鉴和引用了许多专家学者的研究成果及新闻媒体的相关报道，在此一并感谢。

《安全与国防教育》编写组

2017年8月

目录

项目一　珍爱生命，遵纪守法 …… 1

模块一　关注安全教育，构筑生命屏障 …… 1

模块二　强化道德修养，自觉遵纪守法 …… 7

项目二　加强治安防范，保障人身财产安全 …… 20

模块一　安全第一，预防非法侵害 …… 20

模块二　女生自我安全防范 …… 30

模块三　杜绝“黄、赌、毒” …… 40

模块四　提高警惕，捍卫财产安全 …… 49

项目三　关爱生命，文明交通出行 …… 62

模块一　交通安全的基本常识 …… 62

模块二　交通事故的预防与处理 …… 74

项目四　远离火灾，关注消防安全 …… 84

模块一　校园火灾的类型及预防 …… 84

模块二　火灾的应对与自救 …… 95

项目五　确保活动安全，预防意外事故 …… 106

模块一　军训生活安全 …… 106

模块二　预防体育运动中的伤害事故 …… 113

模块三　户外健身运动护航 …… 121

项目六　食品安全与健康生活 …… 134

模块一　关注食品安全 …… 134

模块二　预防食物中毒 …… 138

模块三　科学饮食，养成健康生活习惯 …… 146

项目七　防灾减灾，加强自然灾害的防范 …… 153

模块一　预警信号的种类 …… 153

模块二 自然灾害的应对 …… 159
项目八 关注心身健康，构筑心理安全机制 …… 176
模块一 学生心理问题的预防与应对 …… 176
模块二 职业生涯发展与心理健康 …… 186
项目九 网络与信息安全 …… 199
模块一 防范学生网络成瘾综合征 …… 199
模块二 规范上网，预防犯罪 …… 206
模块三 网络信息安全防范 …… 211
项目十 坚定信仰，弘扬科学，崇尚廉洁 …… 220
模块一 筑牢思想防线，严防发生政治问题 …… 220
模块二 崇尚科学真理，坚决抵制邪教渗透 …… 230
模块三 严明清廉规矩，为人生之旅护航 …… 238
项目十一 实习实训、求职、就业安全指导 …… 249
模块一 实习实训安全须知 …… 249
模块二 实习实训事故的预防与应急处置 …… 256
模块三 安全求职，严防就业伤害 …… 267
项目十二 紧急救护与社会保障 …… 275
模块一 急救常识 …… 275
模块二 预防传染性疾病 …… 291
模块三 医疗保险与社会保障 …… 303
项目十三 爱国拥军，加强学生国防教育 …… 312
模块一 普及国防知识、技能，增强国防观念 …… 312
模块二 新时期我国国防建设的发展成就 …… 323
模块三 维护国家安全，树立国家安全的意识 …… 332
模块四 爱国拥军，保卫国家主权、统一和领土完整 …… 340
参考文献 …… 351

项目一 珍爱生命，遵纪守法

随着我国职业教育的蓬勃发展和各项改革的不断深化，职业院校在改革开放的新形势下，与社会的融合面越来越宽，校园已由过去封闭的“世外桃源”变为开放型的“小社会”。校园需要文明的环境和良好的秩序，这样就对安全与稳定提出了更高的要求。按照马斯洛的需求层次理论，安全是人生理之外的重要需求。人无论处于生命的哪个阶段，人身安全总是第一位的；安全是人的生命天使，健康之本；安全伴随着幸福，安全创造着财富，安全会使学生终生受益！“生命财产高于一切，安全责任重于泰山。”人身和财产安全直接关系着学生的成长成才，关系着学校工作的顺利开展，更关系着社会的安定和谐。近年来，职业院校学生的安全问题已经引起了社会各界的广泛关注。加强安全教育，让学生学习必要的安全知识和法律法规，掌握必备的安全防范技能，增强“珍爱生命，遵纪守法”观念和安全防范意识，提高学生自救和他救的能力，最大限度地预防和减少安全事故造成的伤害，保护学生人身、财产及心理的安全，已经成为当前职业教育体系中不可或缺的组成部分。

模块一 关注安全教育，构筑生命屏障

人生一切的美好都源于生命，而安全却是所有一切的基石。如果生命无法保障，一切美好将不复存在。安全需要是人的一种基本需要。对职业院校的学生而言，安全问题无小事，人身安全若得不到保障，将会危及同学们的身体健康乃至生命。珍爱生命、保障安全，是每个同学都必须正确面对和认真回答的重要人生课题。

典型事例

1. 2007年9月6日晚，郑州某高校大二女生康某从宿舍的上铺意外摔下，抢救无效死亡。据同宿舍同学回忆：康某在上铺，事发前她正在自己床上叠被子。“她当时双腿跪在床上，一只脚耷拉在床沿上，可能是要展开被子，结果用力过猛，头往后一仰就从上铺翻了下来。”

2. 2013年10月10日，湖北十堰发生一起令人震惊的事件：17岁的女生商某与同伴外出聚餐，她边走路边玩手机，经过一座桥时，一脚踏空，掉入没有护栏保护的深坑，经抢救无效死亡。

3. 2012年5月6日上午10时40分左右，安徽省铜陵某职业技术学院9名学生和某工业职业技术学院1名学生通过QQ群自发组织到铜陵县老洲乡洲头游玩，有7名学生落入水中。其中2人被救（1人送医救治），5人遇难。遇难的5人中有2名男生、3名女生，最小的一名遇难者18岁，其余4人刚满21岁。4名遇难者是铜陵某职业技术学院的在校大学生，另一名就读于安徽某工业职业技术学院。当地群众介绍，在事故现场不远，老洲乡政府树立着一块“珍爱生命，远离危险水域”的警示牌。

4. 2013年11月2日，安徽磨店职教城学林路一职业技术学院大一男生在校外上网到凌晨，因宿舍楼已锁门，想爬墙翻窗进宿舍时意外从3楼坠地身亡。

5. 2016年5月6日晚，山东某科技职业学院医学专科的学生小杜，与宿舍的其他7个男生一起喝酒，先分着喝了3瓶白酒，又喝了多瓶啤酒。10点半左右，小杜开始呕吐，后来发现他脸色惨白，同宿舍的人就给老师打了电话。随后，小杜被送至市立五院救治。最终，小杜因喝酒过量，食物呛住嗓子导致窒息，救治不及死亡。

6. 2010年6月20日晚，南京某师范大学一名大二男生在宿舍使用电热水器洗澡时，不慎触电昏迷，最终因抢救无效而死亡。

各抒己见

你对上述案例中发生的事故怎么看？人最宝贵的是什么？

专家点评

1. 现在学生宿舍多采用高低床供学生使用，而高低床高度不一，规格式样各异。学校在采购高低床等生活设施时，应选用正规厂家出产且通过安全技术监督部门验收合格的生活设施。学校应定期进行安全检查与维护，同时加强对学生的生活安全教育，以预防意外事故的发生。

2. 桥没有护栏，居民安全无保障，确实是个问题，桥的产权所属部门应承担相应的责任；但同时也提醒大家，走路千万别玩手机！现在马路上，包括学生在内的年轻人边走边看手机屡见不鲜。关注学生生命安全、加强对学生的交通安全及预防意外伤害的教育刻不容缓。

3. 从2000年至今我国高校学生溺水事件不断发生，死亡人数直线上升。大多数的学生溺水事件都与上面的案例相类似，都是自发地到河边江边玩，然后下水游泳，有的是因为游泳溺死，而有的则是因为救人溺死。从这些事件中我们可以看到，大学生普遍缺乏对生命的珍惜和尊重的意识，高校对学生的人文关怀和安全教育还有待进一步提高。

4. 职业院校应加强在校生的安全管理及生命安全教育，同时同学们应严格遵守学校的《学生守则》《学生公寓管理规定》等制度规定，防止意外事故的发生。

5. 同学们要学习和掌握必备的安全防范知识，提高对酗酒危害性的认识，倡导健康、文明的人际关系，遵守学校的有关制度规定，严防人身安全事故的发生。

6. 学校后勤、安全等职能部门应加强学校用电设施的维修检查；同学们也应爱护学校的用电设施，如发现电线损坏、裸露、漏电等现象，应及时报告维修人员，确保日常用电安全。

知识讲堂

一、珍爱生命——生命不会重来

生命，对于我们每一个人来说，只有一次，它神圣不可亵渎，它不会重新再来，故而要万分珍惜。

生命宝贵而脆弱，每个人只有一次，应热爱生命，因为生命是幸福人生的基础。生命健康权是我们每个人最基本的权利，而安全又是我们生命健康权得以维护的唯一保障，因此，遵纪守法、确保安全非常重要。

（一）生命只有一次，永不会重来

生命是人类最宝贵的财富，是上天赐予人类的最绚丽、最耀眼的瑰宝！生命对于每个人都只有一次，它神圣不容亵渎，它不会重新再来。还有什么比生命更宝贵？失去了生命，世间万物也不过是空中幻影，没有任何意义。

珍爱生命、维护健康既是我们的权利，也是我们对自己、对社会的义务。我国法律规定，公民享有的生命健康权不容他人侵犯。

既然国家都从法律上保护我们的生命健康权，我们就更应该珍惜自己的生命。我们如果因为困难、挫折、失意而自杀或自残，必然会给亲朋好友带来无尽的哀伤，还会引发一系列社会问题。轻生或自残等行为都与社会道义相悖，与法律不合。

当然，我们在享有生命健康权的同时，负有不得侵害他人生命健康权的道德义务和法定义务。任何人不得非法剥夺他人生命，即使大义灭亲也不允许，因为这是侵害生命权的行为；任何人不得故意或者过失造成他人受伤、生病，因为这是侵害健康权的行为。所以，注意自身生命安全和健康，使自己处于安全的环境，免受他人侵害，这不仅是每个公民的权利，也是我们对自己的关爱和责任。

总之，我们有权珍爱生命，维护健康，积极锻炼身体，提高健康水平，使自己拥有强健的体魄、焕发向上的精神；有权在患病时及时医治，恢复健康，增强体质；当自身生命健康受到他人非法侵害时，有权依法自卫和请求法律保护。

（二）生命要靠自己珍惜，安全要靠自己呵护

生命是宝贵的，然而又是脆弱的。人的生命无时不与安全相关。生命的过程中危险无处不在，无时不在，安全事故也就如影随形，随时随地都可能发生。

如果我们缺乏安全意识，置安全隐患于不顾，对安全问题防范不严，把生命当儿戏，那么造成的后果将不堪设想：交通事故猛如虎狼；无情的水火，不知吞噬了多少生命财产；食品中毒、游泳溺水、玩耍坠楼等事件也时有发生。据统计，全国因交通事故、食品中毒、溺水等死亡的平均每天就有40多人。一桩桩报道令人胆战心惊，一幕幕悲剧惨不忍睹。只因为忽视了安全问题，一个个鲜活的生命犹如鲜花在瞬间凋零，带给社会、家庭、亲人的是无尽的悲伤。

安全，是人类生存的基本要求，是个体寻求发展的必要前提。所谓人身安全是指个人的生命、健康、行动等没有危险，不受威胁，不出事故。它是人们赖以生存与活动的首要条件。

大学生由于其自身生理、心理特点以及生活环境的特殊性，当他们面对危险因素时正确采取应对措施就显得极为重要。

生命没有彩排，生命列车没有回程票。对安全一不留意，就可能带来巨大的灾难和悲伤。

珍爱生命、注重安全是我们每一个同学都应该牢记在心的准则。

二、安全第一——安全不能等待

安全不是一个口号，它是我们每个同学生命存在的有力保障，拥有安全才能拥有生命。

（一）建立安全防范意识

安全意识是人们头脑中建立起来的生产生活必须安全的观念，也就是人们在生产生活中对各种各样有可能对自己或他人造成伤害的外在环境条件的一种戒备和警觉的心理状态。安全防范意识指在生活生产中面对各种安全隐患本能存在的一种安全防范基础认识，包括对风险的防御、减少损失的策略及建议。建立安全防范意识，就是对各种危险要素保持应有的防范观念和戒备心理。

安全防范意识主要有如下形式：

1. 主动防范的安全意识

要求学生主动防范各种危害或可能危害自身安全和合法权益的事情发生，而不仅仅是在危害事件发生后再去被动处置。

2. 终身防范的安全意识

要求学生有“安全问题伴随一生”的长期安全防范意识，有随时应对各种危害或可能危害自身安全和合法权益的不测事件的思想准备，而不是只关注一时一事的安全。

3. 生命无价的安全防范意识

要求学生重视安全，珍爱生命。当自身的生命和财产安全受到威胁且难于两全时，应当首先保护自身的生命安全。留得青山在，不怕没柴烧。只要生命还在，其他物质财富还可以通过我们的劳动去创造；而一旦失去生命，其他物质也就失去了意义。

（二）学习安全防范知识

安全防范知识是人们在长期的生产生活实践中，为避免危险、消除威胁、防止事故发生所归纳总结出的经验和规律。

职业院校的学生大多处在15～20岁之间，身体和心理都不成熟，急需学习安全防范知识，以应对众多不安全因素的威胁。

职业院校的学生需要学习的安全防范知识主要有两方面：一方面是必要的安全防范知识，包括人身安全、财产安全、公共安全，主要有远离打架斗殴、防被抢被盗、防滋扰、灾难逃生、网络安全、交通安全、公共安全和防止暴力袭击等知识；另一方面是与就业相关的安全注意事项，主要是实习实训和兼职就业中的安全。职业院校的学生是国家生产一线的主力军，具备相关的防范就业侵害知识，熟悉职业健康与实训安全知识，了解自己在实习中的权利和义务，都必不可少。

（三）提高自我防护能力

自我防护能力是指通过学习，掌握一定的法律法规、安全知识及技能，使自己的生命、财产避免遭受威胁，防止事故发生的能力。

对职业院校的学生来说，如何提高自我防护能力呢？

1. 加强法律、安全知识的学习

职业院校学生自我安全保护能力的强弱，取决于安全知识掌握的多少和能否正确使用。因此，同学们要提高自我安全保护能力，就要加强学习，尽可能多地掌握法律法规、安全知识。只有这样，在遇到不法侵害或者意外伤害时，才能做出正确的分析和判断，采取恰当措施化险为夷。

安全小常识

临危逃生的基本原则：

保持镇静，趋利避害；

学会自救，保护自己；

想方设法，不断求救；

记住电话，随时求救。

常用报警电话：

火灾报警：119

治安报警：110

医疗急救：120

交通事故：122

2. 积极参加社会实践和锻炼

在现实生活中，要着眼于安全知识的实际运用，主要是在学习、生活中有意识地锻炼提高自我的安全保护能力，逐渐使自己成为安全防范方面的强者。

3. 善于从他人和自己的经历中总结规律

在日常生活中，通过自身和他人的教训、网络上的案例等使自己聪明起来。尽可能少走弯路，从而使自己的安全防护能力得到提高。

学生安全知识的掌握和安全意识的提高，不仅能够帮助学生在遇到危险时成功自救，把危险和损失降到最低，同时也能够使学生对可能发生的危害有高度敏感性，自觉维护校园公共安全，防患于未然。通过安全教育，能够提高防灾抗变的能力。在校学习文化及科学技术知识的同时，学习、了解、掌握一些安全常识，可以减少自身在校期间的安全风险，可以依靠法律法规的力量保护自己，维护自己的正当权益。

知行合一

1. 你的生命仅仅属于你自己一个人吗？你可以私自随意地虐待自己吗？我们应该怎样去做，才能发挥生命的真正价值？

2. 如何提高自我安全防护的能力呢？

模块二 强化道德修养，自觉遵纪守法

学校校园是象牙塔，但非世外桃源。近年来，学生违纪违规甚至违法犯罪情况屡见不鲜，已经严重影响了校园的稳定和社会的和谐。学生犯罪不仅断送了自己美好前程，令人痛心，也引起了社会的广泛关注，同时折射出当代职业院校学生的法律意识淡薄。本模块课程培养学生用法律知识守护生命、保障人身财产安全的能力，引导学生养成遵守安全法律规则及良好行为规范的习惯，形成遵纪守法、遵守社会公德、维护公共秩序的意识。

典型事例

1. 2016年5月12日8时许，山东省某技工学校男生王某某与孙某因琐事产生矛盾，孙某与王某一起跟王某某打架斗殴。8点30分左右，孙某再次找到王某某打架斗殴，并声称“中午饭后你再等着挨揍吧”。王某某外出购买了一把长约8厘米的折叠刀。当天中午11时30分许，孙某、王某和付某三人来到王某某的宿舍，四人在楼梯过道再次发生冲突，王某某掏出购买的折叠刀将三人捅伤，两人伤势严重，送医抢救。12时许，辖区派出所接到报警，王某某被派出所民警现场控制，因涉嫌故意伤害被刑事拘留。

2. 2014年12月14日下午5时，潍坊市山东某学院2013级学生王某周末返校两个小时后失联。18日下午5点多，失联96小时的王某在一网吧内被找到。王某称自己出走是为了躲避校园暴力，说他在学校被人欺负，还多次被人索要钱财。王某也曾向老师反映过，老师批评教育了欺负他的同学，可一段时间之后他再次遭到同学欺负，并受到“再告诉老师就会挨打”的恐吓。

3. 一天，某职业院校浴室内洗浴的人较多。当机械制造系的学生李某正在淋浴时，电气工程系的学生王某走过来说：“这是我刚才占的喷头。”本来两人相互谦让一下就行了，不想两人却争吵起来，致使机械制造、电气工程两系37个学生参与了群体斗殴。结果李、王两人一个被行政拘留，一个被开除学籍，其他参与的人也受到了相应的处分。

4. 2013年10月14日13时40分许，河北省承德某技师学院发生了一起学生斗殴事件，有一百多名学生参与。参与同学互相谩骂，有的同学用钢管、扫帚甚至砍刀等物品进行打斗，一名学生因伤情严重抢救无效死亡，多名学生受伤。据悉此事件起因是男女生恋爱争风吃醋，两名男同学在前一天已经发生了口角，由于矛盾没有及时化解，导致双方再次发生冲突。

5. 2013年5月的一天中午，济南市某高校女大学生赵某在宿舍里打电话，因声音过大，影响了舍友黄某的休息，引起黄某的不满。你一言我一语，两人越吵越激动，怨恨由此结下。两天后，同在济南上学的老乡李某、王某来找赵某，听了她的抱怨后，想替她讨个说法。中午时分趁大家外出吃饭之机，三人将黄某堵在了宿舍里。赵某仗着自己人多，大声地质问黄某并要求道歉，黄某却坚持自己没错。赵某三人就开始推搡、殴打、恐吓黄某，被逼无奈的黄某从三楼阳台纵身跳下，导致腰部损伤，并引发下肢静脉血栓。最终，人民法院以寻衅滋事罪依法判处赵某有期徒刑一年六个月，缓刑两年，判处李某、王某有期徒刑一年，缓刑两年。

6. 2016年6月，某高校有线电视信号晚上八点半按规定关闭，影响到部分同学收看世界杯足球赛。有的同学不能冷静对待，打砸公共设备，并向楼下乱扔物品，其他同学随之起哄，严重违反了法纪校规，扰乱了正常的校园秩序。

各抒己见

1. 你和同学产生摩擦冲突的时候常以什么方式解决？

2. 当你的利益受损时，你是接受同学的赔礼道歉还是设法打击报复？

3. 你身边同学平常解决摩擦的方式是什么？

专家点评

1. 职业院校的学生年龄普遍较低，心理和生理都很不成熟，缺乏足够的明辨是非的能力，易感情用事，故常发生因一时冲动而不计后果的现象，导致违法犯罪行为的发生。

2. 有的同学在自己权益受到侵害时忍气吞声，不做合法合理的反抗。他们不善于也不知道如何运用法律武器来维护自己的合法权益，甚至有较多的学生不知道自己的哪些权利应受到法律的保护。

3. 群体性斗殴往往因本班、本院系、本年级的同学、老乡或朋友与人发生纠纷后不能冷静处理，而纠合起来向对方报复。同学们应明辨是非，保持理智，不参与此类纠纷，并劝阻他人参与群殴。

4. 树立严肃的恋爱观，正确处理恋爱纠纷，对于安定同学们的生活，创造良好的学习环境，预防和减少刑事、治安案件的发生具有重要的意义。处理恋爱纠纷，应当以双方当事人协商处理为主。如果协商不成，可请班主任老师出面做工作，帮助解决；恋爱纠纷双方都要有解决问题的诚意，妥善消除争端；当爱情结束的时候，受挫的一方应以理性的心态坦然面对，不能因爱生恨，做出抱憾终生的事来。

5. 集体宿舍是同学们学习和生活的重要场所，纠纷的发生率较高。要防止在集体宿舍内发生纠纷，同学们应做到以下几个方面：（1）严格遵守共同的生活制度，如作息制度、清洁卫生制度、安全保卫制度、精神文明建设制度。只有大家共同遵守这些制度，才能减少争执，消除摩擦，协调一致，维持正常的生活秩序。（2）相互谅解，求同存异。同一宿舍的同学来自不同的地方，有不同的成长环境与经历，可能有着不同的性格和习惯。例如有人要早起，有人爱晚睡；有人喜静，有人爱动。在这种情况下，一方面要律己克制，尽量不影响别人；另一方面要宽以待人，谅解别人。（3）要相互信任，不互相猜疑。同学之间如果有了纠纷，要及时交换意见，消除误会，增进友谊。（4）互尊互爱，理性处理同学之间产生的摩擦与矛盾，有效控制情绪，切不可欺凌同学，发生斗殴事件。

6. 因临时停水、停电或一些别的学习及生活问题未及时解决，对学校不满而引发和制造事端，通过损坏学校的财产、制造混乱局面等不正当的手段来发泄不满，是极为错误的。同学们遇事要冷静思考，应以理智的态度对待，用文明、合法的方式去解决。

知识讲堂

一、学习法律法规，增强法制观念

职业院校的学生年龄一般在15岁到20岁之间，多数初中起点的低年级学生为未成年人。一个不懂法、不知法的职业院校学生，掌握再多的专业技能与技术，仍然是危险的，因为他可能因为缺乏法律知识而不自觉地陷入违法犯罪当中。因此，同学们必须加强法律知识的学习，增强法律观念，做到知法、懂法、守法。这也是同学们担负起自己的社会责任并实现自身价值的前提条件。

遵纪守法的名言

不以规矩，不成方圆。

——［战国］孟子

谁把法律当儿戏，谁就必然亡于法律。

——［英］拜伦

执行法比制定法更重要。

——［美］杰弗逊

法律就是秩序，有良好的法律才有好的秩序。

——［古希腊］亚里士多德

（一）学习法律知识

作为一名职业院校的学生，要做到不违法乱纪，必须学习、掌握法律法规。只有明法规，才能懂道理，才能自觉做到用法律法规规范自己的言行。根据有关要求，同学们应该学习掌握以下几个方面的法律知识。

1. 宪法知识

宪法是我国的根本大法，是治国安邦的总章程，集中代表了全国各族人民的共同利益和愿望，是贯彻党的基本理论、基本路线、基本纲领和基本经验的根本法律保障。宪法具有最高的法律效力，任何法律法规都不得与它相抵触。同学们作为中华人民共和国的公民，首先应当学习宪法基本知识。

2. 刑事法律、治安管理处罚法、预防未成年人犯罪法等相关法律知识

同学们学好刑法和刑事诉讼法、治安管理处罚法、预防未成年人犯罪法，可以划清合法与违法、违法与犯罪的界限，掌握刑事诉讼程序，学会打刑事官司；可以明确扰乱社会治安秩序、公共安全，侵犯公民、法人和其他组织的合法权益的违法行为的处罚标准，及时预防和矫治未成年人不良行为。

3. 民事经济法律知识

同学们学好民法、劳动法、劳动合同法以及民事诉讼法等相关法律知识，可以及时

辨明自己的民事经济权益是否受到了侵害，可以掌握民事诉讼程序，学会打民事经济官司，可以提高运用法律武器处理和解决自身及亲属涉法问题的能力和水平。

4. 有关职业院校学生学习生活方面的法律法规

同学们应学习和了解有关职业院校学生学习生活方面的法律法规，如《中华人民共和国职业教育法》《中华人民共和国保守国家秘密法》《中华人民共和国计算机信息系统安全保护条例》《高等学校学生安全教育及管理暂行规定》等，避免误入违法犯罪的歧途。同时，还必须熟悉和掌握学校的《学生守则》《学籍管理规定》《校园治安管理规定》《学校消防管理细则》《学生公寓管理规定》等有关规定，依照相关的规章制度规范自己的言行。

（二）认清违法与犯罪的关系

1. 未成年人的违法行为

通常所讲的未成年人的违法行为，主要指《中华人民共和国预防未成年人犯罪法》第三十四条中所规定的严重危害社会、尚不够刑事处罚的严重不良行为，即：纠集他人结伙滋事，扰乱治安；携带管制刀具，屡教不改；多次拦截殴打他人或者强行索要他人财物；传播淫秽的读物或者音像制品等；进行淫乱或者色情卖淫活动；多次偷窃；参与赌博，屡教不改；吸食、注射毒品；其他严重危害社会的行为。

法律知识知多少

违法——违反法律规定，危害国家、社会和公民利益，依法应当承担法律责任的行为。通常表现为对正常社会秩序的破坏，对公民人身权利和公私财产等合法权益的侵犯。

犯罪——严重危害社会，触犯刑法，应当受到刑罚处罚的行为。

2. 犯罪的定义与特征

什么行为是犯罪的行为呢？一切危害国家主权、领土完整，分裂国家，颠覆人民民主专政和推翻社会主义制度，破坏社会秩序和经济秩序，侵犯国有财产或者劳动群众集体所有的财产，侵犯公民私人所有的财产，侵犯公民的人身权利、民主权利和其他权利，以及其他危害社会的行为，依照法律应当受到《刑法》处罚的，都是犯罪；但是情节轻微、危害不大的，不认为是犯罪。

犯罪具有社会危害性、刑事违法性、受刑罚惩罚性三个基本特征。

3. 未成年人犯罪的规定

我国《刑法》第十七条做了年龄及犯罪行为种类上的限制。《刑法》第十七条第一款规定："已满十六周岁的人犯罪，应负刑事责任。"意思就是凡年满十六周岁的人，实施了《刑法》规定的任何一种犯罪行为，都应当负刑事责任。《刑法》第十七条第二款规定："已满十四周岁不满十六周岁的人犯故意伤害致人重伤或者死亡、抢劫、贩卖毒品、放火、爆炸、投毒罪的，应当负刑事责任。"

这样规定，是充分考虑了未成年人的智力发展情况，已满十四周岁不满十六周岁的人一般已具有事实上的识别能力，但由于年龄尚小，智力发育尚不够完善，缺乏社会知识，还不具有完全识别和控制自己行为的能力，因此，未成年人负刑事责任的范围应当受他们刑事责任能力的限制，不能要求未成年人对一切犯罪都负刑事责任。

二、净化校园道德风尚，坚决抵制校园违法

职业院校的学生从年龄结构上看，正处于青春期，个性张扬，年轻气盛。有些处于青春期的同学脾气暴躁倔强，叛逆心理较重，因涉世不深，缺乏是非标准，法制意识淡薄，容易走上违法犯罪的道路

（一）校园违法的成因

1. 法律意识不强，法律知识欠缺

职业院校的学生对法律的信任度、法纪的遵从感还比较低。据有关调查表明，近30%的学生认为"权大于法"，近60%的学生认为对付不法侵害可采用私了、忍让和报复的手段，这反映出他们的法制观念淡薄，对法律的实践意义和作用缺乏正确的认识。有些学生不了解法律或认为法律的有关规定可以有弹性，不惜以身试法，致使在校的少数大学生犯罪现象未能得到有效的遏制。

2. 学生的法制观念淡薄，权利意识不强

目前职业院校的学生年龄普遍较低，心理和生理都很不成熟，对复杂的社会环境缺乏深刻的认识，极易受不良思潮的影响而偏离正确的思想轨道。部分学生一切强调以自我为中心，看问题主观偏激，缺乏足够的明辨是非的能力，易感情用事，故常发生因一时冲动而不计后果的现象，导致违法和犯罪行为的发生。另外有的学生在自己权益受到侵害时忍气吞声，不做合法、合理的反抗。他们不善于也不知道如何运用法律武器来维护自己的合法权益，甚至有较多的学生不知道自己的哪些权利应受到法律的保护。

3. 因心理因素而导致的学生违法犯罪行为增多

职业院校的学生多处在青春期，许多心理学家称青春期为“问题的年龄”。这个时期情绪上的冲突与混乱，是由青春期身心飞速发展变化带来的成人感与面对现实的无力感引起的。他们中的大部分是从父母的保护下和中学封闭的小团体中走进大学校园的，身心快速的变化且不说，物理环境、人际环境、文化环境等都是崭新的，这种新环境对他们情绪的冲击是很大的，他们的反应或兴奋、愉快，或胆怯、烦躁，或回避、抑郁。有些学生是中考、高考受挫的学生，由于学习成绩不太好，心里上也会存在自卑、自暴自弃、厌学等心理障碍，这都会降低学生自我防护的能力，进而影响到他们的学习与生活。

（二）防范校园违法

职业院校学生的违法违纪行为中侵害财物所占比例较大，酗酒闹事、打架斗殴等治安案件比较突出，迟到旷课、夜不归宿、考试作弊呈上升趋势，这些行为严重干扰和影响校园的正常秩序。

同学们在校学习期间，应互尊互爱，妥善处理同学之间的矛盾与摩擦，自觉遵守校规校纪及法律法规，不断增强自律能力，预防违纪违法。

同学们应当从哪些方面努力防范校园违法呢？

1. 应当遵守国家法律法规及社会公共规范

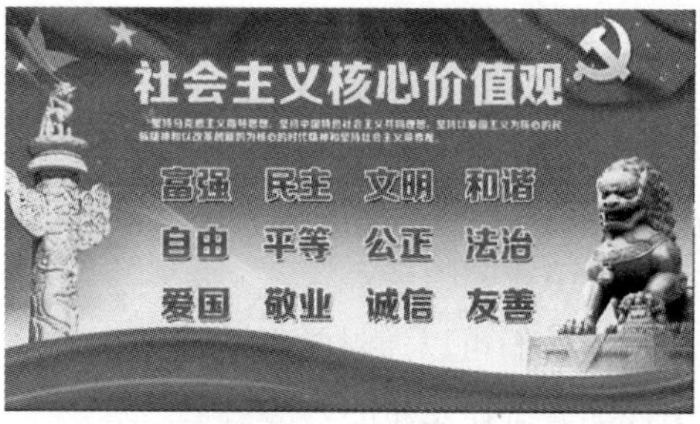

俗话说：“纪律是块铁，谁碰谁出血。”“法律是条高压线，谁碰谁触电。”个别同学违纪违法，甚至犯罪，根本原因是他们没有在思想深处打牢法纪的印记。同学们应该在日常生活和学习中，处处遵守国家法律法规、社会公共规范，不登录黄色、反动的网站，不轻信和接受反动网站的反动宣传，更不参加非法的反动组织，应遵守社会公德，养成良好习惯，加强自我修养、自我调节、自我完善，自觉抵制违法犯罪行为的引诱。

2. 树立自尊、自律、自强的意识，增强辨别是非和自我保护的能力

建立和谐友好的人际关系，正确处理恋爱与性问题，树立正确的恋爱观；不结交社会上的不良青年，更不要把其带入校园；进入校园时，应自觉主动地接受门岗和治安巡逻人员的检查；不酗酒滋事，切勿过量饮酒，以免酒后误事，贻误终身；远离黄、赌、毒；抵御物质的诱惑，克制物欲，不要因一念之差，抱侥幸心理，去非法占有他人财物而酿成大错。

3. 正确认识和看待学校在教学、管理中存在的问题

因临时停水、停电或部分同学因学习、生活问题未及时解决等，对学校不满而引发和制造事端，通过损坏国家、学校的财产，制造混乱局面等不正当的手段来发泄不满，都是极为错误的。同学们遇事要冷静思考，采用文明的方式、通过正当的渠道反映诉求，用合法的方式去解决。

三、增强防范意识，用法律保护自己

为了防范不法侵害，职业院校的学生不仅要知法、懂法、守法，还要善用法律武器维护合法权益。

（一）不断提高法律思维能力

在今天，有很多人习惯于从伦理道德的角度来理解和处理社会及法律问题。正是因为习惯于传统的道德思维方式，有些人难以理解与接受体现时代精神的国家立法和依法做出的法律决定，甚至走上公然违法或者暴力抗法的邪路。在社会生活越来越法律化的情况下，当代大学生要从容面对社会生活中发生的各种法律问题，善于运用法律手段维护自己的合法权益，就必须不断提高法律思维能力，从法律的角度来思考和处理问题。

职业院校的学生应当怎样培养法律思维能力呢?

提高法律思维能力首先要讲法律，以法律为准绳思考与处理法律问题；法律思维要讲证据，以证据为根据思考与处理法律问题，正确地分析与处理法律案件；法律思维要讲程序，以程序为中心思考与处理法律问题；法律思维要讲道理，以正当而充分的理由来支撑法律的结论。

同学们可以通过学习法律知识、掌握法律方法、参与法律实践等途径，在日常生活中逐渐养成从法律的角度思考、分析、解决法律问题的思维习惯。

1. 学习法律知识

学习和掌握基本的法律知识，是养成法律思维习惯的前提。一个对法律知识一无所知的人，不可能形成法律思维方式。法律知识通常包括法律、法规方面的知识和法律原理方面的知识，这两部分法律知识对于培养法律思维方式都很重要。只有既了解法律、法规在某个问题上的具体规定，又了解法律的原理、原则，才能更好地领会法律精神，不断提高法律思维能力，并运用法律思维方式思考和处理各种法律问题。

2. 掌握法律方法

法律方法是人们从法律角度思考、分析和解决法律问题的方法。法律方法构成法

律思维的基本要素，法律思维的过程就是运用法律方法思考、分析和解决法律问题的过程。我们要培养法律思维方式，必须掌握法律方法。应当指出，法律工作者使用的法律方法相当复杂，有法律解释的方法、法律推理的方法、填补法律漏洞的方法、认定事实的方法等。每一种基本方法又包括一系列具体方法。同学们有必要了解和掌握一些基本的法律方法。

3. 参与法律实践

法律思维方式是一种在法律实践中训练、培养和应用的思维方式。脱离具体的法律生活和法律实践，不可能养成法律思维方式。只有通过参与各种法律活动，在法律实践中运用法律知识和方法思考、分析、解决法律问题，才能养成一种自觉的法律思维习惯。随着社会主义法治国家建设进程的不断推进，法律对社会生活的调整范围将越来越广泛，人们面临的法律事务必然会越来越多。这既对培养法律思维方式提出了迫切要求，也为养成法律思维习惯提供了良好条件。

（二）依法应对处理不法侵害与涉法问题

法律实践表现在两个方面：一是守法，二是用法。守法表现在对法律义务的履行和遵守；用法则是在履行和遵守法律义务的基础上，通过采取合法手段及法定程序，对各种不法侵害行为进行斗争，以保护自己的合法权益。同学们要注重对法律知识的学习，善用法律武器维护合法权益。如果在日常的工作、学习、生活中，遇到不法侵害，应区别不同情况，选择正确的方式依法应对处置。

1. 同学之间产生矛盾，甚至个人受到不法侵害时，同学们一定要头脑清醒，能自己处理的要注意采取合法手段，通过正当程序来处理。自己解决不了或解决不好的，要及时向班主任或学校学工、安全保卫部门报告，依靠组织和法律解决问题。要知道个人的能力毕竟是有限的，特别是同学们不知道怎样处理的时候，首先应该想到组织，一定学会依靠法律解决问题。然而，一些学生被同学殴打后并不是寻求家长或学校、公安机关出面解决，而是自己做主纠集其他人来报复。要知道报复伤人也是违法的，情节严重构成犯罪的要负刑事责任。

2. 同学们受到不法分子的语言挑衅或凌辱时，应先口头制止，对其进行批评、劝阻。若对方不予理睬，继续实施违法行为，同学们要尽量避开，不与其纠缠；应打110报警，请警察协助予以制止或依法惩办不法分子。

如果不法分子不但用语言挑衅，还有侵犯人身的行为，并且不听批评、劝阻和警告，同学们可以根据不法分子所实施侵害的具体情况，采用适当的方式予以正当防卫。正当防卫不负刑事责任，但注意不要防卫过当。比如，别人打你一巴掌，你却打断对方一条胳膊，就是明显的防卫过当，按法律规定是要负刑事责任的。同学们在遇到不法侵害实施正当防卫时，必须符合《刑法》中规定的正当防卫的条件。

用知识保护自己免受侵害

① 面对不法侵害，我们要依靠自己的智慧迅速而准确地做出判断，要采取机智灵活的方法与其斗争。

② 面对不法侵害，我们要保持冷静，机智应对。

③ 遭遇不法分子侵害时，我们要勇于斗争，要善于斗争，可以采取"呼救法""周旋法""恐吓法"等及时脱身。

④ 万不得已，也要对可能出现的不同后果进行比较，两害相权取其轻，争取把损失降到最小，保住最大的合法权益。

3. 同学们遇到精神病人侵害时，应设法避险，如条件允许，可组织人员将其控制，但不能伤害精神病人。我国《刑法》规定，精神病患者在不能控制自己的行为时，造成危害结果的，不负刑事责任。因此，当同学们遇到精神病人侵害时，如果采取缓和措施就可以制止其危害结果的发生，一般不应采取强硬手段。

4. 同学们遇到正在进行的故意伤害、杀人、抢劫、强奸、绑架以及严重危及人身安全的暴力犯罪时，应采取果断措施进行正当防卫。

5. 同学们如果发现少数别有用心的人恶意煽动、制造事端、破坏学校稳定时，要敢于同违法犯罪分子做正面斗争，并及时向学校安全保卫部门报告或打110报警，使违法犯罪分子的破坏活动不能得逞。

6. 同学们遇到别有用心的人窜入校园张贴标语传单、散步谣言、进行反动宣传等或收到非法宣传品时，要及时制止并向学校安全保卫部门报告或打110报警，由学校安全保卫部门或公安机关依法处理。

拓展一步

（一）什么是正当防卫

我国《刑法》第二十条规定：“为了使国家、公共利益、本人或者他人的人身、财产和其他权利免受正在进行的不法侵害，而采取的制止不法侵害的行为，对不法侵害人造成损害的，属于正当防卫，不负刑事责任。正当防卫明显超过必要限度造成重大损害的，应当负刑事责任，但是应当减轻或者免除处罚。对正在进行行凶、杀人、抢劫、强奸、绑架以及其他严重危及人身安全的暴力犯罪，采取防卫行为，造成不法侵害人伤亡的，不属于防卫过当，不负刑事责任。”

（二）怎样正确实施正当防卫

根据我国《刑法》的规定，实施正当防卫必须同时符合以下四个条件：

第一，只有在国家公共利益、本人或他人的合法权利受到不法侵害时；

第二，必须是在不法侵害正在进行的时候；

第三，必须是对不法侵害者本人实施防卫，而不能对无关的第三者实施；

第四，正当防卫不能超过必要的限度（能阻止对方对自己的侵害），造成不应有的损害。

（三）哪些是非正当防卫

1. 防卫过当。它是指行为人在实施正当防卫时，超过了正当防卫所需要的必要限度，并造成了不应有的危害行为。

2. 防卫挑拨。它是指行为人故意挑逗对方，使对方对自己进行不法侵害，然后以此为借口加害于对方。

3. 防卫侵害了第三人，也叫局外防卫。它是指防卫者对正在进行不法侵害以外的人实施的侵害行为。

4. 假想防卫。它是指不法侵害行为根本不存在，由于行为人猜想、估计、推断不法侵害行为存在，而对其实施侵袭的一种不法侵害行为。

5. 事前防卫，也叫提前防卫。它是指行为人在不法侵害尚未发生或者说还未到来的时候，而对准备进行不法侵害的人采取了所谓的防卫行为。

6. 事后防卫。它是指不法侵害终止后，而对不法侵害者进行的所谓防卫行为。

法律链接

《中华人民共和国治安管理处罚法》（节选）

第二十六条　有下列行为之一的，处五日以上十日以下拘留，可以并处五百元以下罚款；情节较重的，处十日以上十五日以下拘留，可以并处一千元以下罚款：

（一）结伙斗殴的；

（二）追逐、拦截他人的；

（三）强拿硬要或者任意损毁、占用公私财物的；

（四）其他寻衅滋事行为。

第三十二条　非法携带枪支、弹药或者弩、匕首等国家规定的管制器具的，处五日以下拘留，可以并处五百元以下罚款；情节较轻的，处警告或者二百元以下罚款。

非法携带枪支、弹药或者弩、匕首等国家规定的管制器具进入公共场所或者公共交通工具的，处五日以上十日以下拘留，可以并处五百元以下罚款。

第四十三条　殴打他人的，或者故意伤害他人身体的，处五日以上十日以下拘留，并处二百元以上五百元以下罚款；情节较轻的，处五日以下拘留或者五百元以下罚款。

有下列情形之一的，处十日以上十五日以下拘留，并处五百元以上一千元以下罚款：

（一）结伙殴打、伤害他人的；

（二）殴打、伤害残疾人、孕妇、不满十四周岁的人或者六十周岁以上的人的；

（三）多次殴打、伤害他人或者一次殴打、伤害多人的。

《中华人民共和国刑法》（节选）

第二百九十二条　【聚众斗殴罪；故意伤害罪；故意杀人罪】聚众斗殴的，对首要分子和其他积极参加的，处三年以下有期徒刑、拘役或者管制；有下列情形之一的，对首要分子和其他积极参加的，处三年以上十年以下有期徒刑：

（一）多次聚众斗殴的；

（二）聚众斗殴人数多，规模大，社会影响恶劣的；

（三）在公共场所或者交通要道聚众斗殴，造成社会秩序严重混乱的；

（四）持械聚众斗殴的。

聚众斗殴，致人重伤、死亡的，依照本法第二百三十四条故意伤害罪、第二百三十二条故意杀人罪的规定定罪处罚。

知行合一

1. 职业院校的学生应该学习掌握的法律法规有哪些？
2. 同学们应当从哪些方面努力防范校园违法呢？
3. 如何依法应对处置遇到的不法侵害？

思维导图

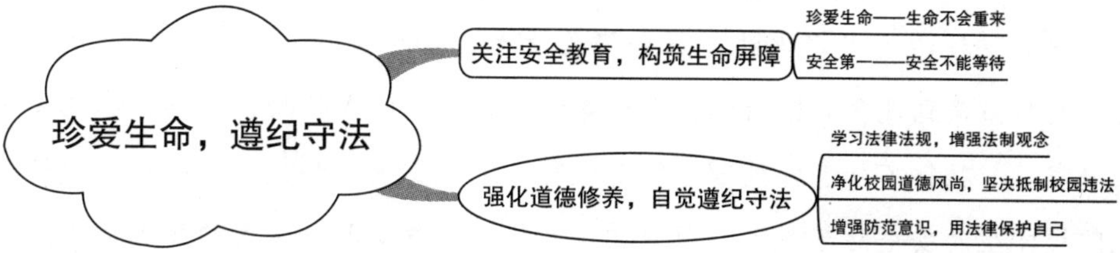
珍爱生命，遵纪守法
关注安全教育，构筑生命屏障
珍爱生命——生命不会重来
安全第一——安全不能等待
强化道德修养，自觉遵纪守法
学习法律法规，增强法制观念
净化校园道德风尚，坚决抵制校园违法
增强防范意识，用法律保护自己

项目二 加强治安防范，保障人身财产安全

职业院校学生思想单纯，社会经验匮乏，缺乏自我保护意识和安全防范能力，尤其当遇到现金、银行卡、手机等贵重物品被盗或抢劫、诈骗、性侵害等不法侵害时，往往不知怎样处理才能有效防止或减少伤害和损失。因此，加强对职业院校学生的安全防范教育，引导学生掌握应对各类非法侵害的知识技能，是非常必要的。

模块一 安全第一，预防非法侵害

因非法侵害造成学生伤害的情况有两类：一类是因不法之徒违法犯罪侵害学生生命安全，例如流氓滋扰、校园欺凌、寻衅滋事等。另一类是因学生之间具体矛盾处理不当转化为生命伤害，例如在校内学习、生活中产生摩擦，在校外社交活动中发生纠纷引发打架斗殴造成的非法侵害。

典型事例

1. 2016年1月 24日，某市某高职学生林某和女同学刘某在 KTV 唱歌。同学王某听说自己女友刘某与林某去唱歌，很不满。王某带着几名社会青年找到林某，对其进行殴打，并用水果刀捅伤林某，造成她终生残疾。王某犯故意伤害罪，被判处八年有期徒刑。

2. 2016年3月 25 日，某市某高职学生李某与其女友王某，在学校商城就餐时，因琐事与三名陌生男子发生争执，王某打电话叫来同学刘某、赵某等人，与三男子发生斗殴。一个陌生男子拿出水果刀，将刘某、赵某捅死。捅人的男子因故意伤害致人死亡，

犯故意伤害罪，被判死刑。

3. 2016年10 月16日，某职高学生袁某（17岁）在宿舍内玩电脑游戏，同宿舍的蒋某因未带钥匙敲门，袁某未及时开门，被蒋某责怪，袁某怨蒋某影响其玩电脑游戏，双方发生口角，随后发生肢体冲突，袁某拿起一把水果刀捅了蒋某。蒋某经抢救无效身亡。袁某因故意伤害致人死亡，被判处无期徒刑。

4. 林某与黄某均为某名牌大学学生，住同一寝室，林某对黄某乱扔东西、拒绝请客、少交水费等长期不满，逐渐对黄某怀恨在心。2013年3月，林某决意采取投毒的方法杀害黄某。3月31日，林某从实验室取得剧毒品，将其全部注入宿舍内的饮水机中。黄某从饮水机中喝下饮用水，经抢救无效死亡。林某因故意杀人罪被依法执行死刑。

5. 2016年6月1日，青海省某中学八年级学生陶某，在自己家中喝下一整瓶剧毒农药“黑光灯”，结束了自己年仅15岁的生命。

陶某在血迹斑斑的遗书中写道：

“亲爱的妈妈、爸爸：我因受不了几名同学的欺负，所以选择离你们远去了！上个星期我不小心在小张的袜子上踩了一下，他让我赔5元钱。又一次他向小何借了3元钱，让我去还，共8块，我一直没还，所以他每星期长8元，到现在为止共48元。他们让我为他们拿饭盒，打开水，洗饭盒，倒洗脸洗脚水。特别是小张，他还让我为他洗头，每天他起床时，让我在他的洗脸盆里倒好水，不让我用热水，如果他发现我用热水洗脸洗脚，就打我。我被迫夜里给他们跳舞，不跳就打。对不起，你们的儿子对不住你们，望你们不要因为我在端午节难过，望工作顺利，望弟弟照顾好爸爸妈妈。”

6. 2016年4月，一位名叫张某的15岁少年在网吧被同学殴打长达4小时后死亡。这几位同学在网吧上网酗酒，强迫张某买饮料，没有得到满足，他们就对张某拳打脚踢，并用棍棒多次施暴，连续进行了长达4个小时的殴打。在此期间，无人敢报警，没有人制止，送医院后死亡。母亲哭诉：“你们是孩子，你们怎么能忍心把他打死……”6个打人者中有3个人是张某的同学，另外3人是社会闲散人员。

各抒己见

1. 如果发现自己的女友跟其他男生单独外出，你会怎么办？
2. 如“看不惯”室友的某些行为，你会说出来吗？如果他不听，你会怎么办？
3. 把校园欺凌事件向家长述说，你的家长会怎样做？
4. 如果看到有人在校园欺凌同学，你会选择旁观或默默走开吗？

专家点评

1. 案例1中一位大学生不满自己女友跟其他男生去KTV唱歌，打人至重伤残疾。此案反映了当前学生在感情方面，还缺乏辨别是非、理性处理问题的能力。同学们要学会坦诚相待，相互理解、相互信任，只有这样才能更好地经营自己的情感生活。不能简单化、情感化处理问题，不要轻易动怒，更不能违法犯罪。案例2中大学生与社会人员发生争执，不知道怎样及时化解纠纷，不按程序处理，不能保持冷静克制，缺乏处理纠纷的艺术技巧。

2. 室友为何变仇敌？何等仇恨，竟忍心对同窗下此毒手？无论是乱扔东西、拒绝请客、水费之争还是未及时开门，不难发现，案例3、案例4的“导火索”都是大学寝室生活中的小冲突、小问题。为何这些小事却最终酿成了大悲剧？原因是，学生多为独生子女，从小被父母宠着，调节情绪、解决矛盾的能力不足，伤害他人不考虑法律后果。

3. 案例5中的男孩给施暴者打水、打饭、洗饭盒、打扫卫生似乎是一些比较日常的小事，似乎这些小事随便拿一件出来都不至于逼孩子自杀；但其实这是一个量变到质变的过程，这样的“小事”超过三个月就有可能造成严重的后果。“不在沉默中爆发，就在沉默中灭亡”，不是孩子激烈反抗造成两败俱伤，就是像这个男孩一样选择消亡。无论是哪种选择，都不是父母想要的，都是家庭不能承受的痛。

4. 案例6中的男孩面对暴力侵害，自己难以承受也不知道如何正确应对。如果遇到欺凌伤害，我们应沉着冷静，采取迂回战术，尽可能拖延时间。可麻痹对方，顺从对方去买饮料，从其言语中找出可插入的话题，缓解气氛，分散对方注意力，同时获取信任，为自己争取时间，寻找机会逃走。被施暴后，不要沉默，不要害怕报复，应及时告诉父母，及时报警，通知学校。碰到这种事情不要沉默，也不要以暴易暴，要以法律的方式来解决。

知识讲堂

一、预防因矛盾纠纷而产生的非法侵害

学校中有些非法侵害是同学之间一些小的矛盾纠纷没有得到及时化解而酿成的。

（一）矛盾纠纷的表现形式及原因

矛盾纠纷的表现形式主要有两种：一是争吵斗嘴，互相攻击、谩骂；二是打架斗殴，争吵不断升级，发展为你推我搡，最后大打出手，直至造成伤害。还有其他一些形

式，如写恐吓信，背后进行造谣、污蔑等。

矛盾纠纷的原因主要有：

1. 过分开玩笑或刻意地挖苦别人。

2. 猜疑、骂人或不尊重别人。

3. 忌妒他人，不谦虚，狂妄自大，目中无人。

4. 极端利己，不容他人，争强好胜。

（二）矛盾纠纷升级的危害

矛盾纠纷不能得到及时化解极易酿成非法侵害，形成刑事、治安案件。纠纷发生的直接原因，多数是微不足道的小事，如不能及时化解，则难以收拾。以邻为壑，就会纠纷不断，永无宁日。

（三）及时化解矛盾纠纷，预防非法侵害

毕达哥拉斯说过："愤怒以愚蠢开始，以后悔告终。"纠纷是学生生活中的常见现象，处理不当会酿成非法侵害。为及时化解矛盾纠纷，我们需要：

1. 要冷静大度，莫莽撞冲动

无论争执由哪一方面引起，都要持冷静态度，不可情绪激动。"大肚能容，容天下难容之事；笑口常开，笑世间可笑之人。"对于那些可能发生摩擦的小事，要宽容，一笑了之。我们自己应注意不用言语去伤害别人，但是当别人用言语来伤害我们的时候，也应该受得起。如果能够做到"猝然临之而不惊，无故加之而不怒"，一切纠纷都会化为乌有。

2. 要谦虚克制，莫逞能好强

谦虚克制是消除纠纷的灵丹妙药。特别在发生争执的时候，谦虚克制并不是懦弱、妥协，恰恰相反，它是你内心强大和品德高尚的表现。曾国藩的"人有毁我谤我者，改之固益其德，安之亦养其量"就告诉我们，面对别人的诋毁谴责，改正能增进我的德行，坦然面对也能考验自己的肚量。培根讲："每一次的克制自己，就意味着比以前更加强大。"所以，要谦虚克制，莫逞能好强。

3. 要语言优美，莫祸从口出

纠纷多数由口角引起，而口角的发生都是恶语伤人的必然结果。俗话说："病从口入，祸从口出。""话不投机半句多。"当你不小心触犯了别人时，你讲一句"对不起”“很抱歉”“请原谅”，或者别人触犯了你向你道歉时，你说一句“别客气”“没关系”，紧张气氛就会烟消云散。

“各守本分，互谅互让，求同存异，相互理解。”是我们住校学生化解矛盾纠纷的基本原则。

（四）校园内几种易引发非法侵害的纠纷的处理

1. 宿舍纠纷的处理。宿舍是学生学习、生活和活动的重要场所，也是纠纷发生较多的地方。学生宿舍的纠纷主要是由生活习惯的差异、性格的差异或无谓的争论等琐碎小事引起的。这类矛盾比较容易处理，只要当事双方能尽量保持克制，大家各退一步，特别是有过错的一方要主动承认错误，不强词夺理，真心诚意请别人谅解，而有理的一方也要有礼，做到谅解别人，得饶人处且饶人。双方心平气和地多沟通，多交流，多做自我批评，及时交换意见，消除误解，就能做到和睦相处了。

2. 饭堂纠纷的处理。产生饭堂纠纷的主要原因有三种：一是不守秩序，插队；二是人多拥挤，相互碰撞；三是与工作人员发生争执。如果因为拥挤而发生碰撞或将饭菜泼洒在别人身上，要及时给人家赔礼道歉；如果是别人给你造成不便，也要控制好自己的情绪，谅解对方，千万不可激动，更不能用挑衅性的语言进行讥讽和谩骂，或以牙还牙进行报复。与饭堂工作人员发生争执，应找领导反映情况，通过组织来解决，不要与其对吵甚至动手动脚，以免引起打架斗殴。

3. 运动场上纠纷的处理。在运动场上发生纠纷的原因主要是比赛中的碰撞或对裁判的裁决持有异议。自己如不小心对别人造成侵害，应及时赔礼道歉并赔偿损失。比赛中坚持友谊第一的原则，尊重裁判意见，做文明运动员和观众。

4. 与校外人员发生纠纷的处理。首先，我们应加强自身修养，不因小事而惹是生非，更不能招来校外人员参与纠纷。当我们在无法避免的情况下与校外人员发生纠纷时，一方面尽量保持克制，心平气和地摆实事，讲道理，争取以理服人；另一方面也不能一味胆小怕事，委曲求全，特别是当遇到一些流氓无赖胡搅蛮缠甚至找上门来寻衅滋事时，更不能一味退让，应及时报告老师和学校保卫或公安部门，充分运用法律武器来有效地保护自己的正当权益。

二、防止校园欺凌，杜绝非法侵害

校园欺凌主要是指同学间欺负弱小、索要钱物、言语羞辱、暴力胁迫、以众欺寡、无故侵害等行为。校园欺凌通常都是重复发生的，而不是单一的偶发。有些案件中那些心灵被扭曲的孩子作案手段之残忍，令人触目惊心。通常不是欺负者胆大妄为，而是受害者怕事，默默承受而不敢反抗和告发。

（一）受害者类型

受害者类型主要有以下几种：

1. 性格内向，害羞，怕事。

2. 在同学间不受重视，只有很少朋友，在学校中十分孤单。

3. 缺乏与同学相处的社交技巧，容易引起同学不满和反感。

4. 有身体障碍者，有智力障碍者。

5. 沉默、表达能力不佳者。

6. 性格或行为上有异于他人者。

（二）校园欺凌行为

校园欺凌行为主要有以下几种：

1. 叫受害者侮辱性绰号，用污言秽语呵骂受害者。

2. 对受害者反复攻击，攻击行为有拳打脚踢、掌掴拍打、推撞绊倒、拉扯头发等。

3. 损坏受害者个人财产、教科书、衣裳等。

4. 欺凌者明显比受害者强壮，欺凌在受害者不能保护自己的情况下发生。

5. 传播关于受害者的谣言和闲话。

6. 恐吓、威逼受害者做他或她不想要做的。

7. 让受害者遭遇麻烦，或令受害者招致处分。

8. 中伤、讥讽、贬抑受害者的体貌、缺点等。

9. 拉帮结派：孤立或排挤受害者。

10. 敲诈，强索金钱或物品。

（三）面对校园欺凌的应急方法

1. 在威胁与暴力来临之际，首先告诉自己不要害怕。要相信邪不压正，大多数的同学、老师以及社会上一切正义的力量终归都是自己的坚强后盾，会坚定地站在自己的一方，千万不要轻易向恶势力低头。

2. 大声提醒对方，他们的所作所为是违法违纪行为，会受到法律严厉制裁，会为此付出应有的代价。同时迅速找到电话报警，或者大声呼喊求救。

3. 如果危险发生，可用书包、凳子等物抵挡；若是隔壁班发生危险情况，要赶快关紧自己班的门窗，不让歹徒进来。

4. 如果受到伤害，一定要及时向老师、警察报案，不要给不法分子留下“这个小孩好欺负”的印象。如果一味纵容他们，最终只会导致自己频频受害，陷入可怕的梦魇之中。

5. 如果周围有人，要大声喊叫，引人注意，同时也要避免激怒歹徒萌生杀机，须以保全生命为第一考虑。

6. 要冷静与歹徒周旋，先取得信任，再机智逃离。

7. 找机会逃到人多的地方求救，或躲入商店、民宅中。

8. 在公共场所应向服务台人员或警察求助，校内要及时向保卫部门报告。

三、齐抓共管，防止校外滋扰侵害

滋扰主要是指对校园秩序的破坏扰乱，对学生无端挑衅、侵犯乃至伤害的行为。滋扰是一个涉及学生、家庭、社会等诸多方面的复杂因素交错的社会问题，必须齐抓共管，综合治理，务必让学生掌握预防方法，以防患于未然。

（一）外部滋扰的常见形式

第一种，校外的不法青少年通过多种途径与少数学生进行交往，如发生矛盾或纠葛，便有目的地入校寻衅滋事、伺机报复等。

第二种，有的社会不法青年在游泳、沐浴、购物、看电影、参加舞会、观看比赛甚至走路等偶然场合故意与学生发生矛盾，进而酿成冲突、侵害。

齐抓共管，防止校外滋扰侵害

第三种，有的不法青年专门尾随女同学或有目的地到学生宿舍、教室等处污辱、骚扰、调戏女生，甚至对女同学动手动脚，致使女学生受到种种伤害。

第四种，青少年犯罪团伙邀约到校园内斗殴滋事。

第五种，外来人员与学生争抢活动场地，引发矛盾和冲突。

第六种，少数无赖之徒千方百计地打听异性大学生的姓名电话，然后不停地给其打电话，不是低级庸俗的谈情说爱和造谣中伤，就是莫明其妙的恐吓和威胁，甚至敲诈勒索，从而造成被害人在精神上非常痛苦。

这些人行动的目的和动机往往比较短浅，只顾满足眼前欲望而不顾后果，容易受偶然的动机和本能所支配。他们自制力差，小小的精神刺激即可使之陷入暴怒和冲动之中。有些则结成团伙，蛮横无理，为所欲为，称霸一方。

（二）外部滋扰的处置

一般情况下，校园内如发生外部滋扰情况，要及时向学校保卫部门报案，或打“110”报警，以便及时抓获犯罪嫌疑人。学生遇到滋扰时，应注意以下几点：

1. 提高警惕，慎重处置。面对违法青少年挑起的流氓滋扰事端，千万不要惊慌而要正确对待。要问清缘由，弄清是非，既不畏惧退缩，避而远之，也不随便动手，一味蛮干，而应晓之以理，妥善处置。

2. 充分依靠组织和集体的力量，积极干预和制止违法犯罪行为。如发现流氓滋扰事件，要及时向教师或学校有关部门报告。一旦出现公开侮辱、殴打同学等恶性事件，要敢于见义勇为，挺身而出，积极地加以揭露和制止。要注意团结和发动周围的群众，以对滋事者形成压力，迫使其终止违法犯罪行为。那些成群结伙、凶狠残忍的滋事者，总想趁乱一哄而上，为非作歹，只有依靠群众，依靠集体的力量才能有效地制止其违法行为。

3. 注意策略，讲究效果，避免纠缠，防止事态扩大。在许多场合，滋事者显得愚昧而盲目、固执而无赖，有时仅有挑逗性的言语和动作，叫人可气可恼而又抓不到有效证据。遇到这种情况，一定要冷静，注意讲究策略和方法：一方面及时报告并协助有关部门进行处理；另一方面采取正面劝告的方法，注意避免纠缠，目的是避免事态扩大，免得把自己与无赖之徒置于同等地位。

4. 保留证据，运用法律武器保护自己。面对流氓滋扰事件，既要坚持以说理为主，不要轻易动手，同时又要注意留心观察，以掌握证据。比如，有哪些人在场，谁先动手，持何凶器，滋事者有哪些重要特征，案件大致的经过是怎样的，现场状况如何，毁坏的衣物和设施是什么，地面留有什么痕迹等。这些证据，对查处流氓滋事者是很有帮助的。

拓展一步

校园暴力犯罪案件涉及的罪名相对集中。针对人身的暴力伤害比例最高，其中故意伤害罪占57%，故意杀人罪占6%，寻衅滋事罪、非法拘禁罪占10%，性侵、侵财犯罪各占12%，还有很小比例的聚众斗殴罪与绑架罪。

一、故意伤害罪之规定

故意伤害罪，是指故意非法伤害他人身体并达到一定的严重程度、应受刑罚处罚的犯罪行为。客观方面表现为实施了非法损害他人身体的行为，本罪的犯罪主体为一般主体，即凡达到刑事责任年龄并具备刑事责任能力的自然人均能构成故意伤害罪。其中，已满14周岁未满16周岁的自然人有故意伤害致人重伤或死亡行为的，应当负刑事责任；致人轻伤的，则须已满16周岁才能构成故意伤害罪。主观方面表现为故意，即行为人明知自己的行为会造成损害他人身体健康的结果，而希望或放任这种结果的发生。

本罪的处罚应依据《刑法》第234条的规定：故意伤害他人身体的，处三年以下有期徒刑、拘役或者管制。犯前款罪，致人重伤的，处三年以上十年以下有期徒刑；致人死亡或者以特别残忍手段致人重伤造成严重残疾的，处十年以上有期徒刑、无期徒刑或者死刑。

二、非法拘禁罪之规定

非法拘禁罪，是指以拘押、禁闭或者其他强制方法，非法剥夺他人人身自由的犯罪行为。本罪侵犯的客体是公民的人身自由权。犯罪主体为一般主体，犯罪主观方面是故意，过失不构成本罪。也就是说，行为人明知自己采取的行为会产生非法剥夺他人人身自由而故意为之，并积极追求这种结果产生的故意行为。本罪在犯罪客观方面的表现是：

1. 行为人有违反法律法规规定的行为；

2. 行为人实施了非法拘禁行为，故意剥夺他人人身自由；

3. 行为人有造成非法剥夺他人人身自由的结果；

4. 行为人采用了捆绑、关押、禁闭等手段非法剥夺他人人身自由。

本罪的处罚应依据《刑法》第238条的规定：非法拘禁他人或者以其他方法非法剥夺他人人身自由的，处三年以下有期徒刑、拘役、管制或者剥夺政治权利。具有殴打、侮辱情节的，从重处罚。致人重伤的，处三年以上十年以下有期徒刑；致人死亡的，处十年以上有期徒刑。使用暴力致人伤残、死亡的，依照故意伤害罪、故意杀人罪处罚。

法律链接

教育部等九部门关于防治中小学生欺凌和暴力的指导意见（摘选）

1. 切实加强中小学生思想道德教育、法治教育和心理健康教育。……开展“法治进校园”全国巡讲活动，让学生知晓基本的法律边界和行为底线，消除未成年人违法犯罪不需要承担任何责任的错误认识，养成遵规守法的良好行为习惯。

2. 认真开展预防欺凌和暴力专题教育。各地要在专项整治的基础上，结合典型事例，集中开展预防学生欺凌和暴力专题教育。

3. 严格学校日常安全管理。……健全应急处置预案，建立早期预警、事中处理及事后干预等机制。

4. 强化学校周边综合治理。……加强校园及周边地区社会治安防控体系建设，实现对青少年违法犯罪活动的预测预警、实时监控、轨迹追踪及动态管控。

5. 保护遭受欺凌和暴力学生身心安全。各地要建立中小学生欺凌和暴力事件及时报告制度，一旦发现学生遭受欺凌和暴力，学校和家长要及时相互通知，对严重的欺凌和暴力事件，要向上级主管部门报告，并迅速联络公安机关介入处置。

6. 强化教育惩戒威慑作用。……对实施欺凌和暴力的学生，学校和家长要进行严肃的批评教育和警示谈话，情节较重的，公安机关应参与警示教育。对屡教不改、多次实施欺凌和暴力的学生，必要时转入专门学校就读。对构成违法犯罪的学生，根据《刑法》《治安管理处罚法》《预防未成年人犯罪法》等法律法规予以处置，特别是对犯罪性质和情节恶劣、手段残忍、后果严重的，必须坚决依法惩处。对校外成年人教唆、胁迫、诱骗、利用在校中小学生违法犯罪行为，必须依法从重惩处，有效遏制学生欺凌和暴力等案件发生。

…………

10. 加强平安文明校园建设。……校长是学校防治学生欺凌和暴力的第一责任人，分管法治教育副校长和班主任是直接责任人。要充分调动全体教职工的积极性，明确相关岗位职责，将学校防治学生欺凌和暴力的各项工作落实到每个管理环节、每位教职工。

知行合一

1. 如同学经常让你打井水、洗饭盒、倒洗脚水，你不做就恐吓你，你该怎么办？

2. 你知道哪种类型的学生易受校园欺凌吗？

3. 故意侵害致人重伤的法律后果是什么？

4. 宿舍发生了纠纷怎样处理？解决矛盾纠纷的基本原则是什么？

5. 在遇到滋扰时，我们应注意把握什么？

模块二 女生自我安全防范

近年来，女学生被侵害案急剧增多。本模块的目的是通过反思女学生被侵害案例，结合当前女学生的生理、心理、思想和群体特征，引导女生学习自我安全防范的相关知识，掌握安全防范的基本应对方法，有效保障自身安全。

典型事例

1. 2016年5月8日，某高校女学生刘某网上聊天，自认为遇到“白马王子”。见面后被网友骗至一民宅，遭到蹂躏、拘禁、恐吓、殴打。经过16天的魔鬼经历后，警方将其解救出“火坑”。

2. 2015年3月，某市职业学院女生王某通过同学认识了风流倜傥的邻校大学生周某，之后周某经常约王某游玩、吃饭、买小食品，两人坠入爱河。后来，周某向王某借钱，王某很爽快地答应了。一次、两次……半年内，周某先后从王某处拿走了近万元，后来开始疏远王某，也不还钱。王某发现周某通过这样的手段曾玩弄了多个女孩并骗得钱物。王某冲动地拿水果刀捅伤周某。王某犯故意伤害罪，被判处三年有期徒刑。

3. 2015年3月8日凌晨，秦某通过攀爬落水管进入某市某技校女生宿舍内。秦某发现宿舍内8名女生正在熟睡之中，便采取卡脖子、捂嘴、拳击、恐吓等手段先后强奸、猥亵4名女生。其他女生吓得不敢动弹。2015年10月8日凌晨，秦某摸进该市某大学，进入女生宿舍。正欲对一名女生施暴时，宿舍门口一名被惊醒的女生在其他2名女生的掩护之下，赤脚跑出宿舍，大喊救命。正在值班的老师将秦某当场抓获。秦某犯强奸罪，被判处十五年有期徒刑。

4. 2015年8月9日，19岁女大学生高某，从老家搭乘一辆黑出租车去学校，后失踪，警方在云南将车主蒲某查获，蒲某承认强奸并杀害了高某。

8月16日，19岁女大学生王某回南昌探亲时，上了一辆自称前往南昌的黑车后失踪，18日警方将犯罪嫌疑人周某抓获，王某系被强奸后杀害。

8月21日，20岁女大学生金某在济南被黑车司机绑架、囚禁并惨遭殴打、性虐，8月25日济南警方将犯罪嫌疑人捕获。

8月28日，在南京上大学的18岁女大学生高某，失联半个月后经警方确认已经遭黑车司机抢劫杀害。

5. 据最高法院公布案例，自1999年8月以来，被告人杨某两次在山西某大学校园内，冒充工作人员将两名女生骗至僻静处，以暴力威胁进行强奸。10月28日，杨某再次在山西某大学校园内冒充学生科工作人员，以去核对学费交纳情况为由，将一名女学生韩某骗至地下室欲行强奸，遭被害人反抗，遂残忍地将其掐死。太原市法院以故意杀人罪、强奸罪并罚，判处杨某死刑。

6. 据最高法院公布案例，2006年7月至2011年4月间，被告人霍某某以虚假身份通过网络聊天等方式，以帮助安排工作、教绘画为由，逼迫、诱骗被害人见面，在上海市等10地的旅店房间，先后共对25名被害人实施了强奸犯罪。被告人霍某某犯强奸罪，被判处死刑。

各抒己见

1. 你上网聊天时会轻易地透露自己的真实信息吗？
2. 如受到网友要挟，你应该怎么办？
3. 你会单独一人搭黑车吗？你知道女生单独外出搭车要注意什么吗？
4. 你们学校宿舍安全管理方面还有哪些不安全漏洞？

专家点评

1. 作案人在网络聊天中利用花言巧语给那些正处于感情迷茫期的女生以最大的诱惑。在女学生看来，那些人就是她们要找的“梦中情人”，容易上当受骗。该案反映出女生的安全意识薄弱，缺乏社会阅历，缺少明辨是非的能力。女生对危险应该有敏感性，时间、地点、参与人、具体活动，任何一个要素出现非常态，都应该立刻警觉起来。

2. 谈恋爱要理智，在确立恋爱关系前一定要充分了解对方，不要盲目追求浪漫。在恋爱时也不要有较大数额的经济往来，以免被骗后，给自己身心带来伤害的同时造成财产的损失。发现被欺骗后，应该学会用法律保护自己，绝不能冲动采取违法报复行为。

3. 犯罪分子利用女生宿舍防范措施的漏洞和女生性格懦弱、胆小怕事、反抗意识不强的弱点，爬入宿舍进行性侵害。如果女生平时注意检查门窗，提高安全防范意识，加强防止性侵害预案演练，可避免遭受不法侵害。

4. 黑车、抢劫、囚禁、性侵，“密集”发生的恶性侵害案中，受害者都是女大学生，让人扼腕叹息。女大学生们单独外出搭车要注意：① 不坐黑车；② 不与陌生人拼车；③ 记下车牌号；④ 坐司机后面位置；⑤ 夜间记得开窗；⑥ 随时注意行车路线，及时报警。

5. 韩某之所以被骗，是因为没有弄清对方真实身份，以为自己已经交了学费，不怕到办公室核对，以至于被领到地下室还没有警觉。这种疏于防范的意识令人吃惊。陌生人自称“老师”时，为什么不想到查证件？高校那么多学生，怎么要直接找自己收学费呢？学生科办公用的电脑又怎么可能安装在不通电源的地下室呢？……假如当时韩某能想到上述任何一个问题的话，这起性侵害就有可能避免。

6. 霍某某利用网络虚拟世界及未成年女生涉世不深的弱点，引诱其陷入早已设下的圈套；利用被害女生害怕聊天记录、裸体照片被公开的心理，胁迫提出各种要求，令被害人言听计从，不敢反抗。本案中，霍某某对25名被害人实施强奸犯罪，仅有2名被害人报警，这也给公安机关及时打击此类犯罪带来了困难，客观上也使得更多的被害人遭受性侵害。虽然霍某某被绳之以法，但其行为给25名被害人造成了无法弥补的心理和身体伤害。身心尚未成熟的女学生当谨记：网络交友须谨慎，虚拟世界应防骗。屏幕背后淫贼狂，看似甜蜜实险恶。

远离“披着人皮的狼”

知识讲堂

一、谨慎网上交友，防止诱惑欺骗

网络是虚拟的世界，隔着电脑和手机屏幕，任何人都可能穿上“外衣”，成为“光鲜人”。网络交友的时候，要保持警惕。当对方谈及钱物和个人信息等方面的话题时更要谨慎，避免自己的信息被不法分子利用，最终害了自己。

（一）时刻警惕，保护隐私

在人际交往过程中，很多女学生不注重保护自己的隐私，遇到一个“知心”人就会掏心掏肺地和别人讲自己心里的话，很容易被不法分子利用。

1. 时刻警惕，充分了解。不要轻易与对方进一步发展关系，要保持长时间沟通交流。如果决定见面，你应先问问自己：双方是否建立了足够的信任和了解？

2. 切勿轻信，保护隐私。刚刚认识的他就频繁要你的真实姓名及信息，主动向你暴露他自己的“绝对隐私”，千万不要轻信对方，更不要泄露个人隐私。

3. 克制欲望，不轻易见面。许多女学生与网友沟通一段时间后，感情迅速升温，不但交换真实姓名、电话号码，而且还有一种强烈见面的欲望。切勿轻易见面，以免自己的人身和财产受到侵犯。

（二）谨慎见面，防止欺骗

网络上不都是白马王子，骑白马的也不一定是王子，就算是王子，也不一定是你的。不要将天真的幻想演绎为生活的现实。

1. 见网友之前，要让对方把身份证的正反面发过来，然后把对方身份证的照片发给你的亲友，要让他们知道你去见谁了。可以在公安网上查一下身份证的真伪。最好请朋友在约会时间内与您联络，这样可借机“礼貌”地结束约会。

2. 要在公共场合约会。第一次约会尽量选择咖啡店、公园等人多的公众场合，不要在对方提出的隐秘、陌生的地方约会。如果对方有一些挑逗行为，一定要及时终止约会。在约会中，每换一次地点最好用手机截图发给亲友，目的是让你身边的人知道你去见谁了、去了哪里。

3. 自己回家，不要让对方知道你的住宿地址。除非你们已经建立了深厚的信任，约会结束后，应尽量谢绝对方的“护送”。

4. 时刻保持安全意识，注意财物和人身安全。约会中注意观察对方是否十分关注你的随身财物、身份证件等，及时识别他的不法企图并迅速脱身。

二、女生宿舍安全注意事项

要树立“安全第一”思想，时时、处处、事事均以安全为前提，从“万一会出现……”来考虑。

1. 经常检查门窗。如发现门窗损坏，及时报告有关部门修理。

2. 就寝前要关好门窗，特别是住在一楼的女生，就寝时一定要关好门窗，拉好窗帘，防止他人偷看和进入作案。

3. 在校外租房女生尽量保证两人以上，要随时关门，不要让陌生人进入室内。

4. 女生宿舍内不要留宿异性，尽量避免单独和男子到宿舍会面。

5. 住集体宿舍的女生，夜间上厕所要格外小心。如厕所照明设备已坏，应带上电筒，上厕所前仔细查看一下。有的犯罪嫌疑人事先躲藏在厕所里，利用女同学上厕所时伺机偷窥，甚至猥亵或强奸。

6. 如有人敲门，要问清是谁再开门。如发现有人想撬门砸窗闯进来，全室同学要团结一致，并同校保卫处及时取得联系，还要准备可供搏斗的东西，做好齐心协力反抗的准备。

7. 节假日期间，其他同学回家，不要独自一人住宿。回宿舍就寝时，要留心门窗是否敞开，防止有犯罪分子潜入伺机作案。如遇异常情况，可请同学同时进去。

8. 当遇到犯罪分子侵害时，要保持冷静，做到临危不惧、遇事不乱。一方面及时求救；另一方面与犯罪分子进行周旋，保留证据。

三、女学生出行应注意的安全问题

为提高女学生安全意识，保证出行人身及财物安全，女学生必须掌握出行安全知识。

1. 夜间行走要保持警惕。要走灯光明亮、往来行人较多的大道。在路边黑暗处行走要有戒备，最好结伴而行。

2. 女大学生外出时，最好结伴而行；不要给陌生男人带路，也不要让陌生男人带路。

3. 不要穿过分暴露的衣衫，防止产生性诱惑。短裙应过膝，上衣要包肩，不低胸，不露腰。不要穿行动不便的高跟鞋。

4. 外出时应尽量搭乘公交车，坚决不乘坐“黑车”或无牌照的车辆，防止落入坏人圈套。同时，要尽量避免夜间独自坐车或与陌生人拼车。即使乘坐出租车，也要记下车牌，留意行车路线，并及时告知亲朋好友。在乘车过程中如发现异常，应立即下车或报警，或向窗外呼救。具体做法如下：

切莫搭“黑车”

（1）要记住出租车公司及车牌号和司机的特征；

（2）夜间单独搭计程车时，可使用电话预订方式，令自己多一层保护；

（3）最好让朋友送你上车，并记下车号，在车窗外与你约定通话时间；

（4）上车时要特别注意车内有无异常情况，上车后可以当着司机的面给家人或朋友打电话，详细说明自己所乘车辆车牌号、所在地以及要去哪里，请对方在目的地等自己。

5. 外出遇到坏人，首先要高声呼救，假使四周无人，切莫慌张，要保持冷静，利用随身携带的物品或就地取材进行自卫反抗，还可采取周旋、拖延时间的办法等待救援。

四、陌生人答讪的应对技巧

女生自我保护，预防高于一切。遇到陌生人答讪，要做到以下几点：

1. 不要轻易相信陌生人，在与不熟悉的人交往时一定要注意时间、场合。去比较偏僻、人少的地方时，最好能有同伴陪同。

2. 不要和陌生人谈暧昧话题，遇到不怀好意的男人，要及时责斥。如初识的朋友与自己探讨性爱、艳遇这一类暧昧话题，要保持警惕；如果他们提供比较暧昧的图片、影像资料等，应坚决拒绝。在正常情况下，你的态度能让对方意识到自己行为的不妥。

3. 若遇对方以提供协助为由搭讪，应先考量是否造成危害与风险。若无法摆脱对方纠缠，可引领其走向警局、银行等可求助场所。

4. 不要去不合适的场所，不要与陌生人从事不合适的交往。不要单独与初识的朋友去过于僻静的场所约会。不宜参与喝酒特别是醉酒性的活动，不宜参与不熟悉的异性组织的聚会。

5. 交往陌生人要非常谨慎，尤其对街道、车站、商业步行街上的搭讪者要特别警惕，对火车、飞机上及旅游景点上的搭讪者也要谨慎。

五、如何防止性侵害

学校性侵害是指以女学生为目标，以暴力、胁迫或其他手段，违背其意志，占有或玩弄女性的行为。对女学生的性侵害，不仅使被害人的身心受到创伤，而且会使被害人的人格尊严受到污辱，从而导致女学生精神崩溃，甚至导致自残、自杀等严重后果。如何防止性侵害是必须掌握的安全防范知识。

（一）性侵害的主要形式

了解性侵害的表现形式，有助于预知风险、规避侵害。

1. 暴力型性侵害，是指犯罪分子使用暴力和野蛮的手段对女学生实施强奸。暴力型性侵害容易诱发其他犯罪。

2. 胁迫型性侵害，是指利用自己的权势、地位之便，对有求于自己的受害人加以利诱或威胁，从而强迫受害人与其发生非暴力型的性行为。

3. 社交型性侵害，是指在自己的生活圈子里发生的性侵害。与受害人约会的大多是同学、同乡，甚至是男朋友。社交型性侵害又被称为“熟人强奸”“社交性强奸”“沉默强奸”“酒后强奸”等。受害人身心受到伤害以后，往往出于各种考虑而不敢加以揭发。

4. 诱惑型性侵害，是指利用受害人追求享乐、贪图钱财的心理，诱惑受害人而使其受到的性侵害。

5. 滋扰型性侵害。其主要形式有：一是在公共汽车、商店等公共场所有意识地挤碰女生等；二是暴露生殖器等变态式性滋扰；三是向女生寻衅滋事，无理纠缠，用污言秽语进行挑逗，或者做出下流举动对女生进行调戏、侮辱，甚至可能发展成为轮奸犯罪。

（二）容易遭骚扰侵害的时间场所

犯罪作案时间、场所的选择有一定的规律性：

1. 夏天，是女学生容易遭受性侵害的季节。夏天天气炎热，女生夜生活时间延长，外出机会增多。夏季气温比较高，女生衣着单薄，裸露部分较多，因而对异性的刺激增多。

2. 夜晚，是女大学生容易遭受性侵害的时间。夜间光线暗，作案时不容易被人发现。所以，女学生应尽量减少夜间外出。

3. 公共场所和僻静处所是女生容易遭受性侵害的地方。公园假山，树林深处、僻街背巷、没有路灯的街道楼边、尚未交付使用的新建筑物内、下班后的电梯内、无人居住的小屋、陋室、茅棚等僻静之处，若女生单独行走或逗留，很容易遭受流氓袭击。所以，女生最好不要单独行走或逗留在上述这些地方。

（三）容易受性侵害的女性

虽然女性都可能成为性侵害的目标，但犯罪分子从犯罪意念产生、犯罪得逞的风险以及作案后逃避打击等方面考虑，他们通常选择以下人员为侵害目标：

1. 经常出入社会公共场所、装扮入时、行为不羁的女生；

2. 性格懦弱、胆小怕事的女生；

3. 作风轻浮、胡乱交友的女生；

4. 独处于教室、寝室、实验室、运动场或其他隐藏场所的女生；

5. 怀有隐私、容易被他人要挟的女生；

6. 贪图钱财、贪图享受、缺乏观察识别能力的女生；

7. 意志薄弱、难拒性诱惑，以及精神空虚、无视法纪的女生；

8. 夏季衣着单薄、裸露部分较多、曲线毕露的女生；

9. 夜晚长时间独自在室外活动的女生。

（四）如何免遭性骚扰、性侵害

女学生要对危险保持敏感和警觉，时刻绷紧安全神经，提醒自己危险就在身边，就在眼前。

1. 树立性侵害防范意识。如在社会交往中对同伴那些肮脏下流的笑话、淫秽暧昧的语言、挑逗暗示的动作坚决采取强烈的排斥态度，及时打消他们的侵害念头。

2. 注意仪表言行得体。身体暴露会给犯罪分子感官上刺激，加速其犯罪欲望。打扮大方得体，以朴实无华为好。女学生要懂得自尊自爱，不要与男性过分随便、亲昵甚至暧昧，不要有轻佻、挑逗性动作，使加害人误解，从而将自己置于一种潜在的危险环境中。

3. 关注所处环境。晚上尽量不要外出，有事外出尽早回来，夜晚外出结伴而行，走行人较多、路灯较亮的道路，经过树林、建筑工地、废旧房屋、桥梁涵洞等处时要特别小心。

4. 谨慎结交新朋友。发现对方时常有过分亲昵、挑逗等预兆性言行时，要及时果断地终止来往。不要轻信好话，不要单独跟新朋友去陌生的地方；控制约会环境，不去偏僻人少的地方；不要过量饮酒，不接受超过一般的馈赠。

（五）如何应对性侵害

性侵害真正来临时，应该按照以下防范方法应对：

1. 头脑清醒，控制情绪。女生在遭受性侵害时，保持头脑清醒、情绪稳定是最重要的。只有设法使自己沉着、冷静下来，才能明白性侵害者的意图，才能巧妙与其周旋，从而找出摆脱困境的方法。

2. 明确意愿，态度坚决。有时性侵害行为是性侵害者错误地理解了被侵害人的意思后发生的，因此，女生遇到别人要对自己进行性侵害时，应当坚定地表明自己的态度。表明反对态度能够有效防止熟人之间的性侵害行为发生，也能够使一些陌生的性侵害者放弃性侵害企图。

3. 沉着理智，机智反抗。在遭到性侵害时，被害人要注意了解性侵害者的弱点和周围环境，以及一切可以利用的积极因素，采取恰当的措施进行反抗，尽可能地结合自己平时生活中积累的经验和知识，予以防范。

4. 采用暴力，正当防卫。女生在遭受性侵害时，可采取一些暴力防卫措施，特别是对犯罪分子身体薄弱部位进行有效的攻击（如脸部、腹部、下身等），使性侵害人的身体产生伤痛，从而使其终止侵害行为，同时为自己逃脱或获救创造条件。

5. 抓紧时机，迅速脱身。犯罪心理学表明，性犯罪的主体在实施犯罪过程中，心理变化有一个从冲动到后悔再到恐惧的过程。一旦侵害行为得逞，激情消退，侵害人会产生后悔、自责心理。女生要抓住一切有利时机，为自己脱身创造条件，避免进一步受到伤害。

（六）发生性侵害后的应对措施

如果一切努力都失败，还是受到侵害，这并不是你的错，而是坏人的错。一定要冷静面对，要避免激发加害者杀人灭口；一定要勇敢面对现实，及时告诉家长和老师并报警。

1. 及时报案不要拖。遭遇性侵害后，女生一定要打消顾虑，及时向有关部门报案，不能因为害怕名誉受损，将苦果咽下去，这样会使犯罪分子逍遥法外，也会使更多的女性受害。

2. 配合调查要积极。性侵害发生后，在报案的同时，被害人要将侵害的有关物证保留好，并将犯罪分子的体貌特征、衣着打扮、口音、携带物品、受伤状况等情况如实地向有关调查人员反映，为公安机关破案提供线索。

3. 心态调整不极端。被侵害后，部分女生会意志消沉，精神萎靡，心理负担加重，整天生活在被侵害的阴影中，久而久之，会产生厌世情绪，甚至破罐破摔，走上自甘堕落的道路。正确的应对应是不走极端，冷静面对，尽快从心理的阴影中走出来。

（七）女生正当防卫的方法

为了帮助女生急难中能使用我国刑法界定的“正当防卫”手段，以下几种“正当防卫”方法，可供女性在遭遇色狼时使用。

“喊”——有道是“做贼心虚”。色狼在实施犯罪行为时，心虚得多。假如色狼正处于犯罪初始阶段，女性应当大声呼救，以求得他人闻警救助。这有可能阻止犯罪嫌疑人继续实施犯罪。

“抓”——可以狠抓犯罪嫌疑人的面部、要害处。只有抓得狠，抓得死，将其抓破，才能达到制服色狼、收集证据的目的。将留在指甲里的血肉送公安机关，即可作为不法侵害的证据。

“踢”——面对一时难以制服的色狼，可以拼命踢向他的下身致命器官，这样可以削弱其加害能力。这一手不少女性在自卫中使用过，极见成效。

“咬”——色狼施暴时常常先将女性的双臂缚住，此时在不得已中应抓住时机咬住其肉体不松口，迫使其就范。有位女性在被害过程中，遭色狼强行接吻，情急中她“稳、准、狠”地咬住了色狼的舌头，致使其疼痛休克，被捉送至公安机关。

女子防身术

“套”——如果几经反抗不力，色狼侵害得逞，此时也不可轻易放过（有些受害女性到此时就彻底放弃反抗了），可以采取“套”的办法将其擒获。如一位女子被害后哭着说：“这么一来……我连对象都没法找了……你要是没有对象咱就……”次日晚，当色狼再次去找该女子“谈情说爱”时，被早已等在那里的公安人员抓获。

“刺”——如果遇上色狼手中有凶器，女性仍要沉着，要胆大心细，借机行事。有一妇女被持刀色狼相逼，她临危不慌，让色狼先行脱衣，当色狼脱衣时，该妇女快速抢过刀具朝色狼要害处刺去。

拓展一步

一、强制猥亵、侮辱妇女罪之规定

强制猥亵、侮辱妇女罪客观方面表现为以暴力、胁迫或者其他方法强制猥亵妇女，或者侮辱妇女的行为。主观方面，行为人猥亵、侮辱妇女具有违背妇女意志的特征。

本罪的处罚应依据《刑法》第二百三十七条之规定：以暴力、胁迫或者其他方法强制猥亵他人或者侮辱妇女的，处五年以下有期徒刑或者拘役。聚众或者在公共场所当众犯前款罪的，或者有其他恶劣情节的，处五年以上有期徒刑。

二、强奸罪之规定

强奸罪，是指违背妇女意志，使用暴力、胁迫或者其他手段，强行与妇女发生性交的行为。

本罪的处罚应依据《刑法》第二百三十六条：

以暴力、胁迫或者其他手段强奸妇女的，处三年以上十年以下有期徒刑。奸淫不满十四周岁的幼女的，以强奸论，从重处罚。强奸妇女、奸淫幼女，有下列情形之一的，处十年以上有期徒刑、无期徒刑或者死刑：

（一）强奸妇女、奸淫幼女情节恶劣的；

（二）强奸妇女、奸淫幼女多人的；

（三）在公共场所当众强奸妇女的；

（四）二人以上轮奸的；

（五）致使被害人重伤、死亡或者造成其他严重后果的。

知行合一

1. 自我保护能力自测案例分析

李梅自己第一次出远门到外地过暑假，站在陌生城市的十字路口，放下旅行包，四处张望。一辆风驰电掣的摩托车停在她身旁。“我可以帮助你吗？”一个帅小伙问。李梅怯生生地说：“请问：人民路怎么走？”帅小伙笑道：“不远，你坐后头，我带你去。”那个人见李梅没动，又笑道：“不要脚钱，巧了顺路。”说着，伸手帮着提旅行包。

此时李梅的正确反应应是什么？让多个女生分别模拟不同的反应，同学们讨论哪一种是正确的选择，哪一种是最危险的选择。

2. 女生遇到色狼时怎样进行正当防卫？引导学生熟练掌握攻击色狼要害部位的方法。

模块三 杜绝“黄、赌、毒”

“黄”“赌”“毒”危害甚广：吸毒让人上瘾堕落，赌博使人倾家荡产，黄色诱惑严重地侵蚀着学生们的心灵，从而导致道德人伦扭曲，诱导青少年走上违法犯罪的道路，诱发大量刑事犯罪案件的发生。

典型事例

1. 2016年8月，某中学18岁学生杨过获得地区中学生电脑操作大赛第一名，父母以他为骄傲，放松了对他上网的限制。杨过偶然打开了黄色网站，网站中淫秽的内容及刺激的图片让他性欲萌动热血沸腾。此后，他便经常浏览一些黄色网站，整日幻想着性的镜头，以致荒废了学业。一天，在浏览完黄色网站后，在强烈欲望的支配下，他利用糖果将一名7岁的女孩骗到自己家中，对该女孩实施了强奸。后来，杨过又用同样的手段，将另一名幼女骗到家中实施了强奸。杨过最终因奸淫幼女犯强奸罪被判十年有期徒刑。

2. 2014年6月世界杯足球赛开始了，某省技校学生王凯和几个同学搞了个博彩猜球赛，开始赌球。世界杯比赛结束，马凯赢了将近一千元钱。尝到了甜头之后，王凯开始疯狂地迷恋上了赌博。一开始只是参加一些地下赌球，结果输得一塌糊涂。王凯对此不甘心，开始接触各种形式的赌博，并沉迷其中，不能自拔。在几乎花光了身上所有的钱之后，他想到了盗窃。某天，王凯的同学又发现自己笔记本电脑不见了。报警后，警方很快将王凯抓获。王凯因犯盗窃罪被判有期徒刑两年。

3. 2016年3月5日中午，某市职业学校17岁的刘某、林某等几个同学在一起喝酒，酒后又在一起玩牌赌博。因为林某输光了生活费，刘某讽刺挖苦了几句，输红了眼的林某竟拿起一把水果刀捅向刘某，刘某当场死亡。因一时冲动酿成惨剧，最终林某因犯故意伤害罪被判有期徒刑十五年。

4. 王哲是上海某名牌大学的学生，一次聚会中，没能顶住朋友的诱惑，沾上了毒品。一天毒瘾发作，吸食K粉后导致四肢抽搐、口吐白沫、神志不清。朋友赶紧拨打了120急救电话，医生诊断："吸毒过量，呼吸循环衰竭导致死亡。"一个年轻有为的生命就这样毫无价值地消失了。

5. 2016年7月，某市高职大二女生莉莉，假期随男友去深圳打工，却染上了吸毒的恶习。积蓄全变成了毒资付诸东流后，莉莉与几位"毒友"便打起抢劫的念头。他们把两位香港籍男士诱骗到出租屋的，实施抢劫杀人犯罪，最终因故意杀人罪被判处死刑。

6. "可不可以帮我送货？"一男子在某工厂招工点主动过来与宋某搭讪，说着从口袋里掏出一包东西，表示只要送到附近指定的地点，就能拿到50元现金作为"跑腿费"。面对赚钱如此轻松的活计，某技校16岁学生宋某即刻被打动，从此当起了贩毒"马仔"。法院审理认为，宋某明知是毒品，仍多次帮人贩卖，其行为已构成贩卖毒品罪。因其在共同犯罪中起次要作用，系从犯，且犯罪时已满16周岁不满18周岁，到案后能如实供述自己的罪行，故依法予以减轻处罚。最终宋某被判处有期徒刑3年，并处罚金1000元。

各抒己见

1. 你认为色情文化是诱发青少年性犯罪的最大"幕后黑手"吗？
2. 青春期男孩如何抵挡黄色诱惑？
3. "小赌怡情，大赌伤身"之说有道理吗？你怎么看？
4. 为什么说毒品是邪恶的化身？

专家点评

1. 美国教授布鲁克警告说："同时拥有成人的身体和孩子的头脑是很危险的。"事实上，对于那些黄色的诱惑，并不是所有的青春期孩子都感兴趣，也并不是每一个接触这些黄色诱惑的人都会走上犯罪的道路。关键在于男孩是否有"底气"来抵挡诱惑。对于青春期男孩来说，这种底气来自于他的道德意识、情趣爱好和人生追求。而这一切都离不开父母的教育和学校传统文化的学习。通过对在押少年犯的调查，我们看到：在所有在押的少年犯中，因色情录像书刊而走上性犯罪道路的少年犯所占的比例高达80%。也就是说，色情文化是诱发青少年性犯罪的最大"幕后黑手"。

2. 王凯因为赌博使得社会责任感、耻辱感、自尊心都受到严重削弱，最终因犯盗窃罪被判刑。赌博活动的结果与金钱、财物的得失密切相关，会使青少年把人们之间的关系看成赤裸裸的金钱关系，逐渐成为自私自利、见利忘义的人。

3. 赌博使青少年情绪容易冲动进而导致犯罪，现实生活中许多青少年因为赌博而引起暴力犯罪。

4. 吸毒者一次吸毒终生难戒，对毒品的依赖性难以消除。吸食毒品会严重损害人体的生命健康。

5. "毒品是邪恶的化身。"吸毒的可怕不仅仅在于毒瘾发作时肉体的痛苦，更在于它奴役着吸毒者的精神。毒品在吞噬了金钱的同时，也吞噬了人性。莉莉与几位"毒友"，毁灭自我的同时，也毁灭了亲人和家庭。

6. 宋某由于一念之差，没有抵挡住诱惑，明知是毒品，仍多次帮人贩卖，构成贩卖毒品罪，甚为惋惜。

知识讲堂

一、抵制"黄害"诱惑

黄色书刊、黄色影片及网站是一种精神鸦片、"电子海洛因"，只会给人带来劣质的感官刺激，污秽人的心灵，扭曲人的爱情观、价值观、人生观。青春期男孩缺乏足够的免疫力和抵抗力，很容易被这些"垃圾"所诱惑，以至于最终沉溺其中而不能自拔，形成一些错误的性观念。"黄害"诱惑不但会影响到学生的身心健康，甚至还会诱发犯罪。怎样才能抵制黄害诱惑呢？

1. 培养自己对所学专业的浓厚兴趣，努力学习专业知识。尽管社会需要复合型人才，但专业知识仍是大多数学生将来求职立业的基础。把专业学好，才能生活得充实。

2. 兴趣转移，淡化注意力。积极参加体育、文娱等各类集体活动，丰富业余生活，培养广泛兴趣，参加社会实践，用其他爱好和休闲娱乐转移注意力，冲淡网络的诱惑。体育锻炼，不仅有利于身体健康，也有益于心理健康，能有效预防、矫治网络成瘾。

3. 与亲友、老师、同学建立良好的人际关系。在现实生活中获得大家的理解与支持，要克服凡事要完美的个性。给自己和他人留些空间，要多用欣赏的眼光看世界，学会去爱，促使自己拥有博大的胸怀，获得别人的尊重与信任。

4. 矜持理智，强化自制力。人不可能毫无欲念，但人的冲动是受道德约束的，人的意志完全可以战胜人体本能的欲望。加强自制力锻炼就能克己制欲。一般来讲，一个矜持理智、自制力强的人往往性格开朗，兴趣广泛，具有良好的道德素养及生活习惯；所以即使产生性冲动，也会用自制力加以抑制。要限制上网时间，倡导绿色上网，远离网络垃圾。

5. 培养自己的意志、品质，增强自我约束能力，抵制诱惑，净化刺激源。淫秽的书籍和音像制品极易诱发少男少女冲动，导致其发生不正当行为。青春期的男孩女孩应自觉抵制诱惑，避免观看有性刺激的书刊、音像，净化身边刺激源。课余时间不妨多读一些健康有益的书籍，以免心思走上岔道。要加强对不良情绪的调节，保持健康的情绪。

二、远离赌博恶习

赌博是一种恶习，是危害青少年健康成长的毒瘤。青少年由于自控能力不强，更容易受赌博的诱惑而身陷其中。如果不能及时纠正，就会因为赌博造成倾家荡产，甚至引发犯罪。

（一）什么是赌博

赌博是一种用财物作注争输赢的行为，是一种丑恶的社会现象，是利用赌具，以钱财作赌注，以占有他人利益为目的的违法犯罪活动。虽然我国的《刑法》第303条明文规定了“赌博罪”，禁止任何以营利为目的的赌博行为，但是在青少年学生中，这种不良行为还是具有很高的发生率。

（二）赌博的诱惑方式

一是为赢利而赌。其参赌者获胜的机会越大，参赌的动机越强；其赌注得失的差额越大，对赌徒的吸引力也就越大。赌徒如果在赌场赢了，会继续赌，想赢得更多；一旦输了，就想挽回损失，也会继续赌下去。这就对赌徒形成一种间歇性的强化机制，使他们在希望与绝望之间越陷越深而不能自拔。

二是为娱乐而赌。很多人在游戏活动中加入了赌博成分，由于赌的数额很小，赢了能享受到成功的喜悦，输了损失也不大。但由于金钱对人的巨大诱惑，这种以娱乐为主的动机，很容易发展为赢利的动机。

三是从参赌之中体验竞争。技术性赌赛活动的竞争性很强，有些人有强烈的好胜心理，希望通过参赌战胜对手。

四是通过参赌寻求刺激。其参赌项目越富刺激性和冒险性，对以赌博寻求刺激的人来说吸引力就越大。

五是想以参赌逃避现实。这些人开始的动机多在于逃避家庭或社会对自己的压力或责任，达到麻醉自己的目的。

（三）赌博的危害性

1. 会使青少年人生观、价值观发生扭曲。赌博易使青少年产生贪欲，久而久之会使他们的人生观、价值观发生扭曲。

2. 严重影响学习。赌博会大量浪费学习和休息的时间，会使学生成绩落后，甚至产生留级、退学等后果。

3. 形成不良的心理品质。赌博毒害青少年的心灵，易使青少年产生好逸恶劳、尔虞我诈、投机侥幸等不良的心理品质。

4. 引诱青少年走上违法犯罪的道路。赌博习惯较难改，经常赌博还会沾染偷窃、说谎、打架等不良行为，从而走上违法犯罪道路。

（四）抵制赌博

认识到赌博的危害后，我们要做到：

1. 遵守校纪校规，养成遵纪守法的良好习惯，积极与赌博行为做斗争。

2. 充分认识赌博的危害，培养高尚的情操，多参加健康积极的文体活动，充实自己的业余活动。

3. 要防微杜渐，分清娱乐和赌博的界限。不参加有潜在赌博倾向的隐匿的赌博娱乐活动，如利用扑克牌赌钱，杜绝由小赌逐渐演变成大赌的倾向。

4. 思想上要警惕，不要因为顾及朋友、同学的情面而参与赌博。遇到他人相邀，要设法拒绝。

5. 要从关心同学出发，制止他人参与赌博，必要时向老师或学校有关部门报告。

6. 始终要清楚赌博是违法犯罪行为，参与赌博就是犯罪的开始。

青少年学生必须明白，私彩也好，赌球也罢，都是不合法的，而学生参赌对社会的危害更大。作为学生，应好好读书，不要轻易受到外界的诱惑和影响。此外，学校和家长也应该加强对学生的教育，杜绝学生参与赌博等各种非法行为。一旦发现私彩黑手伸入校园，一定不要东躲西藏，正确的处理办法就是及时报警。从现在开始，我们应从自身做起，洁身自好，摒弃贪婪和一夜暴富的想法。

三、严防毒害侵袭

毒品是人类社会的一大公害。因为吸毒，全球每年约有10万人死亡，100万人丧失劳动能力。国内外大量调查显示，在吸毒人群中青少年占大多数。青少年是祖国和民族的未来，要坚决制止毒品的蔓延，珍爱生命，远离毒品。

（一）毒品及其分类

毒品是指鸦片、海洛因、冰毒（甲基苯丙胺）、吗啡、大麻、可卡因以及国家规定管制的其他使人形成瘾癖的麻醉药品和特种药品。一切列入国家管制的麻醉药品和精神药品，一旦被非法使用便是毒品。

毒品通常分为麻醉药品和精神药品两大类。麻醉药品包括鸦片类（鸦片、吗啡、海洛因）、可卡因类（古柯碱、盐酸可卡因）、大麻类（大麻烟、大麻脂、大麻油）、合成麻醉药品类等。精神药品包括苯丙胺类药物、催眠药、安定药等。日常生活中常见毒品主要有摇头丸、海洛因、冰毒、K粉、鸦片、古柯碱、杜冷丁等，常见的毒品原植物有罂粟、大麻。

（二）毒品上瘾的原因

毒品上瘾主要有三个原因：

第一是生理因素。人脑中本来有一种类吗啡肽物质，维持着人体的正常生理活动。吸毒者吸食毒品后，外来的类吗啡肽物质进入人体后，减少并抑制了自身的分泌，最后自身的类吗啡肽物质完全停止分泌，只有靠外界的毒品中的类吗啡肽物质来维持人体的生理活动。一旦外界停止供应类吗啡肽物质，人的生理活动就会出现紊乱，出现医学上说的“反跳”或“戒断症状”。此时，只有再供给类吗啡肽物质，才可能解除这些戒断症状，这就是所谓的“上瘾”。

第二是社会因素。社会因素指能否在社会环境中获得毒品，社会法律对毒品的态度等。涉毒违法犯罪近年来一直是我国法律打击的重点，对情节严重的可以判处死刑。全民打击毒品犯罪，从我做起，坚决拒绝毒品。

第三是心理因素。研究表明，在不同性格人群中，易冲动、对社会具有反抗性以及对挫折忍受差的人有着相对较高的吸毒危险性，即具有较高的滥用药物成瘾的易感性。从一定意义上说，文化背景决定哪些人易成为毒品的俘虏。

（三）毒品带来的危害

毒品的危害，可以概括为“毁灭自己，祸及家庭，危害社会”。

1. 吸食毒品会严重损害人体生命健康，毁灭自己。吸毒会使人的生理功能会发生紊乱，会扰乱正常神经活动，侵害大脑、心脏、肝脏、肾脏等组织器官。加上生活方式的改变，吸毒者极易感染艾滋病等多种疾病。毒瘾发作时难以忍受毒瘾巨大的痛苦，往往导致自伤、自杀、自残。严重的吸食、注射会直接导致死亡。据有关部门统计，吸毒者多数短命，一般寿命不超过四十岁。

珍爱生命，远离毒品

2. 祸及家庭。吸毒需耗费大量钱财，毒瘾永远不可能得到满足，即使有一定的经济基础也只能维持一时。吸毒者为满足毒瘾，往往不惜遗弃老人，出卖子女，甚至胁迫妻女卖淫以获取毒资。另外，女性吸毒者还可能使刚出生的婴儿染上毒瘾成为小小的“瘾君子”。

3. 吸毒是诱发犯罪的重要原因。吸毒和犯罪是一对孪生兄弟。吸毒者在耗尽个人和家庭钱财后就会铤而走险，走上违法犯罪的道路，进行以贩养吸、贪污、诈骗、盗窃、抢劫、凶杀等犯罪活动。女性吸毒人员往往靠卖淫维持吸毒。这些必将扰乱社会治安，给社会安定带来巨大威胁。

（四）预防毒品的侵袭

青少年由于社会阅历浅，辨别是非能力较差，易于推崇和盲从。许多青少年吸毒者说：“我是看到别人吸才吸的。他们吸得，我为什么吸不得？”无论在什么情况下，都不应产生尝试毒品的念头，永远同毒品保持距离。

1. 充分认识毒品的危害性及毒品与违法犯罪活动的联系。加强自身的学习和法律意识修养，培养高尚的情操和伦理道德观念。

2. 积极参加有益健康的文体活动，增强集体观念，培养广泛的兴趣和爱好。

3. 提高对毒品的防御能力，不出入营业性歌舞厅等高消费娱乐场所，不结交有吸毒恶习的朋友或听信他们的馋言。在陌生人、熟人大肆吹嘘毒品的妙境，甚至无偿提供毒品的情况下，更应提高警惕，抵御诱惑，不中圈套，同时应将这些人的行为及时报告家长、学校、当地公安机关。

4. 要保持心理防线，切记不要盲从。绝不可因好奇而尝试毒品，不要尝试第一口，而且应时时告诫自己，一日染毒，终身戒毒。

5. 一旦沾染毒品，要积极主动地向老师和学校报告，自觉接受学校、家庭及社会有关部门的监督戒除及康复治疗。

拓展一步

一、传播淫秽物品罪之规定

传播淫秽物品罪指以传播淫秽的书刊、影片、音像、图片等淫秽物品为表现形式或者利用信息网络、电话以及其他通信工具传播淫秽信息，扰乱国家对淫秽物品的管理秩序，危害广大人民特别是青少年身心健康的违法行为。

传播淫秽物品罪的处罚：《刑法》第三百六十四条　传播淫秽的书刊、影片、音像、图片或者其他淫秽物品，情节严重的，处二年以下有期徒刑、拘役或者管制。向不满十八周岁的未成年人传播淫秽物品的，从重处罚。如果不以牟利为目的，利用互联网、移动通信终端、聊天室、论坛、即时通信软件、电子邮件等方式传播淫秽电子信息，以传播淫秽物品罪定罪处罚。

《治安管理处罚法》第六十八条规定：制作、运输、复制、出售、出租淫秽的书刊、图片、影片、音像制品等淫秽物品或者利用信息网络、电话以及其他通信工具传播淫秽信息的，处十日以上十五日以下拘留，可以并处五千元以下罚款；情节较轻的，处五日以下拘留或者三千元以下罚款。

二、赌博罪之规定

赌博罪是指以营利为目的，聚众赌博或者以赌博为业的行为。

赌博罪的处罚：

《刑法》第三百零三条　以营利为目的，聚众赌博或者以赌博为业的，处三年以下有期徒刑、拘役或者管制，并处罚金。《治安管理处罚法》第七十条　以营利为目的，为赌博提供条件的，或者参与赌博赌资较大的，处五日以下拘留或者五百元以下罚款；

情节严重的，处十日以上十五日以下拘留，并处五百元以上三千元以下罚款。

三、非法持有毒品罪之规定

非法持有毒品是指明知是鸦片、海洛因或者其他毒品，而非法持有且数量较大的行为。非法持有鸦片二百克以上、海洛因十克以上或者其他毒品数量较大的，构成本罪 。

非法持有毒品罪的处罚：

《刑法》第三百四十八条　非法持有鸦片一千克以上、海洛因或者甲基苯丙胺五十克以上或者其他毒品数量大的，处七年以上有期徒刑或者无期徒刑，并处罚金；非法持有鸦片二百克以上不满一千克、海洛因或者甲基苯丙胺十克以上不满五十克或者其他毒品数量较大的，处三年以下有期徒刑、拘役或者管制，并处罚金；情节严重的，处三年以上七年以下有期徒刑，并处罚金。

四、吸食、注射毒品的处罚

《治安管理处罚法》第七十二条　有下列行为之一的，处十日以上十五日以下拘留，可以并处二千元以下罚款；情节较轻的，处五日以下拘留或者五百元以下罚款：（1）非法持有鸦片不满二百克、海洛因或者甲基苯丙胺不满十克；（2）向他人提供毒品的；（3）吸食、注射毒品的；

第七十三条　教唆、引诱、欺骗他人吸食、注射毒品的，处十日以上十五日以下拘留，并处五百元以上二千元以下罚款。

对吸食、注射毒品的违法人员处以拘留和罚款；吸毒成瘾者予以强制戒毒。屡教不改的被强制戒毒两年。

知行合一

一、判断题

1. 黄色诱惑，所有青春期孩子都会感兴趣，但并不是每一个接触这些黄色诱惑的孩子都会走上犯罪道路。（　　）

2. 黄色书刊、漫画、录像、网站等虽然没有任何思想学术、艺术价值，但是能够学习“性知识”，看看不会有太大危害。（　　）

3. 赌博给人带来刺激，让人在竞争中体验输赢带来的胜利与挫折，从而激发了人们的侥幸心理，所以赌博不会引发犯罪。（　　）

4. 参与赌博赌资较大的，处五日以下拘留或者五百元以下罚款。 （　　）

5. 当人吸毒成瘾后，一旦中止使用，身体上便会产生肌肉巨疼、腹痛呕吐、焦虑狂躁、精神分裂等。使用者可以从精神上和身体上摆脱对毒品的依赖。 （　　）

6. 运输海洛因或者甲基苯丙胺五十克以上有可能被判死刑。 （　　）

二、选择题

1. 引诱孩子沉迷色情网站的重要原因是（　　）

A. 没有“底气”来抵挡诱惑

B. 为了获得利益

C. 因为一时的好奇心

2. 下列哪种方法可以帮助孩子摆脱赌博（　　）

A. 预防和减少孩子参与赌博行为的可能性

B. 对于参与赌博的孩子，要有针对性地进行教育引导

C. 以上都是

3. 毒品的特征分别是（　　）

A. 依赖性　　B. 耐受性　　C. 非法性　　D. 危害性

三、论述题

1. 迷恋色情网站不能自拔怎么办？

2. 如何才能抵制赌博的诱惑？赌博极易产生什么后果？

3. 吸毒者在生理脱瘾后复吸率居高不下的最主要原因是什么？

模块四　提高警惕，捍卫财产安全

学生个人财产的保护有两种途径——公力保护和自力保护。公力保护是指利用法律，依靠公安、司法、行政职能部门的保护。自力保护是凭借自己对财产安全的防范意识和基本常识，依靠自己的力量，对财产的不法侵害进行事前预防和适时防卫以及事后救济，即防盗窃、防诈骗、防抢劫、防抢夺。

典型事例

1. 2015年8月，某技校学生王某交了女朋友，花费入不敷出。王某见室友刘某买了一台高端笔记本，便打起了主意。一天，刘某要去社团活动，王某知道刘某有不锁宿舍门的习惯，便谎称去图书馆，他估算好刘某也离开了宿舍，就偷偷回去。果然刘某没锁宿舍门，笔记本电脑就放在刘某床上，王某就把电脑偷走藏了起来，然后回到图书馆。刘某回到宿舍发现电脑被盗时，王某假装一直没有回去过。刘某认为自己最后离开，未锁宿舍门，违反宿舍制度，故没有声张。王某把赃物卖了2000多元，尝到了甜头。一天，王某发现对面宿舍锁门后钥匙放在门梁上，就从门梁上拿到钥匙，盗得现金800多元、笔记本电脑1部、照相机1部，共得赃款5000多元。最终，王某因犯盗窃罪被判有期徒刑2年。

2. 2016年1月，某大学学生魏某某，在网络上发布了一条赚钱信息，承诺只要学生用自己的学生证从分期信贷网站代买一部苹果平板电脑，便能得到200元的“佣金”，而分期贷款全部由他按期偿还。某高校学生刘某使用学生证、身份证去办了分期付款买苹果平板电脑业务。快递送来货后，他通知魏某某去取货，事后果然收到了魏某某打来的200元佣金，而且魏某某一个月后还真偿还了第一笔分期贷款。然而，到了第二个月，魏某某就联系不上了，信贷公司却一直催债，他才发现自己被骗了。警方查明，从2016年1月至2016年12月间，魏某某通过此类手段共骗了100多名学生，套现近30万元，却只还贷8万余元。最终，魏某某犯诈骗罪获刑八年。

3. 2016年12月，某校一男一女两名大学生正在一个僻静的树林中漫步，突然一群小混混围上来要抢劫。女生吓得直发抖，男生则镇定自若，掏出香烟、打火机和身边的数百元钱，说自己愿意和他们交个朋友。小混混一见他那么“爽快”，也没有过多地为难他们，拿了钱便扬长而去了。等他们走后，男生叫女生去报案，自己悄悄跟在小混混后面。不久，有说有笑正在分享“战果”的小混混，便全部被警察抓获了。

4. 2016年6月的一天，某中学学生杨某在放学回家的路上边走边发短信。突然出现两个骑摩托车的十八九岁的男孩，顺手抢了其价值5000多元的苹果手机。事后，杨某得知抢夺者是某技校的学生，于是通过朋友传话要求他们归还手机。对方答应下午放学后老地方见。见面后，抢杨某手机的两个人，就开始对其拳打脚踢。结果杨某鼻梁骨被打断，还被抢走手表。至此，杨某家长才知道并报警，抢劫者受到法律制裁，杨某也住院治疗。

各抒己见

1. 你认为案例1中刘某对自己财产的自力保护漏洞有哪些？

2. 为什么说人无贪念不易受骗、天上掉的馅饼只会砸死人？

3. 万一遭到抢劫、抢夺，你能在保护自己的同时又将罪犯捉拿归案吗？

专家点评

1. 王某认为只要外表光亮、有钱就会赢得女朋友喜爱，这种价值观很容易驱使其犯罪。刘某对自己的财产不知道怎样进行自力保护，没有防盗意识，不声张等于纵容了王某滑向犯罪。

2. 出借身份信息，就能赚取200元，贷款也不用自己还。近些年的电信诈骗花样百出。难道真有天上掉馅饼的好事吗？为什么学生屡屡被骗？ 学生社会经验较少，防范意识不高，关键是忘记了人无贪念才不易受骗的道理。

3. 事例3中的这位男生临危不惧、随机应变，既保护了自己又捉拿了罪犯。而事例4中的杨某被抢夺时没有及时报警，想自己处理结果不但没要到手机，反而遭到了殴打抢劫。所以，遭遇抢劫、抢夺时，应当懂得怎样保护自己，这才是最重要的，一时之气是没有用的。要学习防范知识，同时要知道，不同的方式会有不同的结果。

知识讲堂

一、怎样预防学校盗窃案件

据统计，目前在校园内所发生的盗窃案件占学校各类案件总数的 60% ~ 70% 左右，并呈上升趋势。其中，入室盗窃最为常见，它发案率高、数量大、危害面广。绝大多数大学生社会阅历不深，防范意识不强，易于成为盗窃的重点对象。一般而言，校区发生的盗窃案件有以下特点和预防方法：

（一）学校盗窃案的作案方式

盗窃方式，是指盗窃案件中作案人窃得他人财物的方法，包括作案人入室窃得财物逃离现场所选择的方法。

1. 顺手牵羊：作案分子趁人不备将放在桌上、走廊、食堂座椅等处的钱物信手拈来而占为己有。

2. 内外勾结：作案分子与学生结伙入室行窃。

3. 窗外“钓鱼”：作案人用竹竿等工具在窗外将被害人衣物等盗走。

4. 撬门翻窗：作案人使用各种工具撬开门锁而入室行窃或翻越没有牢固防范设施的窗户入室行窃。

5. 偷配钥匙：作案人用同学随手乱扔的钥匙，秘密配制相同的门钥匙或橱柜钥匙，伺机作案行窃。有的甚至直接用同学的钥匙打开橱柜，窃得财物。由于被盗同学不良的生活习惯，给作案人可乘之机。

6. 插片开门：作案人利用身份证、饭卡等工具，插入门缝当中，使暗锁锁舌缩进，将门打开行窃。许多学生自己忘带钥匙，也采用这种方法以图方便。近年来，这种方式的盗窃案件呈逐步上升趋势。

（二）有规律性的发案时间

由于学生的生活规律性，作案时间多发生在以下时段：

1. 刚入学、宿舍较乱时容易发生盗窃；

2. 放假前容易发生盗窃；

3. 学生离校后，易发生撬门扭锁盗窃；

4. 同学上课、晚自修时间易被盗；

5. 夏秋季节，学生开窗、开门睡觉时易发生“钓鱼”盗窃；

6. 校内举办各种大型活动期间易发生盗窃；

7. 毕业生临近毕业，宿舍来往人员混杂，容易被盗；

8. 在教室、食堂用书包占座，或者把物品留在教室，人独自离开，容易发生盗窃事件。

（三）易发案的学生宿舍

如果你住在具有以下特点的学生宿舍中，更应提高警惕，因为这类宿舍发案往往较多。

1. 混住的宿舍。不同班级或不同专业的同学混住一室，由于相互之间不太熟悉，加之上课或集体活动不统一，人员常有进出，极容易被盗窃分子钻空子。

2. 偏僻和容易逃离的宿舍。宿舍底层、顶层或拐角处的学生宿舍是盗窃分子极易选择的作案地点，这些地方平时不被人们留意，容易躲藏或逃跑。

3. 管理松懈、制度不严的宿舍。由于管理不严，闲杂人员极易混入，小商小贩也可进来挨门售货，容易发生“顺手牵羊”或乘虚而入进行盗窃的现象。

4. 缺乏警惕、互不关心的宿舍。对陌生人在宿舍楼里乱串现象漠不关心，甚至发现可疑情况也不汇报，使盗窃分子有可乘之机。

（四）被盗后的应急措施

发现被盗切莫惊慌失措，可按以下方法处理：

1. 发现宿舍被盗应立即向学校保卫处报告或打110。你可以让其他同学去报案，你到各个楼层、厕所看一看，特别是高处的楼层，看看有没有可疑人。

2. 保护好现场，不要进入，为公安部门现场勘察、获取侦破证据创造有利条件。

3. 如果发现存折被盗，应尽快到银行办理挂失手续。

4. 和办案人员一块去看宿舍楼的监控，并及时提供相关线索。

5. 学生外出在公共场所被盗应及时向当地公安机关报案或拨打110报警。

（五）预防被盗的方法

防盗的基本方法有人防、物防和技防等。人防是预防盗窃最直接有效的方法。物防是一种基础设施防护。技防是指利用监控系统查找入侵的防范措施。对于学生来说，最重要的是做好人防。

1. 校园内防盗

（1）要养成随手锁门的好习惯。最后离开教室或宿舍的同学，要关好窗户锁好门。短时间离开时，如去串门聊天、买饭、打开水等，也要及时锁门；夜间睡觉、早晨锻炼或上早自习时，不要认为室内有人就放松警惕，要随手锁门。

（2）不要留宿外来人员。违反学生宿舍管理规定，随便留宿不知底细的人员，就等于引狼入室而将后悔莫及。

（3）发现形迹可疑的人员应多加注意。作案人到教室和宿舍行窃时，往往要找各种借口，如找人或推销商品等，一旦发现要及时向保卫处汇报。

（4）在假期中，因多数学生回家，留校的少数同学不上课，喜欢带上社会上的朋友和外校的同学进校玩，来往人员较复杂，容易发生盗窃案件。对这一现象要提高警惕，严加防范。

（5）做到换人换锁，并且不要将钥匙随便借予他人，防止在钥匙失控的情况下，被人复制或直接打开宿舍、自管教室行窃。

（6）宿舍不要放现金和贵重物品，电脑，手机等要随身带着，或者寄存到宿管，也不要在其他同学面前炫富，以免被他人嫉妒，给自己带来祸患。自习后把重要的笔记、书本和书包背走，虽然麻烦却能带来安全。

2. 预防外出钱物丢失

（1）除非迫不得已，不要携带大量的现金和贵重物品到人多拥挤的地方去；如必须带的钱款较多，可分散放置在内衣口袋里，只放少数钱在手边以便购买车票或零星物品。

（2）不要把钱夹放在身后的裤袋里，钱包里或者包里别同时放身份证和银行卡，贴身物品带在身上。

（3）在人多眼杂处尽量减少翻点现金，以免被扒手盯上；同学结伴外出要互相照顾，特别是在人多拥挤的公共汽车、商场等地更要提高警惕。

3. 三种特殊物品的防盗措施

（1）现金。最好的现金保管办法是将其存入银行，并加设密码。密码应选择不易解密的数字，切忌使用自己的出生日期做密码。存折、信用卡不要与自己的身份证、学生证放在一起，以防被盗窃分子一起盗走后冒领。发现存折丢失后，应立即到开户银行挂失。

（2）有价证卡。各种有价证卡应放在自己的贴身衣袋里，袋口应配有纽扣或拉链；参加体育锻炼等活动必须脱衣服时，应将有价证卡锁在自己的箱子里，并保管好自己的钥匙。

（3）贵重物品。电脑、手机、钱包等贵重物品要随身携带，妥善保管。不易携带时，应锁在宿舍衣柜内，切记不要乱扔乱放。放在书包内的贵重物品，到图书馆等地存包时应取出。不要用书包在教室、食堂等地占座位，以防有人趁机盗窃。

二、怎样预防学校诈骗案件

许多学生一直在学校读书，其实就是一张白纸，天真和憨厚，没有任何的社会经验。轻率交友，尽管有善良的动机却让骗子屡屡得手。预防学校诈骗案要结合其特点采取有效预防方法。

（一）学生容易上当受骗的原因

从众多受骗上当的事实中反思，不难看出我们大学生身上的确存在一些容易被利用的因素。

1. 思想单纯，分辨能力差。与社会接触较少，缺乏应有的分辨能力，缺乏刨根问底的习惯，对于事物的分析往往停留在表象上，使诈骗分子有可乘之机。

2. 感情用事，疏于防范。帮助有困难的人，不假思索地“帮”一个不相识或相识不久的人。不做分析的同情、怜悯之心，一遇上那些自称走投无路急需帮助的“落难者”，往往就会被蒙蔽，继而“慷慨解囊”，自以为做了一件好事，殊不知已落入骗子设下的圈套之中。

3. 有求于人，粗心大意。求他人相助，但要了解对方。有些同学在有求于人、有人愿“帮助”时，往往是急不可待，完全放松警惕，对于对方往往是惟命是从，很“积极自觉”地满足对方的要求。

4. 贪小便宜，急功近利。贪心是受害者最大的心理缺点。很多诈骗分子正是利用人的这种不良心态才屡屡得逞的。受害者往往是为诈骗分子开出的“好处”“利益”所吸引，自以为可以用最小的代价和付出获得最大的利益和好处，见“利”就上，趋之若鹜，对于诈骗分子的所作所为不加深思和分析，最后“捡了芝麻，丢了西瓜”。

（二）校内诈骗作案的主要手段

在校园里，学生常常没有防备心理。而骗子就经常利用这一点，潜进校园对学生行骗。在校园里骗子一般会使用哪些诈骗手段呢？

1. 假冒身份，流窜作案。诈骗分子往往利用假身份证与人进行交往，在银行设立账号提取骗款。骗子为了既能骗得财物又不暴露马脚，通常采用流窜作案手段，财物到手后即逃离。

2. 投其所好，引诱上钩。一些诈骗分子往往利用被害人心理，投其所好，应其所急，施展诡计而骗取财物。

3. 真实身份，虚假合同。利用假合同或无效合同进行诈骗的案件越来越多。一些骗子利用高校学生经验少、急于赚钱补贴生活的心理，常以公司名义让学生为其推销产品，事后却不兑现诺言和酬金。

4. 借贷为名，骗钱为实。有的骗子利用学生贪图便宜的心理，以高利集资为诱饵，使学生上当受骗。

5. 以次充好，恶意行骗。一些骗子利用学生经验少又苛求物美价廉的特点，上门推销各种产品而使学生上当受骗，或者采用网上购物的方式达到“不见面也行骗”的目的。

6. 招聘为名，设置骗局。为了减轻家庭负担，勤工俭学已成为不少大学生谋生求学的重要手段。诈骗分子往往以招聘的名义对一些急于求职打工的学生设置骗局，骗取介绍费、押金、报名费等。

7. 骗取信任，寻机作案。诈骗分子常利用一切机会与大学生拉关系，套近乎，或表现出相见恨晚而故作热情，或表现得慷慨大方以朋友相称，骗取信任后再寻机作案。

8. 编造谎言，骗取钱财。在校园内，经常发现一些青年人假冒从外地来本地实习的学生，装出一副可怜相，借口与同行的老师和同学失散，而学校又急电让其乘飞机返校，骗取大学生的钱财。有的还以发生意外或生病急需用钱为由，骗取学生及家长的钱财。

（三）学校诈骗案件的预防措施

诈骗分子行骗的过程可分为两个阶段：一、搏得信任；二、骗取对方财物。对于行骗者和受害者来说，第一阶段都是最重要的，也是行骗者行为表现最为突出的阶段。虽然行骗手段多种多样，但我们只要树立反诈骗意识，做到“三思而后行、三查而后行”，在绝大多数情况下是可以做到不上当受骗的。

1. 要有反诈骗意识。俗话说：“害人之心不可有，防人之心不可无。”不要把自己的家庭地址等信息随便告诉陌生人，发现可疑人员要及时报告，上当受骗后更要及时报案。

2. 不要感情用事。诈骗分子的最终目的是骗取钱财，并且是在尽可能短的时间内骗走。表面讲“哥们儿义气”的诈骗分子若对你提出钱财方面的要求，切不可被其表象所蒙蔽，轻易“掏心窝子”，不能言听计从。对于那些“来如风雨，去如微尘”的陌生客，不能轻信其言辞，应尽快查实其真实身份；对未经查实或查实不明的则不能为他们提供单独行动的时间和空间，以避免给犯罪分子创造作案条件。

3. 切忌贪小便宜。对飞来的“横财”和“好处”，不要贪求，特别是不熟悉的人所许诺的利益，要深思和警惕。最好的防范是三思而后行。

4. 对主动自夸“本事大”的人、过于热情地希望“帮助”你解决困难的人，要特别注意。那些自称“能人”的诈骗分子，为了能取得你的信任，会主动地在你面前炫耀“本事”。你应当格外注意，他正试图取得你的信任，此时你的反应决定了你此后是否上当受骗。

5. 预防短信诈骗。不要轻信虚假信息，要时刻保持警惕。持有银行卡的人，收到陌生人发来的短信时，要向发卡银行进行查询。查询电话：建行95533，中行95566，工行95588，农行95599，交行95559，招商银行95555，银联95516。

三、学生怎样防范被抢劫、抢夺

近年来，抢劫犯罪日益增多，罪犯也逐渐呈低龄化趋势，学生逐渐成为犯罪分子的首选对象。所以，学生需要重点掌握学校抢劫、抢夺案件的一些特点和发生的原因，以及切实可行的对策与预防措施。

（一）什么叫抢劫和抢夺

抢劫是指以非法占有为目的，以暴力、胁迫或者其他方法施行的将公私财物据为己有的一种犯罪行为。抢夺是指以非法占有为目的，乘人不备，公然夺取他人的财物。二者的区别在于有没有暴力或以暴力相威胁的行为。

这两类犯罪行为不但侵害了学生的财产权，也同时侵害了学生的人身权利，而且容易转化为凶杀、伤害等恶性案件，严重威胁学生生命安全，比盗窃犯罪具有更大的危害。

（二）学校里抢劫、抢夺案件的特点

学校里发生的抢劫、抢夺案件主要有以下特点：

1. 案发时间多为晚上，特别是校园内夜深人静、行人稀少时；午休时间也可能发案。发案地点多为校内偏僻场所、人少的地段。

2. 犯罪手段残忍，携带凶器抢劫。新型的抢劫手段如下：色诱麻醉，绑架勒索，以送邮件、送礼为由伺机抢劫，以网友见面为名实施抢劫。

3. 抢劫、抢夺的对象多为携带贵重物品的人、滞留在阴暗处的恋爱男女，以及独处的同学特别是女同学。

4. 犯罪分子抢夺的目标是现金、贵重物品。

5. 转化型抢劫增多。某些案犯一开始并不是预谋抢劫，而是实施盗窃、诈骗、抢夺犯罪，只是被发现后为了逃避制裁，而当场使用暴力或者以暴力相威胁而转化成抢劫罪。也有的案犯是因携带凶器实施抢夺而转化为抢劫罪。

6. 作案人有劣迹青年，也有内外勾结的学生，多为团伙作案，分工明确。

（三）学生如何预防被抢劫、抢夺

根据上述学校中抢劫、抢夺案件的特点，预防被抢劫、抢夺要做到以下几点：

1. 外出时不要携带过多的现金和贵重物品，特别是必须经过抢劫、抢夺易发生地段时，因购物需要必须携带大量现金或较多的贵重物品时，应请同学随行。

2. 现金或贵重物品最好贴身携带，不要置于手提包或挎包内。

3. 不要花钱大手大脚，不外露或向人炫耀贵重物品。

4. 尽量不要在午休、夜深人静时单独外出，特别是女同学；不要在僻静、阴暗处行走、逗留。如必须通过僻静阴暗处，最好结伴而行。

5. 发现有人尾随或窥视，不要紧张，不要露出胆怯神态，可以哼唱歌曲，大叫同学、教师的名字，并改变原定路线，立即向有人、有灯光的地方走。

6. 不要单独滞留或行走在偏僻、阴暗处。女生独自外出或回校时，穿着不要过于时髦、暴露。

（四）发生抢劫、抢夺时怎么办

万一遭遇抢劫、抢夺时，学生应当保持精神上的镇定，根据所处的环境、双方的力量采取不同的对策。

1. 案发时要在保证自身安全的情况下尽力反抗。分析犯罪分子和自己的力量对比，只要具备反抗的能力或时机有利，就应发动进攻，以制服或使作案人丧失继续作案的心理和能力。

2. 与作案人对峙。可利用有利地形和身边的砖头、木棒等足以自卫的武器与作案人形成僵持局面，使作案人短时间内无法近身，以便引来援助者并对作案人造成心理压力。

3. 敌强我弱，无法与作案人抗衡时，可以看准时机向有人、有灯光的地方或宿舍区奔跑。尽量准确记下作案人的特征，如身高、年龄、体态、发型、衣着、胡须、语言、行为等。

4. 采用间接反抗法。间接反抗是指趁作案人不注意时在其身上留下记号，如在其衣服上擦点泥土、血迹，在其口袋中装点有标记的小物件，在作案人得逞后悄悄尾随其后注意其逃跑的去向等。

5. 及时报案。要在最短时间内向公安机关、学校保卫部门报案。作案人得逞以后，很有可能继续寻找下一个抢劫目标，甚至还敢在作案现场附近进行挥霍。及时报案和准确描述作案人特征，有利于有关部门及时组织力量布控、抓获作案人。

6. 巧妙麻痹作案人。当已处于作案人的控制之下而无法反抗时，可按作案人的要求交出部分财物，并采用语言反抗法，理直气壮地对作案人进行说服教育，晓以利害，从而给作案人造成心理压力。

7. 无论在什么情况下，遇到抢劫时只要有可能就要大声呼救，或故意高声与作案人说话。犯罪分子逃跑时，应大声呼叫周围的群众，堵截追捕，迫使犯罪分子放弃所抢物品。

拓展一步

一、盗窃罪立案量刑标准

山东高院、高检、山东公安厅联合下发《关于确定盗窃罪执行具体数额标准的通知》，确定盗窃罪执行具体数额新标准：盗窃罪“数额较大”的标准为“两千元以上”，“数额巨大”的标准为“六万元以上”，“数额特别巨大”的标准为“四十万元以上”。两千元以上就可以按盗窃罪进行刑事立案。

盗窃公私财物，数额较大的，或者多次盗窃、入户盗窃、携带凶器盗窃、扒窃的，处三年以下有期徒刑、拘役或者管制，并处或者单处罚金；数额巨大或者有其他严重情节的，处三年以上十年以下有期徒刑，并处罚金；数额特别巨大或者有其他特别严重情节的，处十年以上有期徒刑或者无期徒刑，并处罚金或者没收财产。

二、诈骗罪立案量刑标准

《最高法院、最高检察院关于办理诈骗刑事案件具体应用法律若干问题的解释》中第一条规定：诈骗公私财物价值三千元至一万元以上的，应当分别认定为《刑法》第二百六十六条规定的“数额较大”。山东省认定三千元以上就可以按诈骗罪进行刑事立案。

刑法第二百六十六条　诈骗公私财物，数额较大的，处三年以下有期徒刑、拘役或者管制，并处或者单处罚金；数额巨大或者有其他严重情节的，处三年以上十年以下有期徒刑，并处罚金；数额特别巨大或者有其他特别严重情节的，处十年以上有期徒刑或者无期徒刑，并处罚金或者没收财产。

三、抢劫罪立案量刑标准

抢劫罪以抢劫情节为主要量刑依据，抢劫金额为次要量刑原则。只要构成抢劫罪，至少判三年有期徒刑。

《刑法》第二百六十三条　以暴力、胁迫或者其他方法抢劫公私财物的，处三年以上十年以下有期徒刑，并处罚金；有下列情形之一的，处十年以上有期徒刑、无期徒刑或者死刑，并处罚金或者没收财产：（一）入户抢劫的；（二）在公共交通工具上抢劫的；（三）抢劫银行或者其他金融机构的；（四）多次抢劫或者抢劫数额巨大的；（五）抢劫致人重伤、死亡的；（六）冒充军警人员抢劫的；（七）持枪抢劫的；（八）抢劫军用物资或者抢险、救灾、救济物资的。

知行合一

1. 试分析宿舍被盗后正确处理的方法。

2. 试分析校园诈骗案件的特点、原因及预防措施。

3. 遇到下面的情况你会怎么做？

（1）晚上放学回家行至一偏僻路口时发现有人跟踪。

（2）自己随身携带着贵重物品，路遇抢劫。

（3）在公园里看到他人遭遇抢劫。

思维导图

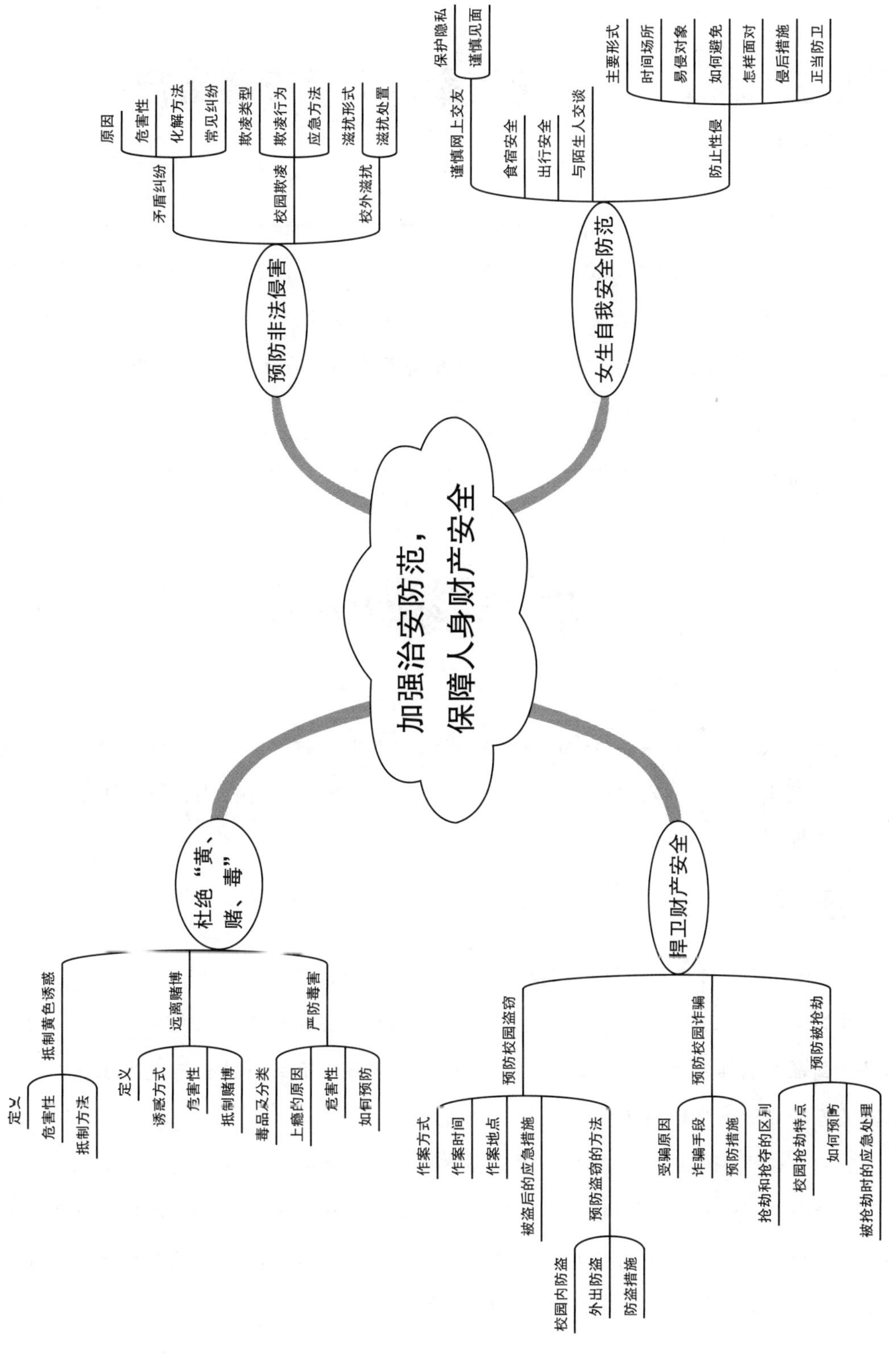
加强治安防范，保障人身财产安全
预防非法侵害
矛盾纠纷
原因
危害性
化解方法
常见纠纷
校园欺凌
欺凌类型
欺凌行为
应急方法
校外滋扰
滋扰形式
滋扰处置
女生自我安全防范
谨慎网上交友
保护隐私
谨慎见面
食宿安全
出行安全
与陌生人交谈
防止性侵
主要形式
时间场所
易侵对象
如何避免
怎样面对
侵后措施
正当防卫
杜绝“黄、赌、毒”
抵制黄色诱惑
定义
危害性
抵制方法
远离赌博
定义
诱惑方式
危害性
抵制赌博
严防毒害
毒品及分类
上瘾的原因
危害性
如何预防
捍卫财产安全
预防校园盗窃
作案方式
作案时间
作案地点
被盗后的应急措施
预防盗窃的方法
校园内防盗
外出防盗
防盗措施
预防校园诈骗
受骗原因
诈骗手段
预防措施
预防被抢劫
抢劫和抢夺的区别
校园抢劫特点
如何预防
被抢劫时的应急处理

项目三 关爱生命，文明交通出行

文明交通是体现社会文明程度的一个“晴雨表”。实施文明交通出行是为了积极顺应人民群众的愿望和要求，从提升全民法制意识、安全意识、文明意识入手，促进全民文明交通素质的提升，以此全面推动社会主义精神文明建设和和谐社会建设。

模块一 交通安全的基本常识

交通事故已是世界性的社会问题。惨重的交通事故后果使人们不得不对交通安全状况予以高度重视。安全教育能提高人的意识，意识能改变人的行为，行为决定了后果。交通安全教育是解决交通事故的根本途径。

典型事例

1. 2016年7月31日7时25分，驾驶人罗某驾驶大型客车（经检验，车辆制动性能不合格）载客从坦洲往中山市城区方向行驶，途经Y003线2KM+100M路段处，遇右前方驾驶人冯某驾驶自行车从右往左横过机动车道，大客车避让不及与自行车发生碰撞。事故造成冯某当场死亡及车辆损坏。

2. 2009年某月某日15时20分，津京公路龙凤新河桥处，范某驾驶夏利车沿津京公路由南向北行驶时，遇郭某骑电动自行车驮带韩某由公路西侧路口驶出左转。范某在采取制动措施向右躲避时，夏利车左前角撞击在电动自行车后尾部，造成二车损坏，郭某及电动自行车乘车人韩某受伤，郭某经抢救无效死亡。

3. 2012年8月11日16时许，朱某驾驶的轿车与陈某无证驾驶的二轮摩托车发生交通事故，摩托车前部与轿车右侧发生撞碰，致陈某受伤。经交警部门认定，朱某负事故的主要责任，陈某负次要责任。另查，朱某为冒某所雇驾驶员，该轿车登记车主为刘某，实际车主为冒某。

各抒己见

如何认定事故中的主要责任人？我们应如何避免以上事故的发生？

专家点评

1. 经过现场勘查和调查取证证实，冯某驾驶自行车横过机动车道时，不按规定通行，违反《中华人民共和国道路交通安全法实施条例》第七十条第一款规定；罗某驾驶制动不良的机动车上道路行驶，违反《中华人民共和国道路交通安全法》第二十一条规定。

根据《道路交通事故处理程序规定》第四十六条第一款第（二）项规定，冯某承担此事故的主要责任，罗某承担此事故的次要责任。

2. 据有关部门调查统计，机动车超速行驶，已成为众多交通事故的一大诱因。车辆速度越快，发生交通事故的几率越高。俗话说“十次事故九次快”，讲的就是这个道理。请广大机动车驾驶员朋友在开车时一定要注意道路上的限速标志，遇路口、转弯、掉头、铁道及能见度较低的情况时，应减速慢行。不要将道路当成赛车场，保持良好心态，不争先，不抢行，不开斗气车。

3. 按照《侵权责任法》第五十条的规定，在连环买卖车辆且未办理过户手续的情况下，因为原车主已经将车辆交付买受人，买受人是该车辆的实际支配控制者，也是该车辆运营利益的享有者，所以买受人应对该车辆发生交通事故造成的损害承担赔偿责任。原车主既不能支配该车辆的运营，也不能从该车的运营中获得利益，故不应承担赔偿责任。不过法官同时也提醒车主，在转让车辆时，买卖双方最好及时办理过户手续，以免发生事故后双方陷入说不清的境况。

知识讲堂

一、交通安全知识

《中华人民共和国道路交通安全法》第一百一十九条规定：

车辆：指机动车和非机动车。

机动车：指以动力装置驱动或者牵引，上道路行驶的供人员乘用或用于运送物品以及进行工程专项作业的轮式车辆。

非机动车：指以人力或者畜力驱动、上道路行驶的交通工具，以及虽有动力装置驱动但设计最高时速、空车质量、外形尺寸符合有关国家标准的残疾人机动轮椅车、电动自行车等交通工具。

特种车辆是人们日常生活中必不可少的应急救援交通工具。在特种车辆执行应急救援任务时，其他车辆及行人等必须为其让行。

（一）交通信号

交通信号是在道路交叉口上无法实现交通分流的地方，为在时间上给交通流分配通行权而实施的交通指挥措施。交通信号的作用是科学分配道路上车辆、行人的通行权，使之有秩序地顺利通行。交通信号分为交通信号灯、交通标志、交通标线和交通警察的指挥等几种。中国实行统一的道路交通信号。

1. 交通信号灯

交通信号灯按颜色分为红灯、绿灯、黄灯。按功用分为机动车信号灯、非机动车信号灯、人行横道信号灯、车道信号灯、方向指示信号灯（箭头信号灯）、闪光警告信号灯和铁路平交道口信号灯。

2. 交通标志

交通标志是用图案、符号、数字和文字对交通进行导向、限制、警告或者指示的交通设施。一般设置在路侧或道路上方，体现了交通安全法规的效力。交通标志的作用主要是：有利于调节交通流量、疏导交通，提高道路通行能力；预示道路状况，减少交通事故；节省能源，降低公害，美化路容。道路交通标志分为主标志和辅助标志两大类。主标志又分为警告标志、禁令标志、指示标志、指路标志、旅游区标志和道路施工安全标志六种。辅助标志是在主标志无法完整表达或指示其内容时，为维护行车安全与交通畅通而设置的标志，颜色为白底、黑字、黑边框，形状为长方形，附设在主标志下，起辅助说明作用。

指路标志

警告标志

禁止通行
禁止驶入
禁止机动车通行
禁止载货汽车通行
禁止三轮机动车通行
限制轴重
禁止大型客车通行
禁止小型客车通行
禁止汽车拖、挂车通行
禁止拖拉机通行
禁止农用运输车通行
限制速度
禁止两轮摩托车通行
禁止某两种车通行
禁止非机动车通行
禁止畜力车通行
禁止大力货运三轮车通行
解除限制速度
禁止人力客运三轮车通行
禁止人力车通行
禁止骑自行车下坡
禁止骑自行车上坡
禁止行人通行
停车检查
禁止向左转弯
禁止向右转弯
禁止直行
禁止向左向右转弯
禁止直行和向左转弯
停车让行
禁止直行和向右转弯
禁止掉头
禁止超车
解除禁止超车
禁止车辆临时或长时停放
减速让行
限制质量
禁止鸣喇叭
禁止宽度
禁止高度
禁止车辆长时停放
会车让行

禁令标志

靠右侧道路行驶
直 行
向左转弯
向右转弯
直行和向右转弯
向左和向右转弯
直行和向左转弯
靠左侧道路行驶
立交直行和左转弯行驶
立交直行和右转弯行驶
环岛行驶
步 行
鸣喇叭
50
最低限速
会车先行
干路先行
人行横道
直行车道
直行和右转合用车道
分向行驶车道
右转车道
公交线路专用车道
机动车行驶
机动车车道
单行路(向左或向右)
单行路(直行)
允许掉头
非机动车车道
非机动车行驶

指示标志

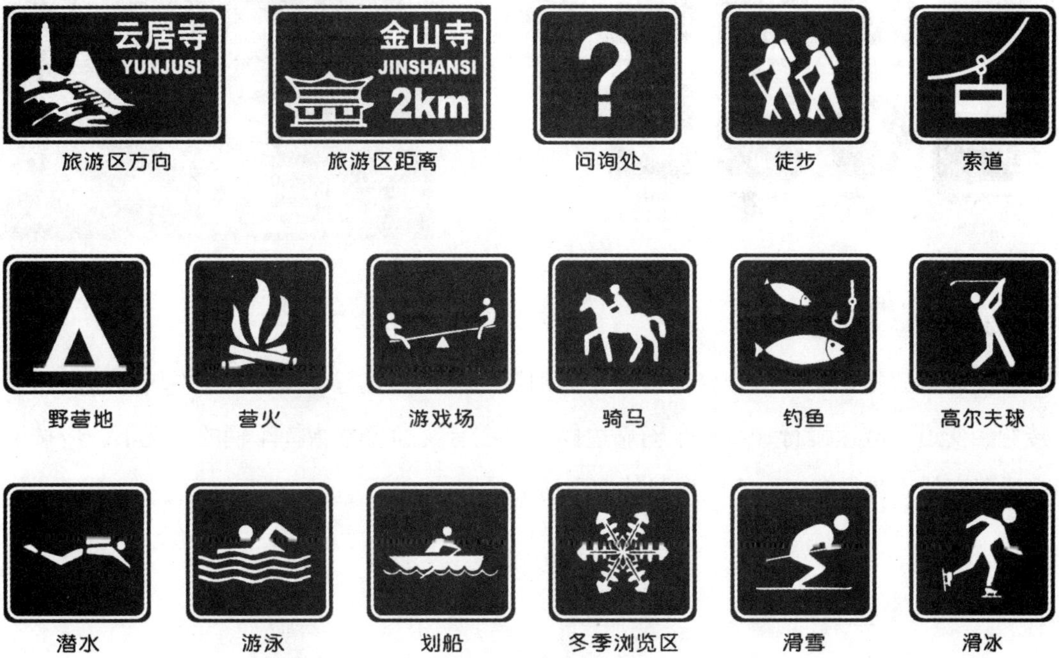
云居寺
YUNJUSI
旅游区方向
金山寺
JINSHANSI
2km
旅游区距离
问询处
徒步
索道
野营地
营火
游戏场
骑马
钓鱼
高尔夫球
潜水
游泳
划船
冬季浏览区
滑雪
滑冰

旅游区标志

道路施工安全标志

3. 道路交通标线

道路交通标线是在道路的路面用线条、箭头、文字、立面标记、突起路标和轮廓标等向交通参与者传递引导、限制、警告等交通信息的标志。其作用是管制和引导交通。道路交通标线按功能分为指示标线、禁止标线和警告标线三种，按形态分为线条、字符、突起路标、轮廓标等，按交通标线的标画分为白色虚线、白色实线、黄色虚线、黄色实线、双白虚线、双黄实线、黄色虚实线、双白实线。

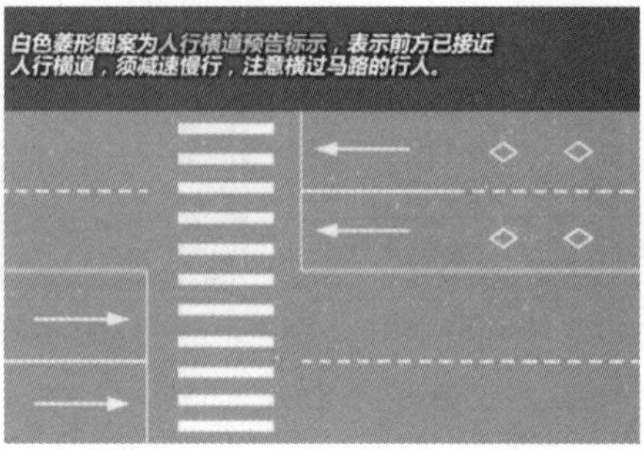

4. 交通警察的指挥

交通警察指挥手势信号分为八种，分别是：停止、直行、左转弯、左转弯待转、右转弯、变道、减速慢行、示意车辆靠边停车。在有交通警察指挥车辆的情况下，应按照交通警察的手势行车，而不能按照其他交通信号。

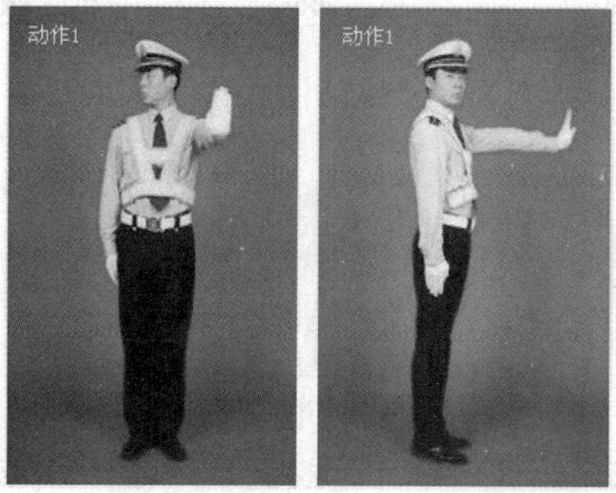

1. 左臂向前平伸与身体成90度，掌心向前，手掌与手臂夹角不低于60度，五指并拢，面部及目光同时转向右方45度。

2. 右臂与手掌平直向左前方摆动，手臂与身体成45度，掌心向左，中指尖至上衣中缝，高度至上衣最下面一个纽扣。

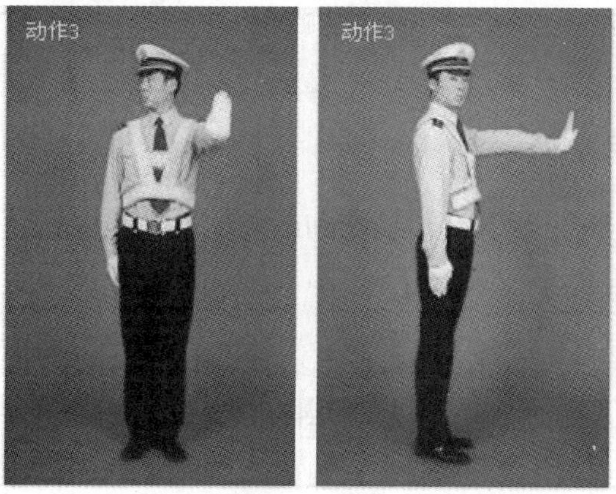

3. 右臂回位至不超过裤缝，面部及目光保持目视右方45度，完成第一次摆动。

4. 重复动作2。

（二）交通常识

1. 行人交通安全知识

（1）必须遵守《道路交通管理条例》《高速公路交通管理办法》和各省、市、自治区制定的实施办法等交通管理法规和规章制度。

（2）必须遵守车辆、行人各行其道的规定。行人应当在人行道内行走，没有人行道的靠路边行走。

（3）行人通过路口或者横过道路，应当走人行横道或者过街设施；通过有交通信号灯的人行横道，应当按照交通信号灯指示通行；通过没有交通信号灯、人行横道的路口，或者在没有过街设施的路段横过道路，应当在确认安全后通过。

（4）行人不得跨越、倚坐道路隔离设施，不得扒车、强行拦车或者实施妨碍道路交通安全的其他行为。

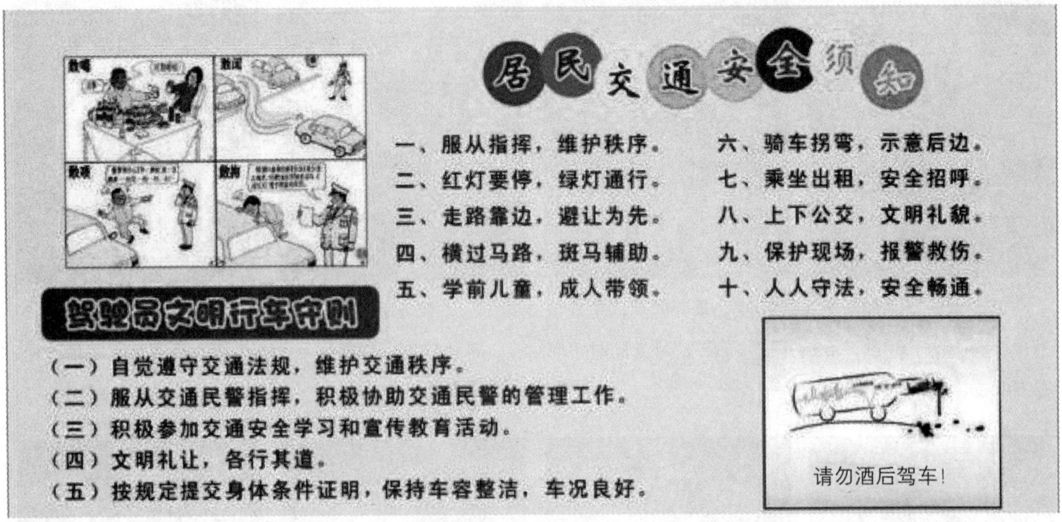

道路交通安全知识

（5）学龄前儿童以及不能辨认或者不能控制自己行为的精神疾病患者、智力障碍者在道路上通行，应当由其监护人、监护人委托人或者对其负有管理、保护职责的人带领。盲人在道路上通行，应当使用盲杖或者采取其他导盲手段，车辆应当避让盲人。

（6）行人通过铁路道口时，应当按照交通信号或者管理人员的指挥通行；没有交通信号和管理人员的，应当在确认无火车驶临后，迅速通过。

2. 骑行交通安全知识

从保证交通安全出发，《中华人民共和国道路交通管理条例》明文规定，未满十二周岁的儿童不准在道路上骑行自行车，驾驶电动自行车必须年满十六周岁。

达到法定骑车年龄，可以骑行时，应注意以下几点：

（1）骑车出行前，应当佩戴自行车安全设备，并对自行车进行安全检查。

（2）骑行自行车要在非机动车道内靠右顺序行驶，并遵守有关交通安全的规定。

（3）骑行至路口时，应主动地让机动车先行。遇红灯停止信号时，应停在停止线或人行横道线以内。转弯时，要伸手示意。

（4）自行车在道路上停放，应按交通标志指定的地点和范围有秩序地停放，不要影响车辆、行人的正常通行。

（5）骑自行车时，不得手中持物，也不得戴耳机听音乐。

骑车要注意的安全事项

3. 乘车交通安全知识

（1）所乘车辆靠站停止前，不要向车门方向涌动。车辆停稳后，先下后上，按顺序上下车。

（2）乘车过程中，不把身体的任何部位伸向车外，不向车外抛洒物品。

（3）乘车过程中，保管好自己的财物。

（4）不在机动车道上等候车辆或者招呼营运汽车，在机动车道上不得从机动车左侧上下车。

（5）不携带易燃、易爆、强腐蚀性等违禁物品乘车。

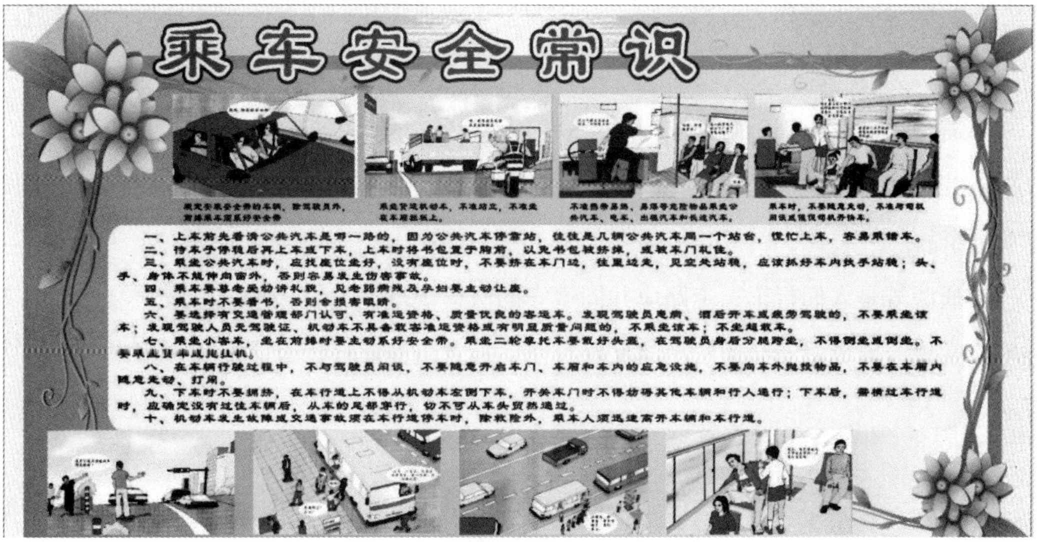

乘车安全常识

二、关注交通安全

随着社会的高速发展、时代的进步，交通与人们的生活已越来越密切了。交通给人们带来了极大的方便，但也给人们带来很大的不幸。而这些不幸是不自觉遵守交通规则、交通安全知识贫乏、交通安全意识淡薄惹的祸。

交通事故是指车辆在道路上因过错或意外造成人身伤亡或者财产损失的事件。构成交通事故应当具备下列要素：

1. 因车辆发生。车辆包括机动车和非机动车，没有车辆就不能构成交通事故。

2. 在道路上发生。发生交通事故的地点是供机动车或非机动车行驶的道路及与此相关的道路，也包括广场、公共停车场（含地下停车场）、社区等用于公众通行的场所。

3. 在运动中发生。交通事故是指车辆在行驶过程中发生的事件。

4. 有事态发生。交通事故中必有碰撞、碾压、刮擦、翻车、坠车、爆炸、失火等其中一种现象发生。

5. 过错或意外事件。当事人（行为人）的主观过错是一般民事侵权的必备要件，但交通事故人身损害赔偿案件，虽然属于侵权民事案件，但不要求当事人一方一定要有过错。因此，法律规定的是当事人一方有过错造成的交通事故或因意外事件造成的交通事故，都应对受害方进行赔偿。在现实生活中，许多司机或车主都觉得很冤，因为他们毫无过错；但法律规定是，只要是他们的车辆造成人员伤亡，他们都得进行赔偿。

6. 必须导致人员伤亡或财产损失。一旦发生交通事故，必然引起人员伤亡或者财产损失。

7. 需要法定认可。通俗地说，伤亡一方必须有公安交警部门送达的交通事故认定书。

8. 当事人心理状态是过失或有其他意外因素。若当事人心理状态出于故意，则不属于交通事故。

交通法规是人们行车、走路应共同遵守的法律规范。我们从小就应该学习和掌握交通安全常识，养成遵守交通法规的良好习惯，自觉培养对自己生命安全、家庭幸福的责任心。

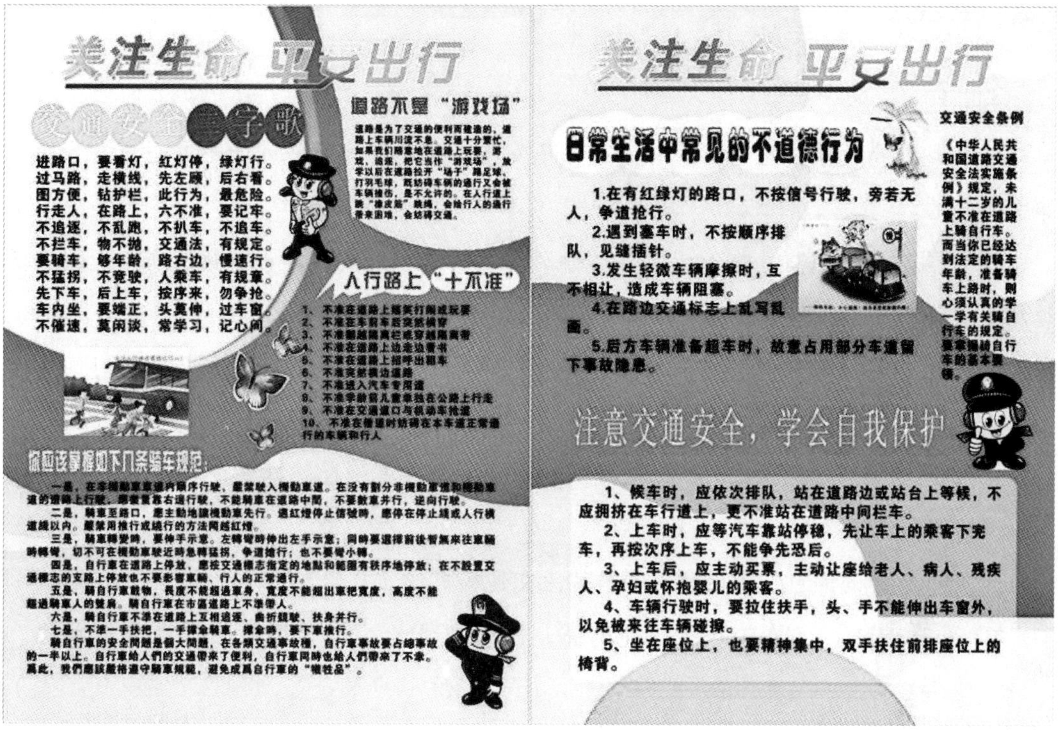

关注生命，平安出行

拓展一步

行人的相关责任

行人是道路交通中的弱者，只有严格遵守交通法规规定，增强自我保护意识，才能保证自身安全。行人在任何情况下，均不得进入高速公路行走。

在行人因违反交通法规、过失造成自身或他人人身伤亡或财产损失的交通事故中，公安交通管理部门将根据行人的违章行为与交通事故之间的因果关系，以及该违章行为在交通事故中所起的作用，来认定行人应当承担的交通事故责任。行人擅自进入高速公路，造成自身伤亡和财产损失的交通事故，正常行驶的机动车一方不负交通事故责任，由行人承担全部责任。行人除承担交通事故行政责任外，还应当承担相应的刑事或民事责任。如造成死亡事故，负有主要责任或全部责任的，应当承担刑事责任和附带民事责任。如造成人员受伤或财产损失事故，负有交通事故责任的，应当承担相应的民事赔偿责任。负有交通事故责任的行人，如未达到法定责任年龄，或是无行为能力和责任能力，或是限制行为能力和责任能力的人，免于相应的刑事或行政处罚，但应承担相应的民事责任。不过，这种民事赔偿责任由其监护人承担。

知行合一

判断题:

1. 交通状态处于安全状态，并不一定不发生事故；交通系统处于不安全状态，是由事故引起的。 ( )

2. 我国道路交通事故有三大特点，分别为事故死亡人数多、事故数及伤亡人数呈低速增长趋势、高速公路事故率大大高于普通公路。 ( )

3. 刺激信号显露的时间不同，反应时间也不同。反应时间随刺激信号显露时间的增加而减少。 ( )

4. 道路交通事故预测一般分为三个阶段：数据采集阶段，建模阶段，评价过程。 ( )

5. 交通标志的颜色、形状和符号被称为交通标志的三要素。 ( )

6. 一般来说，交叉口的饱和度越高，则周期越长；饱和度越底，则周期越短。 ( )

模块二 交通事故的预防与处理

作为交通参与者的一部分，由于年龄、判断力、行为支配力等诸多局限，职业学院学生极易成为受害者。所以有必要将交通安全知识纳入到日常学习活动中，讲解基本的交通安全知识，提高他们对交通安全行为的正确判断能力，引导他们认识到交通安全的重要意义，树立遵章守纪的法制观念。

典型事例

1. 2015年1月28日16时许，被告人刘某某驾驶电动自行车沿开发区安澜北路西侧机动车道由南向北逆行，与在同车道由北向南高某某驾驶的电动自行车相撞，高某某受伤，经抢救无效死亡。淮安交警三大队经现场勘察做出事故认定，被告人刘某某负该起事故的主要责任。案发后，被告人刘某某主动打电话报警，并留在现场等候处理，归案后如实供述自己的犯罪事实，并与高某某家属达成赔偿协议，得到被害人家属的谅解。

2. 2014年11月20日20时许，被告人袁某某驾驶轿车沿开发区西藏街由北向南行驶时，因疏于观察，撞倒同向步行的赵某某、李某某，致二人受伤，后经医院抢救无效死亡，被告人袁某某驾车逃离现场。淮安交警三大队做出事故认定，被告人袁某某负该起事故的全部责任。案发后，被告人袁某某于案发次日下午至徐州市公安局朱庄派出所投案，归案后供认全部犯罪事实，但辩称其有癫痫病史，事故系其癫痫病发作引起的。经两家鉴定机构鉴定，被告人袁某某虽有癫痫病史，但作案时处于癫痫的间歇期，作案时意识清楚，其辨认能力和控制能力存在，具有完全刑事责任能力。案件审理期间，被告人袁某某仍未与被害人家属达成赔偿协议。

3. 2008年6月1日，原告任某结婚，其姐夫黄某参加完婚礼后负责驾驶原告所有的小型越野汽车送客人回家。21时35分，黄某因酒后驾驶导致车辆失控与前方同向行驶由何某驾驶的二轮摩托车发生剧烈碰撞。事故导致摩托车上3人受伤及车辆损坏的后果。后黄某驾车逃离现场。2008年6月2日，受伤的何某之妻及小孩经抢救无效死亡。

各抒己见

遇到以上事故应该如何处理？

专家点评

1. 被告人刘某某驾驶非机动车未在非机动车道内靠右侧通行，致1人死亡，负事故的主要责任，其行为构成交通肇事罪。案发后刘某某主动报警，归案后如实供述犯罪事实，系自首，依法可以从轻处罚；与被害人家属达成赔偿协议，并取得被害人家属谅解，应当酌情从轻处罚；其认罪悔罪，适用缓刑不致再危害社会，可宣告适用缓刑。

2. 被告人袁某某驾车撞人致人死亡并逃离现场，其行为已构成交通肇事罪。被告人袁某某辩称其驾车发生事故系癫痫病发作引起的，主观没有逃避处罚的故意，不应当认定为逃逸，但司法鉴定证实其虽有癫痫病史，但作案时处于间歇期，意识清楚，具有完全刑事责任能力。被告人袁某某虽有主动投案情节，但归案后虚构驾车发生事故时癫痫病发作情节，没有如实供述，故依法不能认定为自首。

3. 广东省中山市中级人民法院经过审理认为，肇事司机醉驾、肇事逃逸等均是严重违反社会公共道德和损害公共秩序的行为，同时也系重大违法行为，故判决保险公司不必为其承担案件交强险的理赔责任。

知识讲堂

一、青少年安全教育

青少年在交通活动中存在很大的盲目性，缺乏交通安全常识，易于引发交通事故。对学生进行安全教育是一项长期而艰巨的任务，既是学校教育的重中之重，也是家长教育的重中之重。家长和学校联合起来才是对学生进行生命安全教育的有效途径。

学生的安全事关每一个家庭的未来。在举国上下日益重视学生安全工作的今天，学校和家长应该以学生的安全为重，并根据学生的性格特点，在涉及安全的各个方面做好安全教育和监护工作。牢固树立“安全第一”的思想，加强防范意识，共同营造平安、健康、和谐的育人氛围。具体措施如下：

1. 和青少年一起共同关注交通安全。

2. 积极地向青少年讲解各种交通安全知识。

3. 正确地引导青少年做好防范工作。

4. 帮助青少年掌握应急自救的方法。

5. 教育青少年正确、适当地对他人进行救援。

6. 重视和发挥榜样的作用。

二、交通事故现场紧急救援

交通事故的特点是伤情复杂、严重、复合伤多。事故发生后，救护者应当保持冷静、清醒的头脑，本着先抢后救、先重后轻、先急后缓、先近后远的顺序，灵活掌握，利用现场一切可利用的条件抢救伤员。快抢、快救、快送是决定伤员能否减少伤残和后遗症的关键。

（一）脑震荡

1. 症状：脑震荡是闭合性颅脑损伤最轻的一种，无神经系统器质性损伤。休息几天后可完全恢复，不留有其他障碍。临床表现为伤后出现神志恍惚或昏迷，持续几秒、几分钟甚至几小时，醒后对受伤经过记忆不清，或有头晕、头痛、呕吐等症状，但症状多在数天后消失。

2. 处理：安静休息几天，对症治疗，或给予少量镇静剂。如短期内经一般治疗症状未见好转或反而加重者，需做进一步检查处理。

（二）胸部创伤

1. 症状：伤后常引起损伤性窒息，病人在短时间内会胸部剧痛，面色苍白，出冷汗，四肢厥冷，甚至休克。如出现呼吸困难，咳嗽有血痰，胸廓部出现皮下气肿，说明肺部有损伤，引起气胸或血胸。

2. 急救措施：立即取半卧位，如果胸壁有伤口，造成开放性气胸，应迅速将伤口包扎封闭，使开放性气胸改变成闭合性气胸，然后速送医院。

（三）腹部脏器损伤

1. 症状：病人感到腹部持续性痛，阵发加剧，不敢深呼吸，腹壁紧张如板状，压痛明显，甚至休克。要考虑有空腔脏器（如胃、肠）破裂，引起腹膜炎，或实质性脏器（如肝、脾、肾）破裂出血。

2. 急救措施：避免进食、饮水或用止痛剂，并须速送往医院诊治。

因创伤造成的死亡病例中，有25%直接死于胸部伤，另外有25%的死亡与胸部创伤有关。

对胸部创伤伤员的处理原则应为“先抢救再诊断，边治疗边诊断”。抓住主要矛盾挽救生命，可显著提高严重胸部创伤的救治率。

（四）头部创伤

在交通事故死亡者中，头部创伤占半数以上，而60%左右死于伤后24小时内，有相当一部分是因为急救不力造成的。掌握一些急救知识能帮助受伤者转危为安。

1. 头部创伤的表现

（1）头皮裂伤：头皮血管比较丰富，受伤后出血较多，易形成血肿和失血性休克。

（2）颅脑挫裂伤：颅内出血，颅骨骨折，病人常神志不清，瞳孔一大一小，剧烈呕吐，抽风，瘫痪，情况很严重。

2. 急救措施

（1）首先检查伤者是否有重度头部创伤，查看病人神志、瞳孔、呼吸、脉搏等。最好让伤者侧卧，头后仰，保证呼吸道通畅。呼吸停止者立即口对口吹气，心跳停止时应心脏按压，同时给急救中心打电话请求抢救。

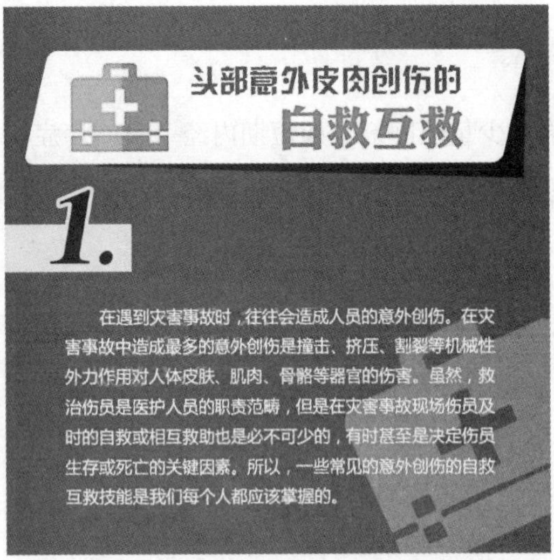

头部意外皮肉创伤的
自救互救
1.
在遇到灾害事故时，往往会造成人员的意外创伤。在灾害事故中造成最多的意外创伤是撞击、挤压、割裂等机械性外力作用对人体皮肤、肌肉、骨骼等器官的伤害。虽然，救治伤员是医护人员的职责范畴，但是在灾害事故现场伤员及时的自救或相互救助也是必不可少的，有时甚至是决定伤员生存或死亡的关键因素。所以，一些常见的意外创伤的自救互救技能是我们每个人都应该掌握的。

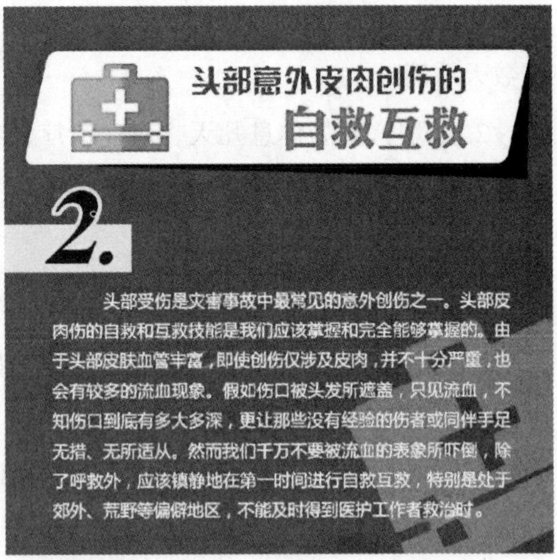

头部意外皮肉创伤的
自救互救
2.
头部受伤是灾害事故中最常见的意外创伤之一。头部皮肉伤的自救和互救技能是我们应该掌握和完全能够掌握的。由于头部皮肤血管丰富，即使创伤仅涉及皮肉，并不十分严重，也会有较多的流血现象。假如伤口被头发所遮盖，只见流血，不知伤口到底有多大多深，更让那些没有经验的伤者或同伴手足无措、无所适从。然而我们千万不要被流血的表象所吓倒，除了呼救外，应该镇静地在第一时间进行自救互救，特别是处于郊外、荒野等偏僻地区，不能及时得到医护工作者救治时。

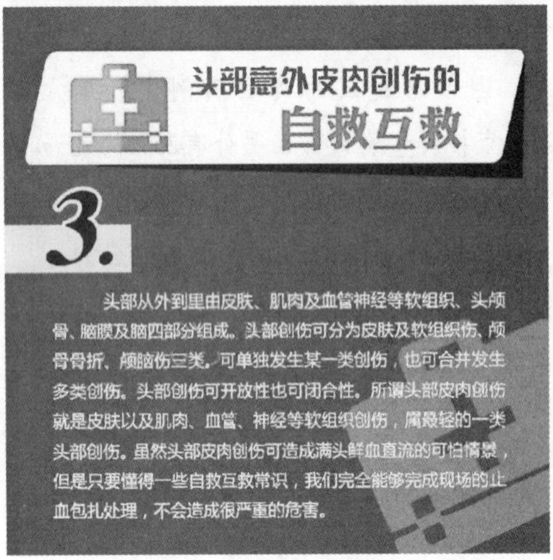

头部意外皮肉创伤的
自救互救
3.
头部从外到里由皮肤、肌肉及血管神经等软组织、头颅骨、脑膜及脑四部分组成。头部创伤可分为皮肤及软组织伤、颅骨骨折、颅脑伤三类。可单独发生某一类创伤，也可合并发生多类创伤。头部创伤可开放性也可闭合性。所谓头部皮肉创伤就是皮肤以及肌肉、血管、神经等软组织创伤，属最轻的一类头部创伤。虽然头部皮肉创伤可造成满头鲜血直流的可怕情景，但是只要懂得一些自救互救常识，我们完全能够完成现场的止血包扎处理，不会造成很严重的危害。

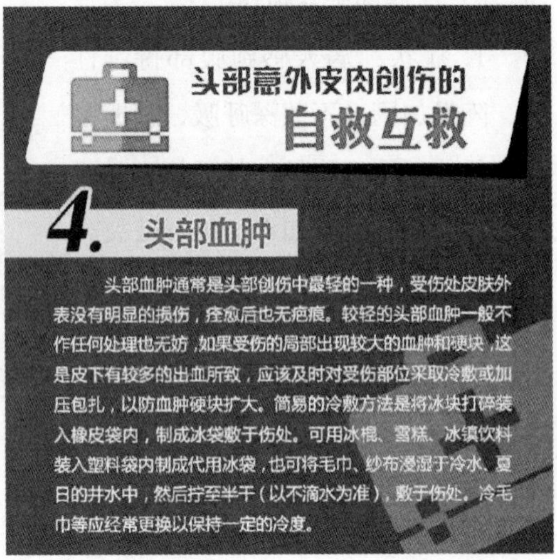

头部意外皮肉创伤的
自救互救
4. 头部血肿
头部血肿通常是头部创伤中最轻的一种，受伤处皮肤外表没有明显的损伤，痊愈后也无疤痕。较轻的头部血肿一般不作任何处理也无妨，如果受伤的局部出现较大的血肿和硬块，这是皮下有较多的出血所致，应该及时对受伤部位采取冷敷或加压包扎，以防血肿硬块扩大。简易的冷敷方法是将冰块打碎装入橡皮袋内，制成冰袋敷于伤处。可用冰棍、雪糕、冰镇饮料装入塑料袋内制成代用冰袋，也可将毛巾、纱布浸湿于冷水、夏日的井水中，然后拧至半干（以不滴水为准），敷于伤处。冷毛巾等应经常更换以保持一定的冷度。

（2）如头部出血较多，用加压包扎法止血。发现鼻孔、耳朵流血或流淡红色液体，说明是脑脊液外漏，病情严重。一定要让伤者平卧，受伤的一侧向下，不可堵塞耳鼻，以免引起颅内感染。如果喉、鼻等大量出血，要保持头侧位以防窒息。

（3）如有脑组织从伤口脱出时，不能加压，以免加重损伤。

（4）头部受伤后有头痛头晕、短暂的神志不清说明脑挫伤尚轻，如果出现瞳孔放大、偏瘫、抽风、昏迷等症状，那就是中度以上的脑挫伤。脑挫伤病人如出现频繁呕吐、头疼剧烈、神志不清等症状，说明脑压高，需做紧急脱水治疗，应速送医院急救。

（5）头部创伤需做头颅CT检查，明确有无脑内出血和骨折，其中许多病人需要做开颅手术来挽救生命。

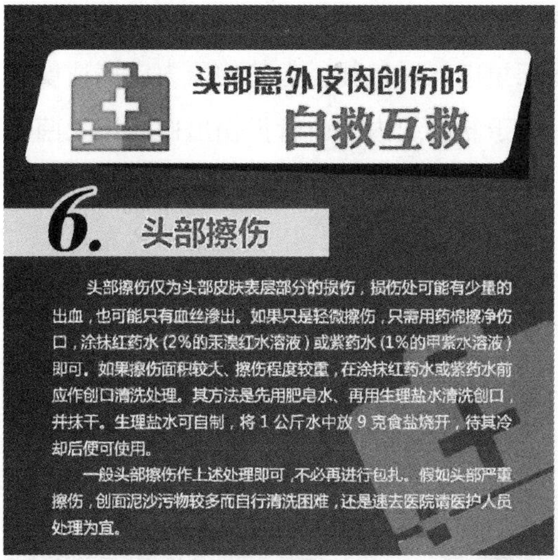

头部意外皮肉创伤的
自救互救
6. 头部擦伤
头部擦伤仅为头部皮肤表层部分的损伤，损伤处可能有少量的出血，也可能只有血丝渗出。如果只是轻微擦伤，只需用药棉擦净伤口，涂抹红药水（2%的汞溴红水溶液）或紫药水（1%的甲紫水溶液）即可。如果擦伤面积较大、擦伤程度较重，在涂抹红药水或紫药水前应作创口清洗处理。其方法是先用肥皂水、再用生理盐水清洗创口，并抹干。生理盐水可自制，将1公斤水中放9克食盐烧开，待其冷却后便可使用。
一般头部擦伤作上述处理即可，不必再进行包扎。假如头部严重擦伤，创面泥沙污物较多而自行清洗困难，还是速去医院请医护人员处理为宜。

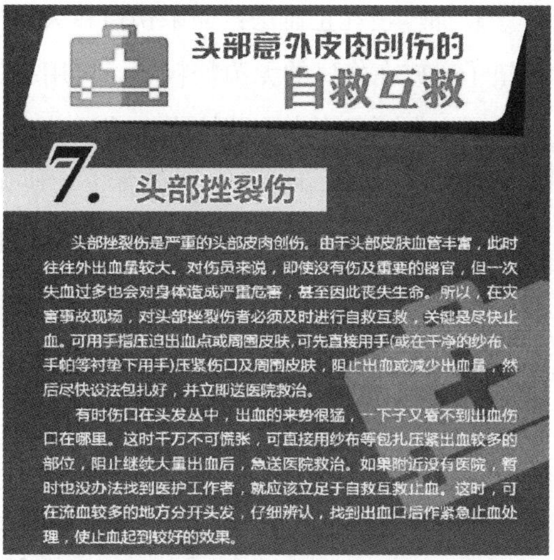

头部意外皮肉创伤的
自救互救
7. 头部挫裂伤
头部挫裂伤是严重的头部皮肉创伤。由于头部皮肤血管丰富，此时往往外出血量较大。对伤员来说，即使没有伤及重要的器官，但一次失血过多也会对身体造成严重危害，甚至因此丧失生命。所以，在灾害事故现场，对头部挫裂伤者必须及时进行自救互救，关键是尽快止血。可用手指压迫出血点或周围皮肤，可先直接用手(或在干净的纱布、手帕等衬垫下用手)压紧伤口及周围皮肤，阻止出血或减少出血量，然后尽快设法包扎好，并立即送医院救治。
有时伤口在头发丛中，出血的来势很猛，一下子又看不到出血伤口在哪里。这时千万不可慌张，可直接用纱布等包扎压紧出血较多的部位，阻止继续大量出血后，急送医院救治。如果附近没有医院，暂时也没办法找到医护工作者，就应该立足于自救互救止血。这时，可在流血较多的地方分开头发，仔细辨认，找到出血口后作紧急止血处理，使止血起到较好的效果。

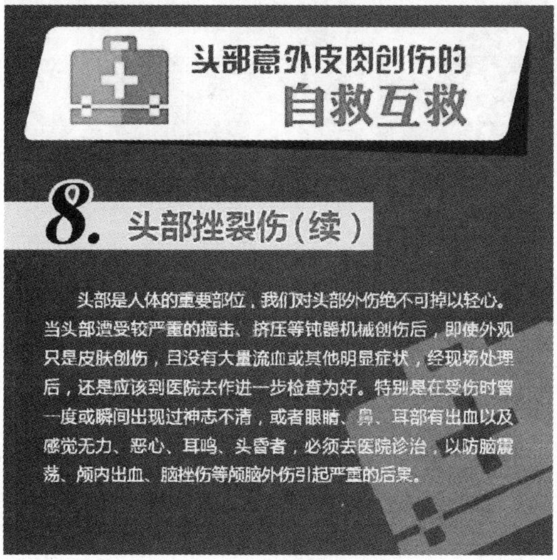

头部意外皮肉创伤的
自救互救
8. 头部挫裂伤（续）
头部是人体的重要部位，我们对头部外伤绝不可掉以轻心。当头部遭受较严重的撞击、挤压等钝器机械创伤后，即使外观只是皮肤创伤，且没有大量流血或其他明显症状，经现场处理后，还是应该到医院去作进一步检查为好。特别是在受伤时曾一度或瞬间出现过神志不清，或者眼睛、鼻、耳部有出血以及感觉无力、恶心、耳鸣、头昏者，必须去医院诊治，以防脑震荡、颅内出血、脑挫伤等颅脑外伤引起严重的后果。

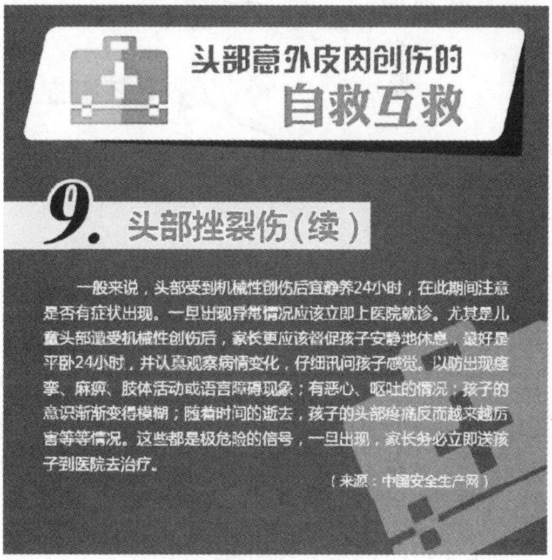

头部意外皮肉创伤的
自救互救
9. 头部挫裂伤（续）
一般来说，头部受到机械性创伤后宜静养24小时，在此期间注意是否有症状出现。一旦出现异常情况应该立即上医院就诊。尤其是儿童头部遭受机械性创伤后，家长更应该督促孩子安静地休息，最好是平卧24小时，并认真观察病情变化，仔细讯问孩子感觉。以防出现痉挛、麻痹、肢体活动或语言障碍现象；有恶心、呕吐的情况；孩子的意识渐渐变得模糊；随着时间的逝去，孩子的头部疼痛反而越来越厉害等等情况。这些都是极危险的信号，一旦出现，家长务必立即送孩子到医院去治疗。
（来源：中国安全生产网）

（五）止血

受伤后出血分为外出血和内出血两类。内出血情况较严重，现场无法处理，必须迅速送到医院处理。外出血要利用现场可利用的条件进行止血，伤口污染后，只要在6小时内进行充分消毒，一般不会化脓。无论是什么原因造成出血，都有发生破伤风的可能，所以必须立即采取预防措施。止血的常用措施有以下几种：

1. 一般止血法：用清洁的布块或毛巾等垫在伤口上，直接按压10～20分钟。止住血后，用绷带轻轻包住，不要包太紧。出血伤口周围的血块、血浆不要擦掉，伤口内的玻璃片等异物不要拔出，应立即到医院处理。

2. 填塞止血法：对于软组织内的血管损伤出血，用无菌绷带或纱布填入伤口内压紧，外面加上大块无菌敷料加压包扎。

3. 加压包扎止血法：如果伤口较大，出血较多，需要加压包扎止血。先用纱布等做成垫子，放在伤口的无菌敷料上，再用绷带或三角巾加压包扎。包扎的压力应该适度，以达到止血而又不影响肢体内血液流动为度。对于软组织内的血管损伤出血，用无菌绷带或纱布填入伤口内压紧，外面加上大块无菌敷料加压包扎。

4. 止血带止血法：较大的肢体动脉出血，应该使用止血带，用橡胶带、宽布条、三角巾、毛巾等均可。

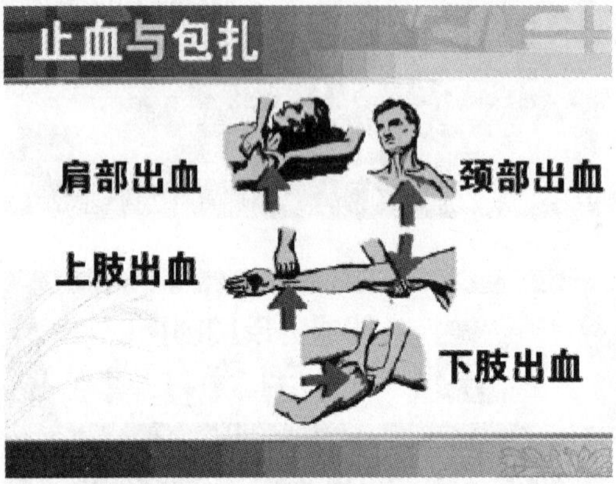

止血带止血法：
常用的有橡皮和布制两种。在紧急情况下常选用绷带，布带（衣服扯成条状）、裤带、面巾代替。

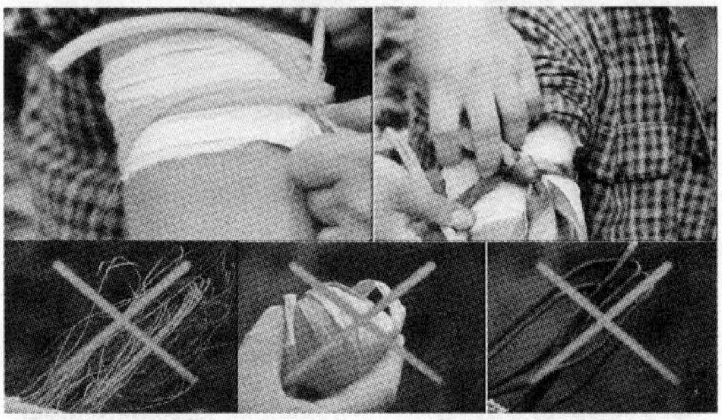

（六）窒息

按照窒息原因可分为机械性窒息、中毒性窒息、病理性窒息等类。主要症状有呼吸极度困难，口唇颜色青紫，心跳加快而微弱，病人处于昏迷或者半昏迷状态，呼吸逐渐变慢而微弱，继而不规则，到呼吸停止，心跳随之减慢而停止，瞳孔散大，对光反射消失。

急救时，首先要迅速叫救护车。在等待救护车的同时，需要采取以下措施：让患者身体前倾，用手掌用力拍患者后背两肩中间的位置。如果不奏效，则需要站在患者身后，用拳头抵住患者的腹背部，用另一只手握住那个拳头，上下用力推进推出五次，帮助患者呼吸。

异物堵住呼吸道的患者，可将其腹部抵在一个硬质的物体上，然后用力挤压其腹部，让卡在喉咙里的东西弹出来。

三、道路交通事故发生后的处理

1. 什么是交通事故

《中华人民共和国道路交通安全法》对“交通事故”的定义是，车辆在道路上因过错或者意外造成的人身伤亡或者财产损失的事件。也就是说，只要是在道路上和车辆有关的造成损害后果的事件都是交通事故，但利用交通工具作案或者因当事人主观故意造成的事故不属于交通事故。

2. 交通参与者在发生交通事故后的第一步应对

《中华人民共和国道路交通安全法》第七十条第一款规定，在道路上发生交通事故，车辆驾驶人应当立即停车，保护现场。造成人身伤亡的，车辆驾驶人应当立即抢救受伤人员，并迅速报告执勤的交通警察或者公安机关交通管理部门。因抢救受伤人员变动现场的，应当标明位置。

3. 对于未造成人身伤亡的交通事故的处理

《中华人民共和国道路交通安全法》第七十条第二、三款规定，在道路上发生交通事故，未造成人身伤亡，当事人对事实及成因无争议的，可以即行撤离现场，恢复交通，自行协商处理损害赔偿事宜；不即行撤离现场的，应当迅速报告执勤的交通警察或者公安机关交通管理部门。

4. 对于造成人身伤亡的交通事故的处理

《中华人民共和国道路交通安全法》第七十条第一款规定，造成人身伤亡的，车辆驾驶人应当立即抢救受伤人员，并迅速报告执勤的交通警察或者公安机关交通管理部门。因抢救受伤人员变动现场的，应当标明位置。

5. 发生交通事故后保护自身安全的措施

《中华人民共和国道路交通安全法》第五十二条规定：机动车在道路上发生故障，需要停车排除故障时，驾驶人应当立即开启危险报警闪光灯，将机动车移至不妨碍交通的地方停放；难以移动的，应当持续开启危险报警闪光灯，并通过在来车方向设置警告标志等措施扩大示警距离，必要时迅速报警。

《中华人民共和国道路交通安全法》第六十八条规定：机动车在高速公路上发生故障时，应当依照本法第五十二条的有关规定办理；但是，警告标志应当设置在故障车来车方向一百五十米以外，车上人员应当迅速转移到右侧路肩上或者应急车道内，并且迅速报警。机动车在高速公路上发生故障或者交通事故，无法正常行驶的，应当由救援车、清障车拖曳、牵引。

四、道路交通事故逃逸

所谓交通事故逃逸是指行为人在发生交通事故后，为逃避法律追究而逃跑的行为。交通肇事逃逸有以下八种情况：

1. 明知发生交通事故，交通事故当事人驾车或弃车逃离事故现场的。

2. 交通事故当事人认为自己对事故没有责任，驾车驶离事故现场的。

3. 交通事故当事人有酒后和无证驾车等嫌疑，报案后不履行现场听候处理义务，弃车离开事故现场后又返回的。

4. 交通事故当事人虽将伤者送到医院，但未报案且无故离开医院的。

5. 交通事故当事人虽将伤者送到医院，但给伤者或家属留下假姓名、假地址、假联系方式后离开医院的。

6. 交通事故当事人接受调查期间逃匿的。

7. 交通事故当事人离开现场且不承认曾发生交通事故，但有证据证明其应知道发生交通事故的。

8. 经协商未能达成一致或未经协商给付赔偿费用明显不足，交通事故当事人未留下本人真实信息，有证据证明其是强行离开现场的。

拓展一步

遭遇肇事逃逸后的处理：

1. 尽可能全面地记录对方的车型、颜色、车牌信息，信息量越全越好。如果对方企图逃逸，不要盲目追赶。此时逃逸驾驶员情绪紧张又冲动，不管不顾的情况下极易将小摩擦演变成大事故。在不违反交通法规且绝对保证安全的情况下，可以跟随肇事车辆，其间反复确认车辆信息，同时记录途径路线。

2. 无论什么情况下都一定不要用危险的方式逼停对方，避免由于仓促中违章或发生事故使自己处于被动的状态，更不要做出拦车等危险举动，避免自己受到伤害。如果条件允许，可以在靠近肇事车辆时示意其停车。

3. 如果身处比较偏远、人员稀少或是自己不熟悉的区域，尤其是光线不好的夜晚，出于安全方面的考虑，建议不要盲目追赶，防止一些团伙作案，威胁自己的人身财产安全。

4. 若事故发生在一些车流量较大的区域，人车混行可能会造成我们无法跟上肇事车，这时候一定不要穷追不舍，可在确认车辆信息和肇事车走向后，选择到路边安全区域报警。如果还有同行人员，可以在对方肇事逃逸后就立刻报警。

知行合一

判断题：

1. 在夜间，离汽车前照灯距离远的物体也能较易看清。（　　）

2. 汽车通常设计成具有适度的不足转向特性。（　　）

3. 安全车身结构应包括“经得住碰撞的车身”和“吸收冲击的汽车前部及后部”。 ( )

4. 道路超高规定在4%～7%之间。 ( )

5. 路面按照力学特性分柔性和刚性两类。各种沥青路面都属于柔性路，水泥混凝土和碎石路面属于刚性路面。 ( )

6. 任何道路交通事故现场必须具备时间、地点、人、车、物五个要素。人、车、物是构成交通事故现场必不可少的要素，是交通事故现场存在的前提。 ( )

7. 事故处理时，对管辖权发生争议的，由争议双方进行协商后再处理。 ( )

8. 两辆同型号汽车以相同速度正面碰撞与其中一辆汽车对坚固墙壁的相撞等价。 ( )

9. 汽车碰撞时的速度是造成车内人员伤亡的主要原因。 ( )

10. 我国目前在交通安全管理上常采用的绝对指标有交通事故次数、受伤人数、死亡人数和直接经济损失，即交通安全四项指标。 ( )

11. 质量控制法是一种基于假设的理论方法。实际应用表明，该法要比其他统计方法更合理，并且表明危险路段改善的优先次序。 ( )

12. 道路教育安全评价指标包括事故总量指标、事故率指标、安全管理水平指标。 ( )

13. 在道路设计的安全审计中，有积水、积雪的情况时要考虑危险增加到何种程度，有必要的话只能改变路面面层的材料与结构，增大横向附着系数。 ( )

思维导图

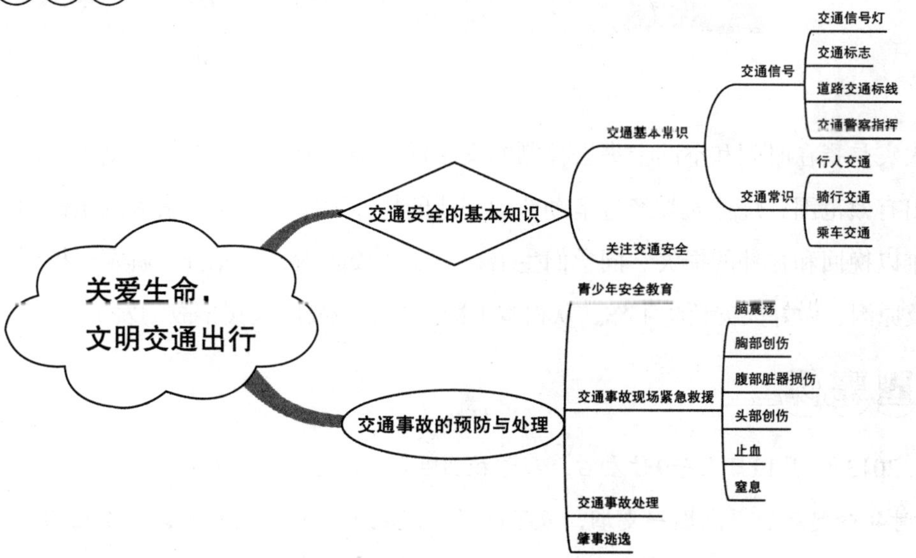

项目四 远离火灾，关注消防安全

火给人们带来了光明和温暖，推动了人类的文明和社会的进步。但是，火如果失去控制，酿成火灾，就会给人们的生命财产造成巨大的损失。火灾往往在人们意想不到的时候突然发生，并且与其他事故相比，其后果往往更为严重，极易造成重大伤亡和财产损失。公安部消防局发布的统计数据显示，2016年全国共接报火灾31.2万起，亡1582人，伤1065人，直接财产损失37.2亿元。学校的消防安全，直接关系到师生的生命财产安全和同学们的健康成长，关系到校园的和谐稳定和千家万户的幸福安康。增强消防安全意识，明确消防安全责任，了解消防安全常识，掌握灭火、疏散、逃生的技能，提高自防自救能力，是职业院校学生在校期间不可或缺的一课。

模块一 校园火灾的类型及预防

火灾是指在时间和空间上失去控制的灾害性燃烧现象。火灾的标志是失去控制，燃烧超出有效范围；烧掉人类经过辛勤劳动创造的物质财富，甚至夺去人的生命和健康，造成难以挽回和弥补的损失。同学们生活在美丽的校园内，应充分了解发生校园火灾的类型及原因，做好火灾预防工作，从根本上减少或避免校园火灾事故的发生。

典型事例

1. 2013年3月12日上午9时左右，某学校男生楼402室发生火灾。经调查，该室一名男同学7时40分起床后，点燃一支烟，吸了一半，发现上课时间快到了，顺手把烟放在床头

的架子上，去卫生间洗漱后，关门就赶去上课了，结果点燃的烟头掉在被子上，引起了火灾。

2. 2000年5月8日晚11时30分左右，某学校女生楼的302室一名同学，晚上熄灯后在床铺上点蜡烛看书，结果，因疲劳睡着了，烛火引燃蚊帐造成火灾。

3. 2014年12月30日凌晨6时10分许，陕西某学院公寓楼5号楼5层一间女生宿舍突发大火，消防人员第一时间赶到并在10分钟之内把火扑灭。所幸这次事故没有造成人员伤亡，事发时5号楼内居住的上千名学生被学校领导和老师紧急疏散。经调查，29日晚学校断电后，一名女生未将手机充电器从电源插板拔下，次日清晨6点钟供电时，瞬时电流过大，击穿插头，导致电线短路，引起火灾。

4. 2014年3月9日下午18时20分，兰州某大学医学院校区女生公寓5楼509宿舍发生火灾，广场消防中队接警后，出动2台消防车赶到现场将大火扑灭。据调查，寒假期间，该宿舍的一名女生由于兼职没有回家，当日这名女学生私用电热棒烧水时突然接到同学电话，后在未拔下插头的情况下便离开宿舍。电热棒的线路长时间受热起火，又引燃了一旁床铺上的棉被，造成火灾。

5. 2013年8月19日下午4点左右，南京某高校3号楼男生宿舍楼突然起火，猛烈的大火很快将整间宿舍烧个精光。当时正是上课期间，失火宿舍并无一人，所幸没有人员受伤。经消防部门与校方调查，发现发生火灾的男生宿舍存在着私拉电线的现象，当大下午宿舍内的多台电脑又一直没关，电脑发热引发了火灾。

6. 1999年11月30日，某大学材料学院学生进行化学实验时，用可燃溶剂清洗后未凉干，就放进烘箱，同时烘箱的排风分流未开，使可燃溶剂达到爆炸极限而爆炸，加上周围又有许多可燃试剂，爆炸后又引起燃烧。

各抒己见

1. 寝室如着火应怎么应对?

2. 如果别人使用“热得快”，你该怎么劝说他（她）?

3. 在校园里应该怎样防火?

专家点评

1. 烟头表面温度为200～300℃，中心温度可达700～800℃，超过了棉、麻、毛织物、纸张、家具等可燃物的燃点。许多同学对其“威力”认识不足，乱扔烟头，一旦烟头与可燃物接触就容易引起燃烧，甚至酿成火灾。

2. 蜡烛外焰温度高达500℃，内焰温度一般为300～350℃，超过了多数可燃物的燃点，一旦接触到可燃物就会引起燃烧，甚至扩大成火灾。

3. 安全用电历来都是学校安全工作的一个重点，然而每年因用电发生的人身伤害事件以及火灾却时有发生。究其原因，主观上是学生的防范意识淡漠，客观上则是学生在宿舍使用违规电器、乱拉电线。同学们需从主观思想和客观行动上加强防范，保障宿舍用电安全。

4. 小宿舍内违章使用大功率电器，如电炉、电饭锅、电吹风、电热杯、热得快等，会使供电线路过载发热，加速线路老化而引发火灾。

5. 大学生要遵守学校规定，不乱拉、乱接电源线，坚决避免因乱拉、乱接电线而引发火灾。

6. 实验室发生火灾，其根本原因是严重违反操作规程。如果按操作规程进行实验，就不可能发生爆炸燃烧事故。

知识讲堂

一、校园火灾的常见类型及成因

通过对近几年校园火灾的统计分析，校园火灾的常见类型有以下几种：

（一）吸烟引起火灾

有的同学在宿舍、教室、厕所及校园犄角旮旯处吸烟，烟头随意乱扔，当扔到易燃物品上时，容易引发火灾。

（二）使用明火不慎引起火灾

1. 违章点蜡烛。一般的学校都有规定，学生宿舍晚上都统一断电熄灯，但个别学生在熄灯后违章点蜡烛看书。

2. 违章点蚊香。点燃的蚊香有700℃左右，而布匹的燃点为200℃，纸张燃点为130℃。若这类可燃物品靠近点燃的蚊香，极易引起燃烧。

3. 违章使用灶具。个别学生图省事、方便，使用煤油炉、酒精炉。酒精（乙醇）是一极易燃液体，使用不当最易引起火灾。

4. 焚烧废纸等杂物。在宿舍、教室、校园角落等地方焚烧废纸等杂物，会失去控制或遗留火种，引燃周围可燃物造成火灾。

5. 树林草坪违章用火。如在树林草坪吸烟、玩火、野炊、烧荒，都能引发火灾。因树林地面有较多落叶、松子球和枯草，冬季草坪枯萎，特别是天气干燥时，一遇火种极易引发火灾。如2002年3月19日，某学校新校区树林发生火灾，过火面积近100亩。

（三）操作电器不当引起火灾

电气火灾，除少数是设备上的原因外，大多数是人为的因素造成的。学校电气火灾的原因如下：

1. 违章用电。学校建筑物的供电线路、供电设备，都是按照实际使用情况设计的，在宿舍内使用大功率电器，如电炉、电饭锅、电吹风、电热水器等，会使供电线路过载发热，加速线路老化而起火。违章加粗保险丝或用铁丝、铜丝代替保险丝，会造成线路超负荷，短路时不能熔断引起线路燃烧；违章乱拉乱接电线，容易损伤线路绝缘层，引起线路短路和触电事故。因此，学生要遵守学校规定，不在学生宿舍内使用大功率电器，不加粗保险丝，不乱拉乱接电线等，避免火灾的发生。

2. 使用电器不当。60W以上的灯泡靠近纸等可燃物，长时间烘烤易起火；充电器长时间充电，又被衣被覆盖，散热不良，也能引起燃烧；定时供电或因故障停电引起火灾。例如某学生使用电吹风时，突然停电，电源插头未拔，就离开了宿舍，来电时又没有回宿舍，电吹风较长时间工作，引起火灾。因此，学生在电器使用完毕或停电时，都必须关断电源。

（四）违反实验、实训操作规程

学生在实验、实训中用火用电用危险物品时，若违反操作规程，也能引起火灾。有电感的实验设备在使用时用物品覆盖在散热孔上，使设备聚热，导致设备燃烧；用火时，周围的可燃物未清理完，火星飞到可燃物上引起燃烧；化学实验时，将相互抵触的化学试剂混在一起，实验温度过高或操作不当，也能引起火灾事故。

二、校园火灾的预防

火灾是残酷的，但它又是可以预防的。只要我们在思想上高度重视，在行动上注意预防，就可以有效地防止火灾。

（一）积极参与各类消防培训、演练活动，培养实践能力，提高安全意识，学会识别安全标识，熟悉安全通道，掌握必要的隐患识别与自救知识。

（二）遵守学校的消防安全管理规定，不在宿舍、教室等公共场所吸烟、乱扔烟头及违规用电、点蜡烛等，消除各种引火源。

（三）生活中尽量采用不燃或阻燃材料，有意识地少用可燃物品，加强可燃物品的安全管理，不带易燃易爆危险品进入宿舍等场所。

（四）接触易燃易爆的危险化学品前需要经过专业培训，熟悉其安全特性，严格遵守操作规程，佩戴必要的个人防护装备。没经过培训，不得上岗操作。

（五）自觉维护消防设施，不可以挤占、遮挡、移除、损坏消防器材，要保持疏散通道、消防车通道畅通。

学生宿舍防火安全十不准
不准私拉乱接电线
不准卧床吸烟、乱扔烟头
不准占用、堵塞疏散通道
不准在楼内焚烧杂物
不准携带易燃易爆物品入舍
不准使用“热得快”等电热器具
不准使用酒精炉等明火器具
不准擅自变动电源设备
不准宿舍无人不关电源
不准损坏灭火器和消防设备

三、扑灭火灾的有关技能

在做好防火工作的同时，加强对火灾扑救知识、技能的学习，就能够在发生火灾时有效地予以扑灭，最大限度地减少火灾造成的人身伤亡和财产损失。

（一）发现火灾隐患的方法

一般情况下，有些火灾隐患可以通过听声音和看冒出的火苗来发现。而有的隐患在最初阶段尚未产生声音和火苗，尤其是在燃烧物被遮挡或不在视线范围之内的，同学们可以通过闻“异味”来辨别。

燃气泄漏，通常会有一股臭鸡蛋或干白菜叶的味道。

电器短路，一般会散发出一种烧胶皮、烧塑料的难闻气味。

物体燃烧通常都会发出相应的气味：纸制品、衣服和被褥燃烧时，微微有种辛辣的感觉，非常呛鼻；毛绒制品以及含蛋白质的物品燃烧时，会产生一种烧焦的羽毛气味；食用油燃烧时，会有一种粗糙、浓厚的煳味。

（二）扑灭火灾的基本技术

灭火的基本技术是根据物质燃烧的原理，破坏燃烧必须具备的基本条件和燃烧反应过程所采取的一些措施。

灭火的基本技术主要包括以下几种：

1. 冷却法

将灭火剂直接喷射到燃烧物上把燃烧物的温度降低到可燃点以下，使燃烧停止；或

者将灭火剂喷洒在火源附近的可燃物上，使其不受火焰辐射热的威胁，避免形成新的着火点。常用的方法有用水或用二氧化碳进行冷却灭火等。

2. 窒息法

阻止空气流入燃烧区域，或用不燃烧的惰性气体冲淡空气，使燃烧物得不到足够的氧气而熄灭。如用二氧化碳、氮气、水蒸气等惰性气体灌注容器设备，用石棉毯、湿麻袋、湿棉被、黄沙等不燃物或难燃物覆盖在燃烧物上，封闭起火的建筑或设备的门窗、孔洞等。

3. 隔离法

将正在燃烧的物质与其周围可燃物隔离或移开，燃烧就会因为缺少可燃物而停止。如将靠近火源的可燃物品搬走，拆除接近火源的易燃建筑，关闭可燃气体、液体管道阀门，减少和阻止可燃物质进入燃烧区域等。

4. 抑制法

抑制法（化学法）指将有抑制作用的灭火剂喷射到燃烧区，并参加到燃烧反应过程中去，使燃烧反应过程中产生的游离基消失，形成稳定分子或低活性的游离基，使燃烧反应终止。常用的抑制方法有干粉灭火剂灭火法。

（三）常见火灾的扑灭技巧

1. 家具、被褥等起火：一般用水灭火。用身边可盛水的物品如脸盆等向火焰上泼水，也可把水管接到水龙头上喷水灭火；同时把燃烧点附近的可燃物泼湿降温。切记：油类、电器着火不能用水灭火。

2. 电气起火：家用电器或线路着火，要先切断电源，再用干粉或气体灭火器灭火，不可直接泼水灭火，以防触电或电器爆炸伤人。

3. 电视机、电脑起火：电脑万一起火，绝不可用水浇，可以在切断电源后，用棉被将其盖灭。灭火时，只能从侧面靠近电视机、电脑，以防显像管爆炸伤人。若使用灭火器灭火，不应直接射向电视机、电脑屏幕，以免其受热后突然遇冷而爆炸。

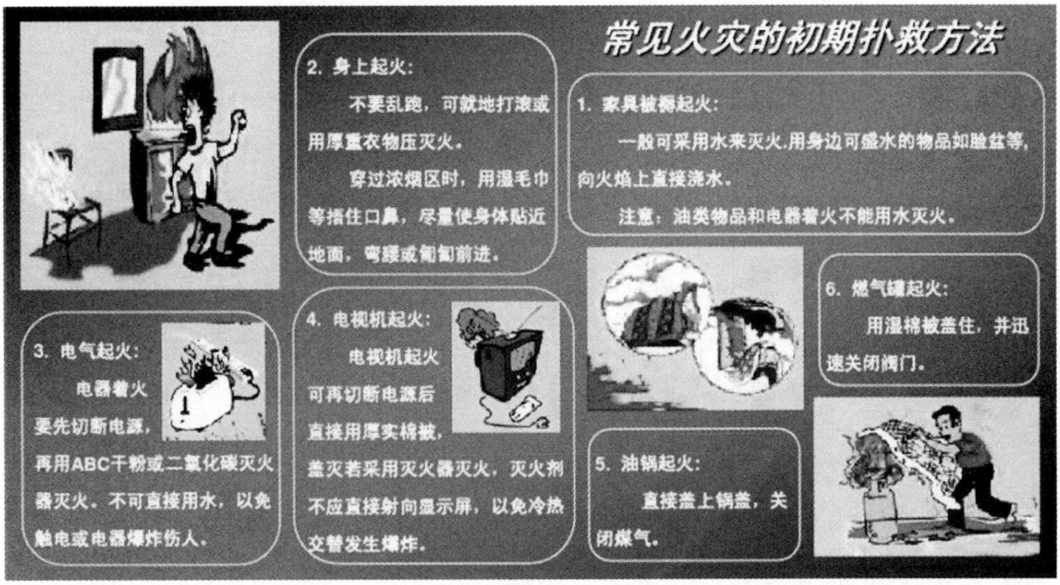

常见火灾的初期扑救方法
1. 家具被褥起火：
一般可采用水来灭火.用身边可盛水的物品如脸盆等，向火焰上直接浇水。
注意：油类物品和电器着火不能用水灭火。
2. 身上起火：
不要乱跑，可就地打滚或用厚重衣物压灭火。
穿过浓烟区时，用湿毛巾等捂住口鼻，尽量使身体贴近地面，弯腰或匍匐前进。
3. 电气起火：
电器着火要先切断电源，再用ABC干粉或二氧化碳灭火器灭火。不可直接用水，以免触电或电器爆炸伤人。
4. 电视机起火：
电视机起火可再切断电源后直接用厚实棉被，盖灭若采用灭火器灭火，灭火剂不应直接射向显示屏，以免冷热交替发生爆炸。
5. 油锅起火：
直接盖上锅盖，关闭煤气。
6. 燃气罐起火：
用湿棉被盖住，并迅速关闭阀门。

4. 油锅起火：油锅起火时应迅速关闭炉灶燃气阀门，直接盖上锅盖或用湿抹布覆盖，还可向锅内放人切好的蔬菜冷却灭火，将锅平稳端离炉火，冷却后才能打开锅盖。切勿向油锅内倒水灭火。

5. 燃气罐着火：要用浸湿的被褥、衣物等捂盖火焰，并迅速关闭阀门。

6. 衣服、头发着火：千万不要惊慌，不得乱跑也不要胡乱扑打。应立即离开火场和其他易燃物，然后就地躺倒，用手护着脸面将身体滚动或将身体贴紧墙壁将火压灭；或用厚重衣物裹在身上压灭火苗，或用水灭火。

四、消防安全标志

消防安全标志由几何形状、安全色、表示特定消防安全信息的图形符号构成，向公众指示安全出口的位置与方向、安全疏散逃生的途径、消防设施设备的位置和火灾或爆炸危险区域的警示与禁止标志等特定的消防安全信息。

国家标准委2015年8月1日起正式实施新修订的GB 13495.1—2015《消防安全标志 第1部分：标志》。新标准将消防安全标志分为火灾报警装置标志、紧急疏散逃生标志、灭火设备标志、禁止和警告标志、方向辅助标志、文字辅助标志等6类，共有25个常见标志和2个方向辅助标志。

火灾报警装置标志

消防按钮
发声报警器
火警电话
消防电话

灭火设备标志

消防软管卷盘
地下消火栓
地上消火栓
消防水泵接合器

灭火设备标志

灭火设备
手提式灭火器
推车式灭火器
消防炮

禁止和警告标志

禁止吸烟
禁止烟火
禁止放易燃物
禁止燃放爆竹

禁止和警告标志

禁止用水灭火
禁止堆放
禁止锁闭
当心易燃物

“安全出口”标志与当下辅助标志组合使用示例

位于两个安全出口中间的“安全出口”标志与方向辅助标志组合使用示例

标志、方向辅助标志与文字辅助标志组合使用示例

拓展一步

哪些物质火灾不能用水扑救？

水是最常用的灭火剂，但水也有一定的灭火范围，并非所有的火灾都可用水扑救。下面几种物质火灾不能用水进行扑救：

1. 遇水燃烧类物质，如钾、钠、镁粉、铝粉等。这些物质在与水接触时，能迅速发生化学反应生成氢气，释放大量的热，易引起爆炸。

2. 高压电气装备的火灾，在没有良好的接地或没有切断电源时，一般不能用水扑救。因为水有导电性，可以用喷雾水流扑救。

3. 轻于水且又不溶于水的可燃液体火灾。如汽油、煤油着火时，若用水灭，大量燃烧的油漂浮在水面上，随水流动，易造成火势蔓延。

4. 三酸（硫酸、盐酸、硝酸）火灾，不宜用强大的水流扑救，因酸遇水流冲击会喷溅伤人。

5. 溶化的铁水、钢水，不能用水直接扑救，因水与这些高温物质接触会迅速分解成氢、氧，造成燃烧、爆炸。

知行合一

一、单项选择题

1. 下面（　　）火灾用水扑救会使火势扩大。

A. 油类　　B. 森林　　C. 家具

2. 下列（　　）物质是点火源。

A. 电火花　　B. 纸　　C. 空气

3. 身上着火后，不应采用的灭火方法是（　　）。

A. 就地打滚

B. 用厚重衣物覆盖压灭火苗

C. 迎风快跑

4. 以下对报警电话的描述不正确的是（　　）。

A. 119报警电话是免费的

B. 发生火灾时任何人都可以无偿拨打119

C. 为了演练，平时可以拨打119

5. 下列（　　）火灾不能用水扑灭。

A. 棉布、家具　　B. 金属钾、钠　　C. 木材、纸张

6. 发生燃气泄漏，要速关阀门，打开门窗，不能（　　）。

A. 触动电器开关或拨打电话　　B. 使用明火　　C. A和B都正确

7. 电脑着火了，应（　　）。

A. 迅速往电脑上泼水灭火

B. 拔掉电源后用湿棉被盖住电脑

C. 马上拨打火警电话，请消防队来灭火

8. 任何单位，（　　）都有参加和组织灭火工作的义务。

A. 男性公民

B. 成年公民

C. 包括少年儿童在内的所有人员

9. 我国目前通用的火警电话是（　　）。

A. 911　　B. 119　　C. 110

10. 被困在火场时，下列求救方法错误的是（　　）。

A. 在窗口、阳台或屋顶处向外大声呼叫

B. 白天可挥动鲜艳布条发出求救信号，晚上可挥动手电筒

C. 大声哭泣

二、不定项选择

1. 灭火的基本方法有（　　）。

A. 冷却法　　B. 隔离法　　C. 窒息法　　D. 抑制法

2. 停电时（　　）。

A. 要尽可能用应急照明灯照明

B. 要及时切断处于使用状态的电器电源，即关闭电源开关或拔掉插头

C. 要采用有玻璃罩的油灯

D. 可以用汽油代替煤油或柴油做燃料

3. 保险丝不能用（　　）制成。

A. 铁丝　　B. 铝合金　　C. 铜丝

4. 收看电视时，不正确的做法是（　　）。

A. 雷雨天气利用室外天线接收信号

B. 把电视机放在干燥通风的地方

C. 可以长时间收看电视

5. 我国的“119”消防宣传活动日是（　　）。

A. 11月9日　　B. 1月19日　　C. 9月11日

6. 扑救烟灰缸里的杂物、废纸篓里的废纸片等初起小火时，正确的做法是（　　）

A. 用手拍灭　　B. 用水或灭火器扑灭　　C. 用湿毛巾覆盖

7. 当你在公共场所时，符合安全管理规定的行为是（　　）。

A. 在影剧院、商场内燃放烟花爆竹

B. 寻找座位时不使用明火照明，用手电筒

C. 随便按动公共场所电器设备的开关

8. 使用电冰箱时，不可以存放（　　）。

A. 易燃易爆物品　　B. 易冰冻的物品　　C. 易发挥的化学物品

9. 当发现液化气钢瓶内残液过多时，应送往（　　）进行处理，严禁乱倒残液。

A. 消防队　　B. 环保局　　C. 液化气充装站

三、判断题

1. 禁止携带易燃易爆危险物品进入公共场所或乘坐交通工具。（　　）

2. 物质的燃点越低，越不容易引起火灾。（　　）

3. 发生了燃烧就发生了火灾。（　　）

4. 消防通道的宽度不应小于3.5米。（　　）

5. 凡是能引起可燃物着火或爆炸的热源统称为点火源。（　　）

6. 用水直接喷射燃烧物进行灭火，属于冷却灭火法。（　　）

7. 可以拨打火险报警电话“119”演练报火警。（　　）

模块二 火灾的应对与自救

一场火灾降临，能否成为幸存者，固然与火势的大小，起火时间、地点，建筑物内有无报警、排烟、灭火设施等因素有关，然而主要还是与被困者的自救能力及是否懂得逃生的步骤、方法等因素有着密切关系。因此，能自救、会逃生是同学们遇到火灾后保护自己或他人人身安全最重要的本领和必备的能力。

典型事例

1. 2013年9月23日5时40分左右，东北某大学4号楼男生宿舍219室突发大火。火灾的原因为该寝室一学生用“热得快”烧水，因晚上突然停电，他只从水壶中拔下“热得快”放到床铺上，但忘了切断电源，早晨醒来后发现“热得快”已经将床铺引

着，惊慌之下，四处敲门喊醒其他寝室的同学。由于这名男生逃生时打开了寝室的门，结果通风后火势更加猛烈。消防官兵在第一时间赶到，将大火扑灭，并无人员伤亡。

2. 2015年1月4日中午12时许，兰州某商学院陇桥学院一栋宿舍楼发生火灾。据了解在浓烟冒出时，宿舍楼内还有学生没有离开。接到报警后，兰州市消防支队出动3个消防中队赶赴现场。据消防员调查，着火的是7号楼2楼的一间女生宿舍，着火物质是宿舍内的被子与衣服，明火不大，但烟雾很大，弥漫整个楼道。宿舍楼高6层，消防官兵先佩戴空气呼吸器进入楼内疏散学生。经过约20分钟的扑救，火被完全扑灭。

3. 2007年1月11日，东北某师范大学研究生宿舍一楼发生火灾，浓烟将11层高的整个宿舍楼笼罩，楼上百余个寝室的500余名学生被困。在浓烟的威胁下，大部分学生采取用湿毛巾捂住口鼻、弯腰逃生等方式自救，但仍有个别学生因受不了浓烟的熏呛做出将要跳楼的举动。危急时刻，经消防队员制止，这几名学生最终被送至安全地带。确定起火点是该宿舍楼一楼的干洗店干洗机旁边的一堆衣物。

4. 2014年6月23日上午，江西某科技师范大学某学生宿舍发生火灾，浓烟四处扩散。部分学生迅速捂鼻撤离。部分学生通过牢牢连结在一起的床单自救。部分高楼层学生无法自救，等待消防云梯车救援。十分钟后，消防队派出了三辆消防车进行现场抢救，一个小时左右，火灾得到有效控制。此次火灾未造成人员伤亡。

5. 2014年9月18日凌晨2点20分左右，汉口学院梧桐雨美食广场发生了一场严重火灾，汉口学院的两层大楼被熊熊大火吞噬。当时里面还有部分人员。里面的学生、教师和工作人员有秩序地逃离了火灾现场，到达安全地带等待消防人员进行抢救。事发后，学校及时报警，消防人员第一时间赶到，并在半小时之内扑灭了熊熊大火。此次火灾幸无人员伤亡。

6. 2008年11月14日早晨6时10分左右，上海某商学院徐汇校区一学生宿舍楼发生火灾。火势迅速蔓延导致烟火过大，4名女生在消防队员赶到之前，因受不了浓烟的熏呛和恐惧，从6楼宿舍阳台跳楼逃生，不幸全部遇难。火灾事故初步判断原因是，寝室里使用“热得快”引发电器故障并将周围可燃物引燃。

各抒己见

1. 结合实际谈谈引发火灾的原因有哪些。
2. 一旦出现火灾，如何扑救？
3. 如果身陷火海，可以采取哪些逃生技巧？

专家点评

1. 学生在宿舍里违规使用电器“热得快”，造成短路，产生火花或发热起火，引发火灾；逃生时，房门未及时关闭，形成空气对流通风效应，火焰与浓烟更加浓烈。

2. 3. 5. 火灾发生时，除了高温燃烧之外，还会产生大量的有毒气体和浓烟，能见度也很低。在浓烟中，同学们应用湿毛巾等物捂住口鼻，尽可能压低身子，手、肘、膝盖要紧靠地面，沿墙壁边缘，保持低姿态前进逃生。

4. 6. 高楼失火逃生时，应向下不向上，用湿毛巾、衣物等捂住口鼻，快速走楼梯下楼，有序撤离；应理性逃生，可利用建筑物阳台、避难层、室内设置的缓降器、应急逃生绳等进行逃生，也可将被单等结成牢固的绳索系在窗栏上，顺绳滑至安全楼层；等待救援时，当通道被火封住无路可逃时，可靠近窗户或阳台等易被发现的地方呼救（可挥动被单、毛巾等引起别人注意），同时关紧迎火门窗，用湿毛巾、湿布堵住门缝，用水淋透房门，防止烟火侵入。

知识讲堂

一、初起火灾的应急措施

火灾过程一般可以分为初起、发展、猛烈、下降和熄灭五个阶段。初起阶段为灭火的重点。同学们扑救初起火灾时，应把握以下方法：

（一）火势小，可控制，自己灭火

怎么灭?

1. 一般用水灭（电源火灾不可用水）；

2. 衣物扑打；

3. 身上着火，地上打滚；

4. 使用灭火器或消防栓。

干粉灭火器的结构

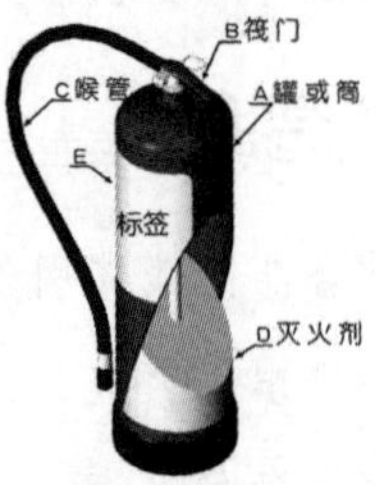

灭火器的使用方法

1. 提起灭火器。 2. 拔下保险销。 3. 用力压下手柄。 4. 对准火源根部扫射。

灭火器的使用方法：

提：将灭火器提到起火地点的上风向；

摇：上下颠倒摇匀；

拔：拔下保险销；

瞄：一手握住喷管，在离起火点一点五米以上（如是电器起火，应更远）的侧后方瞄准起火点；

按：另一手按紧压把，对准火源喷射。

注意事项：一次用完；不可对着人脸部喷射。

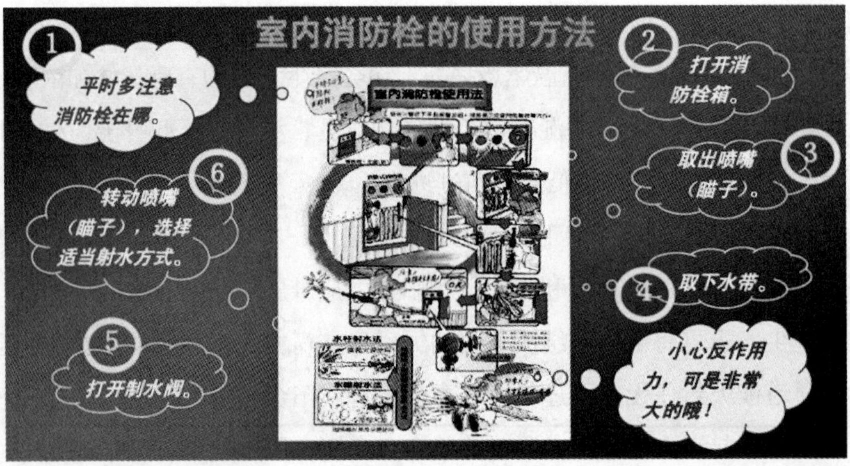

室内消防栓的使用方法
1
平时多注意消防栓在哪。
2
打开消防栓箱。
3
取出喷嘴（瞄子）。
4
取下水带。
小心反作用力，可是非常大的哦！
5
打开制水阀。
6
转动喷嘴（瞄子），选择适当射水方式。

（二）火势较大，自己不可控制的时候，报警求救

报警注意事项：

1. 火警电话为119；

2. 说清楚所处的具体位置；

3. 简要说明起火原因及火势大小、有无被困人员等；

4. 告知姓名和电话；

5. 到路口等候。

二、火灾逃生自救的方法和原则

由于火灾中的人可能受到烧伤、窒息、中毒、倒塌物砸埋和其他意外伤害，所以火灾避险的基本原则是趋利避害、逃生第一。火灾逃生自救的基本方法主要有：

（一）镇定第一

首先一定要冷静下来。如果火势不大，可尽快采取措施扑救。如果火势凶猛，要在第一时间报警，并迅速撤离。

（二）注意风向

应根据火灾发生时的风向来确定疏散方向，在火势蔓延之前，朝逆风方向快速离开火灾区域。一般来说，当发生火灾的楼层在自己所处楼层之上时，应迅速向楼下跑。不可乘坐电梯！逃生时要注意随手关闭通道上的门窗，以阻止和延缓烟雾向逃离的通道蔓延。

（三）毛巾捂鼻

火灾烟气具有温度高、毒性大的特点，人员吸入后很容易引起呼吸系统烫伤或中毒。因此，逃离时要用湿毛巾掩住口鼻，并尽量避免大声呼喊，防止烟雾进入口腔。也可找来水打湿衣服、布类等用以掩住口鼻。通过浓烟区时，要尽可能以最低姿势或匍匐姿势快速前进。注意，呼吸要小而浅。

（四）结绳逃生

楼通道被火封住、欲逃无路时，可将床单、被罩或窗帘等撕成条结成绳索，系牢窗槛，顺绳滑下。家中有绳索的，可直接将其一端栓在门、窗或重物上，沿另一端爬下。在此过程中，要注意手脚并用（脚成绞状夹紧绳，双手一上一下交替往下爬），要注意把手保护好，防止顺势滑下时脱手或将手磨破。

（五）暂时避难

在无路可逃的情况下，应积极寻找暂时的避难处所。如果在综合性多功能大型建筑物内，可利用设在电梯、走廊末端以及卫生间附近的避难间，躲避烟火的危害。若暂时被困在房间里，要关闭所有通向火区的门窗，用浸湿的被褥、衣物等堵塞门窗缝，并泼水降温，以防止外部火焰及烟气侵入。在被困时，要主动与外界联系，以便尽早获救。

（六）靠墙躲避

消防员进入着火的房屋时，都是沿墙壁摸索进行的，所以当临近窒息失去自救能力时，应努力滚向墙边或者门口。同时，这样做还可以防止房屋塌落砸伤自己。

三、火场逃生的心理误区

面对滚滚的浓烟、凶猛的火势以及热浪的侵袭，为什么有的人能够临危不惧，顺利地躲过劫难重获新生？而有的人急于生还，想一步迈出死亡地带，结果却适得其反，早早丧生？其中，逃生心理起着重要作用。同学们，要想在大火中安全逃生，除了采取一些自防自救方法之外，还要努力克服逃生中的某些心理误区。逃生中的心理误区主要有以下几种：

（一）惊慌心理

面对火灾感到恐惧是人的一般习性。惊慌是人在极度难忍、充满恐怖的环境中产生的一种心理状态。在逃生时，惊慌心理可导致一些不合理的非理性行为，结果经常是不幸的。例如有的人面对浓烟不知所措，从高楼跳下而丧生；有的人见了大火，只顾向相反方向奔逃而不管是否有出口。在火灾现场往往发现死者蹲踞在屋角或把头伸入橱柜内，这些都是由于惊慌恐惧而导致的非理性行为。惊慌一开始只是个别人的非理性行为，由于它带有传染性，很快会波及众人，常常会导致不可抑制的恐惧心理，发生不必要的重大伤亡。

（二）习惯心理

这种心理常表现为人们只会朝经常使用的出入口和楼梯逃散，即使那里已挤成一团，还是争相夺路不肯离去。一方面是因为灾祸降临，人们挤成一团，以解除心理上的孤独感和恐惧感；另一方面，也是由于对所处环境的不了解，对其他出口没有把握，甚至不了解安全疏散出口包括哪些楼梯和门窗。特别是楼房火灾，一般人听到火警，往往习惯往下跑，而遇上烟气又会慌忙向上跑，烟速为3～4米/秒，大大超过了人的上楼速度，这种往返往往贻误了逃生的最佳时机。

（三）趋光心理

人有向光的习性，所以有趋向明亮方向和开敞空间的本能。例如，当旅馆有烟气在走廊弥漫时，若走廊一端黑暗、一端明亮，则人们一般向明亮方向逃生。趋光心理有时是有益的，但如果身处陌生的火灾环境中，盲目地朝有光亮的方向逃生，很容易误入危险境地，如建筑物里的“袋形走廊”。

要避免误入危险逃生路径，就必须熟悉自己所处的环境。我们进入一个比较陌生的建筑物时，要到走廊看一看报警器、疏散出口和楼梯的位置。这种细心是很必要的，只有养成习惯，心中有数，才能在关键时刻救我们一命。

（四）外散心理

起火时，求生本能促使人一般总想向室外跑，这对身处低层、结构简单的建筑物内的人来讲还可以，但对身处高层、结构较复杂的建筑物内的人来讲，这种想法是不太现实的，因为身处较高楼层或比较复杂结构的环境中，人们跑到室外需要较长时间，反而会贻误逃生的时机。所以，在火灾中一心只想逃出去，有时并非上策。在无路可逃时，就要选择相对安全的地方避难，等待消防队的到来。当然，选择避难间避难，也只是暂时的，目的在于及早疏散出去或是被安全救出去，所以在选择避难的同时应做好下一步的考虑和准备。

（五）盲从心理

盲从心理是惊慌心理的延续，表现为在火灾中失去正常判断能力，没有主见，随大流，不顾后果。比如一窝蜂地跟着人群盲目地跑，至于跑向什么地方、能不能跑得出去则根本不知道；再比如见人从楼上往下跳，便跟着一起往下跳，至于跳下去是什么后果则不管不顾。准确地说，这种盲从心理导致的行为已算不上是一种正常的逃生了。许许多多群死群伤火灾的发生，都与这种盲从心理密切相关。

综合以上几种逃生心理的分析不难看出，在逃生中，心理一旦走入误区，也就相当于人在火场中闯入误区一样危险。要想在火灾中安全逃生，除了要具备一定的消防意识、采用一定的自防自救措施之外，还要努力克服种种心理障碍，从心理误区中尽快走出来，培养良好的逃生心理素质，在逃生的关键时刻引领自己走进安全地带。

拓展一步

逃生的一般原则：

1. 保持冷静，不要惊慌；
2. 寻找出口，切忌乱闯；
3. 舍财保命，迅速撤离；
4. 注意防烟，切莫哭叫；
5. 互相救助，有序疏散；
6. 紧急求救，设法逃生；
7. 谨慎跳楼，小心伤亡。

知行合一

一、单项选择题

1. 火灾初起阶段是扑救火灾（　　）的阶段。

A. 最不利　　B. 最有利　　C. 较不利

2. 用灭火器进行灭火的最佳位置是（　　）。

A. 下风位置

B. 上风或侧风位置，一般距离火源3米以内

C. 离起火点5米以上的位置

D. 离起火点10米以下的位置

3. 用灭火器灭火时，灭火器的喷射口应该对准火焰的（　　）。

A. 上部　　B. 中部　　C. 根部

4. 学校教学楼应配备的灭火器型号是（　　）。

A. ABC干粉灭火器　　B. BC干粉灭火器　　C. 泡沫灭火器

5. 灭火器上的压力表用红、黄、绿三色表示压力情况，指针指在绿色区域表示（　　）。

A. 正常　　B. 偏高　　C. 偏低

6. 高层楼发生火灾后，不能（　　）。

A. 乘电梯下楼　　B. 用湿毛巾堵住口鼻　　C. 从楼梯跑下楼

7. 楼内失火应（　　）。

A. 从疏散通道逃离　　B. 乘坐电梯逃离　　C. 在现场看热闹

8. 当遇到火灾时，要迅速向（　　）逃生。

A. 与着火相反的方向　　B. 人员多的方向　　C. 安全出口的方向

9. 相对封闭的房间里发生火灾时（　　）。

A. 不能随便开启门窗　　B. 只能开窗　　C. 只能开门

10. 当打开房间闻到煤气气味时，要迅速（　　）。

A. 开灯寻找漏气部位　　B. 点火查看　　C. 打开门窗通风

11. 高层建筑发生火灾时，人员可通过（　　）渠道逃生。

A. 疏散楼梯　　B. 普通电梯　　C. 跳楼　　D. 货梯

二、判断题

1. 泡沫灭火器可用于带电灭火。（　　）

2. 火场上扑救原则是先人后物、先重点后一般、先控制后消灭。（　　）

3. 火灾发生时烟雾太浓可大声呼叫或晃动鲜艳的衣物以引起救援者的注意。（　　）

4. 防止烟气危害最简单的方法是用湿毛巾捂嘴逃生。（　　）

三、思考题

1. 扑火初起火灾的方法是什么？

2. 如何拨打火警电话119？

3. 手提式灭火器的使用方法是什么？

4. 火场逃生自救的方法原则有哪些？

5. 火场逃生的心理误区有哪些？怎样克服？

法律链接

《中华人民共和国消防法》（节选）

第二条　消防工作贯彻预防为主、防消结合的方针，按照政府统一领导、部门依法监管、单位全面负责、公民积极参与的原则，实行消防安全责任制，建立健全社会化的消防工作网络。

第五条　任何单位和个人都有维护消防安全、保护消防设施、预防火灾、报告火警的义务。任何单位和成年人都有参加有组织的灭火工作的义务。

第四十四条　任何人发现火灾都应当立即报警。任何单位、个人都应当无偿为报警提供便利，不得阻拦报警。严禁谎报火警。

人员密集场所发生火灾，该场所的现场工作人员应当立即组织、引导在场人员疏散。

任何单位发生火灾，必须立即组织力量扑救。邻近单位应当给予支援。

消防队接到火警，必须立即赶赴火灾现场，救助遇险人员，排除险情，灭火救援。

第六十二条　有下列行为之一的，依照《中华人民共和国治安管理处罚法》的规定处罚：

（一）违反有关消防技术标准和管理规定生产、储存、运输、销售、使用、销毁易燃易爆危险品的；

（二）非法携带易燃易爆危险品进入公共场所或者乘坐公共交通工具的；

（三）谎报火警的；

（四）阻碍消防车、消防艇执行任务的；

（五）阻碍公安机关消防机构的工作人员依法执行职务的。

第六十三条　违反本法规定，有下列行为之一的，处警告或者五百元以下罚款；情节严重的，处五日以下拘留：

（一）违反消防安全规定进入生产、储存易燃易爆危险品场所的；

（二）违反规定使用明火作业或者在具有火灾、爆炸危险的场所吸烟、使用明火的。

第六十四条　违反本法规定，有下列行为之一，尚不构成犯罪的，处十日以上十五日以下拘留，可以并处五百元以下罚款；情节较轻的，处警告或者五百元以下罚款：

（一）指使或者强令他人违反消防安全规定，冒险作业的；

（二）过失引起火灾的；

（三）在火灾发生后阻拦报警，或者负有报告职责的人员不及时报警的；

（四）扰乱火灾现场秩序，或者拒不执行火灾现场指挥员指挥，影响灭火救援的；

（五）故意破坏或者伪造火灾现场的；

（六）擅自拆封或者使用被公安机关消防机构查封的场所、部位的。

思维导图

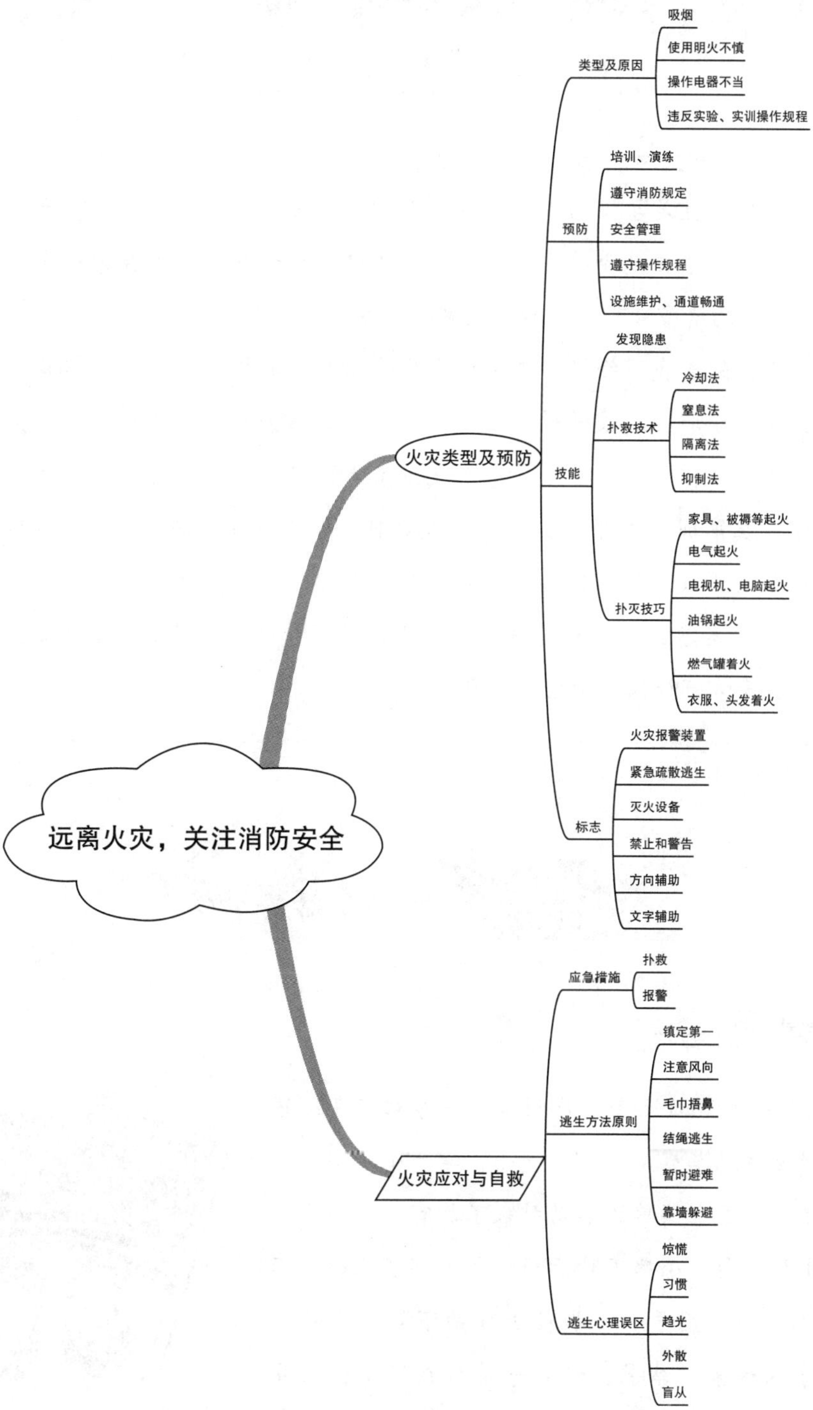

项目五　确保活动安全，预防意外事故

安全工作一直是学校的重点工作，而学生的安全更是重中之重。学生的安全涉及千家万户，事关社会稳定与和谐。由于学生大部分时间都在学校中度过，在保障学生安全的诸多环节中，学校无疑扮演着举足轻重的角色。

近年来，随着我国经济的发展、人民生活水平的提高，学生营养状况有了很大改善；但由于职业院校的学生没有升学方面的压力和硬性指标考核，主动锻炼身体的意愿不强，健康意识淡薄，加之没有养成良好的饮食习惯，身体素质整体水平不佳。在军训、体育比赛等户外活动中，如果不强化安全意识，做好预案，极易出现安全事故，轻则擦伤、碰伤，重则残废、死亡。运动伤害，重在防范。作为学校，应当建立必要的保护措施；作为教师，应当增强工作责任心，加强管理和监督，千方百计保证学生在校安全。

模块一　军训生活安全

典型事例

1. 2010年8月26日上午，广州市某中学初二年级军训，教官教学生站军姿。因为天气热，学生小林用手擦了擦汗。结果，这个简单的举动引来了教官的不满。教官急吼了小林几句，小林不甘示弱，也申辩了几句。不料教官马上上前，用手一把捏住小林的下颚。小林不满，两人争执起来。结果，教官一拳打在了小林的耳部，接着又是一脚，把他踢倒在地。

2. 青岛某中学于2013年8月4日至10日在驻青某部队进行为期7天的军训。8月9日上午10时10分左右，学生彭某提出身体不适，教官立即停止了该生的训练，让其在一旁休息。校医及时进行处理，测量体温为39度，并给该生吃退烧药，进行冷敷，送回宿舍休息。期间，校医非常关注，多次为其测量体温。下午发现体温有所上升，随即联系该生母亲到军校接回学生。19时02分，该生被其母亲接走。监控视频显示，接走时，该生神志清醒。晚10时，班主任接到该生母亲电话，称学生已被送至海慈医院进行抢救，学校领导立即赶往医院看望。晚11时20分，该生经医院抢救无效死亡。经询问，医院表示病因、死因不详。

3. 2014年8月24日湖南某中学在新生军训时，教官和师生发生冲突，导致多名学生和教师受伤，部分重伤。事件缘由是，当天上午军训休息时，某班学生与某教官打闹，由于学生较多，教官吃了亏。到下午训练时，教官对该班训练特别严，全体学生被罚做俯卧撑，部分学生实在做不动了，教官便用脚踩。该班班主任发现情况不对，出来说情，没想到被教官打了。此后，学生就帮班主任一起对抗教官。这时，其他教官随即也参与进来，局面一度失控，十分混乱。事件最终导致40多人受伤，班主任受伤较严重。

各抒己见

1. 你对上述案例中的事故有何看法？

2. 如果在军训过程中与教官发生矛盾，应该如何处理？

专家点评

1. 对于军训活动，学生应正确对待，但同时要根据身体状况决定是否参与。如果确实有病或者有不宜高强度训练的情况，应该在军训前向负责老师说明情况，提出不参加军训的申请，不能因为要面子或者为了集体荣誉强行参加军训活动而导致意外事故。

2. 职业院校的学生年龄普遍较小，心理和生理都很不成熟。近几年，由于教官的军训经验欠缺，学生的情绪受天气或者体能的影响等，教官与学生之间极易发生冲突和矛盾。学校相关部门应在军训期间加大巡查力度，及时排解学生、老师和教官之间的矛盾和纠纷，避免意外与不和谐事件的发生。

知识讲堂

“军令的响亮急促、军歌的豪情万丈、军训的汗水淋漓”——军训是迎接新生的第一堂课，也将是广大新生难忘的一段经历。军训是一个锻炼意志、体现个人品格的重要环节，在军训中良好的表现不仅可以给教官、老师、同学留下一个好印象，而且还可以锻炼意志和毅力。军训既苦又累，保护好自身安全非常重要。

一、军训前的准备

1. 床上用品

军训前学校会告知学生和家长军训期间的住宿条件。一般部队只提供床铺，学生需要准备夏被（或毯子）、褥子和枕头。军训一天下来学生非常疲惫，特别需要一张舒适的床，所带被褥应注重舒适和轻便，该带的东西都应该带齐。

2. 鞋子、袜子、衣服

军训时学生宜穿球鞋或旅游鞋，忌穿新鞋和高帮鞋。除了脚上穿的鞋子外，还应该另准备一双，雨天鞋湿以后可以替换。此外，袜子也应该多带几双，袜子要柔软、吸汗，纯棉材质为宜。除军训服外，可再准备1～2身舒适的服装。军训的地方如果选择在郊区或山区的军营，昼夜温差大，夜间学生还有可能站岗值勤。军训难免赶上阴天下雨的时候，所以，最好带一条大短裤和一件纯棉无袖衬衫，以备天凉时穿在军训服里面。

3. 一把雨伞

学生勿忘带一把雨伞，以备下雨时使用。

4. 两个盆子

军训时活动量大，出汗多，而每个学生不可能保证每天都可以洗上澡，所以为保持个人卫生，一定要准备两个盆，无论男生或者女生。

5. 水壶

水壶容量要大，既可以凉水，还可以储水；瓶口要大，接水时以免烫伤；有提拉，以便携带；要结实，不易破碎。

6. 女生注意事项

军训运动量大，女学生有可能月经提前或月经量增多，因此要备足卫生巾，最好选用质量好、吸附力强的。

7. 润喉片

因为军训时不断地喊口号，易口干舌燥，可以带点润喉片，养护嗓子。

8. 其他药品

可以根据学生自身的具体情况带一些药品，像防蚊虫叮咬类、感冒类、清凉解暑类、腹泻类药物等。

9. 不带食品

军训期间，住宿的地方没有空调、电冰箱，食物容易变质。

10. 指甲刀

军训前（包括军训期间），学生要正确剪指甲，预防倒刺及甲沟炎。

二、军训期间的注意事项

1. 军训期间一定要注意个人卫生，衣服要勤洗勤换，保持干净。夏天容易出汗，衣物上就会有汗渍，这不但影响整体形象，自己穿着也不舒服，且容易滋生细菌。同学们最好每天都对穿戴的衣物、袜子、帽子进行清洗。

2. 要多注意休息，保证睡眠。如果在军训过程中感觉不适，直接报告教官，千万不要因为不好意思而不报告，这样造成的后果可能会很严重。

3. 军训期间要按时作息。特别是晚上要按时睡觉，保证睡眠，确保第二天有充沛的体力。不要因聊天说笑而耽误睡眠，以致影响第二天军训。

4. 要保证健康饮食，充分补充体力。早饭一定要吃，防止因为能量不够发生低血糖现象。军训期间多吃一些肉类、蛋类食物，还要注意补充维生素；多吃蔬菜、水果，及时补充糖、水和盐分。每天应喝2000ml以上白开水，在饮用水里可以适当添加食盐。结束一天的军训后，可以适当吃些西瓜、桃子、苹果、黄瓜、生菜等水分充足的果蔬，以补充消耗的水分和维生素。不要喝生水、冰镇的饮料和冷饮，有条件的可以晚上睡觉前喝一袋热牛奶。睡前喝袋牛奶，既补充营养，又能改善睡眠质量。

5. 要学会及时和教官、老师以及周围的同学沟通，有问题及时向他们请教。

6. 军训前要做好预防中暑的工作。学校医务室配有常用药品，但学生个人最好能配备人丹、十滴水、藿香正气丸、清凉油等防中暑的常用药，以备不时之需。参加军训的学生应该选择穿棉质的衣裤，这种透气的衣服更有利于散热，能减少中暑的发生。为减少太阳光热量的吸收，最好穿白色等浅色衣服。

三、意外情况处理

1. 头晕

军训中要讲“坚持再坚持”，但实在坚持不下去，一定要休息，不要硬撑着。如果感觉头昏、眼花、眩晕，切忌强行坚持。正确的办法是立即报告情况，原地坐下，待眩晕过后再到阴凉地休息一会儿。如果感觉站不住了，尽量避免直挺挺地倒下去，可以扑在附近同学的身上，或者慢慢蹲下去，以免猝然倒地引发摔伤。

2. 预防运动性贫血

运动性贫血是指剧烈运动后出现面色苍白、头晕目眩、心慌气急、四肢无力等症状。经检查发现除红细胞及血红蛋白偏低外，其他一切正常，说明出现了贫血症状。剧烈运动引起贫血的主要原因是红细胞的破裂使血红蛋白从红细胞中逸出，并丧失输氧和排出二氧化碳等功能。

预防运动性贫血首先要加强营养，保证有充足的蛋白质和铁质的供应；其次，参加体育锻炼时应循序渐进，尽量不超越自身的生理负荷；第三，在运动前后适当补充一些抗氧化剂，如维生素C和E，以增强红细胞抗氧能力；最后，一旦出现运动性贫血的症状，应及时减少运动量，并补充蛋白质和适量的铁剂、叶酸和维生素B12等造血原料。

3. 中暑

如果出现轻度中暑情况，应到通风处喝些凉开水休息，并服用防中暑的药物。中暑者出现轻度发烧时，要用冷水浸泡过的毛巾擦敷其头部、腋下和大腿。如果发烧较严重，要用裹着冰块的毛巾冷敷，并请医生救治。军训间隙，不少学生在午休时间依然不知疲倦地在高温下奔跑嬉戏，这样很容易导致过度疲劳、突然中暑。非训练时间应尽量避免阳光直射并让身体得到充分休息。

4. 运动扭伤

运动损伤的主要原因是：训练水平不够，身体素质差，动作不正确，缺乏自我保护能力，运动前不做准备活动或准备活动不充分，身体状态不佳，缺乏适应环境的训练，以及教学、竞赛工作组织不当。

在军事训练开始前，要组织学生进行必要的肢体舒展活动，把身体各部位和关节拉开。训练强度也要循序渐进。原来就有关节损伤的学生在训练中最好戴上护腕或护膝以保护关节，避免新的损伤。

如果发生扭伤并出现疼痛和活动受限的情况，要停止训练，特别是不要让受伤的部位继续活动。治疗时可在患部敷上冰袋，用弹力绷带固定，并把患部举到比心脏高的位置，等疼痛感消失或20分钟后把冰袋拿掉，用海绵橡胶垫和弹力绷带做加压包扎。千万不要按压、揉压损伤部位，不要进行热敷。必要时速送医院处理。

5. 皮肤损伤

皮肤损伤也是军训中常见的现象。在高温下活动，容易出现日光性皮炎和痤疮。如果本身皮肤就有炎症，更需要注意卫生和保护。训练中最好穿舒适、轻便的棉质衣裤，尽可能让衣服遮住身体的大部分，以防发生晒伤。训练后要及时把身上的汗擦掉，不要让身上积汗液，以利于保护皮肤。

6. 防晒妙招

一旦发生晒伤应立即治疗。常用的晒伤治疗方法有：

冷敷　将冰块放入手中再用纱布沾湿冰水敷脸，不断地沾湿、冰敷，让肌肤感到冰凉，当水分逐渐蒸发时，会有冷却作用，这有助于控制晒伤和疼痛。

药物护理　在晒伤部位可用1%的氢化可的松乳液涂抹，也有一定帮助。对疼痛部位一天涂3～4次，不要立即洗掉，要在皮肤上停留5～6个小时。第一次涂抹时再配合冷敷效果更好。

茶水热敷　用棉球蘸茶水轻轻拍打晒伤处，这样可以滋养皮肤，减轻灼痛感。因为茶叶里含有鞣酸，具有很好的促进收敛作用，能减少组织肿胀，减少细胞渗出。如果晒伤的面积太大，您可以在脸盆中加入浓茶，让晒伤的皮肤浸在水中多泡几分钟，效果会更好。

7. 新生军训如何处理生理期疼痛

女性月经周期以及经量多少很大程度受情绪以及身体状况的影响。平时不爱活动的女孩突然面对训练量较大的军训，很有可能月经提前或经量增多，所以最好提前备足卫生巾，而且最好选用质量好、吸附力强、透气性好的。痛经的女生，更要注意饮食。

四、温馨提示

1. 军训过程中需要听从教官命令，不触及做人原则等重大问题尽量不要与教官发生冲突。有问题可找辅导员老师。不要因为个人性格等原因和教官发生不愉快的事。

2. 买一把锁柜子的锁，军训的时候是东西丢失的高发期，贵重物品和现金不要随身携带，自己的物品要管理好，现金尽量放到银行卡里或者交给老师保管。

3. 最好在迷彩服里再穿一件吸汗性好的棉制背心，否则你的迷彩服很快会晒出盐渍。腰带要适当紧一点，走起路来会更有精神。军训期间经常要跑步、原地踏步、踢正步等，都会用到脚后跟，所以建议最好穿棉制运动袜，鞋子最好穿大一码的，里面可以垫一块厚一点、软一点的鞋垫。

4. 每晚睡前躺在床上可以对腿部肌肉进行放松按摩，以防第二天腿会酸疼，影响正常训练。

5. 注意补充营养。军训体力消耗极大，多吃一些肉类、蛋类食物，最好喝点汤菜，同时注意补充各种维生素。

知行合一

1. 如何正确认识和面对军训教育活动？

2. 在确保达到军训目的的前提下，应该怎样与教官友好相处？

3. 军训过程中出现同学晕倒等紧急情况，应该如何处理？

模块二 预防体育运动中的伤害事故

近几年，校园体育运动中的安全事故时有发生：有的同学参加体育课时晕倒，有的同学参加运动会时受伤住院，有的同学因为运动前没有进行热身活动而骨折……一幕幕惨剧，一场场纠纷，留给人们更多的是思考：我们的家长该进行怎样的家庭教育，让孩子树立起安全的意识和坚强的心理？我们的学校，该进行哪些安全、心理的教育，引导学生养成一个良好的生活习惯，让学生脆弱的生命能够坚韧起来？我们的社会应该采取怎样的措施，护佑未成年人健康快乐成长？

典型事例

1. 2008年的一天，某中学召开运动会。不到16岁的高一学生王刚，作为班级体育委员，报名参加了跳高和1500米跑步两个项目。当天上午，他首先参加了跳高比赛。比赛时，他采用跨越式姿势跳越横杆，不巧的是，就在越过横杆后，他直直地摔在了沙坑中。他当即感到两眼冒金星、胸口发闷。王刚找到校医，但校医询问情况后没有开出病假单。王刚去找班主任要求放弃下午的1500米跑，班主任的答复是："你要能够找到人代替你，你就可以不跑。"王刚找不到人代替，就坚持参加了下午的1500米跑。"在运动会结束后，我一直感觉双腿乏力。"王刚回忆说。没多久，他便开始感到右脚趾冷热感觉减退，继而双脚肌力减退。后来的检查结果把王刚和他的家人吓坏了：脊髓颈3至颈6有大面积出血伴随水肿，压迫中枢神经。在医院保守治疗13个月后，王刚高位截瘫。

2. 2010年10月某学校举行一年一度的师生运动会，在4×100米接力赛中204班的一名运动员在离终点10米处，突然感觉胯部疼痛，下场后坐在地上不敢动弹，学校立即组织人员将其送往医院。经检查，医生断定该生胯骨撕裂需手术复原。后该生住院治疗，两周花去手术费、治疗费9000余元。

各抒己见

1. 在体育比赛过程中，突然感觉到不适或者受伤时应该如何处理？

2. 如果在学校组织的体育运动会上发生了意外事故，如何配合学校进行事故处理？

专家点评

1. 在这场事故中，摔伤是造成王刚残疾的主要原因。而学校在运动会前没有进行必要的安全教育，雨后没有对场地进行必要的改进（如在雨后变硬的沙坑里铺上海绵垫），比赛时防护措施不到位，是造成他摔伤的原因。在他受伤后，校医没有开病假单，班主任老师没有允许其放弃参加下午的1500米跑，这些导致了他病情加重。根据《学生伤害事故处理办法》第九条的规定——“学校组织学生参加教育教学活动或者校外活动，未对学生进行相应的安全教育，并未在可预见的范围内采取必要的安全措施的”，学校要依法承担相应的法律责任。

2. 和处理其他事故一样，在确定学校是否应当承担责任时，应当判断学校和本人谁是过错方。首先，学校组织开展运动会是学校正常的计划，没有过错；在比赛过程中，学校组织有序，无外来伤害对该生的袭击，也无过错；该生积极参加运动项目，在比赛过程中无违规现象，也无过错。那么谁应当承担责任呢？分析认为，学校和学生都无过错，但该事故发生地点是在校园里，且该生参加的是学校组织的有意义的活动，在此期间发生意外事故应当由学校承担责任。

3. 学校组织像运动会这样的大型体育活动时，会前需要进行精心的部署、充分的准备、严密的组织，确保运动会安全有序进行。在运动会前对运动会的各个细节做周密的安排，特别要强调安全参赛，各班主任老师应向全体同学强调运动会安全注意事项。

知识讲堂

在体育健身过程中，应该对运动损伤的预防有充分的认识，需要很好地掌握运动损伤的发生规律，切实做好预防工作，最大限度地减少或避免运动损伤。同时，还应了解体育健身运动中常见的运动损伤的产生原因，从而使体育健身安全且富有成效。

一、运动损伤发生的原因

造成运动损伤的原因是多方面的，大体可分为直接原因和诱因两种。直接原因可分为内部原因和外部原因两类；诱因可分为各

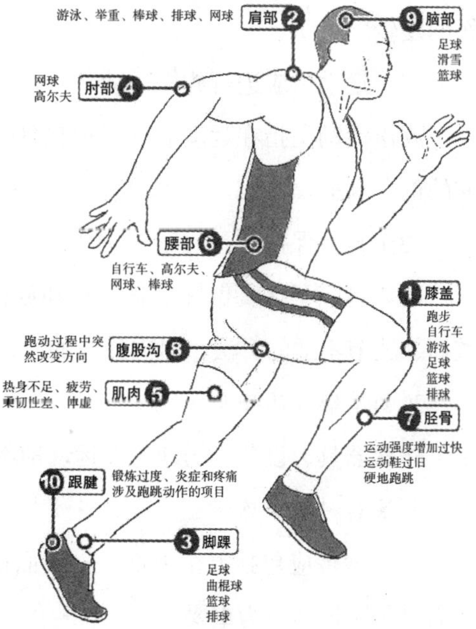

身体最易受伤的10个部位

项运动技术特点和解剖生理学特点两种情况。

二、运动损伤的预防

（一）运动损伤预防的重点

运动损伤的种类很多，各个运动项目对人体各部位的运动伤害各不相同。国内有关资料显示，运动员总的来说是小损伤多、慢性损伤多、严重及急性损伤少。慢性的小损伤中，有的是一次急性损伤后尚未完全康复就投入训练而变成慢性损伤，但更多的是由于运动量安排不当造成局部过度劳累，最终导致过劳损伤。因此，应注意对急性损伤进行及时、正确的处理，并科学地安排运动量，以防各种组织劳损的发生。

（二）运动损伤的预防原则及基本方法

一般来说，在体育锻炼中运动损伤的预防应做好以下几个方面的工作：

1. 重视预防运动损伤

要从思想上对运动损伤的预防给予重视，并遵守体育锻炼的一般原则，加强身体的全面锻炼，提高机体对运动的适应能力。

2. 调节身体，使身体处于良好的运动状态

（1）锻炼前应充分做好准备活动

准备活动不但能使基础体温升高，使肌肉深部的血液循环增加，使肌肉的应激性提高、关节柔软性增强等，也能减少运动前的紧张感和压力感，很大程度上可以预防损伤的发生。

（2）运动后应进行放松活动

放松活动是指在运动后通过放松使体温、心率、呼吸、肌肉的应激反应恢复到运动前的正常水平。

（3）自我保护

锻炼者除了认真做好准备活动和放松活动外，也应了解和懂得初步处理运动后肌肉酸痛、关节不适的方法。肌肉酸痛的早期治疗方法有温水浴、物理疗法、自然按摩等。

3. 创造锻炼的安全环境

体育器具、设备、场地等在运动前都应进行严格的安全检查。

4. 注意科学锻炼

科学锻炼应包括五个方面——全面性、渐进性、个别性、经常性、意识性，前三个方面对预防损伤较为重要。

5. 加强易伤部位训练

加强易伤部位训练和相对较弱部位的训练，提高它们的功能，是预防运动损伤的一种手段。

三、运动损伤的一般处理措施

1. 冷疗法

冷疗的作用是用冷因子刺激组织促使温度下降、血管收缩，减少局部血流量及充血现象，降低周围神经传导速度。

2. 热疗法

运用比人体体温高的物理因子刺激局部，使血管扩张，促进血液淋巴循环，提高新陈代谢，有利于消肿，促进坏死组织消除，促进再生修复的进行。

3. 药物疗法

中药有新伤药、旧伤药、药酒、药水等，可供外用。

4. 使用保护支持带

可以使受伤部位相对固定，避免伤情加重。

四、常见运动损伤的处理

（一）擦伤、刺伤和裂伤

这三种损伤都属于开放性软组织损伤，其共同点是均有伤口和外出血。

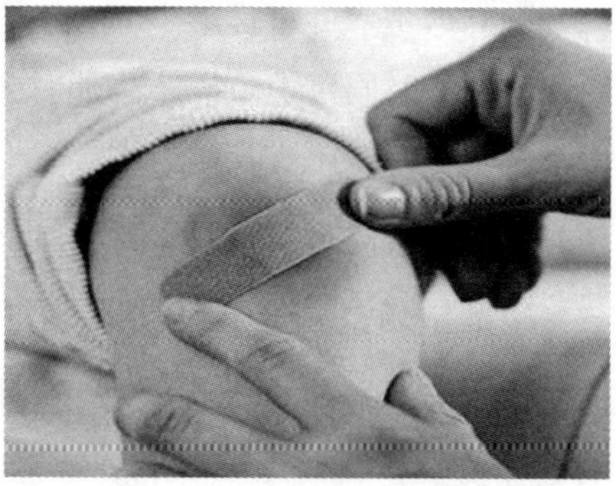

擦伤可先用棉签沾生理盐水擦洗掉表面脏东西，如果有顽固的污渍可以再用3%过氧化氢清洗。洗干净后用生理盐水再冲洗一下，免得有残留。如果伤口浅，不到真皮层，这样就可以了。最后用75%酒精或者碘酊消毒周围皮肤，涂的时候从里到外转圈圈。擦伤面积大、伤口深，消毒后须扎上绷带或纱布。感染的伤口应常换药。

轻度的裂伤、刺伤可以用碘酒、酒精将伤口周围皮肤消毒，再用消毒纱布加压包扎。伤口较大较深者应及时送医院处理。伤口小而深、污染严重者，应做破伤风处理。

（二）挫伤

在足球、篮球活动中相互冲撞，在武术、体操活动中与器械撞击，是发生挫伤的常见原因。挫伤的症状一般为局部疼痛、肿胀、功能障碍、皮下出血等，严重的挫伤可伴随其他内脏器官的损坏。头部挫伤会发生脑震荡或颅骨骨折，胸背部挫伤会由于骨折或肺脏损伤而形成气胸或血胸等。要根据撞击力的大小和受伤部位判断伤势的轻重。

单纯性挫伤在局部冷敷后可外敷新伤药、加压包扎等，头部、躯干等部位损伤且有休克现象的应立即送医院治疗。

（三）肌肉拉伤

在体育活动中，准备活动不足、肌肉能力差、技术动作不正确、场地器材不好等使肌肉被过分拉长，或主动收缩超出肌肉自身能力时，都有可能造成肌肉拉伤。收缩肌肉时受伤部位疼痛加剧或出现凹陷，如果局部凹陷及一端异常隆起可能为肌肉断裂。

轻度肌肉拉伤可用针刺疗法治疗，部分肌肉断裂者可冷疗、加压包扎，肌肉拉断者应送医院进行手术处理。

（四）疲劳性骨膜炎

在体育活动或训练中如训练方法不当，局部负担过重，就会使胫骨、腓骨、跖骨发生疲劳性骨膜炎。骨膜炎是对运动量的一种不适应反应，其症状主要有局部疼痛，软组织有轻度凹陷性水肿，骨面上能摸到压痛点，局部还有灼热感。

早期症状轻者局部可用弹性绷带包扎，减少局部负荷。重者除减少局部负荷外，还要外敷新伤药、温水浸泡、局部按摩等。如果经过一段时间处理，局部症状无改善甚至加剧者，应拍X光片确诊是否有疲劳性骨折的情况。

（五）脑震荡

脑震荡指头部遭受撞击后，脑的神经组织被震荡而引起大脑暂时意识机能障碍。主要症状有短时间意识障碍，昏迷时全身肌肉松弛无力、面白脉细、呼吸表浅等，且常伴有头痛、头昏、耳鸣、心悸等，少数患者有恶心呕吐、心烦不定等症状。

（六）腰部扭伤和腰肌劳损

腰部扭伤多由于负荷重量超出脊柱肌肉的负荷能力而引起肌肉附着区扭伤，也可能是由于脊柱过度前屈突然转体，或技术动作错误等。绝大多数腰部急性扭伤病员有明确外伤史，肌肉患处疼痛，甚至不能伸直脊柱；伤重者，臀部受牵涉而有疼痛感和麻木感。

（七）踝关节韧带损伤

踝关节的解剖结构使其外侧副韧带最容易受伤，常常在腾空后落地重心不稳或落地地面不平而导致外侧副韧带受损。轻度损伤表现为外侧肿痛、跛行等。如果损伤严重，患者足部不能持重，剧痛肿胀范围大，外踝和足背出血淤斑。更严重者会韧带断裂。

五、常见运动性病症的预防与处理

运动性病症是指训练安排不当造成体内某些机能紊乱所出现的疾病或症状。常见的运动性病症有过度训练、过度紧张，运动性腹痛、肌肉痉挛等。

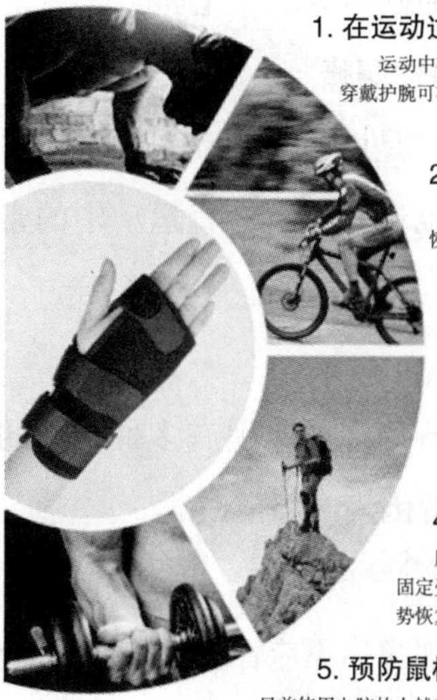

1. 在运动过程中受伤
运动中有时手腕会由于意外受伤，穿戴护腕可有效预防这一点。
2. 腕部受伤恢复
穿戴护腕利于手腕伤的恢复。
3. 预防受伤
在不运动或者运动之前佩戴护腕，可减少运动受伤的几率。
4. 固定手腕
腕部若骨折等，护腕可起到固定受伤部位的作用，有助于伤势恢复。
5. 预防鼠标手
目前使用电脑的人越来越多，鼠标手、手腕起茧等现象开始产生。穿戴护腕可预防这类现象发生，并且有垫护作用，可缓解手腕疲劳。

（一）过度训练

1. 原因

过度训练是指训练后疲劳积累所引起的一种病理状态，全称为过度训练综合征，其早期症状为过度疲劳。

2. 处理

处理重点是消除病因，调整训练方案或改变训练方法，进行对症治疗。

3. 预防

关键是对运动员要定期做身体功能检查，根据运动员的机能水平和个人特点，进行适当的训练。运动员伤病恢复期投入训练时，运动量要逐渐增加。

（二）过度紧张

过度紧张是由于一时性运动负荷过大和过于剧烈，超过了机体负担能力而产生的急性病理现象。多发生在运动后即刻或过后不久，以急性心血管损害为最多见，中长跑、马拉松、中长距离滑冰、自行车、划船、足球等运动项目中较多见。

1. 原因

过度紧张现象多发生在训练水平较差、生理机能状况不良、缺乏锻炼、比赛经验不足、因故长期中断训练或患病的运动员中。当他们过于勉强地完成机体难以承受的剧烈运动或比赛时，就可能发生过度紧张现象。

2. 处理

病情较轻者，予以必要的对症处理——口服镇静剂，吃容易消化的食物等。对心功能不全的患者，应保持安静，给氧吸入，点掐内关、足三里穴；对昏迷者可加点人中、百会、涌泉等穴；意识不能迅速恢复者应立即送医院处理。

3. 预防

首先要加强体育锻炼，提高身体素质和机能水平；其次，在训练和比赛中，应结合身体实际情况量力而行。患病期间，应暂停训练；有高血压病史、心血管系统病史的人，应避免参加剧烈运动和比赛。

（三）运动性腹痛

运动性腹痛是由激烈运动引起的一时性的机体机能紊乱，随着运动停止，症状可以逐渐缓解。运动性腹痛是体育运动中的常见疾病，在长距离运动和足球等项目中经常会发生。

1. 原因

运动中出现腹痛的原因有多种，它的发生与运动员的身体机能状态、训练水平、运动前准备活动等因素有关。

2. 处理

运动中出现腹痛不应惊慌，应当减速慢跑，加强深呼吸，调整呼吸和运动节奏。

3. 预防

遵守科学训练原则，循序渐进地增加运动负荷，加强身体综合训练，提高心肺功能。进行充分的准备活动，加快体内代谢过程，提高神经系统兴奋性、灵活性，保证器官系统间协调工作，避免因运动过快使胃肠道缺血缺氧发生胃肠痉挛或功能紊乱。

（四）肌肉痉挛

肌肉痉挛是肌肉不自主的强直性收缩，俗称“抽筋”。在日常生活尤其是运动中经常出现，特别是在一些长时间的运动或游泳之后更容易发生。在运动中肌肉痉挛最容易发生在小腿腓肠肌，其次是足底的屈拇肌和屈趾肌。发生时，肌肉坚硬，疼痛难耐，往往无法立刻缓解，处理不当更会造成肌肉的损伤；因此，我们应对其有充分的认识，并了解处理方法，以避免肌肉痉挛的发生，将伤害降到最低。

1. 原因

身体疲劳时，肌肉的正常生理功能会改变，此时肌肉会有大量的乳酸堆积，而乳酸会不断地刺激肌肉痉挛。运动中大量出汗，特别在炎热的夏天，会有大量的电解质流失。汗的主要成分是水和盐，而盐和肌肉收缩有关，流失过多的盐会使肌肉兴奋造成抽筋。在寒冷的天气中，热身运动如不充分，肌肉也容易产生痉挛，主要原因是肌肉会因寒冷而兴奋性增高。

2. 处理

发生抽筋时，不要紧张，先检查并确定何处的肌肉产生痉挛，再针对此处的肌肉加以处理。发生肌肉痉挛时，通常只要向相反的方向牵引痉挛的肌肉，使之拉长，一般疼痛就可以缓解。腹部肌肉痉挛时，可做背部伸展运动以拉长腹肌，还可以进行腹部的热敷及按摩。小腿肌肉痉挛时，可伸直膝关节，勾起脚尖，同时双手握住脚用力向上牵引或点按承山穴。游泳中发生肌肉痉挛时不可惊慌，可先吸一口气，仰浮于水面，并立即求救。

3. 预防

要加强身体锻炼，提高身体健康状况及身体素质，尤其应注意提高耐寒力及耐久力。身体情况不佳时，特别是疲劳和饥饿时，不要进行剧烈运动。运动前，必须认真地做好准备活动及热身，对容易发生痉挛的肌肉可先做适当的按摩，不可突然进行紧张用力的动作或剧烈的运动。在高温的环境里运动或进行长时间剧烈运动时，应适当补充电解质；身体疲劳时，应充分休息后再进行运动。游泳下水时应先用冷水淋浴，并做暖身运动，使全身肌肉逐渐适应冷水的刺激；水温过低时，游泳的时间不宜过长。当发生肌肉痉挛时，需镇定并小心处理。

知行合一

1. 结合实例谈谈如何避免运动损伤。
2. 长跑过程中如出现运动性肌肉痉挛，该如何处理？
3. 为避免大型活动中意外伤害事故的发生，应采取哪些措施？

模块三 户外健身运动护航

户外活动是非常令人向往的，对我们来说是痛并快乐着。我们用脚步征服大山，征服江河，但风险始终与我们相伴。提高安全意识，不断学习户外常识，严格遵守团队纪律，听从领队召唤，不脱离团队，出现危险的几率就会大大降低。大家在参与户外活动的时候，一定要始终将“安全”放在第一位！

只要提高户外安全意识，不断学习户外安全常识，善于使用户外装备，不争强好胜，不马虎大意，善于避开不利的天气和地形，你就能在户外活动中安全快乐地出行。

典型事例

1. 2016年，某高校大二学生张某和6名校友结伴离开学校，开始他们策划已久的假期旅游。7月28日上午，一行7人开始踏着山民踩出的小路攀登太白山。当晚，由于没有带帐篷等野营器具且食物和水都已耗尽，他们开始下山。为了能让大家尽早下山，避免在山上挨饿受冻，张某自告奋勇去给大家探路，让另外2名男同学照顾4名女同学。但直到29日上午，6名同学还未等到张某。他们下山后向自然保护区及当地政府汇报了此事。7月31日上午，张某的尸体在一个山谷中被发现，他被卡在距谷底100多米的一棵大树上。显然，他是失足从山顶悬崖坠落不幸身亡的。

2. 2016年，深圳市某公司的女职员小慧参加了一次叫“中崆峡谷避暑游”的户外探险活动。按照计划，8月14日一行16人的探险队一同进入中崆峡谷。傍晚时分，他们来到了一个美丽的水潭边。大家被这里的美景深深吸引，于是在靠近潭边的空地上支起帐篷准备过夜。晚上21点，天开始下雨，大家回到帐篷里躲雨。10几分钟过去了，雨越下越大，凶猛的山洪从几百米高的瀑布口重重地砸下潭底，紧接着激起的大浪砸向他们的帐篷，大家逃出帐篷，摸索着爬上了岸。凌晨3点多钟，队员们终于安全地转到了一个可以躲雨的山崖下。领队清点人数时发现队员小慧不见了。由于地点偏僻，手机信号微弱，队员们无法与外界取得联系，直到天亮他们才想办法赶到20千米之外的当地派出所请求帮助。接到报警，当地政府和派出所立即组织群众进入出事峡谷搜救。当天下午，在水潭底下发现了小慧的尸体。

各抒己见

1. 参加户外活动时，你是选择单独组队还是跟随专业团队一起出行？

2. 参加户外活动时，应该做哪些准备工作？

专家点评

1. 死因：独自探路，从山顶悬崖失足坠落，不幸身亡。教训：（1）应制订行动计划。在出发之前，应对目的地的地形、里程等有充分的了解，并从体力分配等方面合理安排行程。（2）应搜集并分析目的地的气象、地质数据。对于探险者来说，对目的地的气候、地质环境等必须有所掌握，应尽量避免在恶劣的天气情况下进行登山探险活动。（3）应对目的地的生态环境和风土人情有所了解。

2. 参与人员在选择宿营地时只顾欣赏美景，而没考虑宿营地应避开临近河沟的原则，最终导致事故的发生。户外宿营首先考虑的是安全，在野外很多意外都有可能发生。雨季在野外宿营前一定要关注宿营地当地及河流上游地区的气候、水文情况，宿营时应在高地上搭帐篷，不要选择雨水通道，要选排水良好的地方，还要选择遇到危险时可逃生的路径。一切都安顿好了，还需时常注意水源流水量、浑浊情况及流水声。一旦感觉异常，就要赶快逃离，千万不可粗心。

知识讲堂

随着我国户外运动的快速发展，户外运动的健身、娱乐、放松等方面的作用日益为人们所认可。但户外运动过程中不可预测的天气、复杂危险的地形、恶劣的交通条件和匮乏的通讯设施等，使得户外运动很容易给参与者带来人身伤害。作为户外运动主力军的当代大学生，由于其安全意识不够，经验不足，不具备相关专业技能等，更容易发生各种安全事故。作为参与者，出行前应了解户外风险和事故类型，学习急救与自救知识，遇险时保持冷静，避免心态失衡。运动途中要量力而行，不盲目自信或存侥幸心理，应及时根据自然环境和身体条件调整行程。在享受大自然的同时，安全的警钟应长鸣不止。

一、户外运动注意事项

（一）一般注意事项

1. 时刻要有危险意识

户外健身运动常伴有一定的挑战性和风险，初次参与户外运动者必须认真对待，从学会“害怕”开始，充分尊重生命，不做无谓牺牲。

2. 要储备个人体能

平时应注重锻炼，并持之以恒。在户外遇到恶劣的环境时要能够有充足的精力和体力予以应对。另外，设计运动项目和运动量时要量力而行，不要做超负荷运动。

3. 要具备最基本的求生和自救能力

平时要储备知识，不仅要学习掌握运动健身知识技能，还要学会使用地图和指南针等现代科学工具，更要学习一些基本的自我防护、应急自救互救知识与技能。

4. 选择安全、专业的户外装备

运动装备是基础，更是保障。户外运动对装备要有专业要求，不能图省事、省钱而马虎。

5. 尽量结伴而行

户外运动无论是统一组织还是自发进行，都要尽可能地结伴而行，相互取长补短，相互照应，相互尊重与爱护。

（二）运动前热身

在训练或比赛开始之前，先做几分钟的热身运动对身体和注意力而言都是很好的准备。热身给大脑以刺激，让身体为更强的运动做好准备；热身还可以避免运动中突然用力而拉伤肌肉，许多损伤可以通过正常的热身运动来避免。热身运动最好从系统的拉伸活动开始。拉伸时要缓慢，避免突然用力，被拉伸的那部分肌肉一定不要用力。拉伸之后，应该做一些一般性的准备活动，如轻微的原地跑跳等，以调动内脏器官，让全身的关节得到预热。热身运动也要讲究度，不要过于用力，以免体力提前消耗。热身时应被拉伸的主要肌肉包括：大腿后部、大腿内侧、小腿后部、背部、肩部。

（三）运动途中注意事项

1. 尊重前人经验，不要争强好胜，依据自身的体力和健康状况，量力而行。

2. 避免单独行动，反对个人冒险，切勿离开现成的山路而随意步入草丛或树林，有事与同伴打招呼。

3. 活动中切勿随意采摘食用野生果实或饮用不确定水源的水。

4. 切勿在非指定地点生火做饭，以防引发山火。

5. 避免站立崖边或攀爬石头拍照或观景。

6. 运动要量力而行，根据实际情况科学调整行前计划，安排活动要留有余地。

7. 调整好心态，控制好情绪，不要太兴奋。遇事坦然面对，冷静处理，不要慌张。

8. 要随时检查自己的物资和装备，做相应的补充和保养。

（四）运动后“三不”

1. 不立即喝冰冻饮料

因为锻炼时体内血液大多集中在体表，消化系统暂时处于缺血状态，冰冻饮料喝下后将对缺血的胃肠产生强烈刺激，使胃血管收缩而加重缺血，有时会造成胃痛和消化不良。

2. 不立即大量饮水

锻炼时消耗了很多能量，各器官急需休息，大量进水势必加重胃肠道及心脏负担。

3. 不立即洗冷水澡

锻炼时血管扩张，毛孔开放，皮肤突然受冷，可引起毛细血管骤然收缩，毛孔关闭，体内热量无法散失，体温调节功能会弱化，容易出现发热、伤风感冒等症状。

二、户外健身运动的误区

有些人对户外健身运动性质、自身生理阶段及安全锻炼缺乏了解，或对运动存在错误的认识，长期坚持错误的运动习惯和动作。这样不仅很难达到预期的效果，而且容易造成身体损伤。

（一）初始锻炼就大运动量、大强度

突然大量运动，机体产生大量乳酸，容易出现疲劳、浑身酸痛等症状，还可引起肌腱、肌肉拉伤。锻炼应该从小运动量、小幅度、简单动作开始，让机体有个适应的过程，然后逐渐增加运动量，加大幅度，动作也要慢慢地由易到难。

（二）只有出汗才算运动有效

出汗不出汗，不能用来衡量运动是否有效。人体的汗腺各不相同，但可分为活跃型和保守型两种，这与遗传有关。

（三）运动强度越大，锻炼效果越好

研究表明，体内脂肪减少的量取决于锻炼时间的长短，而不是锻炼的强度；因为运动初期，首先消耗的是体内的葡萄糖，糖消耗后才开始消耗脂肪。剧烈运动消耗糖以后人体多已精疲力竭，难以再继续坚持，因而脂肪消耗不多。只有较缓慢而平稳的持久运动，才能消耗更多的热量，达到增强体质的目的。

（四）不管做什么运动都习惯穿一种鞋

应根据不同标准挑选运动鞋。要注重功能性，不同项目的运动要穿不同的鞋，鞋要合脚舒适。运动鞋的气垫能防止震动，减轻关节压力，给运动以安全的保障。

（五）带病也要坚持锻炼

这是一种最危险的错误观念。坚持锻炼是为了身体健康，但身体感觉不适时就应该休息或暂停运动或减少运动量，否则会加重病情，延长病期。如果在运动中出现眩晕、胸闷、胸痛、气短等症状，应立即停止一切活动，必要时呼叫救护车，切忌硬撑或等待，尤其是中老年人要防止运动诱发猝死。

（六）停止锻炼会使人发胖

在现实生活中，的确有些人停止锻炼后就发胖了，但发胖的关键不是停止运动，而是停止运动后仍然吃与运动时同样多的食物，从食物中摄入的热量大大超过消耗的热量。如果停止锻炼后随着热量消耗减少，相应减少食物的摄入量，就不会发胖了。

（七）锻炼不讲究形式

要根据身体健康情况及生理阶段选择锻炼项目。膝关节有骨性关节炎及退行性改变症状的人，不适合爬山、爬楼梯、深蹲等活动。高血压、心脏病患者不适宜进行太过剧烈的运动。做运动一定要根据自己的身体条件量力而行，慢性病患者参加运动最好咨询医生。

（八）运动疲劳期饮酒可解乏

剧烈运动后人的身体功能，尤其是新陈代谢会处于高水平状态，此时喝酒会使身体更快地吸收乙醇成分而且进入血液，对肝、胃等器官的危害会比平时更加严重。乙醇需要肝脏分解，并消耗大量的维生素B1。维生素B1的缺失会加重运动后肌肉的酸痛感。

（九）运动时大量饮水或口干舌燥忍着不喝

这两种取向均不妥当。运动过程中口渴了，如大量喝水会刺激胃，但强忍着不喝也不对。既然有口渴感，就说明身体已处于缺水状态，适当补些水分以防体力不支是可以的。其方法应该是小口缓咽，每次补水不宜太多，而且水不能太凉，能缓解口渴症状就行。

（十）运动后马上洗浴

剧烈运动后，人体为保持体温的恒定，皮肤表面血管扩张，汗孔张开，排汗增多，以方便散热。此时如洗冷水澡，突然的刺激会使血管立即收缩，血液循环阻力加大，同时机体抵抗力降低，人就容易生病。如洗热水澡则会继续增加皮肤内的血液流量，血液过多地流进肌肉和皮肤中，会导致心脏和大脑供血不足，轻者头晕眼花，重者虚脱休克，还容易诱发其他慢性疾病。

（十一）运动后大量吃糖果

有的人在剧烈运动后觉得吃些甜食或喝糖水很舒服，就以为运动后多吃甜食有好处。其实运动后过多吃甜食会使体内的维生素B1大量消耗，人就会感到倦怠，食欲缺乏，影响肌酸的排除，延长机体恢复的时间。维生素B1参与糖的代谢，还能帮助肝脏分解肌酸，使之迅速排出体外。因此，剧烈运动后最好多吃一些含维生素B1的食品，如粗杂粮、蔬菜、肝、蛋等。

（十二）运动后马上吃饭

许多人运动完后马上就吃饭，这样做并不科学。因为刚运动完，身体还处于兴奋状态，血管扩张，立刻饮食会对身体有很大的伤害。应在锻炼后30～90分钟饮食为好。

（十三）运动时间越长越好

不管做任何事情都要遵循适度原则，很多东西不是说越多越好，健身运动尤其如此。运动的时候，机体会产生乳酸，长时间的运动会让乳酸大量堆积在体内，而乳酸正是造成肌肉疲劳、肌肉酸痛、肌肉痉挛的主要原因。所以，运动的时候不注意适量原则会使人第二天更没精神。如果运动后做些慢跑或其他轻松的整理活动，可以提升运动后乳酸的排除效率。

三、户外健身运动心理调适注意事项

（一）慢慢开始

刚开始运动的人，最忌讳运动过度，如果搞得第二天爬不起来了，很容易信心大减，导致没有兴趣继续运动。因此，应遵守循序渐进的原则，先慢后快。

（二）不要攀比

运动为自己，十人九不同，年长者不与年轻人比，刚开始的不要与有基础的比，冬天不与夏天比等。

（三）注重效果

运动前要制订目标，不要简单地为完成而完成，注意科学、规范以保证运动效果。

四、户外健身运动心理疲劳恢复法

运动不仅消耗体力，也消耗精力。如何恢复运动性心理疲劳，是当今颇受关注的热点话题。

（一）谈话法

谈话法主要针对情绪明显低沉或由于人际关系发生冲突而形成心理压抑的运动者。通过谈话帮助他们解除心理障碍，启发他们全面认识和对待各种问题。在谈话中应多鼓励、帮助他们分析有利的因素和自己的希望所在，也可和他们一起回忆过去比赛胜利的情景，使他们的心情得到改善，情绪得以调节，愉快的心情可以大大减少神经能量的消耗。

（二）想象放松

想象放松是指运动者想象自己处在某种使他们感到放松和舒服的环境之中。成功利用想象进行放松的关键是：（1）头脑里要有与感到放松相联系的、清晰的处境；（2）要有很好的想象技能，使这种处境被心理上的眼睛清晰地看到；（3）先练习想象使人放松的情境，再逐渐地用这种方法练习想象使人紧张的情境，并达到放松的状态。

（三）神经—肌肉的自我心理练习

在保护心理免受不良影响、调整心理状态和进行心理恢复的各种方法中，最重要的是自我调整，即借助语言暗示以及与语言一致的思维形象作用于自身，改变情绪反应及各系统和器官的机能状态。自我心理调整有两个方面：自我说服和自我暗示。首先，要通过呼吸调整和语言暗示进入朦胧状态，在这种状态中，大脑对于语言以及与语言相联系的思维形象特别敏感；其次，要学会高度集中注意于当前正在想的事物的感觉上。

（四）心理诱导放松训练

这种方法主要通过语言暗示诱导进行肌肉和神经的放松训练，如自身放松训练。进行语言诱导时，还可配合播放一些轻松悠扬的音乐。这样可以使运动员的精神和肌肉在语言的诱导和音乐的良好刺激下充分放松，并使大脑入静，达到一种高度有序化的激活状态。

（五）催眠

催眠术是通过心理暗示的方法，使受术者的心理活动达到某种境界，呈现一种介于觉醒和睡眠之间的特殊心理状态。催眠用于解除疲劳能起到令人惊奇的效果，无论在训练后或比赛间歇进行自我或他人催眠，均能迅速消除疲劳、继续保持充沛的体力。

（六）音乐放松

精心挑选的音乐，可以降低不必要的兴奋性，或从忧郁状态转到良好的心境中，这是运动员消除心理疲劳的有效手段之一。选择一些轻音乐或抒情乐曲都有助于运动员形成宁静的心情，有助于放松。选择方法因人而异，可有目的地加以运用。

五、户外健身运动常见损伤的处理

（一）鼻出血（鼻部受外力撞击而出血）

应让受伤者坐下，头后仰，暂时用口呼吸，鼻孔用纱布塞住，并用冷毛巾敷在前额和鼻梁上，一般即可止血。

（二）脱臼

脱臼即关节脱位。一旦发生脱臼现象，应嘱咐患者保持安静，不要活动，更不可揉搓脱臼部位。如脱臼部位在肩部，可把患者肘部弯成直角，再用三角巾把前臂和肘部托起，挂在颈上。如脱臼部位在髋部，则应立即让患者躺在软席上送往医院。

（三）骨折

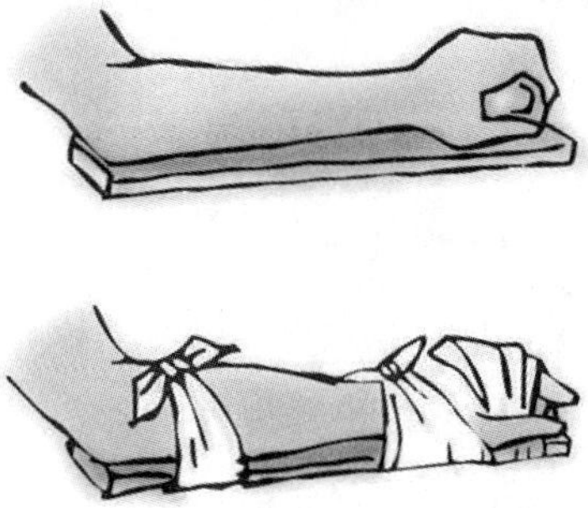

常见骨折分为两种：一种是皮肤不破，没有伤口，断骨不与外界相通，称为闭合性骨折；另一种是骨头的尖端穿过皮肤，有伤口与外界相通，称为开放性骨折。对开放性骨折，不可用手回纳，以免引起骨髓炎，应用消毒纱布对伤口做初步包扎、止血后，再用平板固定并送医院处理。骨折后如肢体不稳定，会加重损伤和疼痛，可找木板、塑料板等将肢体骨折部位的上下两个关节固定于躯干上。怀疑脊柱有骨折者，需卧在门板或担架上，躯干四周用衣服、被单等垫好，避免移动，不能抬伤者头部，以免引起伤者脊髓损伤或发生截瘫。昏迷者应俯卧，头转向一侧，以免呕吐时将呕吐物吸入肺内。怀疑颈椎骨折时，需在头颈两侧置一枕头或扶持患者头颈部，使其在运输途中不发生晃动。

（四）热昏厥

户外健身运动时，由于活动剧烈，体力消耗过大，尤其是未能及时补充体内损失的水分和盐分时，容易发生热昏厥。热昏厥的主要症状为：感觉筋疲力尽，烦躁不安，头痛，眩晕或恶心；脸色苍白，皮肤感觉湿冷；呼吸快而浅，脉搏快而弱；可能伴有下肢和腹部的肌肉抽搐；体温保持正常或下降。为避免发生热昏厥，体质较弱者应特别注意避免体力消耗过大的活动，注意休息，保持体力。应多喝一些含有盐分的水或饮料，及时对体内的电解质给予补充。一旦发生热昏厥，应尽快将患者移动至阴凉处躺下。若患者意识清醒，应让其慢慢喝一些凉开水。若大量出汗，或抽筋、腹泻、呕吐，应饮用加盐的水。若患者已失去意识，应让其卧姿躺下，充分休息至症状缓解，再送医院进一步救治。

（五）冻伤

冬天户外运动旅行，要注意自己的脚、手、耳朵等部位的保暖，以免被冻伤。手可以戴相应的手套；脚除了穿适脚、保暖的鞋袜外，还可以在脚尖处塞一点辣椒，以促进血液循环；耳朵可以用全罩式头套或围头巾、连衣帽等包起来，起到保暖作用。其实，多运动血液循环快，就不容易冻伤了。

（六）水疱

长时间步行，脚底会起水疱，尤其在旅行中，此时可以适当松开鞋带坚持下去。如果水疱太大，到宿营地后可以用干净的针将其刺破，随后用创可贴粘贴护理。老茧是长途旅行的“资本”，老茧越厚越不会起水疱，这是长时间旅行的回报。因此，我们平常在洗澡、洗脚时注意不要刻意地去除老茧。长时间徒步旅行，小腿肌肉容易疲劳和酸痛，到了宿营地应积极地进行按摩，促进肌肉的恢复。按摩可以用毛巾和热水反复进行多次，或者用火酒按摩，也可以用专门的按摩泡酒、恢复液等。

六、户外健身运动常见伤害应急处置基本技能

（一）止血

出血可分为外出血和内出血两种。在开放性损伤中血管因受伤破裂，而致血液自伤口向体外流出，称外出血。外出血的止血法包括：

1. 加压包扎法

小的外伤、毛细血管或小静脉出血，流出的血液易于凝结，在伤口部位盖上消毒敷料，然后用三角巾或绷带加压包扎即可。

2. 指压止血法

一般用于动脉止血。即用手指将出血动脉的近心脏端，用力压向其相对的骨面，以阻断血液来源而达到临时止血的目的。

3. 止血带

四肢大动脉出血，不宜用加压包扎或指压法止血时，可用止血带（橡皮带或其他代用品），缚扎于出血部的近心端。使用止血带不能直接压在皮肤上，而先要在上止血带的部位用三角巾、毛巾等软物包垫好，将伤肢高抬，再扎上止血带。其松紧度以能压住动脉血流为原则，如系上肢应每隔20～30分钟放松一次，如系下肢应每隔45～60分钟放松一次。凡是上止血带后的伤者，必须记录上止血带的部位与时间，并迅速送医疗单位。

（二）包扎

包扎有保护伤口、减少感染机会、压迫止血、固定骨折和减少伤痛的作用，是损伤急救的主要技术之一。包扎常用的材料有绷带、三角巾等。现场如果没有这些材料，亦可用毛巾、衣物等代替。包扎动作应力求熟练、软柔，松紧应适宜。这里介绍以绷带

为材料或用类似绷带的材料的几种包扎法：（1）环形包扎法，常用于肢体较小部位的包扎，或用于其他包扎法的开始和终结时。包扎时打开绷带卷，把绷带斜放于伤肢上，用手压住，将绷带绕肢体包扎一周后，再将带头和一个小角反折过来，然后继续绕圈包扎，第二圈盖住第一圈，包扎3～4圈即可。（2）螺旋包扎法，绷带卷斜行缠绕，每卷压着前面的一半或三分之一。此法多用于肢体粗细差别不大的部位。（3）反折螺旋包扎法，做螺旋包扎时，用一拇指压住绷带上方，将其反折向下，压住前一圈的一半或三分之一，多用于肢体粗细相差较大的部位。（4）"8"字包扎法，多用于关节部位的包扎。在关节上方开始做环形包扎数圈，然后将绷带斜行缠绕，一圈在关节下缠绕，两圈在关节凹面交叉，反复进行，每圈压过前一圈的一半或三分之一。

（三）外伤紧急处理的RICE处理原则

在治疗外伤时，要分清是新伤还是旧伤，两者的处理方式是不同的。先确认受伤的程度，然后根据RICE的处理原则——Rest（休息），停止运动；Ice（冰敷），可抑制毛细孔的扩张，降低出血程度； Compression（包扎），包含固定、止血的功能；Elevation（抬高），抬高患部——决定是否请医生来或送医治疗。其中以冰敷最重要，因为冰敷可以降低伤者疼痛的程度。扭伤后应立即冰敷以减轻疼痛程度及消肿，三天内避免浸泡热水以免发炎。肌肉拉伤或是肌腱、骨膜发炎的恢复应以休息为主。如果骨折了，必须等到完全复原才能运动。

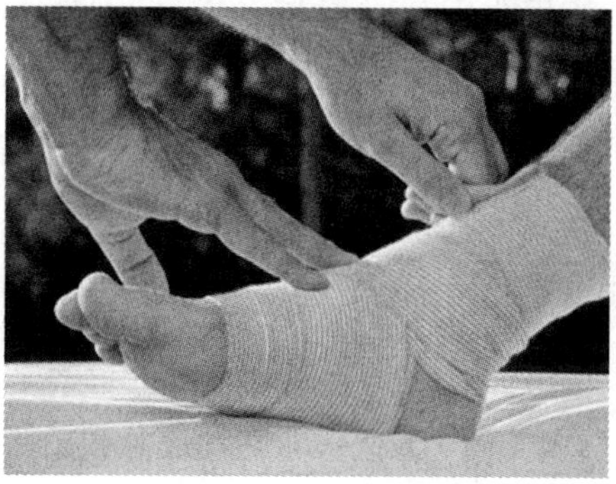

（四）户外健身运动应急救护程序

在户外遇到事故时，应沉着细心，分清轻重缓急，果断实施急救。户外应急救护的一般原则是：先救护危重病人，再救护病情较轻的病人；在同一患者中，先救治生命，再处理局部；观察现场环境，确保自己及伤者的安全；充分运用现场可供支配的人力、物力来协助急救。

1. 处理前观察

在做具体处理前，需观察患者全身，并掌握周围情况。判断伤病原因、疼痛部位、程度如何，或将耳朵靠近听听呼吸声。尤其要注意脸、嘴皮、皮肤的颜色或确认有无外伤、意识状况和呼吸情形，仔细观察骨折、创伤、呕吐的情况。随后要选择具体的处理方法，尤其对呼吸停止、昏迷、大量出血、中毒的情况，不管有无意识，发现者均应迅速做紧急处理，否则将危及患者生命。在观察症状的过程中，遇症状恶化时需按急救法施以应急处理。现场要尽量组织好对伤病者的脱险救援工作，救护人员要有分工，也要有合作。

2. 观察后处理

在活动中发生的外伤或突发病况有很多种，需以各种适当的急救方法加以应对。在做急救处理时，以患者最舒适的方式移动身体。若患者已昏迷，需注意确保呼吸道畅通，谨防呕吐物引起窒息死亡。为确保呼吸畅通，需让患者平躺着。若撞击到头部的也要水平躺下；若脸色发青需抬高脚部，而脸色发红者需稍抬高头部；有呕吐感者，需让其侧卧或俯卧为宜。

3. 处理完毕后事项

在紧急处理完将患者交给医生之前，需对患者进行保暖，避免其消耗体力、症状恶化。接着应联络医院、救护车、患者家属。搬运方法，根据伤患情况和周围状况而定。在搬运中，患者很累，要适度且有规则地休息，并随时注意患者的病况。

滚动法

脊椎骨折不正确搬运法

平托法

现场抢救时间紧迫，对病情危重者的救治，一要遵守急救原则，二要抓住重点，迅速按正确步骤检查、救治患者。

（五）户外健身运动应急救护措施

1. 立即将伤患者移至阴凉通风处，解开其衣服，让其安静休息。

2. 仅有先兆表现或轻度者可让其少饮清凉含盐饮料，口服人丹、十滴水等；疑有循环衰竭情况的，酌情给予葡萄糖、生理盐水静滴。

3. 有痉挛情况的，口服含盐清凉饮料或静滴葡萄糖生理盐水，也可缓慢静脉推注10%葡萄糖酸钙10～20毫升。

4. 有高热情况的需迅速降温，用风扇、冷水、冰水或酒精擦身至皮肤发红，在其头、颈、腋下及腹股沟处放置冰袋；也可将患者头部外浸在4℃的水中，并不断按摩其四肢皮肤。有抽搐情况的注意保持呼吸道通畅。

知行合一

1. 对近几年人们热衷的户外探险运动进行讨论，分析其利弊。

2. 参加专业户外团队组织的有风险的户外运动，应该注意哪些问题？

思维导图

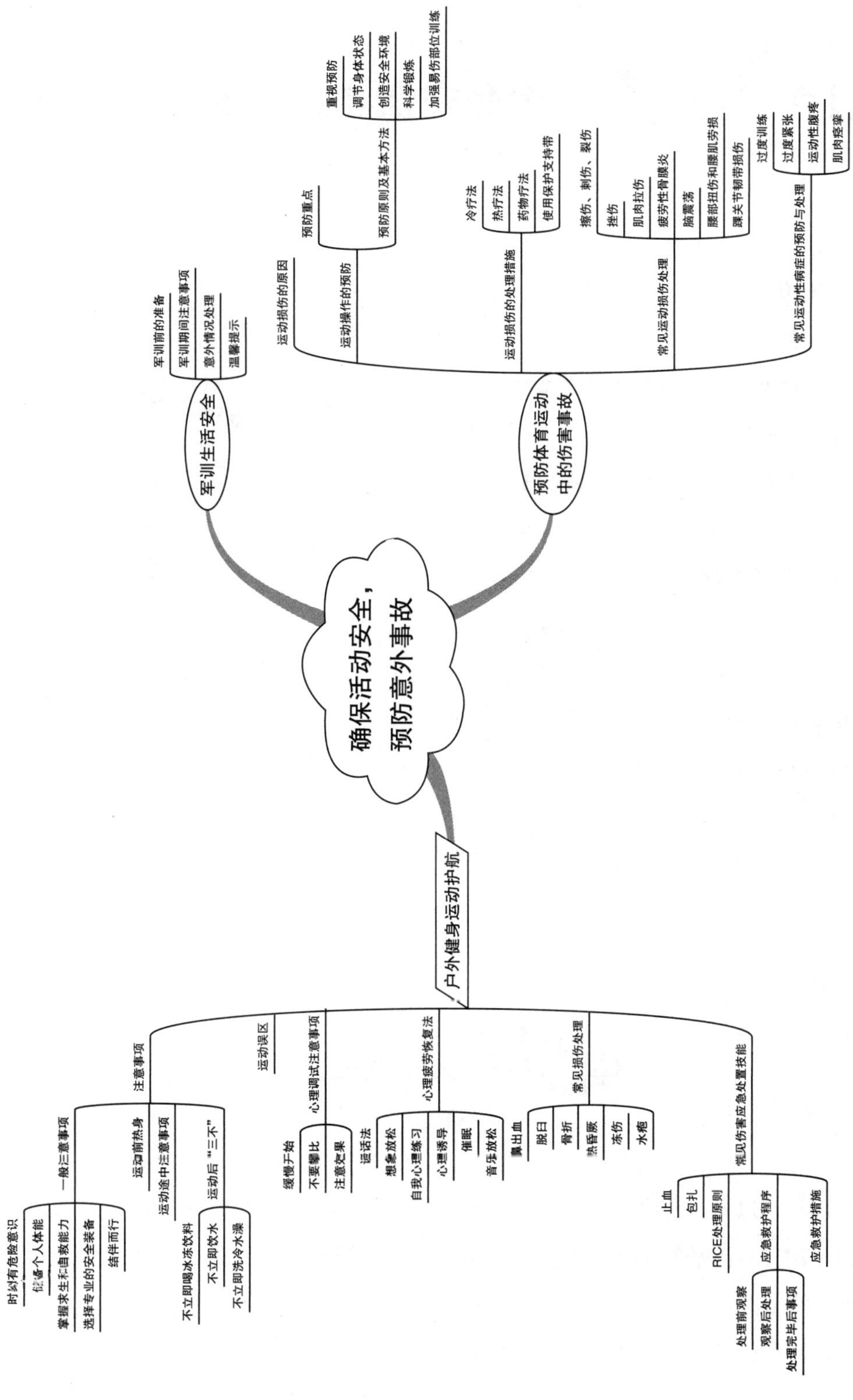
确保活动安全，预防意外事故
军训生活安全
军训前的准备
军训期间注意事项
意外情况处理
温馨提示
预防体育运动中的伤害事故
运动损伤的原因
运动操作的预防
预防重点
预防原则及基本方法
重视预防
调节身体状态
创造安全环境
科学锻炼
加强易伤部位训练
运动损伤的处理措施
冷疗法
热疗法
药物疗法
使用保护支持带
常见运动损伤处理
擦伤、刺伤、裂伤
挫伤
肌肉拉伤
疲劳性骨膜炎
脑震荡
腰部扭伤和腰肌劳损
踝关节韧带损伤
常见运动性病症的预防与处理
过度训练
过度紧张
运动性腹疼
肌肉痉挛
户外健身运动护航
注意事项
一般注意事项
时刻有危险意识
估量个人体能
掌握求生和自救能力
选择专业的安全装备
结伴而行
运动前热身
运动途中注意事项
运动后“三不”
不立即喝冰冻饮料
不立即饮水
不立即洗冷水澡
运动误区
心理调试注意事项
缓慢开始
不要攀比
注意效果
心理疲劳恢复法
谈话法
想象放松
自我心理练习
心理诱导
催眠
音乐放松
常见损伤处理
鼻出血
脱臼
骨折
热昏厥
冻伤
水疱
常见伤害应急处置技能
止血
包扎
RICE处理原则
应急救护程序
处理前观察
观察后处理
处理完毕后事项
应急救护措施

项目六 食品安全与健康生活

2017年1月3日，中共中央总书记、国家主席、中央军委主席习近平对食品安全工作做出重要指示："民以食为天，加强食品安全工作，关系我国13亿多人的身体健康和生命安全，必须抓得紧而又紧。"这些年来，党和政府下了很大气力抓食品安全工作，食品安全形势不断好转，但存在的问题仍然不少，老百姓仍然有很多期待，必须再接再厉，把工作做细做实，确保人民群众"舌尖上的安全"。

现在有一些专做校园业务的大型餐饮公司，在大学食堂做得很多，而在职业院校和中小学却参与得很少。校园周围又常常成为流动食品摊贩集聚之地，大部分流动食品摊贩加工设施简陋，环境脏、乱、差，无证经营，没有防尘、防蟑、防蝇设施。加之学生年龄偏低，自制力不强，商家又唯利是图，监管缺乏长效机制，给学生的身心健康带来很大的安全隐患。

模块一 关注食品安全

2016年7月1日，《小康》杂志社联合清华大学媒介调查实验室会同有关专家及机构进行的"2016中国平安小康指数"调查结果发布。结果表明，食品安全再次位居中国最让人担忧的十大安全问题之首。这是食品安全连续第5年位居中国最让人担忧的十大安全问题之首。青少年正处在身体生长发育的关键时期，对他们来说食品安全尤为重要。

典型事例

1. 媒体曝光的食品安全事件

（1）2016年央视3·15爆出网络订餐平台“饿了么”乱象：平台上出现无证经营的黑心作坊，厨师将手指伸进锅里尝汤汁、老板娘用牙咬开火腿肠放到炒饭中。一时间网络订餐平台“饿了么”黑作坊食品安全事件被推到风口浪尖。

（2）2016年5月23日，一位杭州的年轻人食用一碗馄饨后引起亚硝酸盐中毒，原因是馄饨中含有大量亚硝酸盐。亚硝酸盐作为发色剂和防腐剂，在肉制品加工中使用，如我们经常吃的火腿肠、腊肉、腊肠、熏肉、培根等。大量的亚硝酸盐被血液吸收后，可使正常的血红蛋白（二价铁）变成变性血红蛋白（三价铁），从而失去携带氧气的功能，出现组织缺氧现象；亚硝酸盐与蛋白质代谢的中间产物仲胺反应，可生成致癌物亚硝胺。

（3）2016年8月，湖北武汉汉阳一家汽水包子店老板因生产“有毒汽水包”引发食品安全问题。含有铝的“汽水包”之所以被称为“有毒汽水包”，是因为这种含铝的包子吃多了会导致人的记忆力减退、智力下降并引发骨质疏松等疾病。

2. 发生在校园内的食物中毒事件

（1）2016年6月23日上午8点46分，网友@吉林飞哥头条在新浪微博上爆料，吉林某学院左家校区的学生疑似发生大面积腹泻。校方称，有10余名学生发生腹泻，不是群发事件，也不是在同一时间发生的。事发后当地食药监部门介入调查。

（2）2016年10月18日，河北省正定县某中学学生发生不同程度的发热、呕吐和腹泻症状，省市疾控中心确定为宋内志贺病菌引起的食物中毒。

（3）2016年10月18日，山东济南历城区一所中学近50名寄宿学生出现腹泻症状。事发后，腹泻学生被紧急送医。截至20日，还有2名学生在治疗，其他人无大碍。济南市疾控中心和历城区疾控中心介入调查。

各抒己见

1. 什么是食品安全？你身边最近发生过食品安全事件吗？给大家说一说。
2. 怎样防范食品安全事件发生？
3. 如果遇到危害食品安全的情况，你该怎么办？

专家点评

食品安全问题说了这么多年，许多恶心的黑作坊被人揪出来。蚊蝇聚集的黑作坊生产的小面包、添加洗衣粉的油条、用劣质陈化米做的米粉、用福尔马林浸泡的鱿鱼……我们不知不觉间究竟吃了多少这些黑作坊的问题食品？想想令人不寒而栗。我们应该怎样面对身边的食品安全问题呢？

1. 选购食品要防“街边小作坊”

许多职业院校和中小学生常常是匆匆忙忙起床、急急忙忙出门，出门后才开始考虑早餐问题。于是，车站、街边的小作坊、小摊贩便成为早餐首选之地。油条、锅贴、生煎……煞是热闹。再仔细看看这些小作坊、小摊贩，暂且不说食物本身是否卫生，光是看看周边环境，就叫人难以接受。

据统计，80%以上的食品质量安全问题都出自不规范的小企业或小作坊。原因很简单，这些小摊小贩的食品生产加工门槛低，设备简陋。对此，专家特别提醒，不要到不规范的小作坊、小摊贩上购买食品，而要去正规店选购。

2. 反季食物要防“异”

异常鲜艳的鸭蛋可能添加了苏丹红，过分雪白的食品可能被漂白过，特别瘦的肉可能添加了瘦肉精，异样黄的黄鱼可能被染过……一些生产加工者为了满足消费者追求颜色和形状等“卖相”的心理，使用化学催熟剂或食品加工剂。因此，消费者在选购时，要特别注意防范异常的不自然的食品，不要过分追求颜色好看、样子硕大。营养专家提醒，反季节水果蔬菜尽量不要吃。

在日常食品选择方面，专家建议，新鲜蔬菜可选择叶子鲜亮、不蔫、略有虫眼的，这些特征说明蔬菜采摘时间较短，有虫眼说明农药较少或不含农药。在熟食方面，选购时可看色泽、闻香味或用筷子触动一下质感。在鱼类方面，推荐吃鳜鱼、鲤鱼和鲫鱼，而虾类和鱼类都可选择体型较小的。

3. 售卖方式要防“散”

散装食品能满足学生按需购买的心理，但由于散装食品缺少包装和食品标签，难以看到其产地、生产日期和保质期等信息，因此容易发生食品质量安全问题。一旦发生食品安全事件，对散装食品追根溯源将非常困难。因此，专家建议，散装食品还是少买或不买为宜。

知识讲堂

1. 食品安全

《中华人民共和国食品安全法》第一百五十条规定：食品，指各种供人食用或者饮用的成品和原料以及按照传统既是食品又是中药材的物品，但是不包括以治疗为目的的物品。食品安全，指食品无毒、无害，符合应当有的营养要求，对人体健康不造成任何急性、亚急性或者慢性危害。

2. 食品安全风险警示

《中华人民共和国食品安全法》第二十二条规定：食品安全风险警示是指国务院食品药品监督管理部门应当会同国务院有关部门，根据食品安全风险评估结果、食品安全监督管理信息，对食品安全状况进行综合分析。对经综合分析表明可能具有较高程度安全风险的食品，国务院食品药品监督管理部门应当及时提出食品安全风险警示，并向社会公布。

3. 食品安全风险警示的作用

食品安全风险警示是为了警告大众注意安全风险程度高的食品，以保障大众的生命健康，促进公共福祉和社会安全，同时对食品生产者和经营者起到一定的警示作用。

4. 作为公民有权举报食品安全违法行力

《中华人民共和国食品安全法》第十二条规定：“任何组织或者个人有权举报食品安全违法行为，依法向有关部门了解食品安全信息，对食品安全监督管理工作提出意见和建议。”这就以法律形式肯定了公民个人监督食品安全违法行为以及向有关部门提出工作建议的正当性，可以说“监督食品安全，匹大有责”。

拓展一步

禁止任何单位和个人编造、散布虚假食品安全信息

《中国人民共和国食品安全法》第一百二十条　任何单位和个人不得编造、散布虚假食品安全信息。

县级以上人民政府食品药品监督管理部门发现可能误导消费者和社会舆论的食品安全信息，应当立即组织有关部门、专业机构、相关食品生产经营者等进行核实、分析，

并及时公布结果。

第一百四十一条　违反本规定，编造、散布虚假食品安全信息，构成违反治安管理行为的，由公安机关依法给予治安管理处罚。

媒体编造、散布虚假食品安全信息的，由有关主管部门依法给予处罚，并对直接负责的主管人员和其他直接责任人员给予处分；使公民、法人或者其他组织的合法权益受到损害的，依法承担消除影响、恢复名誉、赔偿损失、赔礼道歉等民事责任。

社会大众越来越关注食品安全信息，编造、散布虚假食品安全信息将会造成整个社会的恐慌，扰乱整个社会秩序。因此，我国法律禁止任何单位和个人编造、散布虚假食品安全信息。

知行合一

1. 食品安全的含义是什么？

2. 为什么要发布食品安全警示？

3. 人人都有权举报食品安全违法行为吗？

模块二　预防食物中毒

随着工农业的快速发展，新药品、新产品的不断涌现，人们在日常生活中接触到有毒物质的机会大大增加。据《国家卫计委关于2015年全国食物中毒事件情况的通报》，2015年学生食物中毒事件的报告起数、中毒人数和死亡人数分别占全年食物中毒事件总报告起数、总中毒人数和总死亡人数的18.3%、28.7%和0.8%，其中，27起中毒事件发生在集体食堂，中毒1605人，无死亡。

在校学生由于防毒意识薄弱，一旦发现中毒现象就只能送医治疗，反而耽误了最佳治疗时间。本模块通过典型事例分析，本着预防为主的原则，对食物中毒常识和常见食物中毒的急救方法做一些介绍，希望同学们通过学习，掌握相关知识，将受到的伤害降到最低。

典型事例

1. 据央视新闻频道2016年4月17日报道，自2015年年底开始，常州某学校很多在校学生不断出现不良反应和疾病。据调查，先后有641名学生被送到医院进行检查，其中493人出现皮炎、湿疹、支气管炎、血液指标异常、白细胞减少等异常症状，个别的还被查出了淋巴癌、白血病等恶性疾病。经检测，该校区地下水、空气均检出污染物。

该学校与马路对面的“化工污染地”相对。一边是7年前三座化工厂污染后的地块，面积有数个足球场大小；一边是刚入驻不久的学校，时时可闻到刺鼻的气味。

2. 2016年5月31日上午，合肥新站区磨店卫生院在接诊过程中发现，有3名安徽某学院的学生前来该院就诊的症状都是头晕和肚子痛，随即通过区疾控中心向管委会应急办进行了报告。截至5月31日17点整，该校医务室及医院共接待就诊学生82人。

新站区食品药品安全办公室接到报告后，随即协调召开市场监管、学校、疾控中心、公安等相关部门的会议，对事情的调查、处置和善后工作做出安排部署。首先是开展应急救援工作，要求学校配合医疗机构救治疑似食物中毒的学生。另外，按照食品安全应急预案的要求，协调开展应急处置工作。新站区市场监管局（食品药品监督管理局）会同社区食安办对涉事餐厅启动调查程序，保护事发现场，控制事态发展。

经初步核实，该餐厅名称为“合肥开元餐饮管理有限公司安职新区二食堂”，餐饮服务许可证和24名从业人员的健康证都在有效期内。该餐厅5月30日的午餐和晚餐菜品均有留样，其中午餐有17个菜品，晚餐有16个菜品，都有书面记录。辖区市场监管局对食堂食品进行了抽样和留样，对尚未使用的1320个鸡蛋和留样菜品进行了封存；对涉及食品原料的台账、索票索证材料，以及学校医务室就诊记录等进行现场取证。

3. 2016年7月25～26日，南通市通州湾科创城发生疑似食物中毒事件。截至26日下午，经当地食药监局确认，约有80人在科创城食堂就餐后，先后出现腹泻、腹痛、呕吐甚至发热等中毒症状。据参加艺考培训的一位王姓同学介绍，25日中午，他在生活服务中心的二楼食堂就餐，吃的是土豆烧鸡块，很快就感觉肠胃不舒服，并出现呕吐、腹泻的症状。他同宿舍的几位同学也吃了土豆烧鸡块，大家都拉肚子，争着上厕所。当地市场监管、公安等部门对科创城食堂进行了暂时关闭，并封存了食物，同时对可疑食物、水源等抽样送检，以进一步确定原因。

4. 2017年5月18日凌晨，厦门网刊载官方消息披露，5月11日、12日，该市几所小学部分学生出现发热、腹泻等症状。“经检验，部分学生患病与食用胜福兴日式奶油面包有关。”记者特地前往该企业所在地探访，发现工厂大门紧闭，厂房外墙又破又脏，个别窗户玻璃破碎。

厦门市卫生计生委2017年5月12日给上级的一份报告称：“截至5月12日17时，前埔南小学累计病例为189例。初步判断这是一起疑似沙门氏菌引起的聚集性疫情。”当地市场监督管理部门已责令涉事企业停止生产销售，“追查涉嫌问题产品去向，下架、召回类似产品，对同类产品进行抽样检验，对涉事企业立案，依法严肃查处”。厦门市海沧区教育局给各校的紧急通知指出，涉事学校在食品安全管理上存在以下重大安全隐患：“一是食品进货台账缺失；二是48小时留样制度未执行。”

5. 2017年5月25日消息，吉林省扶余市某学校部分学生陆续发生呕吐、腹泻反应，共住院治疗381人，留院观察478人，已有125人康复出院，就医学生均无生命危险。取样检测，发现水样细菌总数超标，学生呕吐物中诺如病毒呈阳性。

各抒己见

1. 什么是食物中毒？你所了解的食物中毒情况有哪些？
2. 怎样预防食物中毒？
3. 如果你遇到食物中毒情况，会怎么办？

专家点评

1. 未洗净和未完全加工熟的食品是食物中毒的主要原因

据德国媒体《焦点报》报道，世界卫生组织最新发布的报告显示，造成食物中毒的主要原因，一般是肉、蛋、蔬菜等食品没有被清洗干净，没有完全加工熟，其中依然残留着病菌、农药以及化学物质等，或者是奶制品等没有完全消毒杀菌。这些食品中含有的沙门氏菌、大肠杆菌、肝炎病菌、弯曲杆菌等，可造成食用者腹泻、呕吐、发热等，严重的则会危及生命。

2. 预防食物中毒从自身做起

（1）养成良好的卫生习惯。饭前便后要洗手，不良的个人卫生习惯会把致病菌从人体带到食物上去。比如说，手上沾有致病菌，再去拿食物，污染了的食物就会进入消化道，引发细菌性食物中毒，从而引起腹泻。

（2）选择新鲜和安全的食品。购买食品时，要注意查看其感官性状是否有腐败变质迹象。尤其是对小食品，不要只看其花花绿绿的外表，要查看其生产日期、保质期，是否有厂名、厂址、生产许可证号等标识。不能买过期食品和没有厂名、厂址的产品，否则，一旦出现质量问题无法追究。

（3）蔬果在食用前要清洗干净。瓜果蔬菜在生长过程中不仅会沾染病菌、病毒、寄生虫卵，还有残留的农药、杀虫剂等，如果不清洗干净，不仅可能染上疾病，还可能造成农药中毒。需加热的食物要加热彻底，如芸豆和豆浆，不彻底加热会引起中毒。

3. 加强对学校食堂和小吃摊的监督管理

（1）加强对学校食堂的监督管理。学校应该严格按照法律法规和相关的食品安全标准对食堂进行管理。我国现行《食品安全法》第五十七条规定：学校、托幼机构、养老机构、建筑工地等集中用餐单位的食堂应当严格遵守法律、法规和食品安全标准；从供餐单位订餐的，应当从取得食品生产经营许可的企业订购，并按照要求对订购的食品进行查验。供餐单位应当严格遵守法律、法规和食品安全标准，当餐加工，确保食品安全。

食堂的卫生关系着众多学生和老师的用餐安全，一旦出现问题，将导致学校秩序发生混乱。为了降低师生用餐的风险，保证食品的安全卫生，学校的主管部门必须对食堂进行严格管理。

（2）加强对校门外小吃摊的管理。校门外有各式各样的小吃摊，其服务对象主要是学生。尤其是小吃摊中麻辣烫、烤面筋、臭豆腐等，这些食物对学生有很大的吸引力。学生对食物需求的不断增加，促使更多的小吃摊不断涌现。应加强对这些小吃摊的管理，确保食品安全。

我国《食品安全法》第三十六条规定：食品生产加工小作坊和食品摊贩等在从事食品生产经营活动中，为达到法律规定的食品安全要求，保证其所生产经营的食品卫生、无毒、无害，要受到食品药品监督管理部门的监督管理。

知识讲堂

一、食物中毒

食物中毒是指食用了被生物性、化学性有毒有害物质污染的食品或者把有毒有害物质当作食物摄入后出现的急性、亚急性食源性疾患。食物中毒包括细菌性食物中毒、化学性食物中毒和动植物性食物中毒等。

食物中毒的特点：

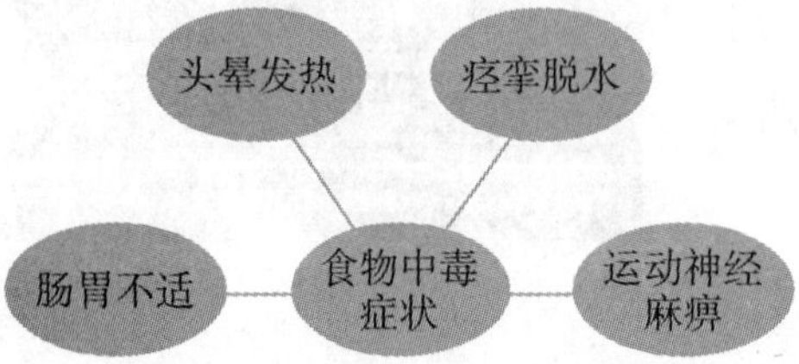

1. 中毒者在相近时间内均食用过某种相同的可疑中毒食物，未食用者不发生中毒，停止食用该食物后，发病很快停止；

2. 潜伏期较短，发病急剧，病程亦较短；

3. 一般无人与人之间的直接传染；

4. 所有中毒者的临床表现基本相似，一般表现为急性胃肠炎症状，如腹痛、腹泻、呕吐等。

二、容易引起食物中毒的食物

1. 容易被细菌污染的食物：肉、鱼、蛋、乳及其制品。

2. 被有毒有害化学物质污染的食物：被农药污染的蔬菜、水果，受有毒藻类污染的海产贝类等。

3. 本身含有天然有毒成分的食品：河豚鱼、毒蘑菇、腐烂变质的青皮红肉的鱼类等。

4. 在某一特定环境下能产生有毒物质的食品：发芽的马铃薯，霉变的甘蔗，未加热煮透的豆浆、四季豆、杏仁、木薯、鲜黄花菜等。

三、怎样预防食物中毒

1. 养成良好的个人卫生习惯。勤洗手，不吃生食，不喝生水；保持厨房环境和餐具的清洁卫生；不光顾无证无照的流动摊档和卫生条件差的饮食店。

2. 选择新鲜、安全的食品和食品原料。切勿购买和食用腐败变质、过期和来源不明的食品；切勿食用发芽马铃薯、野生蘑菇、河豚鱼等含有或可能含有有毒有害物质的食品；蔬菜按一洗二浸三烫四炒的顺序操作处理。

3. 妥善贮存食品。食品贮存在密封容器内，生、熟食品分开存放，新鲜食物和剩余食物不要混放。提前做好的食品和需要保存的剩余食品存放在高于60摄氏度或低于10摄氏度的条件下。

4. 肉及家禽在冷冻之前按食用量分切，烹调前充分解冻；经冷藏保存的熟食和剩余食品及外购的熟肉制品，在食用前应彻底加热。食物中心温度须达到70摄氏度，并至少维持2分钟。

5. 彻底加热食品，特别是肉、奶、蛋及其制品；四季豆、豆浆等应烧熟煮透；烹调后的食品应在2小时内食用。

四、食物中毒急救方法

1. 一般食物中毒解救方法

（1）催吐解毒：取食盐20克，加开水200毫升，冷却后一次喝下，然后用筷子刺激咽喉部，反复催吐。

（2）吸附解毒：中毒腹泻时，可食用适量烤焦的馒头。

（3）中和解毒：口服蛋清、牛奶；对碱性毒物，可口服食醋、橘子汁；金属或植物碱类中毒，可立即服浓茶。

（4）特效解毒：橄榄解酒毒，橄榄汁解河豚毒，生茄子解细菌性食物中毒，胡椒解鱼、蟹等引起的中毒。

2. 黄曲霉毒素中毒急救

黄曲霉毒素中毒主要是黄曲霉菌，还有一些其他曲霉菌和青霉菌含黄曲霉毒素。黄曲霉菌本身是无毒的，但在其繁殖代谢的过程中，可分泌出有毒的黄曲霉毒素。

黄曲霉毒素是一种剧毒物质，它损害人体的肝脏，引起肝细胞坏死、肝纤维化、肝硬化等病变。

食物中的花生、花生油、玉米、大米、小麦、大麦、棉籽等最容易污染上黄曲霉菌。豆类一般污染较轻，工业化生产的发酵制品，如面酱、咸肉、火腿、香肠等，也易受到黄曲霉菌的污染。

（1）潜伏期及中毒表现：潜伏期一般为5～7天。潜伏期越短病情越重。起病之初会头晕、乏力、厌食等，很快进入肝损坏阶段，有逐渐加重的黄疸、肝肿大、肝肿痛，恢复时黄疸消退较快，但肝肿大、肝功能异常可迁延数月。重者黄疸持续加深，病死率可达20%。

（2）急救：立即停止摄入有黄曲霉毒素污染的食物；补液，纠正脱水、酸中毒，防治休克；保肝治疗，重症者按中毒性肝炎治疗；用抗生素预防感染，对食入未经杀死黄曲霉菌的食物中毒者，应给予抗真菌药物。

3. 细菌性食物中毒急救

细菌性食物中毒，是人们吃了含有大量活的细菌或细菌毒素的食物而引起的食物中毒，是食物中毒中最常见的一类。引起细菌性食物中毒的病原菌主要为沙门菌属、嗜盐菌属、葡萄球菌、致病性大肠杆菌、变形杆菌及肉毒杆菌。

食物中毒最常见的症状是剧烈的呕吐、腹泻，同时伴有中上腹部疼痛。食物中毒者常会因上吐下泻而出现脱水症状，如口干、眼窝下陷、皮肤弹性消失、肢体冰凉、脉搏细弱、血压降低等，最后可致休克。急救方法如下：

（1）催吐。如食物吃下去的时间在1～2小时内，可采取催吐的方法。立即取食盐20克，加开水200毫升，冷却后1次喝下。如不吐，可多喝几次。也可用鲜生姜100克，捣碎取汁用200毫升温水冲服。如果吃下去的是变质的荤食品，则可服用十滴水来促进呕吐。患者还可用筷子、手指或鹅毛等刺激咽喉，引发呕吐。

（2）导泻。如果病人吃下去中毒的食物时间超过2小时，且精神尚好，则可服用些泻药，促使中毒食物尽快排出体外。

（3）解毒。如果是吃了变质的鱼、虾、蟹等引起的食物中毒，可取食醋100毫升，加水200毫升，稀释后一次服下。若是误食了变质的饮料或防腐剂，最好的急救方法是灌服鲜牛奶或其他含蛋白质的饮料。

（4）送医急救。中毒较重者，应尽快送医院治疗。在治疗过程中，要给病人以良好的护理，尽量使其安静，避免精神紧张，防止受凉，同时补充一定的淡盐开水。

拓展一步

诺如病毒

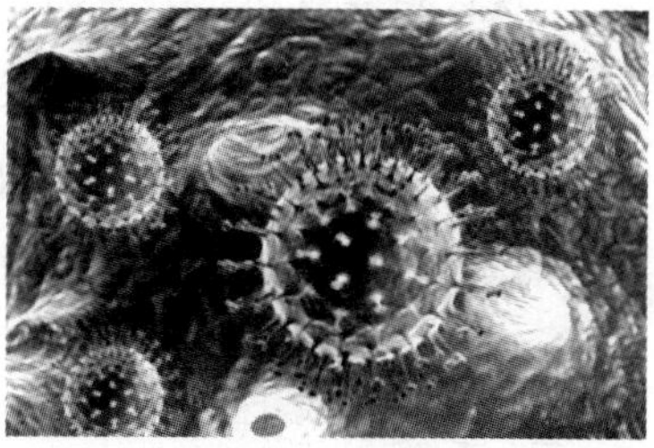

诺如病毒（Norovirus，NV）是引发人类非细菌性食物中毒的主要原因。诺如病毒是一组形态相似、抗原性略有不同的病毒颗粒，主要污染贝类、水果、蔬菜和饮用水，能够引起人类急性胃肠炎。

所有年龄段的人群对诺如病毒普遍易感，儿童、老年人及免疫缺陷者属高危人群。诺如病毒引起的感染性腹泻具有明显的季节性，全年均可发生，寒冷季节呈现高发。其潜伏期较短，通常为1～2天，主要症状为恶心、呕吐、胃痛、腹痛、腹泻等，症状持续时间平均为2～3天，常被称为“冬季呕吐病”，是一类自限性疾病。

诺如病毒具有较强的感染性，目前暂无特效药物，以对症或支持治疗为主。诺如病毒的感染性强，感染剂量低，其病毒流行株的变异速度快，每隔2～3年即可出现新变异株。被感染宿主对诺如病毒产生免疫力所需时间较长（6～24个月），即使近期曾感染过诺如病毒，同一个体仍可能重复感染同一毒株或不同毒株的诺如病毒。大多数人一周内可以康复，易脱水人群如幼儿、老人需格外关注。

诺如病毒传播途径包括通过人与人传播或者食用被诺如病毒污染的食物和水传播，其中牡蛎等贝类海产品和生食的蔬果类是引起诺如病毒感染暴发的常见食品。诺如病毒的预防和控制措施主要采用非药物性手段，包括手的清洁卫生、环境消毒、食品和水安全控制，以及感染病例管理、健康教育等。

知行合一

1. 食物中毒包括__________、__________和__________等。

2. 一般食物中毒解救方法包括_________、_________、__________、_________。

3. 细菌性食物中毒急救方法有＿＿＿＿、＿＿＿＿、＿＿＿＿、＿＿＿＿。

4. 怎样预防食物中毒？

模块三　科学饮食，养成健康生活习惯

现代科技发达了，生活水平提高了，但为什么生病的人却多了呢？仔细观察一下现代人的生活状态就能得出结论：大多数疾病都是由于不健康的生活习惯导致的。那么到底什么样的生活方式才是健康的呢？歧伯给出了明确的答案——居处依天道，饮食遵地道，即顺应自然界的变化规律而起居生活，按照正确的养生保健方法进行调养锻炼。

典型事例

2016年6月29日，又一位名人猝死了，才34岁，死在了去上班的路上。在北京地铁6号线呼家楼站的站台上，年仅34岁的天涯论坛副主编金波突然晕倒，失去意识，最终抢救无效去世。同事称其平时工作很拼，经常熬夜，家中还有一对双胞胎女儿……

让我们再看看下面这些触目惊心的事例：

苹果公司创始人乔布斯，56岁死于胰腺癌；

著名艺人柯受良，50岁死于哮喘病；

央视播音员罗京，48岁死于淋巴瘤；

著名演员高秀敏，46岁死于心脏病；

喜剧名作家梁左，44岁死于心脏病；

深圳证券总裁杨骏，42岁死于肝癌；

著名演员傅彪，42岁死于肝癌；

台湾歌星邓丽君，42岁死于哮喘病；

综艺主持陆英姿，42岁死于淋巴瘤；

百花奖得主李媛媛，41岁死于妇科癌；

…………

看到这些事例，你是否有所震撼？健康比什么都重要！健康是1，事业、财富、婚姻、名利等等都是后面的0。只有“1”存在，其他的“0”才有价值。没有健康就没有一切。

各抒己见

1. 什么样的生活方式才是健康的？
2. 怎样养成健康的生活习惯？
3. 你是否懂得合理饮食？

专家点评

1. 卫生专家王世勇花费了大量时间对中国人的健康状况做了调查，发现：中国人的医疗费69%花在慢性病上；中国人超重3.05亿，肥胖1.2亿，高血压2.36亿，高胆固醇血症3293万，糖尿病9681万；中国人死因前4位的慢性病是脑血管病、恶性肿瘤、呼吸系统疾病、心脏病，而这些慢性病全都可以通过平时的预防得到控制。

由此可以看出，能活多少岁，你的生活方式起决定作用。

2. 人的寿命究竟有多长？有确凿资料证明史上最老寿星享年122岁又164天。她是一位名叫詹妮·路易·卡门的法国女性，生于1875年2月21日。一直以来，科学家们在寻找长寿的密码。预期寿命的影响因素有：生活方式和行为因素占60%，包括日常健康行为、保健行为、避免有害环境行为、戒除不良嗜好、合理求医和遵医行为等。环境因素占17%，包括社会环境、自然环境。社会环境包括社会制度、法律、经济等；自然环境即生态系统，包括地质、气象、海拔、环境污染等。卫生服务因素占8%，指社会卫生医疗设施和制度及其利用，包括医疗、预防、康复等机构的服务。生物学因素占15%，比如遗传因素。如果你的生活方式很差，好的遗传基因也会被浪费掉。

因此，想要长寿，主要依靠合理营养、平衡膳食、积极锻炼、睡眠适量、不抽烟不酗酒、不滥用药物等。

知识讲堂

一、科学饮食

所谓科学饮食，是指按照人体正常的发育发展需要来合理安排我们所要吃的食物和各种饮品，包括食物的种类、品质和数量等。科学饮食是要使我们的身体既不能出现营养不足，也不能出现营养过剩的情况。具体来说，科学饮食应做到以下几个方面：

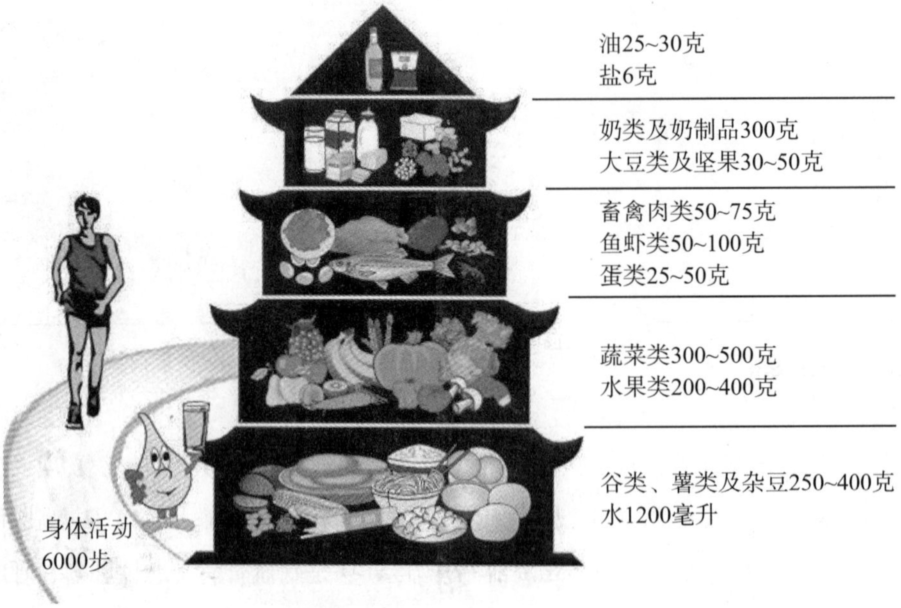

中国居民平衡膳食宝塔（2007）

1. 营养要平衡。摄取的各种营养素比例要恰当，摄入量与机体需要量应保持平衡。所需热能与热能来源配比平衡，氨基酸、脂肪酸、酸碱、维生素以及无机盐（常量元素及微量元素）都要平衡。

2. 食物搭配应科学。主食、副食和零食应合理搭配，粗细粮应结合食用。糖类、脂肪和蛋白质的比例一般为58%、30%和12%，同时应充分重视对微量元素和膳食纤维的摄取。

3. 品种要多样。任何一种天然食物都不可能提供人体所需的全部营养，因此不可偏食。常规膳食每天须包括谷、薯类、动物性食物、大豆及其制品、蔬菜、水果等，同一类食物也要经常变换不同的品种。

4. 多食深色食品。一般深色、浓色的天然食品，营养价值高，所含维生素、微量元素、无机盐多，对人体具有保健作用。

5. 提倡吃天然食品。食物原料及生产制作食品的辅助材料，包括色素、香料、调味品及添加剂等，应均为天然物质，而不是人工化学合成物。

6. 勿吃厚味。烧、烤、煎、炸等油腻食物，在人体中难以消化吸收，不仅增加胃肠的负担，还会破坏天然风味。过咸过腻的食物是高血压、心血管疾病的诱发因素；过甜的食品与肥胖症、糖尿病和心血管病有密切关系。

二、遵照节气规律安排饮食

1. 春季：万物生长，阳气初生，此时应该扶助阳气。在饮食上宜多食辛甘之品，如韭菜、乌骨鸡、大葱、生姜、黑芝麻、山药、豆豉、花生、香菜等，以达到温补阳气、强壮筋骨的作用。

2. 夏季：炎热多雨，此时人体阳气向外，阴气潜伏在内里，易伤津耗气。在饮食上宜多食西瓜、苦瓜、桃、草莓、番茄、绿豆、黄瓜、冬瓜、莲藕、莲子、薏米等，以达到解渴消暑、清热利湿、养阴生津的作用。

3. 秋季：气候凉爽干燥，此时阳气渐收，阴气渐长，人体的代谢也开始阳消阴长。在饮食上宜多食芝麻、蜂蜜、枇杷、菠萝、乳品、甘蔗、百合、雪耳、苹果、柠檬、山楂等，以达到防燥护阴、润肺生津的作用。

4. 冬季：气候寒冷，阳气潜藏，阴气盛极，此时应当遵循“秋冬养阴”的原则。在饮食上不宜生冷，也不宜燥热，最宜食用羊肉、鹅肉、鸭肉、核桃、红枣、板栗、萝卜、木耳等，以达到滋阴潜阳、补益肾精的作用。

拓展一步

依时起居，养成健康生活习惯

1. 子时：23点至次日1点，胆经当令。这时一阳初生，睡觉是养胆气的最佳方式。熬夜的人都知道，即使晚上八九点钟的时候很困，但一过11点就清醒了。现在很多人都是晚上11点以后开始工作，这是非常不好的习惯，这样做最伤胆。

2. 丑时：凌晨1点到3点，肝经当令。应进入深度睡眠，让肝血推陈出新。丑时一定要熟睡，因为肝藏血，这个时段是肝脏修复的最佳时间。

3. 寅时：凌晨3点到5点，肺经当令。在这段时间，肺会对人体的气血重新分配，心需要多少，肾需要多少，都是由肺来完成的，这需要有一个深度的睡眠。

4. 卯时：早晨5点到7点，大肠经当令。太阳升起，大肠经值班，排便正当时。身体经过一夜的代谢，已将废物输送到大肠，这时如果不把废物排出体外，又会重新代谢吸收，对健康不利。

我国早有闻鸡起舞的习惯，但从医学、保健学的角度看，清晨并不是锻炼身体的最佳时间。一是夜间植物吸收氧气，释放二氧化碳，清晨植物的光合作用刚刚开始，空气中的氧气较少，二氧化碳较多。在大中城市里，清晨大气活动相对静止，各种废气不易消散，是一天中空气污染较严重的时间。二是从人体的生理变化规律来看，人经过一夜的睡眠，全身组织器官以至细胞都处于相对失水的状态，循环血量减少，轻者运动时易出现心率加快、心慌气短等现象，严重时还可能诱发血栓及心肌梗死。

一天中运动的最佳时间是什么时候呢？是傍晚。因为一天内，人体血小板的含量有一定的变化规律，下午和傍晚的血小板量比早晨低20%左右，血液黏稠度降低6%。傍晚时分，人体经过了大半天的活动，对运动的反应最好，吸氧量最大。另外，心脏跳动和血压的调节以下午5～6时最为平衡，机体嗅觉、触觉、视觉也在下午5～7时最敏感。

5. 辰时：早晨7点到9点，胃经当令。这是一个怎么吃都不会胖的特殊时刻，早饭一定要吃好。很多人以为不吃早饭就可以减肥，其实这是非常错误的观念。

胃经以后是脾经当令，如果不吃早饭，9点以后，脾就是在空运化，它也没有东西可以输送给五脏。这时人体会有不适现象产生，比较明显的表现就是头晕。早饭一定要吃，而且要吃好。

6. 巳时：上午9点到11点，脾经当令。脾经尽职尽责地分解食物。有些人天生是有惰性的，如果时间充裕，很喜欢睡一个懒觉，尤其是在周末的时候，往往一睡就是一上午，一睁眼已经中午12点了。事实上睡懒觉是一种极不健康的习惯，尤其是过了9点还没起床，可能会降低人体免疫力。

7. 午时：中午11点到13点，心经当令。午睡一刻值千金，明朝太医刘纯说："饭后小憩，以养精神。"午睡对消除疲劳、增进健康非常有益，但对于那些没有午睡习惯的人来说，顺其自然是最好的方式。

8. 未时：13点到15点，小肠经当令。小肠是食物消化吸收的主要场所。《素问》说："小肠者，受盛之官，化物出焉。"小肠功能异常，可导致消化吸收障碍，表现为腹胀、腹泻等。

9. 申时：15点至17点，膀胱经当令。膀胱经经过脑部，膀胱经活跃，使得气血很容易上输到脑部，所以这个时候不论是学习还是工作，效率都是很高的。古语说"朝而授业，夕而习复"，就是说在这个时候温习早晨学过的功课，效果会很好。

10. 酉时：17点到19点，肾经当令。肾是先天之本，是一个人生命的本钱。肾主藏精，那么什么是精呢？打个比方，精就像钱，什么都可以买，什么都可以变现。人体细胞组织哪里出现问题，精就会变成它或帮助它。精是一种支持人体生命活动的最基本的物质。

11. 戌时：19点到21点，心包经当令。什么是心包呢？心包是心脏外膜组织，主要是保护心肌正常工作。戌时是我们工作学习一天之后放松的时间，我们必须选择正确的娱乐方式与方法，如听音乐、散步等，以真正实现放松与健康。

12. 亥时：21点到23点，三焦经当令。天地归于安静，三焦通则百病不生。

知行合一

1. 什么是科学饮食？我们如何做到科学饮食、健康生活？

2. 通过学习，你认为在什么时间锻炼最好？为什么？

思维导图

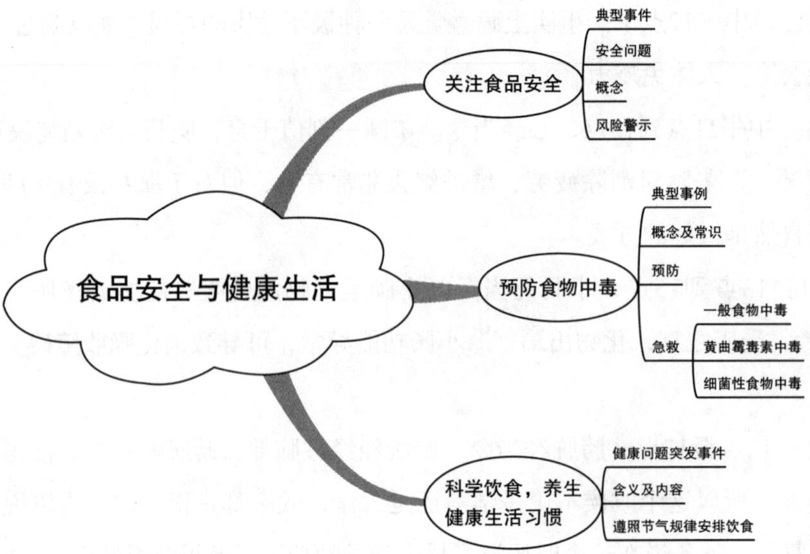
食品安全与健康生活
关注食品安全
典型事件
安全问题
概念
风险警示
预防食物中毒
典型事例
概念及常识
预防
急救
一般食物中毒
黄曲霉毒素中毒
细菌性食物中毒
科学饮食，养生健康生活习惯
健康问题突发事件
含义及内容
遵照节气规律安排饮食

项目七 防灾减灾，加强自然灾害的防范

一直以来，各种自然灾害不断地发生在我们身边，给我们的生命和财物带来了严重损害。灾害来临时正确地用科学知识来保护自己，对每个人来说都是最为重要的。与此同时，培养青少年学生准确的判断能力和敏捷的思维能力，提高他们躲避灾害和逃生的技能，既有益于家庭，也有益于社会。

本项目以科学的知识、理念和方法，引导青少年学生认识灾难信号，在灾难降临时积极开展逃生和自救。希望本项目能让更多的人了解生活中的各种灾害，并具有一定的灾难判断力和应对能力。

模块一 预警信号的种类

近年来，自然灾害为人类敲响了提高防灾意识和防灾技能的警钟。大多数自然灾害来临前，相关部门都会依灾害情况发布各类预警信号。我们应认识各种信号并在灾害来临时能科学地做出判断，理性地做出决断，尽最大努力降低灾害给我们造成的生命和财产损失。

典型事例

1. 6月5日晚，暴雨如注，排水管道排泄不畅，地势较低的南宁市柳沙园艺场二分场职工宿舍区成了一片泽国，居住在里面的50多户居民被围困，100多名职工及家属的生命和财产面临威胁。经南宁市委、市政府组织武警、消防、公安、卫生、建设、市政等部门多方救援，及时将被困的群众全部转移到安全地方。此次内涝，未发生伤亡事故。

2. 5月5日下午，桂林市出现暴风雨天气，市区上空雷电交加，狂风大作，大雨如注。大量降雨虽然给桂林市“降了温”，但突如其来的暴风雨还是给市民和游客带来了诸多不便。由于风力较大，市区内许多绿化树被吹断，一些停放在路边的汽车被压坏，一些宣传架和路灯杆被吹倒。一辆路过的面包车被散落的物件击中挡风玻璃，幸未造成人员伤亡。

3. 5月23日，继武鸣、宾阳两地遭到强对流空气的袭击之后，狂风暴雨冰雹把目标移向了大化、上林，不但毁坏房屋、农作物，吹断55米的大烟囱，还将一家村民的房屋完全吹倒。后经村民挖掘抢救，从里面挖出了两具尸体和一名伤者。

各抒己见

接到预警信号后我们该如何应对?

案例点评

1. 遇险后应及时登上牢固的高层建筑避险，然后与救援部门取得联系，同时收集各种漂浮物、木盆、木桶作为逃离险境的工具进行自救，并配合政府的援救，通过救生艇、小船、自己捆扎的简易木筏等转移到安全地带，把损失控制到最小范围。

2. 当暴风将要来临时，应将门窗关好，有可能的用纸或胶带贴在玻璃窗上，以防止玻璃破碎，四处飞溅。把容易被风卷走的东西搬进房子里或在原地固定住，如花盆、晾衣架等，以免掉下去砸伤路人。

3. 大风会将建筑物上的砖头、瓦块、招牌等吹落下来，要注意躲避；经过街角拐弯处时，由于此处风速和风向突然改变，可能有杂物迎面袭来，要保持警惕；如果眼睛和鼻孔中进了沙子，应将它们清除后再走；如果在河边行走，要尽快走到远离水面的地方，或原地卧倒，以免被吹到水中。

知识讲堂

一、灾害的定义及分类

灾害是能够给人类和人类赖以生存的环境造成破坏性影响的事物总称。灾害不表示程度，通常指局部发生，如扩张和发展，最后会演变成灾难。

按照起因划分，有自然灾害和人为灾害两类。自然灾害也称为天灾，指自然界中发生的异常现象，这种异常现象会给周围的生物造成悲剧性的后果。相对于人类社会而言，即构成自然灾难。世界气象组织表示，所有的天灾百分之九十跟天气、水和气候事件有关。自然灾害分为地质灾害、气象灾害、气候灾害、生态灾害、天文灾害等。人为灾害指主要由人为因素引发的灾害。其种类很多，主要包括自然资源衰竭灾害、环境污染灾害、火灾、交通灾害、人口过剩灾害及核灾害等。

二、预警信号的分类

依据突发公共事件即将造成的危害程度、发展趋势和紧迫性等因素，预警信号由低到高划分为一般、较重、严重、特别严重四个预警级别，并依次采用蓝色、黄色、橙色和红色来加以表示。

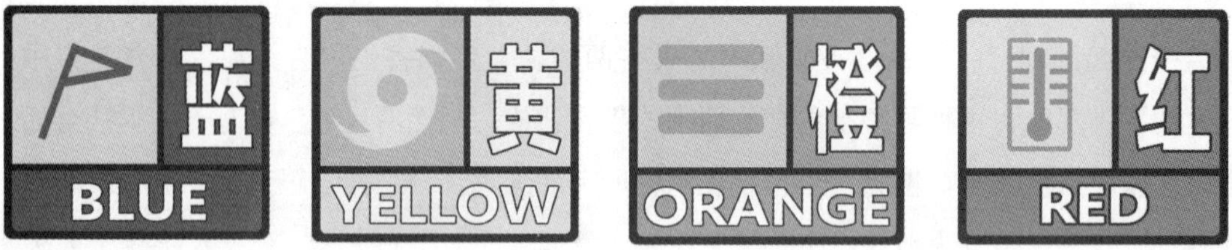

三、如何识别临灾前兆

地质灾害发生前，一般会有比较清晰的前兆，只要普及地质灾害防范的基本常识，及时发现前兆，迅速采取措施，就可以减少或避免人员伤亡。

崩塌一般发生在危岩体或危险土体区，其临灾前兆有：① 危岩体的前缘有掉块、坠落现象，小崩小塌不断发生。② 坡顶出现新的破裂形迹，嗅到异常气味。③ 不时听见岩石的撕裂摩擦错碎声。④ 出现地下水位、水量异常。⑤ 动植物出现异常现象。

滑坡临灾前兆有：① 山坡前缘出现横向及纵向放射状裂隙，前缘土出现隆起现象。② 建在坡上的多处房屋地面、墙壁出现明显拉裂，墙体歪斜。③ 滑坡后缘裂缝急剧加长加宽，并从裂缝中冒出热气或冷气。④ 新裂缝不断发生，滑体后部快速下滑，四周土、石出现松弛、滑动现象。⑤ 滑坡前缘的坡脚处，堵塞多年的泉水有复活现象或者出现泉水（井水）突然干枯，井、泉水位突变，水色混浊等异常现象。⑥ 猪、鸡等动物惊恐不宁，不入睡，老鼠乱窜不进洞。

泥石流临灾前兆有：① 持续强降雨、特大暴雨后河流突然断流或水势突然加大，并夹有较多泥砂、碎石、柴草、树枝。② 沟谷内传来似火车轰鸣或闷雷般的声音，又称啸山。③ 沟谷深处突然变得昏暗，并有轻微震动感。④ 动植物异常，如猪、狗、羊、鸡惊恐不安，老鼠乱窜，树林歪斜等。

地震临灾前兆有：① 地下水异常。地下水包括井水、泉水等，主要异常有发浑、冒泡、翻花、升温、变色、变味、突升、突降、井孔变形、泉源突然枯竭或涌出等。② 生物异常。许多动物的某些器官感觉特别灵敏，在感触到地震前的异常时便会惊恐万状，以至于出现冬蛇出洞、鱼跃水面、猪牛跳圈、狗吠狼吼等异常现象。③ 电磁异常。电磁异常指地震前家用电器如收音机、电视机、日光灯等出现的异常。最为常见的电磁异常是收音机失灵，在北方地区日光灯在震前自明也较为常见。1976年7月28日唐山7.8级地震前几天，唐山及其邻区很多收音机失灵，声音忽大忽小，时有时无，调频不准，有时连续出现噪音。同样是唐山地震前，市内有人见到关闭的荧光灯夜间先发红后亮起来。北京有人睡前关闭了日光灯，但灯仍亮着不息。电磁异常还包括一些电机设备工作不正常，如微波站异常、无线电厂受干扰、电子闹钟失灵等。

地震前鱼乱跳

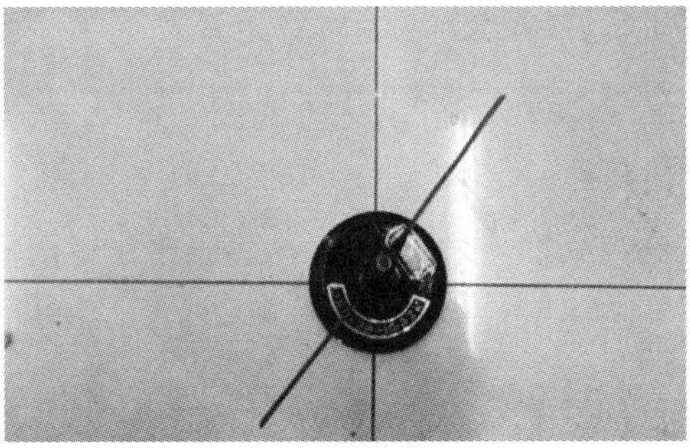

地震前指南针乱动

地质灾害的发生通常具有综合的前兆，单从个别的前兆来判定灾害可能会造成误判，带来不良的社会影响。因此，发现某一前兆时，必须尽快查看，迅速做出综合的判定。若同时出现多个前兆，必须迅速疏散人员，并报告当地有关部门。

四、青少年应该如何预防灾害

减灾防灾，人人有责。面对自然灾害，每个人都应按以下几个方面去做：

学：学习有关灾害知识和减灾知识。

听：经常注意收听国家和地方政府发布的灾害信息，不听信谣言。

备：做好个人、家庭的各种行为准备和物质、技术准备。

察：注意观察周围的异常自然现象。

报：一旦发现某种异常的自然现象，不必惊恐，但要尽快向有关部门报告，请专业部门做出判断。

避：灾前做好个人和家庭躲避和抗御灾害的行动安排，选好避灾的安全地方。

断：在救灾行动中，首先要切断可导致次生灾害的电、火、煤气等灾源。

救：要掌握一定的医疗救护知识，准备一些必备药品，以便在灾害期间医疗系统不能正常工作的情况下，及时自救和救治他人。

拓展一步

暴风雨预警信号

蓝色标准：未来3小时内将出现累计雨量大于30毫米或小时雨量大于20毫米以上的强降水；或未来12小时内降雨量将达50毫米以上；或已达50毫米以上且降雨可能持续。

黄色标准：未来3小时内将出现小时雨量大于30毫米以上的强降水；或未来6小时内降雨量将达50毫米以上；或已达50毫米以上且降雨可能持续。

橙色标准：未来3小时内将出现小时雨量大于40毫米以上的强降水；或未来3小时内降雨量将达50毫米以上；或已达50毫米以上且降雨可能持续。

红色标准：未来3小时内将出现小时雨量大于60毫米以上的强降水；或未来3小时内降雨量将达100毫米以上；或已达100毫米以上且降雨可能持续。

蓝色提醒：学校、幼儿园采取适当措施保证学生和幼儿安全；驾驶员注意道路积水和交通阻塞；城市、农田及其他重要设施排水系统做好排涝准备。

黄色提醒：交管部门应根据路况在强降雨路段采取交通管制措施，在积水路段实行交通引导；切断低洼地带有危险的室外电源，暂停在空旷地方的户外作业，转移危险地带人员和危房居民到安全场所避雨；采取必要的排涝措施。

橙色提醒：切断有危险的室外电源，暂停户外作业；处于危险地带的单位应停课、停业，采取专门措施保护已到校学生、幼儿和其他上班人员的安全；注意防范可能引发的山洪、滑坡、泥石流等灾害。

红色提醒：停止集会，停课，停业（特殊行业除外）；做好山洪、滑坡、泥石流等灾害的防御和抢险工作。

知行合一

选择题：

1. 预警信号的颜色由以下哪几种组成（　　）。

A. 蓝色　　B. 黄色　　C. 橙色　　D. 红色

2. 按照气象灾害的严重性和紧急程度，预警信号分为四级：蓝色代表一般，黄色代表较重，橙色代表严重，（　　）代表特别严重。

A. 红色　　B. 紫色　　C. 绿色　　D. 黑色

3. 根据《中华人民共和国突发事件应对法》的规定，可以预警的自然灾害、事故灾难和公共卫生事件的预警级别分为四级，一级为最高级，四级由高到低的颜色标示依次为（　　）。

A. 红、橙、黄、蓝　　B. 红、黄、橙、绿

C. 红、黄、绿、蓝　　D. 黄、红、橙、蓝

4. 应急预案的层次可分为综合预案、（　　）、现场预案。

A. 单位预案　　B. 专项预案　　C. 个体预案　　D. 部门预案

5. 突发事件分为四类，即自然灾害、事故灾难、（　　）和社会安全事件。

A. 地质灾害　　B. 森林火灾　　C. 公共卫生事件　　D. 群体性事件

6. 自然灾害统计指标中的“被困人口”一般指受灾人口中被围困（　　）小时以上的人口数量。

A. 10小时　　B. 20小时　　C. 24小时　　D. 48小时

7. 下列可能促使泥石流发生的人类活动是（　　）。

A. 围湖造田　　B. 陡坡修筑梯田

C. 垦殖草原　　D. 过度抽取地下水

模块二　自然灾害的应对

作为一名学生，应具备一定的应对灾难的能力。面对灾难时，我们不仅要保护自己，还要有安全责任感，要在自己能力范围内为他人和社会的安全贡献自己的力量。

典型事例

1. 6月6日下午2时许，由于连日降雨，南宁市西乡塘区四联村通往向阳学校的小路有一处被洪水淹没。在没有大人的随同下，不少小学生没有改变路线而是继续走原路，从相隔1米远的水沟桥墩处冒险跳过去，其中一名小女孩不幸掉进滚滚洪水中，另一名女孩想拉落水的小女孩，也不慎掉入水中，两人被洪水卷走，不幸溺水身亡。

2. 5月23日下午5时许，桂林市资源县连降大到暴雨，造成该县延东乡石区头村一处山体滑坡。当时正值这个村小学放学，有3名小学生被泥石流冲走。这次事故造成1名学生死亡，2人重伤。

3. ① 2015年10月，北京持续遭遇雾霾天气，空气质量差，能见度低。7日早上5时南郊观测站能见度仅有400米，城区大部能见度不足1千米。继6日晚7点北京市启动空气重污染黄色预警后，7日早晨市气象台发布了霾黄色预警信号，提醒居民大部分地区将出现中度霾。② 2015年7月7日夜间开始，华北、黄淮等地持续出现雾和霾，北京、河北等地空气污染严重，8日以来，北京、天津、河北中南部和东北部等地的部分地区持续出现中度至重度霾，影响面积约39万平方千米，其中重度霾覆盖范围11.6万平方千米；在京津冀地区大城市中，以石家庄污染最为严重，PM2.5小时最大浓度达到430微克/立方米。大部地区能见度低于1000米，部分地区能见度不足200米。中央气象台11日6时发布霾橙色预警。

各抒己见

突发自然灾害时，我们应该如何应对？

专家点评

1. 在没有大人随同或带队的情况下，学生冒险穿行被洪水淹没的道路，导致悲剧发生。

在洪水到达之前，最重要的是选择逃生路线和要到达的目的地，避免路线太远。被洪水围困时，不了解水情不要涉险。如被洪水围困，可到屋顶、树上等高处避难，将木料或木质家具捆扎成救生木筏使用，施放求救信号，等待援救。如有条件，要积极援救周围的被困者。

2. 面对突如其来的泥石流，在没有家长、老师的保护下，小学生们手足无措，酿成惨剧；而在发现险情后，有13名工人选择往高处跑，躲过山洪，又通过辨声及时发现泥石流，及时转移得以生还。

注意观察周围环境，特别留意倾听远处山谷中是否传来雷鸣般的声响，如听到要高度警惕，这很可能是泥石流将至的征兆。要选择平整的高地作为营地，尽可能避开有滚石和大量堆积物的山坡下面，不要在山谷和河沟底部扎营。发现泥石流后，要马上向与泥石流成垂直方向的两边的山坡上爬，爬得越高越好，跑得越快越好，绝对不能往泥石流的下游走。

3. 希望大家在了解近年来严重的雾霾污染事件后，能加强防霾安全知识的学习，做好安全防护工作。

知识讲堂

一、临灾准备

临时避灾不是灾害临头才想起避灾，而是要从发现灾害前兆之时起，就要有所准备。躲避地质灾害应做好以下几个方面的准备工作：

（一）预先选定临时避灾场地

在危险区之外选择一处或几处安全场地，作为避灾的临时用地。要把地质安全放在第一位，避免从危险区迁到另一处地质灾害的危险区内。

（二）预先选定撤离路线，规定预警信号

事先选择好转移路线，转移路线要尽量少穿越危险区。沿山脊展布的道路比沿山谷展布的道路更安全。

（三）落实、公布责任人

及时了解事先公布的防灾、避灾总负责人，以及疏散撤离、救护抢险、生活保障等各项具体工作的负责人。知晓事先拟订的避灾措施。

（四）预先做好必要的物资储备

有条件时，应在避灾场地预先搭建临时住所，使人们在避灾过程中拥有基本的生活条件。财产和生活用品可以提前转移到避灾场所。交通工具、通信器材、雨具和常用药品等，也应根据具体情况提前做好准备。

二、不同自然灾害的逃生方法

（一）泥石流、滑坡、崩塌及塌陷

泥石流、滑坡、崩塌及塌陷等地质灾害发生后，专业救灾队伍未到之前，不要惊慌，应即时采取必要的有组织有秩序的避灾措施。

1. 泥石流发生时，要马上向与泥石流成垂直方向的两边的山坡上爬，爬得越高越好，跑得越快越好，绝对不能往泥石流的下游走。

2. 实在难以逃离时，应躲在坚实的障碍物下，一定不要和房屋、围墙、电线杆等靠得太近；应注意保护好头部，可利用身边的衣物裹住头部。

3. 如果感觉地面震动，应立即向两侧稳定地区逃离。

4. 如果被埋入废墟，还有活动的余地，应尽量寻找可靠的支撑物，保持镇静，不要乱动，以便将身体的消耗降到最低，争取时间等待救援；要有强烈的求生欲望，并务必配合救援人员的行动。

5. 灾害停止后，不应立即回家，否则容易遭到二次侵害。只有当危险已经过去，确认安全后，方可回去。此外，还要了解近期是否还会有发生暴雨的可能。如果将有暴雨发生，应尽快对临时居住的地区进行巡查，建立防灾应急预案，安排专门的人员时刻监视，避免新的灾害发生。

（二）地震

地震又称地动、地振动，是地壳快速释放能量过程中造成振动，其间会产生地震波的一种自然现象。地球上板块与板块之间相互挤压碰撞，造成板块边沿及板块内部产生错动和破裂，是引起地震的主要原因。人们大多是在毫无防备的情况下遭遇地震的。

衡量地震的大小有两把“尺子”：震级和烈度。震级是指地震释放能量的大小，用阿拉伯数字表示。烈度是指地震在不同地点造成破坏的程度，分为12级，用罗马数字表示。一次地震只有一个震级，但可以有多个烈度。一般来讲，离震中越近的地方破坏程度就越大，烈度也越高。对于同一个地震，以震中为中心，随着震中距离越来越远，地面受到的影响和破坏程度会越来越弱。这就使不同地区的人们对同一个地震感觉会大不相同。因此，人类在描述地震时会同时出现震级和烈度两个概念，通常描述地震大小都用震级和烈度的对应关系来表达。

从人的感知程度上看，地震分为弱震、有感地震、中强地震、强震。① 弱震：震级小于3级，人们一般不易觉察到。② 有感地震：震级等于或大于3级，等于或小于4.5级，人们容易感觉到，一般不会造成破坏。③ 中强震：震级大于4.5级小于6级，属于可造成破坏的地震，但破坏轻重还与震源深度、震中距等多种因素有关。④ 强震：震级等于或大于6级，其中震级等于或大于8级的称为巨大地震。

发生地震时，我们应该注意以下事项：

1. 地震发生之前是有征兆的，比如动物乱跑乱叫、鱼在水面乱跳、鸟类的异常等，一旦发现应做好预防准备。

2. 我国多数专家认为：震时就近躲避，震后迅速撤离到安全地方，是应急避震较好的办法。

3. 地震时如在室外，不要乱跑，应避开高大建筑物、危险物、悬挂物和人多的地方，不要随便返回室内。

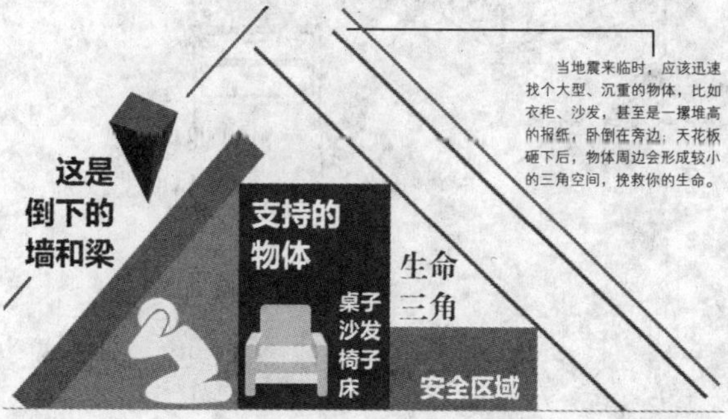

当地震来临时，应该迅速找个大型、沉重的物体，比如衣柜、沙发，甚至是一摞堆高的报纸，卧倒在旁边；天花板砸下后，物体周边会形成较小的三角空间，挽救你的生命。
这是倒下的墙和梁
支持的物体
桌子
沙发
椅子
床
生命三角
安全区域

4. 地震时如在室内，切忌慌乱，应有组织地从多个路口快速疏散。来不及疏散时，应选择室内结实、能掩护身体的物体旁，或易于形成三角空间的地方，身体应蹲下或坐下，尽量蜷曲身体，降低身体重心。同时，抓住桌腿等牢固的物体。保护头颈、眼

睛，掩住口鼻。等待地震平息，有组织、有秩序地向室外开阔地段撤离。不要随便点灯火，因为空气中可能有因燃气管线破裂泄漏的易燃易爆气体。

5. 如果震后不幸被废墟埋压，要尽量保持冷静，设法自救。无法脱险时，要保存体力，尽力寻找水和食物，用湿手巾、衣服或其他布料等捂住口鼻和头部，避免灰尘呛闷发生窒息及意外事故。同时注意观察周围环境，寻找通道，设法自救。无法自救时，不要盲目大声呼喊，当听到外面有人走动时再呼叫，或敲击出声，向外界传递求救信息。

6. 防震自救口诀：① 高层楼撤下，电梯不可搭，万一断电力，欲速则不达。② 平房避震有讲究，是跑是留两可求，因地制宜做决断，错过时机诸事休。③ 次生灾害危害大，需要尽量预防它，电源燃气是隐患，震时及时关上闸。④ 强震颠簸站立难，就近躲避最明见，床下桌下小开间，伏而待定保安全。⑤ 震时火灾易发生，伏在地上要镇静，沾湿毛巾口鼻捂，弯腰匍匐逆风行。

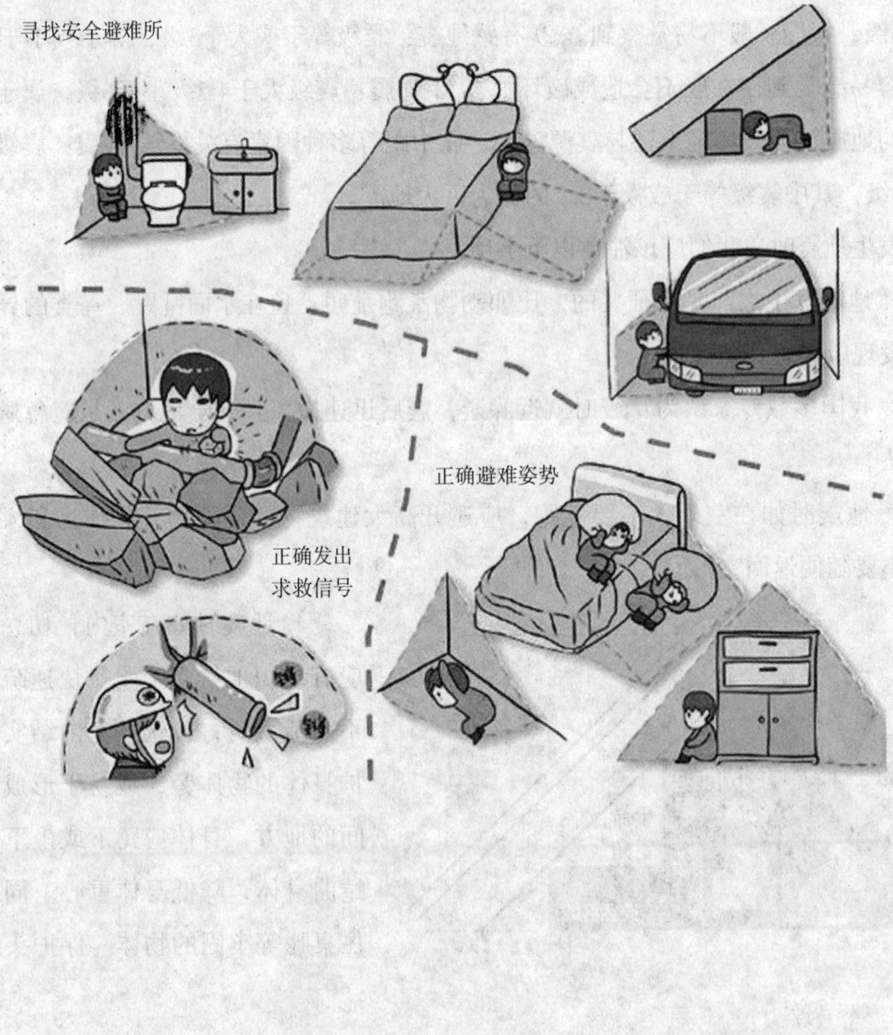

（三）暴雪

暴雪预警信号分为四种：蓝色、黄色、橙色和红色。当暴雪天气来临时，当地政府部门会发出暴雪预警信号应急预案，提醒人们采取各方面应对措施。

雪量是气象观测者用一定标准的容器，将收集到的雪融化后测量出的量度。气象上对于雪量有严格的规范，有24小时和12小时的不同标准。在天气预报中通常是预报白天或夜间的天气，这主要是指24小时的降雪量，暴雪是指日降雪量（融化成水）大于或等于10毫米。

雪灾亦称白灾，是长时间大量降雪造成积雪成灾的自然现象。它是中国牧区常发生的一种畜牧气象灾害，主要是指依靠天然草场放牧的畜牧业地区，由于冬季降雪量过多和积雪过厚，雪层维持时间长，影响畜牧正常放牧活动的一种灾害。

在山区，当山坡积雪的内聚力抗拒不了它所受到的重力的拉引时，便向下滑动，引起大量雪体崩塌，人们把这种自然现象称为雪崩。也有的地方把它叫做“雪塌方”“雪流沙”或“推山雪”。同时，它还能引起山体滑坡、山崩和泥石流等可怕的自然现象。雪崩被人们列为积雪山区的一种严重自然灾害。

雪崩具有突然、快速和量大的特点，往往有较大的破坏力，对遇险者的生命构成巨大威胁。雪崩的发生要视条件而定，倾斜25～60度的雪坡有雪崩的危险，而30～45度的雪坡更容易发生大雪崩。另外，向阳的雪坡因易于融雪容易发生雪崩。光滑无植被或岩石表面的山坡也容易发生雪崩。北山坡的雪容易在冬季中期发生雪崩，南山坡的雪容易在春季或阳光强的日期发生雪崩。新雪后次日天晴，上午9～10点容易发生雪崩。

防范雪灾应注意以下事项：

1. 当12小时内可能出现对交通或牧业有影响的降雪时，气象部门就会发布雪灾预警信号，按降雪影响时间的迟早和影响程度分为四级，由低到高依次为蓝色、黄色、橙色、红色。

2. 发生雪灾时，尽量待在室内，不要外出。

3. 如果在室外，要远离广告牌、临时搭建物和老树，避免砸伤。路过桥下、屋檐等处时，要小心观察或绕道通过，以免因冰凌融化脱落伤人。

4. 为了尽可能地减少和避免雪崩造成的损失，应当掌握一套安全保护方法。① 发生雪崩，一定要冷静。我们应该向山坡两边猛冲，不要往山下跑，雪崩的速度20 ~ 30米/秒我们是跑不过的，或者跑到地势较高的地方、树木岩石比较多的地方，尽可能冲出雪流的流域。② 如果雪崩已经在眼前了，深吸一口气，屏住呼吸，抓紧身边的树木、岩石、坚固物体（雪崩的冲击气流很大），尽可能不要被雪流冲走。③ 如果不幸被卷入雪流，要逆流而上做游泳姿势，四肢向上游动，最大限度处于雪流表面，埋的越浅生存几率就越大；雪流停下时，两臂交叉胸前，尽可能营造出口鼻与胸部呼吸所需要的范围。④ 如果被埋雪里，要奋力破雪而出，因为时间越长雪的硬度就会越大，逃生的几率就越低；如果自救实在无力，就停下来保持体能，等待救援。

5. 雪天防止雪盲。雪盲属于光照性眼炎，为短波紫外线照射所引起的眼部表面组织反应。雪盲的产生受环境影响较大。防范雪盲的措施有：① 在观赏雪景或在雪地行走时，最好戴上黑色的太阳镜或防护眼镜，以避免雪地反射的紫外线伤害眼睛。② 减少用眼，尽量休息，不要热敷，高温会加剧疼痛。③ 良好的环境能及时缓解雪盲的症状，但完全恢复需要5 ~ 7天。④ 严重时要及时就医。

（四）雷电

雷电是伴有闪电和雷鸣的一种放电现象。雷电一般产生于对流发展旺盛的积雨云中，常伴有强烈的阵风和暴雨，有时还伴有冰雹和龙卷风。积雨云顶部一般较高，可达20千米，云的上部常有冰晶。冰晶的淞附、水滴的破碎以及空气对流等过程，使云中产生电荷。云中电荷的分布较复杂，但总体而言，云的上部以正电荷为主，下部以负电荷为主。因此，云的上下部之间形成一个电位差。当电位差达到一定程度后，就会产生放电，这就是我们常见的闪电现象。放电过程中，由于闪道中温度骤增，使空气体积急剧膨胀，从而产生冲击波，导致强烈的雷鸣。带有电荷的雷云与地面的突起物接近时，它们之间就发生激烈的放电。在雷电放电地点会出现强烈的闪光和爆炸的轰鸣声。这就是人们见到和听到的闪电雷鸣。闪电和雷声是同时发生的，但它们在大气中传播的速度相差很大。因此，人们总是先看到闪电然后才听到雷声。

目前，人们还没有有效的办法来阻止雷电的出现，最有希望的就是及时做出准确的雷电预报，以便采取对应之策躲避雷击，最大限度地避免伤亡和损失。

1. 在室内，防范雷电伤害应注意以下几个方面：① 注意关闭门窗，室内人员应远离门窗、水管、煤气管等金属物体。② 关闭家用电器，拔掉电源插头，防止雷电从电源线入侵。③ 不要使用手机。④ 在雷击时不宜接近室内裸露的金属物。

2. 在室外，防范雷电伤害应注意以下几个方面：① 要及时躲避，不要在空旷的野外停留。在空旷的野外无处躲避时，应尽量寻找低洼之处（如土坑）藏身，或者立即下蹲，降低身体高度。② 不宜躲在大树下。当暴风雨来临时，高大的树木尤其是空旷环境中的树木，极可能成为雷电放电的通路。③ 要远离建筑物的避雷针及其接地引下线，远离各种天线和电线杆、塔。④ 不宜在空旷地持含有金属的雨伞。

3. 当感觉已经处在危险中时要注意以下几点：① 当头发竖起，皮肤伴有刺疼感时，这是雷电将至的信号，要保持下蹲姿势，弯腰低头，抱膝抵胸，不要用手触地，尽量将身体贴近地面，越靠近地面，被雷击中的概率越低，但记住不要躺在地上。② 用手捂住耳朵，防止即将在你身边落下的雷爆发出的巨大声响让你听力受损。③ 不要接触任何可能导电的物体。④ 你身体唯一和地面接触的部分只能是脚尖。雷电击中地面后会进入你的身体，与地面的接触面积越小，被电到的可能性越小。⑤ 保持两脚跟部分接触。如果电流真的进入了你的体内，这样做会形成回路，电流会在进入脚尖后由另一个脚尖流出，避免电流经过身体其他部分。

（五）洪水

洪水是一种超过江河、湖泊、水库等容水场所的承纳能力，水量剧增或水位急涨的水文现象。洪水除对农业造成重大灾害外，还会造成工业甚至人员生命财产的损失，是威胁人类生存的十大自然灾害之一。洪水往往分布在人口稠密、农业垦殖度高、江河湖泊集中、降雨充沛的地方。

洪水灾害具有明显的季节性、区域性和可重复性。世界上多数国家的洪水灾害易发生在下半年，我国的洪水灾害主要发生在4～9月。

洪灾是一种自然灾害，按照洪灾成因可以分为暴雨洪灾、冰凌融雪洪灾、风暴潮灾害、海啸灾害、溃坝洪灾、泥石流灾害等6类。

1. 洪水来临前的准备工作：① 接到洪水预报时，应备足食品、衣物、饮用水、生活日用品和必要的医疗用品，妥善安置家庭贵重物品。② 保存好尚能使用的通信设备，收集手电、口哨、镜子、打火机、色彩艳丽的衣服等可作为信号用的物品，做好被救援的准备。③ 洪灾通常发生在河流、沿海地带以及低洼地带。如果住在这些地方，当有连续暴雨或大暴雨时，必须格外小心，应注意收听气象台的洪水警报，时刻观察房屋周围的溪河水位变化和山体有无异常情况。特别是晚上，更应十分警觉，随时做好安全转移的准备，提前选择好最佳路线和目的地。④ 平时要学会自制简易木筏的技能，以备不时之需。

2. 遭遇突发山洪的应对举措：① 受到洪水威胁时，如果时间充裕，应按照预定路线有组织地向山坡、高地等处转移；若已经受到洪水包围，要尽可能利用船只、木排等做水上转移，不要沿着洪水流道方向跑，更不要轻易涉水过河。② 避难场所的选择不容忽视。避难场所一般应选择在距家最近、地势较高、交通较为方便的地方。与外界保持良好的通信、交通联系。③ 发现高压线铁塔倾倒、电线低垂或断折，要远离避险，不可触摸或接近。④ 如果落水，一定要迅速冷静下来，呼救时要注意不要让水呛着。尽量如踏自行车那样不断踩水，双手不停划水，使头部浮出水面。身边的任何漂浮物都要尽量抓住。不会游泳者更不能因紧张害怕而放弃自救。落水后应该立即屏气，在争扎时利用头部露出水面的机会换气。换气过程中努力寻找可攀爬或者依靠的漂浮物，或者注意施救者扔过来的救生物品。⑤ 在山区，如果连降大雨，容易暴发山洪。遇到这种情况，应该注意避免渡河，还要注意防止山体滑坡、滚石、泥石流的伤害。⑥ 洪水来得太快，已经来不及转移时，要立即爬上屋顶、楼房高层、大树或高墙，暂时避险，等待援救，不要单身游水转移。

洪灾地区
应重点监测的疾病
在洪灾地区，水源受到污染，蚊子、苍蝇大量繁殖，鼠类迁移到人群聚集地区，公共卫生设施受到破坏，人体抵抗力下降，因此很容易感染各种疾病。
专家介绍　洪灾地区应重点监测的疾病：
鼠疫
霍乱
病毒性肝炎
痢疾
伤寒
乙型脑炎
疟疾
血吸虫病
钩端螺旋体病
出血热
感染性腹泻
食物中毒

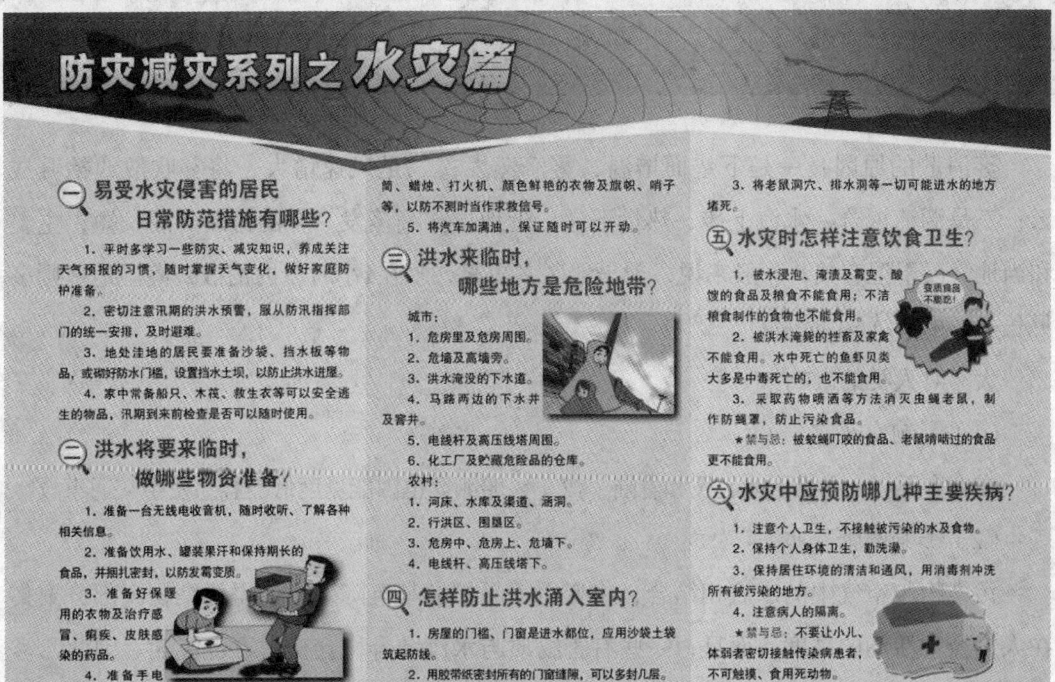

防灾减灾系列之水灾篇
一 易受水灾侵害的居民日常防范措施有哪些？
1. 平时多学习一些防灾、减灾知识，养成关注天气预报的习惯，随时掌握天气变化，做好家庭防护准备。
2. 密切注意汛期的洪水预警，服从防汛指挥部门的统一安排，及时避难。
3. 地处洼地的居民要准备沙袋、挡水板等物品，或砌好防水门槛，设置挡水土坝，以防止洪水进屋。
4. 家中常备船只、木筏、救生衣等可以安全逃生的物品，汛期到来前检查是否可以随时使用。
二 洪水将要来临时，做哪些物资准备？
1. 准备一台无线电收音机，随时收听、了解各种相关信息。
2. 准备饮用水、罐装果汁和保持期长的食品，并捆扎密封，以防发霉变质。
3. 准备好保暖用的衣物及治疗感冒、痢疾、皮肤感染的药品。
4. 准备手电筒、蜡烛、打火机、颜色鲜艳的衣物及旗帜、哨子等，以防不测时当作求救信号。
5. 将汽车加满油，保证随时可以开动。
三 洪水来临时，哪些地方是危险地带？
城市：
1. 危房里及危房周围。
2. 危墙及高墙旁。
3. 洪水淹没的下水道。
4. 马路两边的下水井及窨井。
5. 电线杆及高压线塔周围。
6. 化工厂及贮藏危险品的仓库。
农村：
1. 河床、水库及渠道、涵洞。
2. 行洪区、围垦区。
3. 危房中、危房上、危墙下。
4. 电线杆、高压线塔下。
四 怎样防止洪水涌入室内？
1. 房屋的门槛、门窗是进水部位，应用沙袋土袋筑起防线。
2. 用胶带纸密封所有的门窗缝隙，可以多封几层。
3. 将老鼠洞穴、排水洞等一切可能进水的地方堵死。
五 水灾时怎样注意饮食卫生？
1. 被水浸泡、淹渍及霉变、酸馊的食品及粮食不能食用；不洁粮食制作的食物也不能食用。
2. 被洪水淹毙的牲畜及家禽不能食用。水中死亡的鱼虾贝类大多是中毒死亡的，也不能食用。
3. 采取药物喷洒等方法消灭虫蝇老鼠，制作防蝇罩，防止污染食品。
★禁与忌：被蚊蝇叮咬的食品、老鼠啃啮过的食品更不能食用。
六 水灾中应预防哪几种主要疾病？
1. 注意个人卫生，不接触被污染的水及食物。
2. 保持个人身体卫生，勤洗澡。
3. 保持居住环境的清洁和通风，用消毒剂冲洗所有被污染的地方。
4. 注意病人的隔离。
★禁与忌：不要让小儿、体弱者密切接触传染病患者，不可触摸、食用死动物。

3. 洪灾后的注意事项：① 绝对不能吃在洪水里浸泡过的食物。② 喝水之前必须完全煮沸，且饮用之前要消毒。③ 不要去灾害现场，以免妨碍救援活动和紧急业务。④ 不能使用在水里浸泡过的电子产品。⑤ 注意个人饮食卫生，不接触被污染的水及食物。⑥ 如发现有病人，要做到早诊断、早治疗。⑦ 保持居住环境的清洁和通风，用消毒剂冲洗所有被污染的地方。

（六）雾霾

1. 雾的形成、消散及对人类的影响

当空气中水汽较多时，某些吸水性强的干尘粒会吸水、长大，并最终活化成云雾的凝结核，产生更多、更小的云雾滴，使能见度进一步降低，低于1千米时被定义为雾。雾的形成有两个基本条件：一是近地面空气中的水蒸气含量充沛；二是地面气温低。能具备这些条件的时间就是深秋初冬，尤其是深秋初冬的早晨。

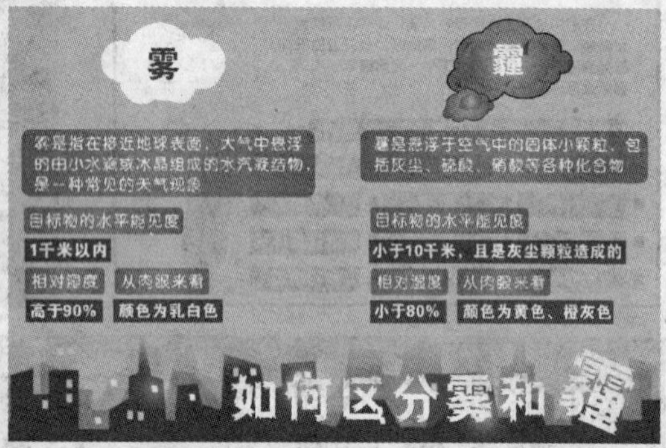

雾消散的原因：一是下垫面增温，雾滴蒸发；二是风速增大，将雾吹散或抬升成云；三是湍流混合，水汽上传，热量下递，近地层雾滴蒸发。雾的持续时间长短，主要和当地气候干湿有关。一般来说，干旱地区多短雾，多在1小时以内消散，潮湿地区则多见长雾，可持续6小时左右。

大雾对人类的影响：

（1）影响交通

在大雾天气，飞机不能起飞和着陆，汽车、船舶等也因能见度低而容易发生交通事故。

（2）影响健康

污染物与空气中的水汽相结合，将变得不易扩散与沉降，这使得污染物大部分聚集在人们经常活动的高度。而且，一些有害物质与水汽结合，会变得毒性更大。因此，雾天空气的污染比平时要严重得多。还有，组成雾核的颗粒很容易被人吸入，并容易在人体内滞留。如长时间滞留在这种环境中，人体会吸入有害物质，消耗营养，造成机体内损，极易诱发或加重疾病。

2. 霾的形成及防范

霾是大量极细微的干尘粒等均匀地浮游在空中，使水平能见度小于10千米的空气普遍混浊现象。霾一般呈乳白色，它使物体的颜色减弱，使远处光亮物体微带黄红色，而黑暗物体微带蓝色。组成霾的粒子极小，不能用肉眼分辨。

防霾措施：

（1）戴帽子。头发吸附力强，污染物会吸附在头发上，出门前戴顶帽子，能够有效缓解这种危害。

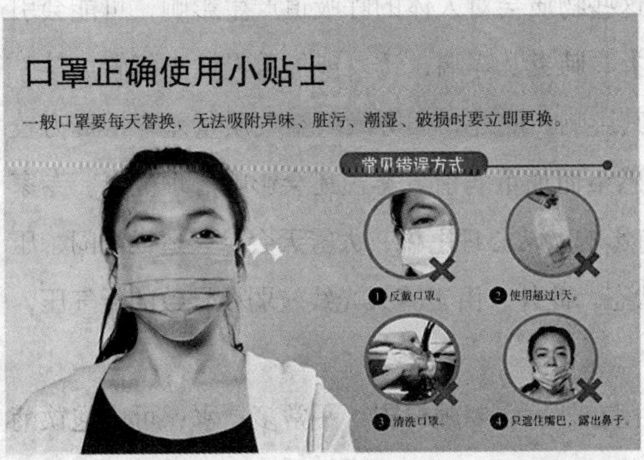

戴口罩前规范着装

取出口罩展开叠层鼻夹侧朝上绿面向外

两食指横向将鼻紧贴于皮肤

将口罩上边的两条带子系在头顶部

两食指紧压鼻子根部并塑性

将口罩下边的两条带子系在颈部松紧适宜

戴好口罩后的侧面图

戴好口罩后的正面图

口罩正确使用小贴士
一般口罩要每天替换，无法吸附异味、脏污、潮湿、破损时要立即更换。
常见错误方式
1 反戴口罩。
2 使用超过1天。
3 清洗口罩。
4 只遮住嘴巴，露出鼻子。

（2）戴口罩。戴口罩无法完全阻挡有害颗粒物的吸入，但是为呼吸道多设一层屏障，可减少吸入有害物。口罩的选择：① 棉纱口罩能够滤除花粉之类的大颗粒物，但对于PM2.5这样的细颗粒物没有什么防护作用。② 活性炭口罩添加了具有吸附作用的活性炭层，但活性炭层

只是增加了对异味的滤除作用，并不能增加对颗粒物的防护效果。③ 工业用的防尘口罩对细颗粒物的防护有很好的效果，但是呼吸阻力很大，长时间佩戴会引起头晕、恶心等症状。

（3）遇到雾霾天气的时候，尽量减少外出活动的次数，尽量在室内活动，这样可以避免吸入大量的有害气体。

（4）进屋洗手洗脸。在室外逗留后，皮肤接触有害颗粒物最多的地方是脸和手。

（5）用鼻呼吸。鼻腔里的鼻毛和黏液可以吸附空气中的有害颗粒物，但是用嘴呼吸就直达扁桃体了。

（6）遇到雾霾天气，应该避免开窗户通风，因为开窗户会让外面的污染空气进到室内。

（7）雾霾天气发生时我们应该多吃蔬菜，例如海带、木耳之类，这些蔬菜有清肺的功效；此外还要多吃一些水果，多补充一些维生素。

（8）多喝水。多喝点水，加快体内水分的更新，对身体非常有好处。

（9）可以在屋内适当摆放一些绿色的植物，如绿萝、吊篮等。这些绿色植物可以吸收空气中的有害气体，释放氧分，使空气保持清新。

拓展一步

雾霾的组成：二氧化硫、氮氧化物和可吸入颗粒物是雾霾的主要成分。前两者为气态污染物，它们与雾气结合在一起，让天空瞬间变得灰蒙蒙的。近年来，我国中东部地区雾霾日益严重，主要是由人为排放的大气气溶胶显著增加所致，这当中就包括我们熟知的PM2.5。

雾霾的危害：冬雾有“冬季杀手”之称，工业废气、汽车尾气、空气中的灰尘细菌和病毒等污染物会附着于这些水滴上。这些物质会对人体的呼吸道产生影响，可能会引起急性上呼吸道感染、急性气管支气管炎、肺炎及哮喘，诱发或加重慢性支气管炎等。幼儿、青少年的生长发育和体质更易受其影响。此外，大雾天气空气质量差，抵抗力较差的糖尿病患者极有可能因肺部及气管感染而加重病情。雾霾还会影响心理健康。专家指出，持续大雾天对人的心理和身体都有影响。从心理上说，大雾天会给人造成沉闷、压抑的感受，会刺激或者加剧心理抑郁的状态。此外，由于雾天光线较弱及导致的低气压，有些人在雾天会精神懒散、情绪低落。

预防措施：① 雾霾天气少开窗。出门在外一定要戴口罩，平常多饮水，可多泡饮菊杞茶这类中医茶饮，多食用水果，从外回家后要深度清洁皮肤和头发。喜爱晨练以及买菜遛弯的老年人要注意减少出门，因为雾霾对老年人的身体危害极大。② 适量补充维生素。③ 出门时，做个自我防护，佩戴专门防霾的PM2.5口罩、防霾鼻罩。④ 可以选择中午阳光较充足、污染物较少的时候短时间开窗换气。⑤ 尽量远离马路。上下班高峰期和晚上大型汽车进入市区这些时间段，污染物浓度最高。

知行合一

选择题：

1. 在各类自然灾害中，气象灾害占（　　）以上。

A. 50%　　B. 60%　　C. 70%　　D. 80%

2. 发生在我国东部地区的自然灾害比发生在西部地区的自然灾害造成的经济损失大的原因是（　　）。

A. 东部地区人口和经济密度大　　B. 东部地区距离海洋近

C. 西部地区地形状况复杂　　D. 东部地区平原面积大

3. 关于土地荒漠化的叙述，正确的是（　　）。

A. 中国南方土地荒漠化地区生态环境尤为脆弱

B. 自然因素引起的荒漠化速率比人为活动引起的要快

C. 三江平原过度垦殖，土地荒漠化更加严重

D. 西北地区风蚀强烈，风沙灾害比较普遍

4. 泥石流诱发因素不包括（　　）。

A. 自然原因　　B. 不合理种植　　C. 次生灾　　D. 不合理开挖

5. 按地震成因划分，目前世界上发生的地震主要属于（　　）类型。

A. 构造地震　　B. 火山地震　　C. 塌陷地震　　D. 人工地震

6. 地球上天天都有地震发生，而且多到一天就要发生一万多次，一年约有五百万次。其中能造成破坏的约有一千次，一般情况下，（　　）以上才有感觉，称为有感地震。

A. 2级　　B. 3级　　C. 4级　　D. 5级

7. 震后救人时对处于黑暗窒息、饥渴状态下埋压过久的人，正确的护理方法是（　　）。

A. 尽快救出来，尽快见光亮　　B. 尽快救出来，尽快进食

C. 蒙上眼睛救出来，慢慢呼吸、进食　　D. 尽快救出来，尽快输氧

8. 从震中到震源的距离叫做震源深度，震源深度在（　　）千米以内的为浅源地震。

A. 20　　B. 40　　C. 60　　D. 80

9. 在野外遇到雷雨时，不容易出现危险的做法是（　　）。

A. 躲在大树下　　B. 双腿并拢，蹲下身子　　C. 站在原地不动

10. 火场逃生的原则是（　　）。

A. 抢救国家财产为上　　B. 安全撤离，救助结合

C. 先带上日后生活必需钱财要紧　　D. 逃命要紧

11. 洪水来临之前，我们应提前做好哪些准备（　　）。

A. 选好转移的路线和地点

B. 准备好足够的饮用水和食品

C. 准备好救生的物品。

12. 在洪水中我们怎样自救（　　）。

A. 尽可能抓住固定的东西和水中漂流物

B. 通过晃动衣服或大声呼救等方法求救

C. 用竹竿或木棍先测测水深、量量水宽，再决定是否涉水通过

13. 发生火灾时，不得组织（　　）扑救火灾。

A. 女青年　　B. 未成年人　　C. 军人

14.（　　）火灾用水扑救会使火势扩大。

A. 油类　　B. 森林　　C. 家具

15. 火灾现场应对处理的基本环节是（　　）。

① 报警，协助　② 救援，打119　③ 扑救，疏散　④ 安置人员，保护现场

A. ①②③④　　B. ②①③④　　C. ③①②④　　D. ①②④③

16. 森林防火是指（　　）。

A. 防范森林、林木和林地发生火灾

B. 森林、林木和林地发生火灾后的扑救

C. 森林、林木和林地火灾的预防和扑救

17. 下列属于个人或家庭防洪准备的是（　　）。

① 训练爬高能力　② 预备钢制家具　③ 听汛期天气预报　④ 暴雨季节不去山区郊游　⑤ 学会游泳　⑥ 学习救生演习的知识

A. ①②③④⑤⑥　　B. ①③④⑤⑥　　C. ③④⑤⑥　　D. ④⑤⑥

18. 消防车和消火栓的颜色是（　　）。

A. 白色　　B. 黄色　　C. 红色

19. 火灾发生时应该（　　）。

A. 马上开门看一看再决定怎么逃生

B. 坐电梯快跑

C. 不急于开门，先摸门是否烫，如果很烫，不可开门

D. 降低姿势逃出

20. 火灾引起人员大量伤亡的主要原因是（　　）。

A. 相互挤压致死　　B. 吸入烟气窒息死亡　　C. 被火烧死

思维导图

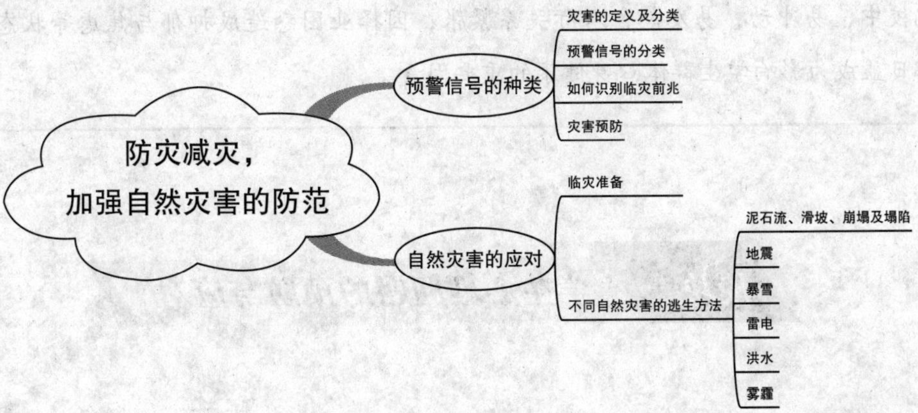

项目八　关注心身健康，构筑心理安全机制

近年来，在校学生的心理健康问题引起了社会的广泛关注。有数据显示，学生群体的心理健康状况不容乐观。一项针对大学生的调查显示，大学生群体中有心理障碍倾向的占20%，有较严重心理障碍的占10%，严重的占1%。因为心理问题而休学或退学的现象也时有发生，甚至会造成个体的自杀或自伤行为。在职业院校中，易冲动，易发怒，人际关系紧张，因择业困惑造成抑郁与焦虑等状态，都日益成为影响学生群体心身健康的重要因素。

模块一　学生心理问题的预防与应对

据一项针对学生群体对心理健康关注度的调查显示，大多数学生认为自己心理很健康，无需接受心理健康教育或心理健康咨询；也有一小部分学生表示自己在遇到一些心理困惑时想接受相应的心理辅导，却又不知道该怎样寻求帮助；还有少数同学反映，即便自己有时候深感迷茫，也并不想让他人知晓，因为担心会被人认为是精神方面出现了问题。

调查结果显示，很多学生对自身心理健康状况并没有合理的认知，对可能遭遇的心理困惑或心理问题没有相应的应对办法，对心理问题有很大的认知偏差，甚至出现“病耻感”，这在一定程度上影响了学生心理的健康发展。

典型事例

1. 某职业学校新生小A，因家庭教育原因生活技能几乎为零，面对管理较为严格的

集体生活环境感觉非常不适应；同时，隐隐约约地觉察到同寝室同学的排挤，她感到痛苦万分。陌生的环境、孤独的感觉致使小A的情绪越发低落，还经常被莫名其妙的头痛所困扰。

2. 小林今天又被老师批评了，原因是课下发作业的时候，班里的课代表把他的作业本远远扔过来，掉到了地上。小林觉得对方应该给自己拾起本子来并向他道歉，可对方却指责他小题大做。几番争执后，愤怒的小林冲过去与对方扭打在一起，直到上课铃声响起还未停止，最终被任课教师领到了办公室。

3. 小方的实习单位给了他最后的警告：假如他继续迟到或无故旷工，单位将予以辞退。小方心里也很焦急，暗下决心下班后再也不去网吧了。可是在下班回员工宿舍的路上，他还是控制不住自己仍然进了路旁一家网吧。开始还安慰自己玩一会儿就出来，然而坐到电脑前的他就再也想不起上班的事情，昏天黑地地打起游戏来。

4. 小倩的几个好友都先后有了男朋友，看着她们晒幸福，小倩心生羡慕。在好友的帮助下，小倩也很快与一个男生交往起来。

5. 进入实习期已经快三个月的阿强最近越发苦闷起来。自己在校期间一直成绩非常优秀，可是进入实习单位后原来的优势似乎都不见了。由于不善言辞，阿强失去了很多自我表现的机会。看着原来成绩平平的同学不断获得好评，阿强难过之余变得更加不会与人相处了，遇事往往退缩不前。

各抒己见

1. 新环境、新的人际关系会怎样影响我们的心境？
2. 小林和课代表的这场争执反映了双方怎样的心理状态？
3. 小方的这种不能控制的上网行为存在哪些弊端？
4. 小倩的这种恋爱观是否成熟？这是什么心理现象呢？
5. 你是否也曾受到心理困惑的影响？一般都采用什么样的方式处理呢？

专家点评

1. 新环境、新的人际关系适应不良是许多新生面临的问题，若不能及时调适就会引发个体心理和生理上的不良反应。案例中的小A因不懂得自我调适，也没有运用社会支持的力量，致使自己不仅情绪上波动较大，而且出现了生理上的不良反应，如头痛。

2. 冲动、易怒是这个年龄段的学生常见的情绪状态，生活中应当学习一些稳定情绪的小技巧。

3. 过度沉迷网络会造成网络依赖或网络成瘾，个体与现实社会就会脱节，影响学习与生活。

4. 小倩的这场恋爱实质是缘于从众心理，并不是真正意义上的恋爱。

5. 发现自我特质中的不足之处没有及时弥补，以致遇事退缩不前，将自己带入更大的困境中。

知识讲堂

一、学生心理健康现状及常见问题

心理健康是一个动态发展变化的过程，特别是处于成长发展期的职业院校学生，心理状态发展变化非常迅速，外界对其心理健康的干扰也较大。但这短暂的困惑并不等于心理不健康，关键要看能否有效地调整自身心理状态，并对出现的问题积极寻找应对措施，及时有效地解决问题。

（一）职业院校学生常见的心理问题

1. 适应力问题

这一问题在新生及刚刚进入工学结合环节的学生中较为常见。对于刚入校的新生来说，生活环境的变化、人际关系的改变和人际互动的多样化、学习环境与学习形式的转变以及社会角色的变化等都会使他们产生不同程度的压力和心理上的不适应感。他们对于即将到来的新的学习和生活方式感到担忧和不安，有的可能还会出现焦虑、孤独感等消极情绪。

刚刚进入工学结合环节的学生，如何适应新的学习生活、怎样与他人保持和谐的相处关系、在新环境里该对自己提出怎样的要求，都在一定程度上影响他们的心理满意度。这些问题在一些适应能力较差的学生中表现得尤为明显。他们往往会出现食欲不振、失眠、烦躁及注意力不集中等不良状态，个别情况严重的甚至因为不能适应新的环境而不得不退学。

2. 人际交往问题

随着年龄的增长，个体对人际交往的质量更加看重，而不再局限于对人际交往数量的满足。同时，个体在成长过程中还希望能更好地发展这方面的心理能力。职业院校的学生由于认识、情绪和个性因素的影响，再加上缺乏主动交往的勇气，缺少人际交往的经验与技巧，他们在交往中往往会遇到各种困难与挫折。在交往过程中，一旦出现关系不和谐或发生冲突的情况，还会产生焦虑等心理问题，影响其健康成长。

3. 恋爱心理问题

职业院校的学生早恋，或是由于好奇心理，或是出于从众心理。他们对爱情的真实含义并没有深刻的理解，对于如何处理好爱情和学业的关系也没有正确的认识，还没有能力去兑现爱情带来的义务和责任。他们中的很多人并不懂得自己的恋爱有何目的，无法预测爱的结局，往往是身不由己地陷入某种情绪，连自己也不知道该进还是退。它可能转移个体对学习的注意力，松懈其意志，甚至会使其在性冲动的情况下做出非理智的事情来，给双方身心造成伤害。

4. 网络心理问题

网络依赖是职业院校学生群体中一种常见的心理问题。存在这种心理问题的个体会身不由己地去接触网络，而且上网越久就会产生越大的依赖感，一旦离开网络就会觉得浑身不自在，发展到最后还会变成一种强迫行为——抓紧每一分钟上网；有时也会觉得自己上网是因为意志薄弱，还会为此产生负罪感，可依然会忍不住上网。由于长时间地沉溺于网络游戏、聊天，正常的学习、生活、社会交往及个人心理均受到严重影响。

5. 情绪调控问题

由于所处年龄段的心理特点，职业院校的学生往往对自身情绪的控制力不强，且经常会因为情绪冲动给自己和他人带来不必要的麻烦。因为疏于对自我情绪状态的正确分析，缺少必要的情绪调控方法，他们往往会受外在因素的影响而产生心理压抑或冲动行为。

6. 求职择业方面的心理问题

在整个学业阶段中，学生最大的心理压力要属来自于毕业前夕的求职择业。在求职择业的过程中，因为缺少相应的人生规划，学生更多的是盲目就业，没有足够的心理适应力准备，缺乏相应的心理应对技能，所以常常会在就业现实面前感受到压力与挫折，进而造成心理冲突。

（二）职业院校学生常见的心理障碍

心理障碍有多种表现形式，这里只介绍在职业院校学生中常见的几种神经症。神经症患者的心理感受是焦虑，主要表现为担忧、害怕、焦躁不安，有时伴有一系列与植物神经活动相关联的生理反应，如心跳加快、血压增高、呼吸急促、出汗等。神经症患者对自己的心理状态有充分的自知，他们中的多数人都能够积极地寻求帮助。

1. 焦虑症

一种以焦虑情绪为主的神经症，职业院校学生最常见的表现形式为广泛性焦虑。个体出现焦虑情绪状态时，一般都伴随有生理行为及认知方面的异常反应。在日常生活中，很多人都体会过暂时性的焦虑情绪，这些反应不属于心理异常，不会造成身体和心理的损害。

2. 抑郁症

也称抑郁发作，以心境低落为主，其核心症状是情绪低落、兴趣减退，通常容易产生无用、无助、无望的感觉，还会引发注意力和记忆力下降，严重的会有自杀倾向或自杀行为。

3. 恐怖症

一种以过分和不合理地惧怕外界客体或处境为主的神经症。恐怖症的类别有多种，职业院校学生中较易产生的类别为社交恐怖症。社交恐怖症是由生理、心理和社会多方面原因引起的焦虑障碍，个体本身的性格原因也是重要因素。患有社交恐怖症的学生普遍有完美主义倾向，他们希望一切顺利、完美无瑕，因此害怕做事情会出现问题，担心他人和自己太过熟悉后会看到自己的缺点，从而回避社会，不愿意同他人交往。这些学生表现为在社交场合中几乎不可控制地出现焦虑情绪，并对社交场景持久地、明显地害怕和回避，一旦发现有人注意到自己，就会表情尴尬、发抖、脸红、出汗或行为笨拙，因而他们会尽量回避这些场合，害怕与人近距离相处，尤其回避与别人谈话。一般情况下，轻微的社交恐怖症能够正常生活，严重的话会造成生活上的障碍，导致无法正常完成学业。

4. 强迫症

一种以反复出现强迫观念和强迫行为等强迫症状为中心的神经症。表现为不能自行克制情绪、行为、观念及意向，个体自身往往能够认识到这些行为或观念的不恰当或无意义，但仍然难以做出合理的调整和改变。这些学生往往在性格中存在谨慎、完美主义倾向和缺乏灵活性等特点，经常在强迫与反强迫之间进行自我抗争。

二、心理问题的预防与应对

时刻关注自身心理健康状况，学习必要的心理科普知识，并时常内省，有利于个体预防心理问题的发生。职业院校的学生作为正在成长中的个体，出现心理困扰时积极主动地采取一些方法进行自我调适是一种正性的表现，有利于提高他们的心理应对技能。

（一）心理问题的自我预防与应对

自我调适的方法有很多，较容易采用的方法有以下几种：

1. 重建自我认知，做好自我定位

进入职业院校学习开启了人生的一个新篇章，既要对未来生活有相应的期望，又要对自我状况进行正确认知、评价与定位。只有重建自我认知，认清自身的实际能力和优势所在，才能给自己做一个合理的自我定位，也才能帮助自身在今后的学习和生活中实现良好的自我管理，从而更好地适应学习生活。

2. 增强自尊、自信，提升心理弹性

在困境与挫折面前拥有足够的心理弹性，是预防心理困惑和心理问题的关键因素。美国心理学会将心理弹性定义为：个体面对逆境、创伤、威胁或其他重大压力时的良好适应过程，即对困难经历的反弹能力。个体的心理弹性越高，心理应对能力越强；而心理弹性的提升与个体的自尊和自信水平有较大的关联。自尊和自信水平高的个体有更强的成就动机，也将有足够的定力去面对成长过程中遇到的各种问题。自尊和自信水平的提高可以从学习心理科普知识、积极参与人际互动等方面着手。

3. 融入集体生活，提高人际关系处理能力

良好的人际关系不仅可以让学生更好地适应学习生活环境，也将影响将来进入社会的适应能力。所以，培养自己的集体观念，树立集体意识，学习与不同个性的人和谐相处，是职业院校学生心理自我调适的重要内容。在人际互动过程中，注重培养自身的宽容意识，学习尊重他人的价值观和行为习惯，生活中注意积累相应的沟通技巧，这都有利于提高人际关系处理能力，提升人际和谐度，进而提高心理健康指数。

4. 有效利用社会支持系统，减少对网络的过度依赖

社会支持系统是个体在自己的社会关系网络中所能获得的、来自他人的物质和精神上的帮助和支援。依据社会支持理论的观点，一个人所拥有的社会支持网络越强大，就能够越好地应对各种来自环境的挑战。所以，积极参与社团及各种课余活动，增加与他人的互动体验，建立属于自己的社会关系网络，并积极进行关系维护，有利于个体受到更多的理解和支持。这样的支持系统能让个体获得群体归属感，促使其合理使用空余时间，从而减少过度依赖网络去获得他人认同的可能性。

5. 学习简单心理疗法，应对自身不良情绪状态

（1）运动调节法

有研究证明，运动可以使人充满活力，消除抑郁、愤怒等消极情绪。研究发现，运动的过程使人感受到身心的放松，从而减少紧张和焦虑等不良情绪的困扰。同时，运动还可以转移注意力，减少对心理困扰的过度关注，从而提升个体的心理健康程度。

常用的运动形式以慢跑和快走为主，这是一种适应范围较广、可操作性强的运动形式。喜爱运动的个体还可以选择球类运动，通过与同伴的肢体碰撞和情感互动，达到情绪宣泄、增强心理健康的目的。

（2）音乐疗法

欣赏音乐、主动地演奏或创作音乐，也是调整心理状态的好方法。个体可以在闲暇时间，选择自己喜欢的音乐静静地倾听，在安静的氛围中调节自己的心理状况；也可以通过击打乐器达到心理宣泄的目的；还可以通过创作和演奏音乐，达到自我实

现的目标。一般来说，轻快、舒缓的音乐是较常推荐的音乐形式。

6. 树立正确的恋爱观，培养健康的恋爱心理

真正的爱情是催人上进的，是需要不断追求与培养的，它与个体心理年龄的成熟有着密切的关系。一个人只有在心理上成熟了，才能懂得如何先爱自己，然后学习去爱他人。爱的能力的培养包括如何表达爱、接受爱或者拒绝爱、呵护爱。重视爱情中的承诺与责任才是正确的恋爱观，拥有成熟的爱的能力才能拥有健康的恋爱。

（二）积极寻求心理辅导与心理咨询

恰当的自我心理调整可以提高个体的心理弹性，从而提升个体对心理问题的应对技能；但假如经过一段时间的自我调整，症状仍不能得到有效改善，这时候，建议寻求心理辅导与心理咨询的帮助和治疗。心理异常就像心灵感冒一样，是疾病的一种形式，因此，不应该因为有心理问题去咨询而感到忐忑不安。

三、学生健康心理的培养

一般而言，个体可以正常、有效地学习、工作、交往，就算是达到了心理健康的基本标准。因为心理健康状态是发展变化的，所以我们不仅要达到心理健康的基本要求，还应该追求心理健康的更高层次，即追求“让健康者更健康，让完美者更完美”的高级目标。

（一）多渠道地开展心理健康教育

心理健康教育应该是融知识性、趣味性、参与性和可操作性为一体的教育形式，包括课堂教学、专题知识讲座、心理社团活动等多种形式，旨在提高学生的知识、技能，培养其良好的心理素质。

1. 充分利用心理健康课堂教育，提高学生心理素质

通过开设心理健康教育课程，在课堂教学中有意识地对学生进行人格素质教育，提升其自信心，从而增强学生克服困难的主观能动性，培养其果断、坚毅的意志品质，提升其承受挫折的心理能力。同时，在课堂教学中，还应该通过系统的教学指导，引导学生观察自身情绪状况并学习相应的情绪管理技巧，形成良好的情绪控制与调节能力。

2. 举办心理健康教育专题讲座

根据学生的课堂表现及生活状态，及时开展相应主题的心理健康专题讲座，帮助学生对照自身心理状况学习合理的调适方法，并最终指导其学习和生活。

3. 开展有针对性的心理社团活动

组织学生开展有针对性的寓教于乐的心理社团活动，让他们在亲身参与中调整自己的心理行为，从而达到促进心理健康、提高心理素质的目的。心理健康主题班会、心理沙龙、校园心理情景剧、心理游戏等，通过学生的互动参与，可有效提高其人际交往能力，帮助他们学会信任、尊重和宽容。

（二）开展心理健康咨询工作

对于少数问题较严重的学生，应及时进行专业的心理咨询和辅导，逐步改变目前的心理状况，避免严重后果的发生。心理健康咨询由学校专门的心理健康教育中心或辅导机构进行，通过多种形式的宣传，让学生在出现心理困惑和心理问题时能够积极主动地去寻求心理咨询的指导和帮助。心理咨询的形式可以是多样化的，既可以是一对一的个别咨询，也可以是同类型学生的团体辅导，还可以采取网络咨询、电话咨询等灵活多样的形式，以满足学生匿名咨询的需求。

拓展一步

如何求助心理咨询与治疗？

1. 主动求助：接受心理咨询不等于没面子。当你能面对心理辅导老师时，正视问题和勇于与心理辅导老师商讨是自信的表现。而且，你要记得一点，当你讲出问题来的那一刻，问题已经解决了一半了。

2. 开门见山：当面对心理辅导老师时，不要隐瞒问题或含糊其辞。心理老师关注的是你到底存在什么问题，然后通过谈话了解你需要哪些帮助。

3. 相互信任：求助者对心理老师的信任是咨询深入下去的首要条件。作为心理老师，无论是职业道德规范还是个人修养和素质要求，对求助者提出的任何问题都应给予接纳和解答；同时求助者也应该真实地向心理老师反映自己的心理问题，从而求得其更好的帮助。

4. 遵守约定：首次咨询前和每次咨询结束后都要为下次咨询约定时间，这对于成功的心理咨询是非常重要的。

知行合一

【团体训练】

我们的秘笈：分享心理调适的方法

训练目的：

通过对自身心理经验的总结，帮助学生在今后的学习生活中及时采取最有效的应对措施。同时，通过听取和学习他人的有效心理调适的经验，提高自身心理应对技能。

训练活动要求：

在整个活动过程中，辅导者应创设宽松愉悦的氛围，鼓励学生积极发言、积极参与。同时要求团队成员真诚对待每一位同学，积极接纳他人，不指责，不评判。

活动准备及操作：

时间：15分钟

准备：分组，每组6～8人

操作：指导者介绍活动要求，各组成员按要求完成分享，并推选本组最有代表性或最有效的调适方法在全班交流。

【心理训练】

训练目的：自我认知重建

训练要求及操作：

我们每个人的心目中都有一个理想的自我形态，这既是我们自己的理想状态，也是我们的行动目标，它时刻影响着我们对自己现状评价的满意度。与理想自我相对应的是现实的自我形态，虽然“理想的自我状态”时刻影响着我们，但由于环境、人际关系等多方面的影响，现实的自我状态与理想的自我状态之间还是有一定差距的。为了对自己有一个更深刻、完整的认知，请以“理想中的我是……”“现实中的我是……”来造句，每个句式可以造10句左右（越多越好）。完成造句后，观察所造句子的不同之处，找出它们的差异，联系自己现在的状态，再以“我应该是……”来造句，以给自己做行动指南。

【思考延伸】

每个个体都有自己心目中完美的自我形象，也期望自己可以成为心目中理想的那个形象。假如“理想我”与“现实我”的差距过大，就会使个体产生心理冲击，进而引发抑郁、焦虑等不良情绪；而如果“理想我”与“现实我”几乎没有差距，就利于个体的积极发展。结合这样的分析，请思考：

1. 针对自身“理想我”与“现实我”的差异，你的“我应该……”是否就有了合理的答案了?

2. 若“理想我”与“现实我”差异过大，你需要做怎样的调整呢?

模块二 职业生涯发展与心理健康

择业是职业院校学生们关注的热点问题之一，有关择业的种种问题也成为引发学生心理困扰的重要原因之一，择业心理健康已成为学生心理健康中的一个重要方面。选择适合自己的专业，充分发挥自我的潜能，并能够在今后的职业生涯中有足够的心理动力去应对可能遇到的各种挫折与困境，是每一位学生心目中内隐的愿望。但由于缺乏职业生涯发展心理的有效学习，他们常常处于盲目、从众的心理状态中，并在遇到一些职业生涯发展问题时出现焦虑、抑郁等不良情绪，进而影响生活的方方面面。因此，学习职业生涯发展与心理健康之间的关系，并掌握一定的职场心理知识，是职业院校学生面对职业竞争应做的积极准备。

典型事例

1. 小李发现自己越来越不愿意呆在课堂上了，因为选择现在这个专业是听从了他人的建议，可真正接触了才发现，自己对于这个专业缺乏兴趣。本学期开设的两门专业课小李如听天书，这样枯燥的学习让他倍感厌烦。他开始困惑，自己当初盲目听从他人的建议真的正确吗？未来不确定的因素那么多，自己该何去何从呢？被这些现实的问题所压制，小李感觉自己情绪烦躁，讨厌课堂，讨厌同学，晚上还出现了失眠的症状，他觉得自己快要疯掉了。

2. 菲儿还有半年就要毕业了，看着周围同学要么已经与实习单位达成了继续保留工作的共识，要么已经积极地投入到寻找心仪单位的行动大军中，菲儿心中的惶恐情绪更加严重了。自己成绩不算突出，最怕的还是面试，想到将要面临的考核她就紧张，大脑更是一片空白。这样的状态如何能选择到合适的单位呢？

3. 小雨即将毕业的时候，对两个用人单位都有好感。A单位工资待遇较好，工作性质是社会服务，需要较强的与人交往能力；B单位工作相对轻松，主要专注于一些数据收集和整理工作，要求耐心细致。小雨最初很难抉择：A单位虽然待遇好，但自己并不具备八面玲珑的交际能力；B单位需要的耐心细致恰恰是自己所长，可是工资待遇确实比不上A单位。在犹豫的过程中，周围几个要好的同学都说选择A单位吧，工资待遇好，大家一起还可以相互照应。在这样的劝说下，小雨选择了A单位。然而让她感到难过的是，进入现在这个单位已经快两个月了，她却没有从工作中获得快乐和对自我的认可，反倒感受到越来越大的工作压力，甚至开始出现了失眠的症状。

4. 即将毕业的小沫变得越发沉默了，看着周围同学热情地讨论着择业、就业的话题，她的心情越发沉重。成绩不好，不善表达，自我形象一般，总之各方面毫无可取之处。这样的自己如何能顺利完成择业？又哪有什么能力去与他人竞争呢？小沫感觉到前所未有的无助和无奈。

各抒己见

1. 求职择业的过程中怎样自我调适以避免焦虑情绪？

2. 如何给自己进行正确的求职心理定位？

3. 你眼中健康的择业心理应该是什么样的？

专家点评

1. 做专业选择时没有考虑到自己的心理状况，所以选择专业存在盲目性，进而影响对自我的正确评价；出现问题后没有及时自我调整或寻求帮助，现实的问题又引发了更深层次的心理困扰。

2. 自我心理准备不足，焦虑情绪严重。

3. 盲目从众，应对压力能力不足。

4. 由择业带来的自卑心理，不利于发现和发挥自身长处。

知识讲堂

一、职业生涯规划与人生发展

随着社会发展节奏的加快、工作变迁系数的增加、自主选择机会的增多，职业院校学生在进行职业生涯规划时可能经常会经历不同的心理变化过程，进而产生职业生涯规划小周期，以适应环境，追求自我成长。职业院校学生的职业生涯规划作为一个积极能动的过程，是在适应—不适应—适应、平衡—不平衡—平衡的循环中，不断进行着内外的调整，以实现与环境动态的协调，进而追求自我成长与发展的过程。

（一）客观地认识和评价自我

再好的人生规划，如果不能与自我特质相匹配，最终将是纸上谈兵。所以，在进行职业生涯规划之前，首先要完成的任务便是对自我进行正确的认知和评判。

1. 明确自我兴趣点

兴趣是一种对外界特定事物的好奇心，它可以支撑我们在追求幸福的道路上勇敢地面对可能遇到的各种困难与挫折，也能引导我们去发现更多值得我们去努力和关注的事物。浓厚的兴趣一方面影响个体的职业选择，另一方面影响职业坚持度；所以，明确自身兴趣所在，是对职业生涯设计负责的态度。

2. 了解自己的人格类型

每个个体的人格类型是不尽相同的，不同个体的人格特质也存在着这样那样的差异，千差万别的人格类型与人格特质最终体现在职场中就形成了不同的适应范畴。常规型人格类型的人显然不太适合需要独立创造和冒险精神的工作，同样，擅长与人交际的社会型的人也不会喜欢被禁锢在不与人互动的工作环境里。了解自己的人格类型可以帮助自我在职业生涯设计中有的放矢，选择适合自己的有特色的工作岗位。

（二）合理地定位自我

1. 保持良好的择业心态

择业的竞争在某种程度上可以说是心理素质的竞争。面对越来越激烈的择业竞争与择业压力，很多学生在择业时产生焦虑、嫉妒等不良心理状态，严重的还可能转变为心理障碍。这时，保持积极、良好的择业心态就显得非常重要，要理智地看待竞争，冷静分析就业形势，坦然面对困难，乐观地处理障碍。

2. 确立恰当的择业角色

择业时需摆正自己的位置，要对自我进行客观评判，从社会的角度、他人的角度全面地认识自己在择业中的角色，既不能自高自大，也不要自暴自弃。还需保证职业选择符合实际，要充分意识自己的所长与所短。只有这样，才能更好地适应社会，发挥自己的才能。

3. 摒弃盲目的择业期望

很多学生不能对自我进行正确评价与认知，常常在择业过程中好高骛远，从而影响自己成功择业，并最终影响其职场心理健康。所以，要合理地确立择业期望，学习“先就业，后择业，再创业”的就业新理念，围绕就业、职业、事业三个层次逐步落实自己的职业生涯规划。

二、择业心理问题与调适

择业心理是指毕业生在选择职业的过程中所表现出来的各种心理状态与心理特征的总和，是学生在对自我、就业和社会等认识基础上形成的对待就业行为的一种心理定式和情感倾向。

（一）影响学生择业心理的因素

影响职业院校学生择业心理的因素涉及面较广，十分复杂。不同学生由于其生活条件、自身素质等多方面因素的不同，择业心理也存在较大的差异。职业院校学生能否拥有健康的择业心理，取决于择业心理的客观因素和主观因素两方面。

1. 客观因素

目前，职业院校执行“双向选择，自主择业”的分配制度，毕业生只有拥有足够的实力才能立足于社会。这就使得相当一部分学生害怕竞争，或因相互比较造成犹豫不决等消极心理，从而影响择业。

2. 主观因素

（1）个性差异

个性是指人在活动中表现出来的经常的、稳定的心理倾向和心理特征的总和，包括兴趣、爱好、能力、性格等方面。其中兴趣、爱好对学生择业具有更大的影响。当毕业生选择符合自己感兴趣的职业时，就感到轻松自如、心情愉悦，有助于取得事业上的成功。

（2）自我评价

自我评价是自我认知的过程，即了解自己的兴趣是什么，最看重的工作中的要素是什么，自己的个性适合做什么，以自己目前的能力可以做些什么。这些都将影响学生最终的择业行为。

（二）常见择业心理问题与调适

在严峻的就业形势和激烈的就业竞争中，不少学生出现了一系列的心理问题，严重影响了其顺利择业和就业。

1. 消极自卑

自卑是一种消极的自我评价或自我意识，即个体认为自己在某些方面不如他人而产生的消极情感。心理学家认为，自卑心理实际上是一种心理保护机制，来源于心理上一种消极的自我暗示。很多学生因为自我定位不准确，产生强烈的自卑心理，导致在择业过程中缺乏面对现实的勇气。有调查发现，有近七成的毕业生对就业缺乏勇气，半数以上的学生认为最大的烦恼来自于择业。择业自卑心理多见于自我意识发展不健全的学生，或者本身性格内向的或者有生理缺陷的学生，还有少部分的女生也存在这种心理。过度自卑的个体还会产生消极厌世、失望和脆弱等心理现象。择业自卑心理一旦形成，必然影响择业。

自卑心理是可以调适的，其方法主要有：

（1）树立自信心

自信的个体更多关注的是自己的特长与优势，他们也了解自己的短处，却不会被自己的短处绑架，不会因为有些方面技不如人而过分看轻自己，他们更愿意相信天生我才必有用。这样的心理状态将有利于个体客观地评价自己和他人，并且在与他人进行正确比较的同时，更好地肯定自己，从而减少或消除自卑感。

（2）将自己融入集体

自卑的学生总是习惯把自己孤立起来，避免与他人有较多的来往，他们希望通过这样的方式把自己保护在一个安全的范围内。其实，越不与人交往就越怯于交往，进而更加自卑。所以，个体应该积极参加各种形式的交往活动，主动与陌生人进行交往，以增强交往成功的概率，并增加活动成功的体验。要想让自己免受自卑心理的困扰，个体除了鼓励自己时常融入到集体生活中去之外，还应经常回忆那些成功的体验，让这种体验时常激励自己参与更多的活动，以激发自信心，并最终摆脱自卑心理。

（3）及时自我调整与激励

自卑的个体一般个性都比较敏感脆弱，经不起困难与挫折的打击，并可能对失败的经验体会得更加深刻。因此，这些个体在学习和生活中更要善于自我调适。在学习、工作和择业上，要学着对自己的人生目标进行划分，将远大的长期目标划分为多个小的短期目标，这些短期目标不要一次定得太高，以利于不断地获得成功，进而提高自信心，为实现后期的目标提供足够的动力。

2. 过度焦虑

焦虑是由心理冲突或挫折引起的一种复杂的情绪反应，主要表现为恐惧、不安、忧虑等。焦虑按级别可分为轻度、中度和重度三类。轻度的焦虑，人皆有之，对个体的影响也非常小；中度的焦虑，能给人一种压力感，有利于提高学习和工作效率；而重度焦虑就属于过度的焦虑了，它会干扰人们的正常生活，影响学习和工作效率，易导致较严重的心理障碍或疾病。很多个体在择业过程中产生过度焦虑的心理状态，他们对自己的前途感到担忧：能不能找到适合自己发展的工作单位？经过努力了还是找不到单位怎么办？自己的选择是否正确？当初的择业理想能不能实现？这些想法，使学生在择业时精神负担沉重、紧张烦躁、心神不宁、易激动。

克服过度焦虑心理可以尝试积极暗示的方法，以减少对择业过程的过度关注。很多学生对面试充满了恐惧感，觉得招聘者好像能洞悉自己内心似的。这样的认知让很多择业的学生内心不安，进而影响其充分表现自我，并最终让个体产生更大的焦虑感。在面试前和面试过程中，要不断暗示自己，招聘者也和自己一样，是生活在我们周围的普通人；还要暗示自己多去表现自己的优势和特长，即使自己有缺点，但对于这个工作岗位来说也不一定是缺点；另外，不要把一次择业看得过于重要，如果总是担心择业失败而失去工作机会，就会加重心理负担，导致焦虑过度。其实，即使出现择业失败的情况，你也会从中得到择业的经验，而且，也许还会有更好的择业机会在等着你。择业过程中，通过这些积极的心理暗示，就可以减少对于择业产生的过度焦虑。

3. 依赖心理

有些学生从小养尊处优，对父母有较强的依赖心理，缺乏独立意识，这种习惯表现在择业过程中便更加明显了。由于习惯使然，他们喜欢把择业的重任交到父母手中，等待父母通过关系给自己找一个满意的工作，而且常常对工作的要求很高，不想多付出。还有的学生在外出找工作时，总喜欢与同学相伴，或一帮学友共同应聘同一单位，希望日后能得到这些同学的帮助和照应。这种依赖心理既不利于个体的正常发展，也不利于其寻找到适合自己的工作。

对于依赖心理的调适，推荐以下方法：

（1）学会尝试，学会承担

很多个体依赖他人，在一定程度上是因为对自己能力的不认可，担心自己会出现这样那样的错误，而且他们也不愿意去承担错误所带来的后果。所以，最直接的应对办法就是放下包袱努力去尝试，并告诉自己能够承担尝试可能带来的一切后果。这样，经过多次的尝试，个体会从中获得一些经验，将有利于减少对他人的过度依赖。

（2）循序渐进，学会选择

很多有依赖心理的个体都习惯于让他人帮助自己做出选择和决定，他们不认为自己有足够的能力去做出正确的选择和决定，这同样也是不想负责任的懒惰心理。所以，要想减少择业依赖心理，就应该积极主动地去学着自己做出判断和选择，要找什么样的工作，自己有什么要的需求，又能做到哪些方面，这些都要认识清楚，然后做出符合自己状态的正确选择。

4. 挫折心理

挫折是指人们在有目的的活动中，遇到无法克服或自以为无法克服的障碍或干扰，使其需要或动机不能得到满足而产生的消极反应。职业院校学生在择业过程中遇到挫折后通常表现出愤怒、压抑或沮丧心理，有些严重的还可能会产生自伤或自杀行为。

在求职过程中战胜挫折的主要方法有：

（1）客观分析挫折情境

挫折产生的原因可能是客观因素，也可能是主观因素，不同的产生原因处理方式也是不一样的。如果挫折是由客观原因造成的，可以为今后的择业提供经验教训，避免重蹈覆辙，就可以使挫折感大大减轻；如果是自己的主观原因造成的，就应当及时做出自我调整，自觉加强自身修养或调整择业目标。很多时候，个体的择业挫折往往与其不切实际的择业期望值有关系；所以保持一个适当的目标定位，把理想和现实结合起来，是减少挫折感的一个有利措施。

（2）灵活调整求职目标

由于环境的复杂性和人的广泛适应性，求职目标应有一定的灵活性。人具有较大的可塑性，并不是只能从事某一种职业。若实现某个职业目标困难太大，可以根据现实条件灵活调整目标，这样的调整并不是逃避，而是在走向成功的道路上选择了另一条更合适的路线而已。

5. 从众心理

从众心理是一种社会心理现象，表现为受大多数人的影响，思想和行动上趋同他人。职业院校学生在择业时往往受所处环境和周围同学的影响，盲目从众。或者服从于利益目标，对那些条件优越、待遇丰厚的单位趋之若鹜；或者服从于情感目标，自己周围的同学选择了怎样的单位，为了将来还能与同学在一起，保有一个良好的工作氛围，就跟随同学选择了同一个单位。有不少学生受从众心理的影响，在择业过程中往往忽视了自身的特长、专业能力以及自己的发展方向，或者导致自己错失就业机会，或者影响了自身的成长发展。

预防和避免从众心理的方法有：

（1）认真做好自我评价

避免从众的首要任务是做好自我评价。只有对自身有正确的认知，才能更好地了解自己需要什么、能做什么，以及未来能做出怎样的努力和坚持。良好的自我评价可以使个体保持清醒的头脑，从而在面对抉择时能做出正确的决定。

（2）明确目标，坚持自我

每个人在一定环境下都会不可避免地受到他人的影响，特别是面对择业这个关乎自身未来的重大选择时，难免会受到他人择业方向和目标的影响。为避免从众对自身带来的不良影响，应时刻明确自身目标。每当要做出择业选择时，不要人云亦云，他人关注的未必适合自己，坚持自我定向，才能有效避免从众效应。

避免择业不良心理问题的产生，是每个毕业生的首要任务。要时刻提醒自己，任何择业目标都不应是一成不变的，从事任何工作都能获得成功。在变化的大环境中随时对自己的择业目标做出恰当调整，并把这种选择能力作为一种激励手段。只有鞭策自我战胜困难，才能在择业过程获取胜利，最终成为生活的强者。

三、职业心理适应与发展

择业理想与择业现实的矛盾，择业理论与择业实践的冲突，使得职业院校的学生在面对择业问题时出现各种心理困惑与问题。而进入职场的部分学生又往往因为适应力较差，不能恰当处理职场人际关系，最终影响自己的职场幸福感。假如学生能清楚地知道自己具备哪些能力，自己将要从事的工作需要怎样的素质，认清就业形势，正视就业现状，并有意识地进行自我培养，加大对人际关系学的理解与学习，就能够真正地提升自己的能力素养，自觉地完成从“学校人”到“职业人”的角色转变。

（一）择业心理适应与发展

1. 树立正确的择业观念

职业院校学生的择业观实质上是其世界观、人生观和价值观的综合反映。在市场经济条件下，社会价值观趋于多元化、功利化和务实化，使得部分学生过分注重物质待遇而忽略了很多其他重要的方面。树立正确的择业观，必须充分认识当前的就业形势，具备超前意识、危机意识和社会意识，正确处理好国家利益和个人利益的关系、短期利益和长期利益的关系。树立竞争和拼搏意识，到合适的岗位去实现自己的人生价值。

2. 塑造合理的自我认知

正确的自我认知与评价是学生顺利择业的根本基础。职业院校学生应该客观全面地分析自我，对自己的理想、价值观，个人的素质、能力、性格、兴趣爱好、知识点储备，甚至身高、外貌等进行实事求是的认识和评价。既要挖掘和肯定自己的长处，并依照自己的专长与特长去择业，又要了解、善待并弥补自己的不足。

3. 调整择业期望

在择业的过程中，要按照社会需求的标准来衡量自己，提前做好择业的各项准备工作。既要对自己进行正确的评价和分析，还要认真了解和分析用人单位的录用条件，做到知己知彼。有不少毕业生把就业理想建立在不切实际的幻想之上，择业期望值过高，把待遇是否优厚、工作环境与条件是否轻松作为自己择业的最基本的出发点，往往因此而忽视了自身条件与择业条件是否匹配这一关键问题，最终影响了自己的择业成效。职业院校学生在择业时必须选择恰当的定位点，根据自己的兴趣、爱好，突出自我优势，选择适合发挥自己才能和施展抱负的职业，力争在择业竞争中处于主动地位。

4. 增进择业的适应能力

择业的适应能力是指适应环境和适应社会的能力，是学生在择业过程中提升竞争力的核心要素，会直接影响其就业的质量。当用人单位的实际条件与自己的理想需求不太符合时，能否根据现实情况做出适当的自我期望调整？当工作岗位对自己的能力提出了更高的要求时，是否可以及时自我充电以达成岗位的需求？在择业岗位不适应自己的情况时，面对越来越宽广的创业市场与创业环境，能否有足够的动力去支撑自己实现创业？这些现实情况的存在，都需要个体根据市场情况及个人素养，及时完成自我调整，以提高择业的适应能力，拓宽择业道路。

（二）职场心理适应与发展

1. 认真做好情绪管理

很多学生在初入职场时，不能很好地适应新环境，对于职场老员工的“老人”心态不能接受，对于工作中遇到的不公平待遇往往反应激烈。情绪变化大、控制能力低是很多职场新人经常出现的情绪状态，会影响人际关系的和谐度，并进一步影响这些新人的情绪平和度。因此，从进入职场的那一刻起，个体就应该时刻提醒自己角色的转变，并尽快地完成心灵成长。心灵成长的标志就是不抱怨——不抱怨父母，不抱怨领导，不抱怨同事，不抱怨自己，对自己的职业生涯、情感生涯和健康生涯负责任。良好的情绪管理能力的获得，代表已经完成了职场心理适应的一半的工作了。

2. 从零开始学习

很多职场新人会面临一个尴尬的场景，那就是因为对于新的工作岗位不熟悉，用人单位往往会给新人安排一些与专业并不相关的打杂工作。这时候，要理解用人单位的安排意图，及时调整自己的心态，既要对当下的安排表示接受，又要充分利用好这段岗位适应期，加强职业素养的修炼，加强各方面知识的学习，包括交流沟通、专业知识等。一切从零开始学习，相信这样的努力一定会在后期的工作中获得回报。

3. 用心处理人际关系

职场环境就是一个小社会，各种性格、不同生活背景和生活阅历的人聚在同一个职场中，难免会有摩擦出现。作为职场新人，能否迅速地融入职场新环境，是对个人心理能量度的重要考验，也会直接影响个体的职场适应与发展情况。要学习以包容的心态去对待周围的同事；与领导和同事相处时，聆听是必需的沟通技巧；与人交流时多用赞美的语言和心态，不随意为他人做决定——这些人际沟通的小技巧能帮助个体顺利完成人际关系处理这个大课题。

拓展一步

优秀员工应具备的心态

1. 积极的心态。积极的心态就是把好的、正确的方面拓展开来，同时第一时间投入进去。

2. 感恩的心态。学会感恩，善于感恩，既可以帮助企业营造一种互相赏识的团队氛围，又能够打造企业与个人无限的“情商”与融洽的人际关系。

3. 归零的心态和肯于改变的心态。改变是管理的主题，最好的改变态度是归零，一切从头开始。

4. 主动的心态。主动是为了给自己增加机会，增加锻炼自己的机会，增加实现自己价值的机会。社会、企业只能给你提供舞台，真正需要行动的还是自己。

5. 学习进取的心态。21世纪的企业是学习型的组织。企业要求每一位员工必须肯于学习，善于学习，努力进取。学习不仅是一种心态，更应该成为我们的一种生活方式。

6. 空杯的心态。人无完人，金无足赤。任何人都有自己的缺点，也会有自己相对较弱的方面。这时候，就需要用空杯的心态重新去整理自己的智慧，吸收他人的正能量的东西。

7. 诚实勤奋的心态。诚信是商业的第一准则，也是职业的第一准则，是合作的最好基石。要诚实做人，踏实做事，忠实于企业，忠实于个人，永远对人真诚。勤奋需要你做的比要求的更多更好，要比竞争对手多走“一里路”。

8. 付出与奉献的心态。要想杰出，一定得先付出。没有点奉献精神，是不可能创业的。要先用行动让他人知道，你有超过所得的价值。你的付出一定会有收获，一定会得到相应的回报。奉献是一种精神，是付出的另一种表现形式，会为你赢得长久的回馈。

9. 合作与创新的心态。当今市场的竞争更讲究企业团队的整体作战能力，致力达到员工个人与企业双赢的结局。个人渺小并不可怕，与团队的伙伴精诚合作，团队伙伴之间知识与能力互补，你就能共享资源。创新是企业的生命力所在，怀旧与固步自封都将被市场淘汰。

10. 自信的心态。自信是一个人最大的资本，是潜能发挥的催化剂。要对自己服务的企业充满信心，对自己的产品充满信心，对自己的能力充满信心，对未来充满信心。

知行合一

【团体训练】

分享和了解自己与他人的生涯困惑

训练目的：

通过分享自己的生涯困惑，获得他人不同角度的分析与帮助；通过聆听他人的生涯困惑，减少自身择业过程中的困惑与迷茫。

训练活动要求：

在整个活动过程中，辅导者只观察不做引导，由学生做自己活动团体的主导者。这样有利于他们敞开自我，感受自己担负的责任，认真聆听他人的困惑，并帮助他人寻求合理的调适方法。

活动准备及活动时间：

时间：15分钟

准备：分组，每组6～8人

操作：指导者介绍活动要求，全班按就近原则分组并完成分享与探讨，并将最具有共识性的困惑在全班分享，集体完成困惑应对分析。

【心理训练】

自我探索（自我认知与评价）

很多同学在择业的过程中，往往想到最多的是我想得到什么，而忽视了我能做到什么，或者我拥有怎样的优势和能力。为了更好地完成自我认知与评价，请在一张纸的左侧记录下：

1. 你的一次成功的经历（社团活动、运动会、演讲或诵读比赛等）；
2. 你在校期间学习的主要课程；
3. 你经常参与的活动名称；
4. 课余时间你所参与的活动或工作；

…………

填写好这些内容后，请在纸的右侧对应位置，写出完成这些内容需要具备的技能。

分析完所有的技能后，将每一组的技能综合在一起，去除重复的内容，把剩余的技能写到一张新的空白纸上。这就是你目前所拥有的，请感受它们带给你的成就感吧。

【思考延伸】

通过上面的小练习，你是否惊讶于自己的能力？看到自己竟然拥有这样多的技能，是否增强了将来择业的自信心？还要多思考一些问题：

1. 你的技能点是否比较单一？将来的择业范畴会不会变窄？你应该做些什么样的调整呢？

2. 你当下的技能能否满足你的理想职业的需求？你还需要做哪些方面的准备呢？

思维导图

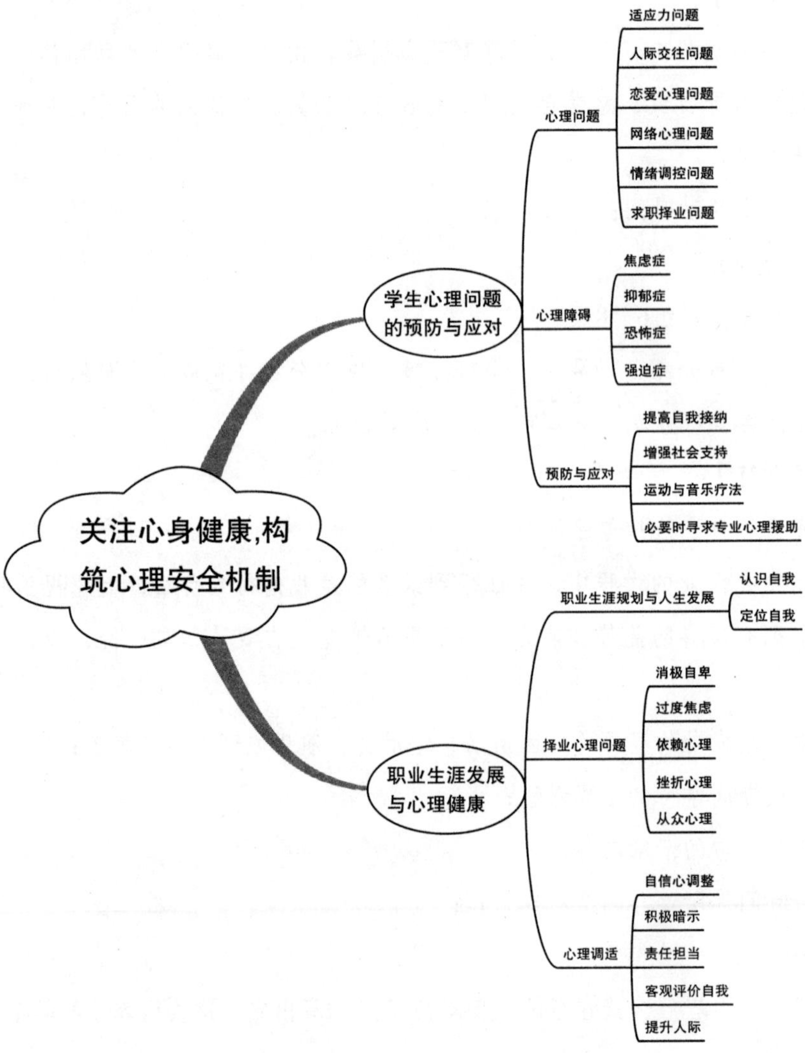

项目九 网络与信息安全

网络跨越了时空，拉近了世界的距离，为人们提供了更多的信息，使沟通交流变得轻松、便捷。据中国互联网络信息中心最新发布的统计数据，截至2016年12月，中国网民总数已达7.31亿，19岁以下网民占全体网民的45.8%。近年来，青少年由于网络而受伤害或犯罪的现象屡见不鲜，可以说，繁荣的网络也存在很多安全隐患。本项目将帮助同学们了解生活中存在哪些网络安全隐患、如何杜绝网络安全隐患、如果无法避免又该如何将损失减到最低，引导大家正确上网。

模块一 防范学生网络成瘾综合征

网络成瘾，也称病理性网络使用、网络成瘾障碍、强迫性网络使用等，是指网络使用者对互联网产生心理上的依赖感，并达到成瘾的程度。它是指在无成瘾物质作用下的上网冲动失控，表现为过度使用互联网，会导致各种行为异常、心理障碍、人格障碍和神经功能紊乱等消极后果。

网瘾的高发人群多为 12 ~ 18岁的青少年。青少年对光怪陆离的网络世界、稀奇古怪的网络游戏等产生强烈的好奇心而又缺乏一定的自制力，由此形成对网络的过度迷恋，造成心理和行为的过度依赖，所以，很多人形象地将网瘾称之为“电子海洛因”。

典型事例

1. 大学生连续上网导致猝死

2016年1月1日，青岛市一所高校一个年仅21岁的大学生在网吧内玩通宵时突然倒下，最终抢救无效身亡，经诊断为心源性猝死。这名大学生是2015年12月31日晚上10点前后来到网吧的，到发生意外共四个多小时。

2. 中学生连续上网三天三夜突发耳聋

河北某中学八年级学生蒋某迷上了一种新游戏，越打越兴奋，连续打了三天三夜后晕倒，口吐白沫。送医院检查后，确诊为突发性耳聋，住院三个月，多次转诊，花费五万，至今未愈。

3. 高考状元沉迷网络接连退学

2003年，四川省南充市学生张某某第一次考入北京大学，随后在2004年7月被学校劝退，理由在当时看起来颇为离奇——由于沉迷于网络，他七门必修课成绩不及格。2005年，复读一年的张某某以南充市理科状元的身份被清华大学录取。然而就在一年后，他由于再度沉迷网络，学分不够无奈选择自动退学。2007年，虽然家人对于他已近绝望，但在众人的帮助下，张某某再次以全市理科第二名的成绩考入清华大学。专心学习的张某某很快便在系里名列前茅。大二时，他获得全系第一名的好成绩，拿到了5000元奖学金。他用这笔钱给自己买了台笔记本电脑。然而令人意想不到的是，正是这台笔记本电脑又让张某某再次陷入网瘾之中。令人欣慰的是，在网瘾治疗专家的劝导下，本已不与人对话的张某某渐渐恢复与人交流，开始上课。

4. 少年网瘾发作杀害母亲

某市的一个15岁的少年因上网成瘾，整天迷恋于网络游戏，平时少言寡语，精神呆滞，长时间逃学。其母见儿子如此沉迷，多次劝阻无效，同其父商量好后，将儿子锁在家中。五日后，这个少年因网瘾大发，开始焦躁不安，同其母争吵几句后，便将其母杀死，造成血案。

各抒己见

1. 上网为什么能够成瘾？

2. 青少年学生为什么会迷恋上网，产生“网络依赖”呢？

3. 上网成瘾给人带来的危害是深重的。根据你的所见所闻，谈一谈网瘾给人带来的危害。

专家点评

1．青少年自控力差，沉溺于虚幻的网络世界中欲罢不能，长时间的上网可能诱发一些潜在的疾病甚至危及生命。

2. 学生上网成瘾后，会沉溺于虚拟空间里不能自拔，从而与现实生活越来越远，学习无精打采，成绩越来越差，严重的会导致学业荒废。

3. 据某网瘾治疗中心调查，患网瘾的孩子多与父母关系差，其中厌恶父母的占73%，憎恨父母的占17%，和父母关系融洽的仅有10%。严重沉迷网络游戏的青少年为了钱，为了网络世界的自由，不计后果，违法犯罪，甚至泯灭亲情，杀害父母。

知识讲堂

一、网络成瘾的表现形式及判断标准

（一）网络成瘾的表现形式

根据青少年网络需要的不同，网络成瘾主要表现为以下几种形式：

1. 网络游戏成瘾：表现为不可抑制地长时间玩网络游戏，沉溺于扮演各类虚拟的角色，体验刺激、惊险的过程。

2. 网络交易成瘾：表现为难以抵抗的冲动，沉迷于在线赌博、网上贸易或者拍卖、购物等而不能自拔。

3. 网络交际成瘾：表现为在现实生活中不愿和人直接交往，不合群，沉默寡言，却沉溺于网络聊天来结识朋友，经常上网聊天或通过其他网络交流方式与人交流思想情感。

4. 网络信息成瘾：表现为强迫性地浏览网页，收集无用的、无关的或者不迫切需要的信息。

5. 网络色情成瘾：表现为难以克制地浏览网上的色情图片、影像和文章，难以自拔，甚至制作、传播色情信息，触犯刑律。

在以上五类网瘾中，青少年以网络游戏成瘾居多。

（二）网络成瘾的自我判断标准

在“全国网络成瘾矫治专家高峰学术研讨会”上，与会的全国心理学、社会学、教

育学、医学、法学等专家一致将以下八条作为网络成瘾的判断标准。

1. 沉溺于互联网，头脑中一直浮现和网络有关的事，回忆上一次上网或期待下一次上网。

2. 要花更多的时间上网才能满足。

3. 曾经多次努力过想控制、减少或停止上网，但没有成功。

4. 当想要减少或是停止上网时，便感到沮丧，心情低落或是容易发脾气，产生消极的情绪体验和不良生理反应。

5. 花费于上网的时间比原定时间要长。

6. 为了上网而不顾人际关系、工作、学习，已造成严重的负面影响。

7. 会对家人、朋友或心理咨询人员撒谎，隐瞒涉入网络的程度（包括上网的真实时间和费用等）。

8. 将上网作为逃避问题和排遣消极情绪（如无助、罪恶感、焦虑或沮丧）的一种方式。

如果符合其中的四条标准，即为“网络成瘾”。

二、青少年学生沉迷于网络的危害

从前面所述案例可以看出，网瘾让青少年变得疯狂和血腥，危害是严重的。沉迷于网络有哪些危害呢?

（一）危害身心健康

一些学生痴迷网络，达到了不吃饭、不睡觉的疯狂地步。上网持续时间过长，大脑持续处于高度兴奋状态，血液加速，心跳加快，心脏负荷增大，体力、精力消耗很大，

从而诱发种种疾患，严重者甚至出现猝死现象；电脑屏幕色彩、图像的变幻迅速，长时间注视电脑屏幕可导致视力下降，暗适应能力降低；不绝于耳的噪声会造成听力损伤；长时间敲击键盘可引起腕关节综合征；长时间僵坐，造成腰背肌肉劳损、脊椎疼痛变形等。青少年正处于长身体的时期，如果不知饥渴、不分昼夜地上网，对其身体的危害不亚于大麻、白粉等毒物。这并不是危

言耸听。从心理角度来说，大部分职业院校的学生正是心理趋向逐步成熟的关键时期，世界观、人生观、价值观还处于形成和培育阶段。过度沉迷网络，学生会形成“精神依赖”，容易被网络上的虚假与不健康的东西所误导，被网络游戏所左右，身心健康会受到损害。

（二）沉迷网络造成青少年学生道德下滑、人格异化、社会化不足

在网络空间里，缺少现实生活中老师、家人的监督，学生在网上自由任性，缺少慎独的道德自律。网络虚拟世界里人际关系的随心所欲、无须承担责任和免遭惩罚的特点，养成了自我为中心的习惯，特别是网上暴力、色情、欺诈等，使得迷恋网络的青少年学生道德素质下降、道德观念淡化。长期沉溺于“网瘾”的学生普遍对师长缺乏应有的尊重，和家长说话不耐烦，与亲人、朋友之间的交往减少，人际交往能力削弱，时间久了，他们会变得性格孤僻、情感冷漠、人格异化，社会化不足。

（三）严重影响学业

学生如果沉溺于网络，通宵上网，第二天就根本没有精神上课。游戏的场面刺激而惊险，会深深地印在脑子里，即使身在课堂，心也会飞到游戏中。职业院校学生由于没有升学压力等诸多原因，更容易染上网瘾。一旦染上网瘾，他们就会荒废学业，迷失方向，失去人生的目标。

（四）网瘾可能诱发青少年违法犯罪

上网需要一定的费用，如果学生长时间上网或上网次数太多，就需要较大的支出，从而加重家庭的经济负担。而家长往往不允许其长时间上网，所以学生上网没有充足的经济保障。为了有钱上网，有的学生不惜铤而走险，去偷盗抢劫，去结伙敲诈，走上违法犯罪的道路。网络中暴力、色情泛滥已经成为一种社会公害。网游中的血腥暴力场面，使长期沉迷于其中的青少年学生，慢慢地习惯了暴力，会觉得通过伤害别人达到目的是合理的，一旦与他人发生争执，他们往往首先使用暴力，很容易发生违法犯罪行为。

三、学生网络成瘾的成因

青少年因网瘾引发的案例触目惊心，究竟是什么因素导致上网者在网络中迷失自己，沉溺其中而难以自控呢？

1. 网络原因

网络世界是一个虚拟的世界，具有实时性、仿真性和交互性等三大特点。网上聊天，学生可在无拘无束的情况下随意释放自己；网络游戏可以逼真地模拟现实生活，给学生提供了一个逃避现实的港湾。在现实的多重压力之下，网络的虚拟世界给这些失意的学生提供了舞台，网络满足了他们的需要。

2. 自身原因

职业院校学生没有升学压力，毕业轻松，因此，上网成为部分学生的课外首选。另外，这个阶段的学生的人生观、价值观、道德观还未完全形成，是非分辨力差。中、高考时的挫败和失落，使部分学生存在不同程度的心理问题，偏激，自卑或适应能力差，难以与同学相处。他们通过网络释放生活中被压抑的一面以摆脱现实中的约束、孤独，网络满足了他们的“欲望”及成就感，填补了他们心灵的空虚。

3. 家庭原因

家长在教育观念、教育方法、知识等方面跟不上青少年成长教育的需求，家庭教育的偏颇或缺失往往造成孩子上网的“失控”。

4. 学校原因

长期以来，职业院校教育注重学生的知识与技能的培养，而放松了情感、态度与价值观的培养。对学生的道德训诫、性格养成、法制观念的培养落实不够，致使一些学生心理道德水准低下，法制观念淡薄，甚至连基本的社会公德都不懂得遵守，心理上完全缺乏自我控制的能力。

5. 社会原因

社会对公共上网场所管理不够严格和规范，尽管明文规定网吧不许未成年人进入，但是一些唯利是图的网吧经营者仍然刻意招揽未成人到网吧来。一些网吧就设在学校附近，自控能力本来就差的青少年很容易接触网吧并沉溺于其中。目前，我国制定和实施了十多个涉及网络的法律法规，但是，这些法规在面对日益严重的网络犯罪时仍然显得过于简单化，缺乏可操作性。

四、学生预防网瘾、远离网络的方法

1. 自我约束上网时间。给自己规定上网时间，如每天完成作业后玩一个小时，周六、周日各玩两个小时。如果你不能控制自己，可请父母、家人、同学帮助自己控制上网时间。防止网瘾最重要的一条就是严格控制上网时间。

2. 发展新的爱好。发展新兴趣，比如练习书法、绘画、下棋、登山、打篮球或者踢足球等，替代性的活动可以缓解自己的情绪，是避免网瘾的积极方式。

3. 可以把电脑放在客厅或者有利于家长或他人监督的地方，这样在很大程度上可以限制自己的上网时间；也可以在电脑旁放一个小闹钟，事先定好下网的时间：这些都能预防网络成瘾的发生。

4. 学会与人沟通。经常与家人交流，说出自己的烦恼和困惑，并与家长共同商讨解决的办法。多与老师沟通，自觉接受老师的指导。要密切与同学的关系，经常与同学进行学习、生活等面的交流，增进情感。多参加同龄人的集体活动。

5. 不可将上网或玩手机游戏当作一种精神寄托。

6. 注意操作姿势。屏幕应该在与双眼水平或稍下的位置，与眼睛的距离在60厘米左右；敲击键盘的前臂呈90度；光线柔和不要太暗；手指敲击键盘的频率不宜过快。

7. 一旦出现网瘾综合征的症状，应该尽早到医院诊治，必要时可以进行心理咨询。

真情寄语：网瘾可怕，但可防患于未然。一旦出现上网综合征初期表现，必须立即与电脑分开。防止网瘾最重要的一条就是严格控制上网时间。

知行合一

测测你的“网瘾”

1. 请根据自己的情况，快速回答下面的问题。

序号	项目	填写“是”或“否”
1	平均每天上网4小时以上	
2	头脑中一直浮现和网络有关的事情	
3	无法抑制上网的冲动	
4	上网是为了逃避现实、消除焦虑	
5	不敢和亲人说明上网的时间	
6	因上网造成课业及人际关系问题	
7	上网时间往往比自己预期的时间久	
8	花许多钱更新网络设备或上网	
9	花更多时间上网才能满足	

以上只要有4项以上的回答为“是”，说明你已上网成瘾。

2. 你能控制好上网时间吗？如果你做到了，请谈谈你的做法；如果没有做到，请想想怎样才能控制好上网时间。

模块二　规范上网，预防犯罪

网络能够让我们“思接千载，视通万里”，网络世界不可或缺！然而，对于没有自控能力的青少年来说，网络却是一把双刃剑。近年来，青少年犯罪案例中与网络相关的案件呈上升趋势，网络不仅影响青少年犯罪心理的形成，甚至成为青少年实施犯罪的主要手段和工具。规范青少年上网行为、预防其犯罪刻不容缓。

典型事例

1. 2015年5月18日凌晨2时许，犯罪嫌疑人黄某（男，16岁）、郭某（男，16岁）根据网络游戏情节实施砍、杀、打、炸等血腥计划，在绑架镇某单位负责人未果的情况下，二人上网结束乘坐三轮车返回出租房时，在预先选定的无人处用尖刀刺伤车夫陈某某，致其手指、手臂和头部受伤近20处。

2. 2011年12月31日，家住湖北荆门的犯罪嫌疑人袁某（男，15岁）将网络虐杀游戏作为每日必修课。为了在网络上购买豪华装备，袁某入室盗窃未遂进而产生邪念，对其同学弟弟李某进行伤害，先后用铁锹猛拍其头部，用菜刀砍其脸部，将李某头部浸在高压锅水中，致使李某死亡，随后袁某撬开李家床头柜抢得7600元。

3. 2008年7月19日17时，江西的高中生马某出于好奇心理，在家中使用自己的电脑，利用家中电话拨号上镇江169网，使用某账号，从网上又登录江西某媒体通讯网中的两台服务器IP地址，从两台服务器上非法下载用户密码口令文件，使用黑客软件破译了部分用户口令并通过编辑修改文件，获得ADM服务器中的超级用户管理权限。同月21日18时，马某采取上述方法登录了江西某网ADM服务器中，进行非法操作，并删除了系统命令。同月23日17时，马强又采取同样手段，造成一主机硬盘中的用户数据丢失，ADM服务器两次中断服务达30个小时之久。马某因犯破坏计算机信息系统罪被法院判处有期徒刑一年，缓刑二年。

4. 2007年2月12日，湖北省公安厅在浙江、山东、广西、天津、广东、四川、江西、云南、新疆、河南等地公安机关的配合下，一举侦破了国内首例制作计算机病毒的大案——“熊猫烧香”。经公安机关侦查，“熊猫烧香”病毒系某技工院校学生李某于2006年10月16日编写的。他以自己出售和他人代卖的方式，在网络上将该病毒销售给120余人，非法获利10余万元。该病毒侵害了小半个中国的互联网，其影响之大、波及之广，实属罕见。2009年9月，被告人李某因犯破坏计算机信息系统罪，被法院判处有期徒刑四年。

各抒己见

1. 看了这些触目惊心的案例之后，同学们有什么感想？

2. 案例中的青少年为什么会做出这些不可思议的事儿？为什么会走上违法犯罪的道路？

3. 怎样才能有效防范网络犯罪？

专家点评

1. 从案例1中，我们看到青少年网络犯罪的犯罪人都有强烈的好奇心，喜欢模仿，爱冒险。好奇心和模仿欲是促成青少年网络犯罪的重要原因。虚拟世界的断杀演变成现实世界的争斗，两者最大的区别在于：在真实的世界里人的生命只有一次，刀子下去后人倒了再也不可能站起来；游戏中的人倒下了还可以再站起来。虚拟世界与现实世界一旦混淆起来，就可能导致青少年行为的偏差。

2. 从案例2中可以看出，现在的网络游戏大都以暴力为主，很多青少年为了寻求在现实生活中无法得到的刺激和成就，就迷恋上了网络游戏。他们在现实生活中体验到类似网络暴力的情感和环境时，往往容易丧失理智，把在虚拟游戏中的行为运用于现实的人际冲突，导致悲剧发生。他们还容易因玩游戏缺钱走向犯罪。

3. 案例3、4中的马某、李某都犯了破坏计算机信息系统罪。马某利用黑客手段进行非法操作，李某通过制造和传播计算机病毒攻击互联网，都给国家和社会带来严重的危害。

4. 许多青少年犯罪个案的直接或间接诱因、犯罪动机、犯罪手段、犯罪类型等，都与网络环境、网络游戏及其内容、玩法、不断的升级方式以及由此形成的易成瘾特点密切相关。

知识讲堂

一、网络犯罪的概念

网络犯罪是指以计算机网络为犯罪工具或者犯罪对象，运用网络技术和知识实施的严重危害社会的行为。14～25岁的青少年实施的网络犯罪行为，即为青少年网络犯罪。

网络犯罪不是一个具体罪名，而是某一类犯罪的总称。我国《刑法》把计算机犯罪规定在“妨害社会管理秩序罪”一章中，其中第二百八十五条、第二百八十六条、第二百八十七条分别规定了计算机犯罪，包括非法侵入计算机信息系统罪、破坏计算机信息系统罪、利用计算机为工具实施的盗窃及诈骗等传统犯罪。2000年全国人大常委会通过的《关于维护互联网安全的决定》，从侵害客体的不同对网络犯罪进行了分类：妨害互联网运行安全的网络犯罪；妨害国家安全和社会稳定的网络犯罪；妨害市场经济秩序和社会管理秩序的网络犯罪；妨害人身权利、财产权利的网络犯罪；其他网络犯罪行为。

二、青少年学生网络违法犯罪行为的表现形式

中国青少年犯罪研究会最新统计资料表明，我国青少年犯罪总数已经达到了全国刑事犯罪总数的70%以上，其中青少年犯罪的80%都与网络有关。青少年网络犯罪主要有以下几种表现形式：

1. 利用网络侵犯公共信息安全。出于猎奇及其他非法目的，有些青少年以黑客身份擅自侵入公共信息系统或国家政治经济及军事等要害部门，盗取国家机密、商业秘密。

2. 利用网络实施盗窃、绑架、故意伤害、诈骗、抢劫等传统型犯罪。网络的虚拟性为青少年实施犯罪提供了伪装空间和便捷的途径。他们很容易将自己的真实身份、地址等隐蔽起来，然后实施犯罪行为。

3. 利用网络制作、传播、出售淫秽物品等，从事网络色情犯罪。青少年一方面成了网络色情的最大受害群体之一；另一方面，一些青少年不仅自己浏览色情网页，还单独或伙同他人制作、传播、出售淫秽物品，由受害者转而变为网络犯罪的行为主体。

4. 利用计算机网络制造传播网络病毒。青少年制造病毒和传播病毒的动机各有不同，有的是为了报复，有的是为了一时之兴，有的是为了打赌，有的是被人利用，但造成的危害都很大。

三、青少年学生网络犯罪的预防措施

预防青少年网络犯罪要将教育和管理结合起来、自律与他律结合起来，通过各种形式教育学生增强上网的法律意识、责任意识、政治意识和安全意识，培养健全人格和高尚情操，树立良好的网络道德，使学生自觉远离网络犯罪，构筑抵制不良冲击的“防火墙”。

1. 建立健全网络法制，用法律来规范和引导。2017年是我国正式接入国际互联网23周年。23年来，互联网发展日新月异，深刻地改变了人们的生活。与此同时，我国互联网法律体系已初步建立，由法律、行政法规和部门规章组成的三层级规范体系正保护着互联网空间。随着十八届四中全会的召开，网络空间法治化发展迎来新契机，依法治网成为依法治国的重要环节。《中华人民共和国网络安全法》自2017年6月1日起施行。学生应当自觉地学习和了解相关的法律法规，建立科学、健康、和谐的网络道德观，这才是真正有效预防计算机犯罪的重要措施。

2. 加强网络安全管理，净化网络环境。有关部门要建设适合青少年的网站，把青少年的网上注意力吸引到这类网站上来，减少青少年对不良信息的接触。提高网络安全防范技能，加强网络系统规范，完善网络秩序。建立完善的网络监管体系，建立网络社会中网民网上行为的监控机制，以强化网络社会的安全管理。公安机关必须建立高素质的网络警察队伍，强化网络日常的维护、监督和安全管理。

3. 倡导青少年网民自律。在网络空间里，青少年学生应该做到：（1）学会用正确的观点分析问题，在网上发表言论时，能真实地表达自己的观点，但要不违反国家法令，不违背社会公德，不散布反动的、迷信的、淫秽的内容，不散布谣言，不搞人身攻击。（2）提倡网络文明用语，注意语言美，不谈论庸俗话题，不使用粗俗的语言。（3）严格自律，用审慎的态度对待网络，不看色情的网络内容。（4）自觉抵制任何利用计算机技术损害国家、社会和他人利益的行为，与不道德的行为做坚决的斗争。

真情寄语：一幕幕触目惊心的人间悲剧，正是网瘾危害青少年最有力的佐证。网瘾就像一把软刀子，一点一点地消磨青少年的人生信念和前进的动力。我们要认清上网的利弊，学做网络的主人，让网络为我所用，成为我们学习、工作的好帮手。千万不要沉溺于虚拟空间，沦为网络的奴隶！

拓展一步

重点法律条款解读

1.《中华人民共和国计算机信息网络国际联网管理暂行规定》第六条规定："计算机信息网络直接进行国际联网，必须使用邮电部国家公用电信网提供的国际出入口信道。任何单位和个人不得自行建立或者使用其他信道进行国际联网。"

2.《计算机信息系统国际联网保密管理规定》第六条规定："涉及国家秘密的计算机信息系统，不得直接或间接地与国际互联网或其他公共信息网络相连接，必须实行物理隔离。"第七条规定："涉及国家秘密的信息，包括在对外交往与合作中经审查、批准与境外特定对象合法交换的国家秘密信息，不得在国际联网的计算机信息系统中存储、处理、传递。"第十条规定："任何单位和个人不得在电子公告系统、聊天室、网络新闻组上发布、谈论和传播国家秘密信息。"

3.《互联网电子公告服务管理规定》第四条规定："上网用户使用电子公告服务系统，应当遵守法律、法规，并对所发布的信息负责。"第九条规定："任何人不得在电子公告服务系统中发布含有下列内容之一的信息：① 反对宪法所确定的基本原则的；② 危害国家安全，泄露国家秘密，颠覆国家政权，破坏国家统一的；③ 损害国家荣誉和利益的；④ 煽动民族仇恨、民族歧视，破坏民族团结的；⑤ 破坏国家宗教政策，宣扬邪教和封建迷信的；⑥ 散布谣言，扰乱社会秩序，破坏社会稳定的；⑦ 散布淫秽、色情、赌博、暴力、凶杀、恐怖或者教唆犯罪的；⑧ 侮辱或者诽谤他人，侵害他人合法权益的；⑨ 含有法律、行政法规禁止的其他内容的。"

4.《信息网络传播权保护条例》第二条规定："权利人享有的信息网络传播权受著作权法和本条例保护，法律、行政法规另有规定的除外。任何组织或者个人将他人的作品、表演、录音录像制品通过信息网络向公众提供，应当取得权利人许可，并支付报酬。"

5.《刑法》有关网络犯罪的专门性规定：第二百八十五条规定了“非法侵入计算机信息系统罪”“非法获取计算机信息系统数据，非法控制计算机信息系统罪”和“提供侵入、非法控制计算机信息系统程序、工具罪”。第二百八十六条规定了“破坏计算机信息系统罪”。第二百八十七条对利用计算机实施金融诈骗、盗窃、贪污、挪用公款、窃取国家秘密或其他犯罪做了提示性规定。第三百六十三条规定了“制作、复制、出版、传播淫秽物品罪”。第三百六十四条对传播淫秽书刊、影片、音像、图片或者其他淫秽物品罪做了具体的规定。

知行合一

1. 根据自己的经历和互联网知识，谈一下互联网给自己的成长带来的影响。

2. 网络是一把双刃剑，你觉得是利大于弊还是弊大于利？我们在以后的学习、生活中如何正确地使用网络资源？请同学们围绕“规范上网”话题写一篇随笔。

模块三 网络信息安全防范

互联网在我国的迅速发展，使我们的社会存在方式大大地拓展与延伸了。可以说，我们的生活已离不开互联网。繁荣的网络环境中也存在很多安全隐患，了解我们的生活中存在哪些网络安全隐患、思考如何杜绝网络安全隐患及无法避免时如何将损失减到最低，是十分必要的。

典型事例

1. 2016年11月11日全天，天猫以1207亿元的单日成交额再次刷新历史纪录。然而，狂欢背后，一组网购安全数据却让人警醒。360互联网安全中心《2016年“双十一”中国网购安全专题报告》发布，多项数据随之出炉。2016年11月11日00：00至24：00，360互联网安全中心共截获新增钓鱼网站6798个，相比2015年5729个，同比增长18.7%。从拦截量上看，360安全卫士、360手机卫士和360安全浏览器等安全产品共为全国用户拦截钓鱼网站攻击5193万次。

2. 重庆某高校女大学生王某在某网站上看到一款联想笔记本电脑，上面标注的价格只有市场价格的3/4。对该款笔记本心仪已久的她没有来得及多想，就拨通了网页上留下的联系电话。在对方对小王进行了一番游说之后，单纯的小王先后3次向对方提供的账号上汇款近4000元。直到后来对方的电话关机了，小王才发现自己上当受骗了。

3. 小刘家境比较贫寒，大一的第一个暑假小刘没有回家，准备留在学校谋个兼职挣点钱减轻家庭的负担。凑巧小刘在学校的论坛上看到一则招聘暑期兼职的广告，底薪800元加提成，收入看上去还可以。小刘便根据信息上留的电话联系了该公司。对方非常热情地邀请小刘过去面试。面试非常顺利，临走的时候公司要求收取300元的保证金，小刘毫不犹豫地将省吃俭用节约下来的300元钱交给了对方。4天过去了，公司也没人通知小刘去上班。小刘急了，赶紧坐车赶去该公司的办公地点。可是，门上已挂出“公司迁址”的告示。小刘猛然醒悟，自己上当受骗了。

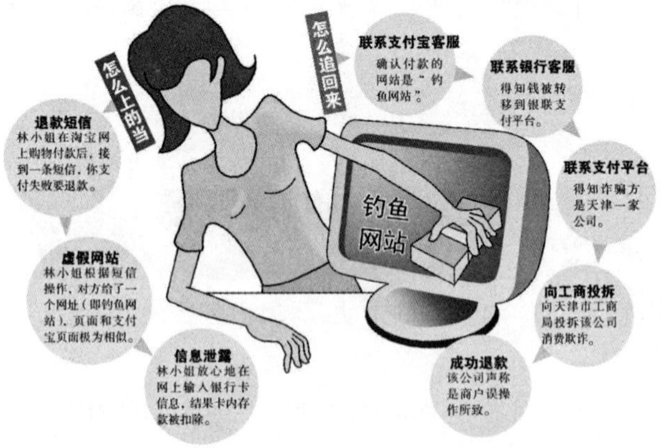

4. “最近在干嘛呢？我整理了一些老照片，有空记得看看哦，地址：t.cn/rannyvv。”一天，贵阳市民杨先生收到这样一条手机短信。贵阳市公安局网安支队民警说，这是骗子的“连环计”，“目的是套取你的QQ账号和密码等个人信息，然后异地登录你的QQ，冒充本人去骗取亲朋好友的财物”。

5. 王某经常网购。最近一家网店承诺购物能返100元的红包。王某挑选了一件500元的毛衣，并询问卖家如何获得红包。卖家给王某发送了一个二维码并称只要扫描该二维码，就可以获得红包。王某扫描后发现，红包界面并未出现。怀疑自己遇到了骗子，于是急忙联系卖家，可卖家已下线。不久之后，王某发现自己的银行卡被盗刷，并立即报了警。经警方调查，当时扫描的二维码中含有木马病毒，某小姐的银行卡信息被对方盗取。

6. 张先生为了上网方便，在手机里设置了自动连接WiFi的功能。某晚张先生在外吃饭，搜寻到一个不用输入密码直接登录的免费WiFi，就登录了手机网银，并输入了自己的卡号和密码。次日凌晨，张先生被短信声吵醒了。短信中说，他的银行卡被消费了2000元。随后半小时内，张先生又接连收到银行卡被转账或消费的信息。

各抒己见

1. 网络陷阱无处不在，怎样做才能预防网络诈骗？

2. 上网时如何保护自己的银行密码、个人账户等信息？

3. 你会接收陌生人发过来的文件资料吗？为什么？

专家点评

不法分子会通过互联网、短信、钓鱼网站、社交媒体等提供链接、压缩包、图片或二维码，当受害人打开或扫码，就会导致个人信息被盗。我们应该提高自我保护意识和防骗的警惕性。

知识讲堂

青少年是网络诈骗、网络陷阱等网络安全威胁的重灾区。近六成青少年曾遭遇网络威胁，其中电信诈骗和账号被盗最为常见。在所有报案的青少年网络诈骗受害者中，年龄最小的仅11岁。对学生普及网络安全防范基本技能，增强其信息识别能力，提高其网络安全防护意识是十分必要的。

一、掌握基本的网络安全知识，提高防范意识和技能

（一）电脑上网的安全

1. 账号密码安全

在上网过程中，无论是登录网站、电子邮件或者应用程序等，账号和密码是用户最重要的信息。账号和密码的安全至关重要，一旦丢失就会造成严重后果。在注册和使用的过程中应注意：

（1）密码的设定一定要科学严谨，不可过于简单，尽量将字母和数字结合起来。

（2）个人账号和密码信息不可泄漏给他人。

（3）在网吧等公用计算机上使用时切勿开启“记住密码”选项，使用完毕后应安全

退出，最好重新启动电脑。

2. 网上浏览安全

（1）设置浏览器的安全等级。我们常用的浏览器都具有安全等级设置功能，通过合理地设置可以有效过滤一些非法网站，从而减少对电脑和个人信息的损害。

（2）坚决抵制反动、色情、暴力网站。一方面这些不良信息会影响青少年的身心健康；另一方面很多非法网站会利用浏览器漏洞对用户进行各种攻击。

（3）不要随意点击非法链接。

（4）下载软件和资料时应选择正规网站或官方网站。

（二）手机上网安全

目前在校学生手机的普及率已接近100%，利用手机上网的人数也在80%以上，因此手机的安全问题已成为当前网络安全的一个重要组成部分。同学们在使用手机上网的过程中一定要提高警惕，增强防范意识。

1. 手机上网的基本注意事项

（1）关闭常用软件的一些敏感功能，如微信里的“附近的人”、微信隐私里的“允许陌生人查看照片”等。

（2）不随便晒家人及住址照片。否则，别人只要稍加分析汇总，你所晒出来的信息就会成为一套完整的信息，其中就暗藏着各种不可预测的风险。

（3）不要随便在网上暴露相关信息。有的网站搞调查，问你的年龄、爱好、性别等信息，你若为了一点蝇头小利去做的话，这些信息就可能被人家利用起来。

（4）不要随意扔掉或卖掉旧手机。尤其是那些涉密的旧手机，出了些毛病你可能就打算卖掉或扔掉它。千万不要这样，一些人会恢复你的数据，这其中就有可能暗藏着各种危害，而且你是无法预测到的。

（5）软件安装过程中不要都“允许”。现在的智能手机在安装软件的过程中，有的软件会提示你是否允许获取你的位置、读取你的电话记录等。碰到这种情况时千万要小心，不相关的服务不能允许，或者干脆不安装此软件。

（6）不要随便接入公共WIFI。公共WIFI有些是黑客获取你手机信息的一个重要渠道，可能直接盗取你的敏感信息，如卡号、账户密码等。到公共场合后，有些免费的WIFI不要随意接入。

（7）不要随意发给别人验证码。验证码可以说是保密的一道重要防线，一旦突破了，就可能会有坏消息等着你。

（8）扫描二维码要谨慎。一些不明二维码可能是“钓鱼网站”，一旦扫码访问，可能危及你的网上银行、支付宝等账户安全。

（三）及时修复操作系统和应用软件漏洞

操作系统和应用软件的漏洞就像是电脑脆弱的后门，病毒和恶意软件可以通过它乘虚而入。为确保操作系统的安全，我们应及时更新操作系统补丁，让计算机的Windows Update保持开启状态，以便系统自动修补漏洞。也可以定期使用专业的系统漏洞修复工具（如360安全卫士等）扫描并修补系统漏洞。此外，最新统计发现，恶意程序也经常会利用常用的应用软件（如多媒体播放软件等）漏洞入侵用户计算机。对此，用户应该养成定期更新常用软件的习惯，尽量保证常用软件是最新的版本，不给恶意程序留下可乘之机。

（四）安装网络防火墙

防火墙是电脑上网的第一层保护，有助于防止黑客或恶意软件通过网络访问计算机。目前市面上常用的个人网络防火墙有360安全卫士、瑞星卡卡、金山网盾等，此外卡巴斯基互联网套装也兼具了网络防火墙功能。

（五）安装杀毒软件

相对于防火墙，杀毒软件是电脑的第二层保护手段。由于各种原因，即使安装了防火墙，病毒仍然有可能侵入你的电脑，此时，杀毒软件就可以实时发出警报，主动防御，保护你的计算机不受侵害。杀毒软件一般每日更新病毒库以发现最新的病毒，请确定你的杀毒软件能够自动更新病毒特征库。如果使用已过期的病毒库，杀毒软件也无法保证你电脑的安全。

（六）不下载来路不明的软件程序及邮件，下载文件须杀毒

几乎所有上网的人都在网上下载过共享软件（尤其是可执行文件）。共享软件在给你带来方便和快乐的同时，也会悄悄地把一些你不欢迎的东西带到你的机器中，比如病毒。因此应选择信誉较好的下载网站下载软件，将下载的软件及程序集中放在非引导分区的某个目录内，在使用前最好用杀毒软件查杀病毒。不要打开来历不明的电子邮件及其附件，以免遭受病毒邮件的侵害。在互联网上，有些病毒就是通过电子邮件来传播的。这些病毒邮件通常都会以带有噱头的标题来吸引你打开其附件，如果你抵挡不住它的诱惑而下载或运行了它的附件，就会受到感染。

（七）做好数据保护和备份

计算机病毒、机器故障、突然断电等情况都可能造成计算机上的重要资料、劳动成果丢失或毁损。为了防止此类情况的发生，除了要做好前文所讲的防病毒措施外，最可靠的办法就是做好重要数据的备份。涉及安全且重要的信息，可以备份多个，可将重要的数据备份到U盘、移动硬盘、MP3、MP4上，还可以刻录到光盘上进行保存。

二、注意躲避网络陷阱

（一）恶意网站陷阱

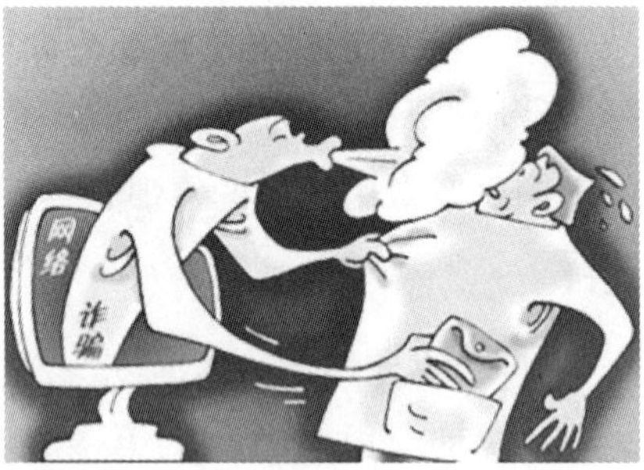

互联网上有许多恶意网站，这里面有色情网站、游戏网站或打着咨询服务等旗号的网站。当你浏览这些网站时，它要求你下载一种软件，声称用它可以免费无限制地使用该网站的资源。实际上，该软件是国际长途计长途费用。有的在你上网时篡改你的注册表，使该网站成为默认主页；有的网站在一些收费项目选择上设置复选框陷阱，误导消费者，看似免费，实际上要扣信息费。扣钱一瞬间，你想取消这项服务却要大费周折。

（二）不良网络游戏陷阱

有的游戏以色情、暴力或恐怖袭击为主题，有的暗藏不良政治目的，显然不利于青少年的身心健康。一些学生因为沉迷于游戏世界，损害了身体健康，荒废了学业；有的学生通宵达旦玩游戏，过度劳累，引发精神疾病或猝死，造成了严重的后果。学生首先要以学业为重，玩游戏应有选择、有限度，避免损害身心健康。

（三）“黑网吧”陷阱

“黑网吧”环境恶劣，安全无保障。北京市海淀区“蓝极速”非法网吧曾发生火灾，造成25人死亡、13人受伤，而死伤人员中有多名大学生。面对这25条生命血写的教训，明智者应远离“黑网吧”。

（四）淫秽色情陷阱

互联网上有许多色情淫秽网站，充满色情的视频在网上泛滥，危害极其严重。“电子海洛因”具有影响范围广、力度大和腐蚀性强的特点，学生应特别警惕。

（五）“黑客”教唆陷阱

随着互联网的普及和扩大，“黑客”的活动也日益活跃。一些“黑客”成立了组织，建立了网站，对青少年具有很大的吸引力。青少年学生对此应慎重对待。

（六）邪教陷阱

网上有一些邪教组织网站，他们冒用宗教、气功等名义，大肆宣传反人类、反社会、反科学的歪理邪说，造谣生事，发展组织，危害社会稳定。“法轮功”邪教在互联网上的非法活动也十分猖獗，同学们应保持高度的政治警惕性，自觉抵制和反对邪教组织的渗透活动。

（七）网恋陷阱

网恋在某种程度上满足了人的精神需求。有人同时和许多人发展多角恋关系，有的人从网恋发展为网上同居、网上婚姻等。需要强调的是，网恋的欺骗性、危害性不不容忽视，要警惕虚幻的网恋可能造成的真实伤害。

（八）其他陷阱

目前所知的有假冒银行网站、网上算命、网络“免费服务”、网上替考“枪手”、网络窥探隐私、网络教唆自杀等。对于网络陷阱，同学们一定要多加小心。

三、恪守网络道德，做文明网民

网络暴力能够让大家陷入不安，而且有时候不实的报道、不实的言语所造成的恐慌也往往已经触犯了法律。因此，行走于网络就要遵守网络规则，那便是网络道德。网络道德是人性道德的折射。

要做到文明上网，不要人云亦云。对于网络上传播的事件和评论，要进行理性思考，不要做过分的甚至有违道德的言语评论。对待网上事件的转发，我们要确切知道此事是真实发生存在的才可以转发。我们一定要对自己所发布的信息负责，只有这样才是恪守网络道德。

每一位行走网络的学生，应自觉遵守《全国青少年网络文明公约》：“要善于网上学习，不浏览不良信息；要诚实友好交流，不侮辱欺诈他人；要增强自护意识，不随意约会网友；要维护网络安全，不破坏网络秩序；要有益身心健康，不沉溺虚拟时空。”只有这样，我们才能共同营造一个文明、优雅的网络环境。

四、加强自我保护，防止遭受非法侵害

对网友的盛情邀请，要保持警觉，尽量回避，以免上当受骗。为了达到罪恶的目的，有的网友会对你抛出各种诱惑，诱使你与他直接交往。见面后不法网友会露出其狰狞面目，对你行窃或敲诈勒索，甚至是更严重的性侵害、抢劫或者杀害。因此，防范最好的方法是不要和陌生网友轻易见面，不给犯罪分子可乘之机。如要见面，务必慎重选择时间、场所和见面形式。最好选择白天，选择你熟悉而且人流较多的安全场所，并应提前约定“接头”暗号，以便暗中观察陌生网友；女生约会异性网友见面，最好请亲友、同学陪同。

拓展一步

五种最常见的信息诈骗形式

1. 提供账号汇款型。如：“我手机没电了，速把款打入×××行×××账号，户名×××。”

2. 找亲友救急型。如：“爸妈，我的钱包、手机被偷了，等钱急用，请速汇×××元到我朋友×××的卡上，切记要快。”

3. 信用卡遭遇盗卡消费型。如发送信息：“尊敬的信用卡用户：您于某月某日在某某商场刷卡消费×××元，将在您的账户中扣除，如有疑问请咨询银联中心×××。”短信接收者一旦拨打指定号码询问，骗子就会冒充银联中心、公安经侦部门工作人员连环设套，要求接收人将银行卡中的钱款转入所谓的“安全账户”，或套取接收人账号、密码使其遭受损失。

4. 高薪招聘型。如：“×××饭店招专职员工，性别不限……月薪过万元。”当一些急于找工作的市民打电话咨询时，骗子常以预收服装费、面试费、保证金等名义要求其往某账户打入一定款项，随后“人间蒸发”。

5. 中奖型。如：“某公司举行手机号码抽奖活动，您的号码已获得二等奖，请拨打电话×××与领奖处某小姐联系。”当短信接收者拨打指定电话询问时，对方要求需预先支付个人所得税、公证费、手续费等费用后才能领奖，将受害人引入圈套。

真情寄语：网络世界不是随心所欲的，它和现实世界一样需要遵循共同的规则。我们应当时刻展示当代青年的网络文明精神，积极传播健康向上的文化，共同守护清朗的网络环境。

知行合一

1. 根据本模块所讲内容，结合生活中听到或遇到的信息安全事件，谈谈应该如何应对。

2. 请通过互联网了解更多的病毒知识，并熟练地掌握杀毒软件的使用方法。

思维导图

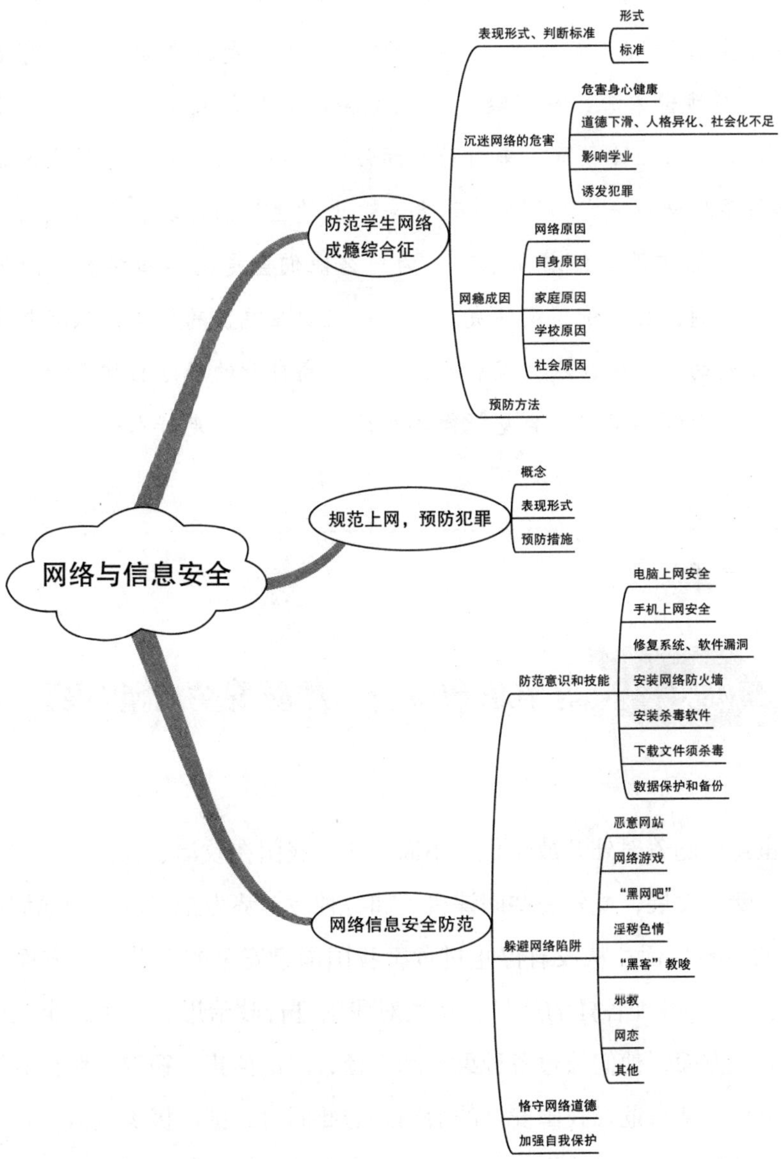

项目十 坚定信仰，弘扬科学，崇尚廉洁

青年学生有知识，有热情，思维活跃，乐于接受新事物，是最有活力的群体；但由于其涉世未深，世界观、人生观和价值观尚未成熟，加之是非判断能力、自我控制能力还比较弱，来自外界的任何冲击都可能对青年学生的世界观、人生观和价值观造成一定的影响。近年来，大学生涉嫌诈骗、科研泄密、充当间谍、加入邪教组织等案件居高不下。为什么他们会走向不归路？是因为他们思想意识出了问题，核心价值观缺失。作为一名职业院校的学生，只有坚定理想信念，树立正确的世界观、人生观和价值观，提高自身的廉洁自律意识，才能始终保持政治上的清醒和坚定，自觉抵御各种诱惑，为将来走好人生的每一步奠定扎实的基础。

模块一 筑牢思想防线，严防发生政治问题

进入21世纪，随着对外开放步伐的不断加快，我国在政治、经济、科技、文化等各领域都有了飞跃式发展，境外一些间谍机关和各种敌对势力把我国作为他们进行颠覆、渗透和破坏的主要目标，从没有停止过危害我国国家安全的活动。一方面，他们打着“人权”“民主”等各种各样的旗号，持续对我国进行政治思想渗透，企图颠覆我国的国家政权；另一方面，他们通过各种渠道和途径，广泛搜集、窃取、刺探我国经济、科技、军事等情报，从事危害我国安全的活动。与此同时，国内极少数敌视社会主义的分子，也极力寻求境外一些间谍机关和其他敌对势力的支持，与其相互勾结，进行各种破坏和捣乱活动。

典型事例

1. 2008年，四川省成都市某高校本科生吴某通过Skype找英语聊友，结识了自称“外籍华商”的境外间谍。吴某介绍同学冯某加入，冯某又在校内论坛发布招聘广告，吸收了同校研究生刘某、赵某。4人均在联系初期即觉察到对方的“网特”身份，但仍签订了《保密工作合同》，先后提供国内政治、经济、教育等领域大量内部期刊资料。案发时，4人共获得报酬4万余元。

2. 2012年某国一名伪装成“记者”的间谍，选中了某高校重大课题组的一名教授，先后多次请其吃饭并送钱送物，还主动提出帮助其子女办理出国留学手续，充当经济担保人，以此联络感情，套取了我国的一些重要科研机密。

3. 北京某高校教师以“维吾尔在线”网站为平台，通过授课活动传播民族分裂思想，大肆污蔑攻击我国民族宗教政策，攻击国家和政府，煽动民族仇视，以实现分裂国家的目的。

4. 2014年5月26日，国家互联网新闻研究中心发表了《美国全球监听行动纪录》。纪录指出，美国的监听行动涉及中国政府和领导人、中资企业、科研机构、普通网民、广大手机用户等。中国民众的QQ聊天、飞信传讯、微博互动等，都难逃美国的“注视”。

各抒己见

1. 如果自己或身边的人遇到境外间谍的策反，该如何应对？

2. 如何提高自身的防范能力？

专家点评

1. 利用国际互联网，以发送电子邮件和“网络聊天”的方式策反我方人员，已是当前境外间谍组织在我内部发展间谍成员及其代理人的重要手段。从近年来高校发生的为境外窃取、刺探、非法提供秘密的犯罪案件来看，涉案者大都是因受到国外或境外间谍组织或间谍人员的金钱诱惑而走向犯罪的。沉痛的教训告诫我们：作为一名职业院校的学生，必须树立正确的金钱观，绝不能为金钱所左右，成为金钱的奴隶。

2. 当今，人们在享受着先进科技带来的通信便利时，却疏忽了对它的防范。对此，我们要保持高度警惕，防范他人利用先进的技术侵犯我们的正当利益。可采取的保密办法有：在必要时将手机的电池取出，彻底切断手机的电源；或者将手机放在远离谈话场所的地方，以免遭窃听。

知识讲堂

当代大学生肩负着实现中华民族伟大复兴的历史重任，是国内外反动势力和敌对分子利用心战、策反等手段进行渗透的主要目标。因此，同学们要了解当前面临的严峻形势，始终保持警惕性，避免受到内外各种不良因素的影响和侵害。

一、政治性问题基本知识

（一）政治性问题

政治性问题是指违反政治纪律、尚构不成犯罪、应该追究行政责任的违纪行为。

（二）政治性案件

政治性案件是指行为人过失或故意实施危害国家生存和发展的行为，根据《中华人民共和国刑法》《中华人民共和国国家安全法》和《中华人民共和国保守国家秘密法》中的有关规定，依法应当追究刑事责任的犯罪案件。

（三）政治纪律及主要内容

1. 政治纪律的概念

政治纪律是根据党的政治纲领、政治原则和政治路线确立的政治方面的各项规章制度、决议和决定，是党的组织和全体党员政治言论和政治行为的规范和准则，是处理党的各级组织和党员同党中央路线、方针、政策之间关系的纪律，是每个成员必须遵守的规章和条款。严格政治纪律，也是对每一位公民提出的普遍要求。

2. 政治纪律的主要内容

在新的历史条件下，党的政治纪律主要包括以下内容和要求：

（1）必须坚持四项基本原则。《中国共产党党章》明确规定：必须坚持四项基本原则，反对资产阶级自由化。这不仅表明了坚持四项基本原则是我们党一贯的政治主张，是我们党公开树立的一面旗帜，更重要的是作为一条严肃的政治纪律提出来。因此，每名同学都绝不允许在这个根本立场问题上有丝毫动摇。任何怀疑、否定四项基本原则，宣扬资产阶级自由化的言行，都是违反党的政治纪律的，是党的纪律所不允许的。

（2）必须在政治上同党中央保持高度一致。具体体现在坚定不移地贯彻执行党的路线、方针、政策上。每名同学对党中央的决定、指示，对关系到党和国家根本利益和全局性的战略决策，必须坚决贯彻执行，绝不允许在任何场合发表、散布与之相反的意见和言论。否则就违反了党的组织纪律，也违反了党的政治纪律。

（3）必须坚决维护安定团结的政治局面。维护安定团结的政治局面，既是一个事关国家稳定的大局问题，也是一个十分严肃的政治向题。同学们必须围绕这个大局，严格遵守关于政治纪律的有关规定和要求，时刻警惕西方敌对势力和国内资产阶级自由化分子妄图分裂我们党、搞乱我们国家、颠覆我们政权的阴谋。在任何情况下，都不得怂恿、支持和参与这类活动，否则就违反了党的政治纪律。

二、常见的政治性案件

（一）背叛国家罪

背叛国家罪是指勾结外国或者境外机构、组织、个人，危害国家主权、领土完整和安全的行为。本罪的主体是中国公民 。本罪的主观方面是故意，并且具有危害中华人民共和国国家主权、领土完整和安全的目的。本罪的客体是国家的主权、领土完整和安全。本罪的客观方面表现为勾结外国或者境外机构、组织、个人，危害国家主权、领土完整和安全的行为。

（二）间谍罪

间谍罪是指参加间谍组织，接受间谍组织及其代理人的任务，或者为敌人指示轰击目标，危害国家安全的行为。本罪的主体是一般主体，凡是已满16周岁、具有刑事责任能力的人都能成为本罪的主体。本罪的主观方面是故意。本罪的客体是中华人民共和国国家安全。本罪的客观方面表现为参加间谍组织、接受间谍组织及其代理人的任务，或者为敌人指示轰击目标的行为。

（三）境外窃取、刺探、收买、非法提供国家秘密、情报罪

为境外窃取、刺探、收买、非法提供国家秘密、情报罪是指为境外的机构、组织、

人员窃取、刺探、收买、非法提供国家秘密、情报的行为。本罪的主体是一般主体，凡是已满16周岁、具有刑事责任能力的人均能成为本罪的主体。本罪的主观方面是故意。本罪的客体是中华人民共和国国家安全。本罪的客观方面表现为为境外的机构、组织、人员窃取、刺探、收买、非法提供国家秘密或者情报的行为。

三、敌对势力渗透破坏的主要方式

随着改革开放和社会主义市场经济的深入发展，人们的思想观念、 思维方式、交往范围、 交往手段等都发生了深刻变化，境内外敌对势力和敌对分子对我们渗透破坏可利用的方式更多，范围更大，手段更加隐蔽。

（一）采用心战、策反的方式

心战是指敌对势力、敌对分子对我国进行的造谣诬蔑、挑拨离间、扰乱人心等具有煽动性的反动宣传。策反是指敌对势力、敌对分子从我国内部物色对象，策动其加入间谍组织，在我内部建立“内线”，进行各种窃密和破坏活动。他们常采用的方法：一是借助网络优势，传播不良信息，毒害大学生心灵；二是通过电子邮件和“网络聊天”，对大学生实施策反；三是进行心战广播，动摇大学生的政治信念。

（二）采用腐蚀拉拢的方式。

近年来，敌对势力和敌对分子把秘密的间谍活动与公开的颠覆、渗透活动结合起来，采取打进来、拉出去的方法，有组织、有计划地拉拢腐蚀我们内部一些意志薄弱人员。他们常采用的方式：一是金钱收买，物质引诱；二是色情勾引，逼人就范；三是资助出国，套取情报。

（三）采用隐蔽掩护的方式

以公开身份掩护秘密活动，以合法手段掩护非法行为，是西方敌对势力对我们进行渗透、策反的主要特点。他们常采用的方式：一是披着外交官、新闻记者的外衣，搜集重要情报；二是打着投资经商、洽谈业务的幌子，窃取重要情报；三是借旅游观光之机，策反我内部人员。

（四）采用秘密搜集方式

进行情报活动、千方百计地搜集我国秘密是国内外敌对势力和敌对分子对我进行渗透、破坏的重要手段。

一是通过技术侦察手段搜集。随着科学技术的发展，各国间谍机关通过使用间谍卫星、电子、激光、红外线等技术手段，监视我国的领土、领空和领海，截收和破译无线电通信讯号等，从中获取情报。

二是通过互联网和手机搜索。通过网上交友、同学联谊等方式，广泛搜集高校重要部门工作人员、科技工作者的个人资料，从中遴选对象，伺机进行策反，获取文化科技情报。

三是通过文件、报刊搜集。靠收买文件搜集情报是西方敌对势力惯用的伎俩。西方各国情报机关集中大量人力、物力，从公开发行的报刊、书籍中获取情报。

四、诱发政治性问题的原因

剖析近几年发生的政治性问题，分析其原因，主要有以下几个方面：

（一）理想信念动摇，政治上丧志变节

应当说，职业院校的学生作为国家技能型人才和高素质劳动者的后备军，都有着美好的志向和追求。然而，随着社会的不断发展，受外来因素的影响，有些同学感到个人理想和现实之间存在着较大的反差，觉着人生目标难以实现，心中有一种说不出的失落感、空虚感。在这种思想的支配下，有些人就由积极上进到自甘平庸，由立志成才到追求钱财，人生观、价值观逐渐发生偏移，以至于迷失了人生的航向。

（二）金钱欲望膨胀，贪小利而失大节

有位哲人说过："金钱是美丽和丑恶的结合体，在带来无限繁荣和美好的同时，也带来无穷罪恶和阴谋。"金钱具有两面性。那些出现政治性问题的大学生，之所以走上犯罪的道路，很重要的一点原因就是对金钱的无限贪婪。

（三）敌情观念淡薄，丧失应有的警惕性

有的学生敌情观念淡薄，看不到敌对势力始终没有放弃对我们的渗透破坏，缺少起码的忧患意识；认不清西方敌对势力对我实施"西化""分化"的战略图谋，丧失政治警觉性和政治鉴别力。

五、如何预防发生政治性问题

在新的历史条件下，能否防止敌对势力的渗透破坏、确保不发生政治性问题，是对每一名在校大学生思想政治上的现实考验。只有保持清醒的政治头脑，高标准严要求，从自身做起，才能在复杂环境和政治风浪考验面前，始终保持政治立场的坚定。

（一）坚定理想信念，始终保持政治上的清醒

理想的滑坡是最致命的滑坡，信念的动摇是最危险的动摇。一个人如果没有坚定的理想信念，他的思想就会空虚，精神就会瓦解，就经不住各种复杂环境的考验。因此，作为青年学生，要始终坚定对马克思主义的信仰，坚定对中国特色社会主义的信念，坚定对改革开放和现代化建设的信心，始终保持政治上的清醒和坚定。要注重加强政治理论学习，用党的创新理论武装头脑，不断增强政治鉴别力和政治敏锐性，确保在任何时候、任何情况下都不迷失方向。要树立正确的世界观、人生观、价值观，自觉抵制腐朽思想文化和灯红酒绿生活方式的侵蚀影响，始终保持崇高的理想信念和高尚的人生追求。

（二）树立正确的荣辱观，努力增强明辨是非美丑的能力

知荣明耻、明辨是非是为人处世的基本准则和道德要求。一个人如果良莠不分、美丑不辨、是非不清、善恶不明，就极有可能步入歧途，做出有损国家和人民利益的事情。在金钱利诱面前，如果荣辱不分，屈膝变节，丧失一名公民基本的尊严和气节，就会成为人民的公敌、国家的罪人。高校大学生正处于人生观、价值观形成的关键时期，极易被社会上一些腐朽思想文化所左右，混淆是非善恶。同学们一定要树立正确的荣辱观念，明确判断是非的正确标准，对该做什么、不该做什么，坚持什么、反对什么，提倡什么、抵制什么，必须心中有数，旗帜鲜明。要加强个人思想道德修养，培养积极、健康、向上的生活情趣，坚持用科学的眼光认识世界，用健康的心态对待人生，用规范的准则约束行为，在生活和学习中提高明辨是非美丑的能力。

（三）自觉遵守保密规定，对外交往切实做到有理有节

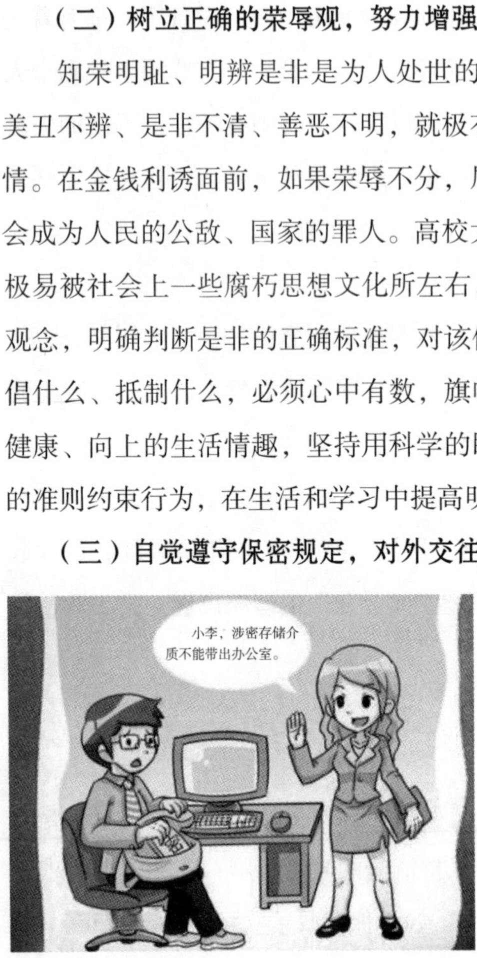

保守秘密是我们克敌制胜的重要法宝，是每个大学生必须履行的基本义务。要克服“无密可保”“有密难保”“与己无关”等错误认识，严格遵守《保密守则》，自觉做到：（1）不该说的秘密不说。（2）不该问的秘密不问。（3）不该看的秘密不看。（4）不该带的秘密不带。（5）不该传的秘密不传。（6）不该记的秘密不记。（7）不该存的秘密不存。（8）不随意扩大知密范围。（9）不私自复制、下载、出借和销毁秘密。（10）不在非保密场所处理涉密事项。未经有关主管部门批准，禁止将属于国家秘密的文件、资料和其他物品携带、传递、寄运至境外。

（四）严格执行政治纪律，养成自觉遵纪守法的良好习惯

严格遵守政治纪律，就是要求同学们自觉做到：（1）不听、不信、不传政治谣言和小道消息。（2）不观看、不传播敌对势力散发的反动宣传品。（3）不围观、不参与社会上的非法聚集活动。

对于每一个人来说，生命的含义其实都有两个：一是自然生命，二是政治生命。而不发生政治性问题，则是我们第二生命的有力保证。几年来发生的政治性案件和政治性问题告诫我们：为了达到使我们变色变质的目的，国内外敌对势力对我们的腐蚀渗透可谓无时不在、无孔不入。前车之覆，后车之鉴，真诚地希望同学们认真汲取教训，以人为镜，以事为鉴，为人处世要谨慎，是非当头要清醒，长存警觉之心，常有自醒之思，切实防范和抵御敌对势力的渗透腐蚀，严防发生政治性问题。

拓展一步

八荣八耻

以热爱祖国为荣，以危害祖国为耻；
以服务人民为荣，以背离人民为耻；
以崇尚科学为荣，以愚昧无知为耻；
以辛勤劳动为荣，以好逸恶劳为耻；
以团结互助为荣，以损人利己为耻；
以诚实守信为荣，以见利忘义为耻；
以遵纪守法为荣，以违法乱纪为耻；
以艰苦奋斗为荣，以骄奢淫逸为耻。

“八荣八耻 ”是“社会主义荣辱观”的简称，是胡锦涛同志于2006年3月4日下午在第十届中国人民政治协商会议第四次会议的民盟、民进联组会上发表的讲话中提出来的。提出“八荣八耻”的目的在于引导中国广大干部群众特别是青少年树立社会主义荣辱观。

法律链接

《中华人民共和国刑法》（节选）

第一百零二条　【背叛国家罪】勾结外国，危害中华人民共和国的主权、领土完整和安全的，处无期徒刑或者十年以上有期徒刑。

与境外机构、组织、个人相勾结，犯前款罪的，依照前款的规定处理。

第一百零三条　【分裂国家罪、煽动分裂国家罪】组织、策划、实施分裂国家、破坏国家统一的，对首要分子或者罪行重大的，处无期徒刑或者十年以上有期徒刑；对积极参加的，处三年以上十年以下有期徒刑；对其他参加的，处三年以下有期徒刑、拘役、管制或者剥夺政治权利。

第一百一十条　【间谍罪】有下列间谍行为之一，危害国家安全的，处十年以上有期徒刑或者无期徒刑；情节较轻的，处三年以上十年以下有期徒刑：

（一）参加间谍组织或者接受间谍组织及其代理人的任务的；

（二）为敌人指示轰击目标的。

第一百一十一条　【为境外窃取、刺探、收买、非法提供国家秘密、情报罪】为境外的机构、组织、人员窃取、刺探、收买、非法提供国家秘密或者情报的，处五年以上十年以下有期徒刑；情节特别严重的，处十年以上有期徒刑或者无期徒刑；情节较轻的，处五年以下有期徒刑、拘役、管制或者剥夺政治权利。

第一百一十三条　【危害国家安全罪适用死刑、没收财产的规定】本章上述危害国家安全罪行中，除第一百零三条第二款、第一百零五条、第一百零七条、第一百零九条外，对国家和人民危害特别严重、情节特别恶劣的，可以判处死刑。

《中国共产党纪律处分条例》（节选）

第四十六条　通过信息网络、广播、电视、报刊、书籍、讲座、论坛、报告会、座谈会等方式，有下列行为之一，情节较轻的，给予警告或者严重警告处分；情节较重的，给予撤销党内职务或者留党察看处分；情节严重的，给予开除党籍处分：

（一）公开发表违背四项基本原则，违背、歪曲党的改革开放决策，或者其他有严重政治问题的文章、演说、宣言、声明等的；

（二）妄议中央大政方针，破坏党的集中统一的；

（三）丑化党和国家形象，或者诋毁、诬蔑党和国家领导人，或者歪曲党史、军史的。

发布、播出、刊登、出版前款所列内容或者为上述行为提供方便条件的，对直接责任者和领导责任者，给予严重警告或者撤销党内职务处分；情节严重的，给予留党察看或者开除党籍处分。

第四十九条　组织、参加旨在反对党的领导、反对社会主义制度或者敌视政府等组织的，对策划者、组织者和骨干分子，给予开除党籍处分。

对其他参加人员，情节较轻的，给予警告或者严重警告处分；情节较重的，给予撤销党内职务或者留党察看处分；情节严重的，给予开除党籍处分。

第五十四条　挑拨民族关系制造事端或者参加民族分裂活动的，对策划者、组织者和骨干分子，给予开除党籍处分。

对其他参加人员，情节较轻的，给予警告或者严重警告处分；情节较重的，给予撤销党内职务或者留党察看处分；情节严重的，给予开除党籍处分。

对不明真相被裹挟参加，经批评教育后确有悔改表现的，可以免予处分或者不予处分。

有其他违反党和国家民族政策的行为，情节较轻的，给予警告或者严重警告处分；情节较重的，给予撤销党内职务或者留党察看处分；情节严重的，给予开除党籍处分。

第五十五条　组织、利用宗教活动反对党的路线、方针、政策和决议，破坏民族团结的，对策划者、组织者和骨干分子，给予留党察看或者开除党籍处分。

对其他参加人员，情节较轻的，给予警告或者严重警告处分；情节较重的，给予撤销党内职务或者留党察看处分；情节严重的，给予开除党籍处分。

对不明真相被裹挟参加，经批评教育后确有悔改表现的，可以免予处分或者不予处分。

有其他违反党和国家宗教政策的行为，情节较轻的，给予警告或者严重警告处分；情节较重的，给予撤销党内职务或者留党察看处分；情节严重的，给予开除党籍处分。

知行合一

1. 政治纪律的主要内容及要求是什么？

2. 敌对势力对我们进行渗透破坏的主要方式有哪些？

3. 作为一名学生，怎样预防发生政治性问题？

模块二 崇尚科学真理，坚决抵制邪教渗透

邪教是人类一大公害，也是当今世界各国政府面临的严重社会问题之一。据不完全统计，自第二次世界大战以来，全世界出现的各种邪教就有3300多个，信徒有数千万之多。在我国，不仅有社会毒瘤“法轮功”邪教，还有从境外传入的“呼喊派”“观音法门”等，境内滋生的有“实际神”“门徒会”等20余种邪教组织。邪教组织通过实施精神控制、制造动乱，对国家、社会、家庭和个人造成极大的危害，必须坚决抵制。

典型事例

陈果 19岁

1. 2001年1月23日下午，北京市某学院在校大学生陈某因痴迷“法轮功”，在天安门广场自焚，造成终身残疾的严重后果。陈某习练“法轮功”之前，在学校是品学兼优的学生。由于习练“法轮功”，陈某被李洪志的歪理邪说蒙骗，且越陷越深，不能自拔，以至于最后走向自残的道路。

2. 2006年3月，河北省石家庄市某学院学生洪某因病休学在家。其母王某是一名“法轮功”痴迷者，她不但不带儿子去求医，还教唆洪某练起了“法轮功”。在“法轮功”痴迷者的蛊惑下，3月7日中午，洪某寄希望于和“功友”一起练习“法轮大法”治疗疾病，晕倒在地后，再也没能爬起来，最终因贻误治疗时机而去世。

3. 2008年11月25日，山东省菏泽市定陶县“灵灵教”信徒侯某在家持菜刀将将妻子孔某头部砍伤，其母马某上前制止，侯某又朝母亲头部猛砍数下致其死亡，之后侯某将村民吕某砍死。随后，侯某持木棍在村内疯狂寻找目标。侯某先后致人7死2伤，法院依法判其死刑。

4. 2014年5月28日晚21时许，“全能神”邪教组织成员张某某等6人，为宣扬邪教、发

展成员，在山东省招远市罗峰路麦当劳快餐厅内向周围就餐人员索要电话号码。在遭到被害人吴某某（女，35岁，山东省招远市人）拒绝后，张某某等人认为其为“恶魔”“邪灵”，应将其消灭，遂实施殴打，致被害人死亡。

5. 2013年10月28日12时许，来自新疆的乌斯曼·艾山、其母库完汗·热依木及其妻古力克孜·艾尼3人驾乘吉普车闯入北京市长安街便道，沿途快速行驶，故意冲撞行人，造成3人死亡、39人受伤。嫌疑人驾车撞向金水桥护栏，点燃车内汽油，致车辆起火燃烧，车内的3人当场死亡。经现场勘查，在车内发现印有极端宗教内容的旗帜。

各抒己见

1. 邪教的危害有哪些？

2. 如何让自己避免邪教的侵蚀？

专家点评

“法轮功”等邪教组织在西方反华势力的支持纵容下，大肆进行渗透破坏活动，通过散布谣言、宣扬世界末日等邪说，煽动不满，制造混乱，妄图破坏社会政治稳定，对社会造成极大的危害。对此，同学们必须保持高度警惕，充分认清“法轮功”等邪教组织的反动本质、巨大危害及其渗透破坏的渠道，不断增强抵御侵蚀的能力，坚决同“法轮功”等邪教组织做斗争。

知识讲堂

一、“邪教”的概念

所谓邪教，是指冒用宗教、气功或者其他名义神化首要分子，通过制造、散布迷信邪说等手段，蛊惑、蒙骗他人，发展、控制成员，危害社会秩序，侵犯人身权利的非法组织。

二、邪教和宗教的区别

邪教与宗教虽只一字之差，但有着很大的差别：

（一）本质不同

宗教倡导信徒融于社会，服务社会，造福人群，维护社会和谐，拥护中国共产党的领导，拥护社会主义制度。邪教的本质是反社会、反人类、反科学、反政府，它们蛊惑并煽动成员仇视社会、危害社会，甚至带有政治野心。

（二）含义不同

宗教是一种思想信仰和精神寄托，是人们对人间力量的一种敬畏和崇拜。而邪教的本质在于邪，属歪门邪道，不但骗人而且害人。

（三）崇拜的对象不同

宗教信仰和崇拜的对象是特定的神，是固定不变的，不是活生生的人。邪教崇拜的对象则是教主本人，是活生生的人。邪教头子自称是神的替身、代表，只有他自己可以与神沟通，是至高无上的神，是世界的创造者、主宰者和救世主，并鼓吹自己有着超常、特异的能力，从而达到对成员的精神控制。

（四）目的不同

宗教除了对神的虔诚信仰外，还引导人、教化人抑恶扬善，以和为贵，安分守己，多做善事，热爱生活，珍惜生命。而邪教则是披着宗教的外衣，以健身祛病为名，蒙骗群众，聚众闹事，骗取钱财，制造混乱，并编造一些歪理邪说控制人们的精神，致使信徒六亲不认，心理变态，轻视生命，厌恶社会。

（五）活动方式不同

宗教活动都是公开的、合法的，且都是在法律所允许的范围之内，有固定的场所，如寺庙、教堂等。而邪教组织的活动都是诡秘的、地下的、非法的，而且活动场所也不是固定的，常常侵占公共场所，影响人们的正常生活、学习。

（六）法律地位不同

在我国，宗教组织都是依法登记、年检的社会团体。公民的信教自由、信教群众正常的宗教活动和仪式，都受国家宪法和有关法律的保护。而邪教组织，属于非法社会团体，其一切组织、人员、活动、财产等都不受国家法律保护。

三、邪教的主要特征

（一）反对科学，编造邪说

一些邪教以“人体科学”的名义，故弄玄虚，鼓吹自己能透视遥感，预见未来，法力无边。“法轮功”就自称是最高的科学，极力吹捧“法轮大法”是世界上一切学说中最玄奥、最超常的科学。

（二）神话头目，精神控制

邪教教主大都将自己吹嘘成法力无边的“上帝”，具有超能的“神”。要信徒们顶礼膜拜，绝对服从。为了达到控制信徒的目的，邪教教主通过灌输邪说，对信徒进行诱惑并“洗脑”，激发他们的信教热情，使他们丧失独立思考、分辨是非和行为控制能力，甘愿为邪教的信仰而献身。

（三）秘密结社，非法活动

邪教组织大都暗地里活动，行为诡秘。他们活动时选择偏僻地点，设立岗哨，深夜聚集。有的邪教组织规定，其成员一律不准使用真名，互称“灵”名，用暗号联络。有的按地域划分若干“牧区”，对站点负责人实行异地交流。

（四）坑骗信徒，聚敛钱财

邪教的教主都是发不义之财的暴发户。他们苦心经营的每一个邪教组织，实际上都是一个神秘的“商业王国”。他们用美妙动听的谎言欺骗信徒苦行修炼的同时，自己却过着花天酒地、骄奢淫逸的糜烂生活。

（五）谎称大难，制造恐慌

编造“大灾大难即将降临”等邪说，恐吓和诱骗群众，是邪教惯用的伎俩。他们借此制造恐慌，然后装扮成“救世主”，宣扬只有听他们的话才能得救。

（六）反对政府，仇视社会

邪教往往煽动成员发泄对政府和社会的不满，有的公然打出“夺取政权，建立神国”的旗号，从事反政府和反社会的活动。有的利用社会上存在的一些腐败现象、贫富差别等问题，离间党和政府与人民群众的关系。有的借天灾人祸散布谣言，煽动群众对抗政府。这些都赤裸裸地表明了邪教反政府、反社会的本质。

四、邪教的主要危害

邪教制造动乱，搅乱社会，企图达到浑水摸鱼、乱中取胜的政治野心，对人们的健康和生命安全、社会发展和政治稳定造成极大危害。

（一）动摇人们的政治信仰

“法轮功”等邪教组织的共同特征之一就是编造歪理邪说，往往把其教主吹捧成“活佛”“先知”，美化为至高无上的“神”，使邪教成员感觉很神秘，达到实施精神控制的目的。那么，这些人为什么如此崇拜“法轮功”呢？一个最重要的原因就是这些人丧失了政治立场，动摇了根本信仰，放松了思想改造，经受不住反马克思主义的错误思潮和腐朽思想的侵蚀。也许有的同学认为，信仰问题是领导干部的事，与我们普通群众和一般学生关系不大，这种认识是错误的。因为，信仰问题是关系党和国家的前途命运以及每名同学成长进步的大问题，一个人如果没有正确的信仰，就会迷失方向，就会被别有用心的组织或个人所利用。

（二）破坏社会的正常秩序

编造荒谬离奇、骇人听闻的歪理邪说，制造思想混乱是一切邪教教主欺世盗名、蒙骗群众的惯用伎俩。邪教组织散布歪理邪说，进行心理诱导，导致教徒的思想、情感和行为逐渐变得与现实生活格格不入。邪教组织的敛财骗色、非法经营、偷税漏税、非法集会、诡秘活动等，扰乱了正常的公共秩序，对社会造成极大的危害。

（三）触犯国家的法律法规

近年来，在邪教分子的煽动下，一些地区多次发生邪教成员围攻政府机关、殴打基层干部、阻碍公安干警执行公务的事件。2006年2月5日，河北省香河县两名“法轮功”分子因散发反动宣传材料被拘留，60多名“法轮功”人员冲击公安机关，殴打公安干警。邪教组织还利用绑架、非法拘禁、色情勾引、恐吓甚至杀人等手段扩充组织，控制成员。“东方闪电教”威胁信徒不得叛教，否则将遭到断手脚、割耳、坐地牢等报复。

（四）危害人们的生命安全

邪教组织通过对其成员的洗脑，使其成员内心充满了对社会、对人类的仇恨，致使一些信徒走火人魔，屡屡发生精神失常、自残、自杀、杀人等事件。邪教宣扬“信主可以免灾，祷告可以治病”“只要虔诚祷告，不用打针、吃药，疾病自然会好”等邪说。为防止患病的成员去医院看病，邪教用骗术来为成员治病，导致患者伤残、精神失常，甚至死亡。

（五）妨碍青少年的健康成长

“法轮功”等邪教组织为了达到与党和国家长期对抗的目的，企图培养、补充其“新鲜血液”，把“黑手”伸进大中小学校乃至幼儿园，极力争夺年轻一代。邪教“呼喊派”叫嚣“要把福音的种子撒进单纯的学生，使他们成为未来的中流砥柱”，以开办英语培训班等形式传授歪理邪说，施以小恩小惠，在大中小学生中发展教徒。四川省遂宁市曾发生多起“法轮功”人员在课堂上公开宣扬“法轮功”歪理邪说的事件，他们利用教师的特殊身份，肆无忌惮地向学生传播“法轮功”歪理邪说，煽动学生“取下红领巾戴上护身符”，教唆引诱学生“退队”，造成了十分严重的后果。

五、崇尚科学，反对邪教

青少年学生能否健康成长，直接关系着我们国家的前途与命运。作为职业院校学生，我们要树立正确的世界观、人生观和价值观，自觉提高识别、抵御和防范邪教的能力，切实做到崇尚科学、拒绝邪教，积极参加反邪教的斗争实践，堵塞邪教组织的侵蚀渠道。

（一）严格遵守政治纪律

做到不听、不信、不传各种邪教组织的反动宣传言论。凡是收到、发现反动宣传品的，要及时上缴，防止扩散。接到邪教组织的骚扰电话，要及时报告学院有关领导或保卫部门。

（二）严格执行学校的有关规定

严禁私自登录、浏览邪教网站，不准下载带有邪教反动内容的资料。

（三）敢于同邪教组织的渗透破坏行为做斗争

要防止邪教分子混入学校捣乱破坏，发现邪教分子散发反动宣传品或从事其他违法活动时，要及时制止并迅速向学校有关部门和领导报告。

（四）积极宣传反邪教方针政策和有关规定

发现涉及“法轮功”等邪教问题的，要积极做好教育转化工作，并主动向学校有关部门和领导报告。

同学们，邪教是现代社会的“毒瘤”，面对邪教的反动宣传及非法活动，我们必须保持清醒的头脑和坚定的立场。在夺取全面建设小康社会新胜利的今天，我们要自觉抵制邪教，用理性之光照亮自己的人生道路。

拓展一步

邪教活动的新动向

近年来，我们与邪教组织斗争的形势总体平稳，没有发生性质恶劣、影响较大的事件。但由于受境外组织的煽动渗透，“法轮功”等邪教组织的捣乱破坏活动出现了新动向。

1. 活动频率频繁。从1999年中央取缔“法轮功”之后，一些漏网的“法轮功”人员相互串联，秘密聚会，不断在各地纠合，形成了区域性乃至跨区域性地下组织，大肆从事违法犯罪活动。

2. 活动方式狡猾。为了逃避打击，一些“法轮功”分子将传播方式改为“口传心授”，不用任何印刷、书写的“法轮功”资料或音像制品。利用人民币进行反动宣传，已成为其主要的反动宣传手法之一。多采用单线联系，或不断变换联系方式和活动地点。

3. 活动手段多样。部分“法轮功”人员非法安装境外卫星电视接收设备，接收传播“法轮功”电视节目。一些掌握电脑技术的“法轮功”顽固分子四处串联，帮助各地培训“技术骨干”，并提供上网设备，为建立地方窝点、从事非法活动提供方便。活动范围已由农村和城乡结合部开始向城市延伸。

4. 活动内容虚假。近年来，随着政府对邪教组织打击力度的加大，一些邪教组织不得不变换手法，假借开展学术交流、赞助公益活动、传授保健知识等形式，引诱高校人员上当受骗，参加邪教的组织活动。

5. 活动目的恶劣。“全能神”“呼喊派”“门徒会”等邪教组织加紧恢复和建立组织体系，活动手段诡秘，极端化倾向明显。邪教组织与其他敌对势力加强联系，采取多种形式与政府周旋对抗，在国内制造极端暴力恐怖事件。

法律链接

《中华人民共和国刑法》（节选）

第三百条　组织和利用会道门、邪教组织或者利用迷信破坏国家法律、行政法规实施的，处三年以上七年以下有期徒刑；情节特别严重的，处七年以上有期徒刑。组织和利用会道门、邪教组织或者利用迷信蒙骗他人，致人死亡的，依照前款的规定处罚。组织和利用会道门、邪教组织或者利用迷信奸淫妇女、诈骗财物的，分别依照本法第二百三十六条、第二百六十六条的规定定罪处罚。

《最高人民法院、最高人民检察院关于办理组织和利用邪教组织犯罪案件具体应用法律若干问题的解释》（节选）

具有下列情形之一的，处三年以上七年以下有期徒刑；情节特别严重的，处七年以上有期徒刑。

（一）聚众围攻、冲击国家机关、企业事业单位，扰乱国家机关、企业事业单位的工作、生产、经营、教学和科研秩序的。

（二）非法举行集会、游行、示威，煽动、欺骗、组织其成员或者其他人聚众围攻、冲击、强占、哄闹公共场所及宗教活动场所，扰乱社会秩序的。

（三）抗拒有关部门取缔或者已经被有关部门取缔，又恢复或者另行建立邪教组织，或者继续进行邪教活动的。

（四）煽动、欺骗、组织其成员或者其他人不履行法定义务，情节严重的。

（五）出版、印刷、复制、发行宣扬邪教内容出版物，以及印制邪教组织标识的。

《中国共产党纪律处分条例》（节选）

第五十条　组织、参加会道门或者邪教组织的，对策划者、组织者和骨干分子，给予开除党籍处分。

对其他参加人员，情节较轻的，给予警告或者严重警告处分；情节较重的，给予撤销党内职务或者留党察看处分；情节严重的，给予开除党籍处分。

对不明真相的参加人员，经批评教育后确有悔改表现的，可以免予处分或者不予处分。

知行合一

1.“法轮功”等邪教组织的危害有哪些?

2. 作为一名职业院校的学生，如何自觉地同“法轮功”等邪教组织做坚决斗争?

模块三 严明清廉规矩，为人生之旅护航

有些同学可能认为“廉洁”只和官员、职员们有关，离我们学生很遥远，其实不然。大学生将来都是要走向社会，走上工作岗位，成为官员或职员的。倘若我们在学生时代不注重培养自律意识，不增强廉洁奉公的自觉性，将来在纷繁复杂、充满各类诱惑的大千世界里怎能明辨是非，立足岗位，做好本职工作呢？因此，我们应当从现在起自觉提高廉洁自律意识，自觉把个人的理想追求融入“两个一百年”的奋斗目标中，为走向社会打下坚实基础。

典型事例

1. 2004年11月29日中午，在西北某高校校园公示栏里，一张内容言简意赅的“小字报”让广大师生瞠目结舌。在该学校某学院学生会干部选举中，一名自称“乌鸦”的学生表示自己被“庸才”通过贿赂拉选票的方式挤出“政坛”，而当选者却享受种种特权，徇私舞弊。

2. 某大学学生李某在2007年5月27日的考试中携带了一些与考试相关的资料，监考教师发现后将他带到考务办公室，对他做出处理。事后原告李某不服，到教室找监考教师，要求拿回试卷，撤销作弊处罚。在遭到拒绝后，李某动手打了监考教师。大庆市公安局开发区分局做出行政处罚决定，决定对李某拘留三日。该大学做出处分决定，决定给予李某开除学籍处分。

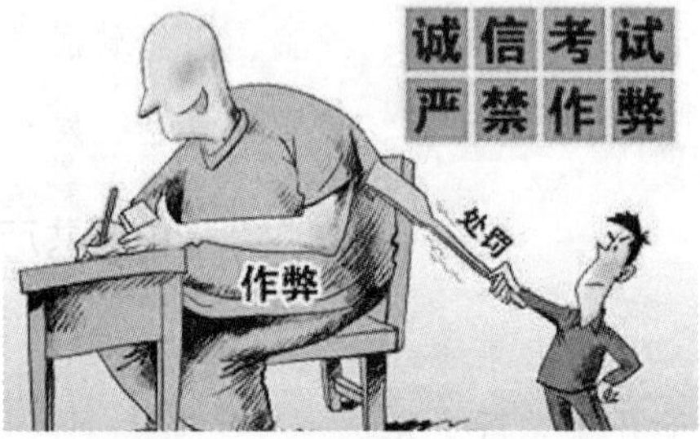

3. 2016年11月，在北京读大学的冯某身陷“裸贷门”事件。冯某为“买买买”走上了网络贷款之路，她在借贷宝等多个平台均借过款，最多时共欠款三万多元。为了还之前的欠款，她开始尝试“裸贷”，但对方拿走视频后却没有给钱。之后，她的个人信息遭泄露。

4. 刘某大学毕业后留校在教学研究室负责为学校订购教材，期间认识了某图书公司业务员成某。成某提出，若学校在该公司订购教材，图书公司可给刘某10%的回扣。刘某在图书市场进行了调研，觉得成某给的回扣比较高，就决定在该公司订购。此后，教研室连续三年在该图书公司订购教材，图书公司按约定一共给了刘某回扣13万元。这笔款项刘某没有交给单位财务，全部据为己有。

各抒己见

人生时时处处面临着诱惑——光环般的荣誉是诱惑，利多的职业是诱惑，权重的地位是诱惑……面对这些诱惑，作为一名学生，你应该怎样做？

专家点评

1. 大学期间，诱惑无处不在。对于学生干部来说，“干部”这个词汇本身就是一种诱惑，它体面，因而受到老师的关注和同学的羡慕，它有时候可以带来一些意想不到的收获。所以当干部竞选时，很多要强的学生就会千方百计地争取胜出的机会。

2. 尽管学校制定了严格的考试制度，不仅对考试有严格的规定，而且对监考老师的职责也有严格的考核，但学生的作弊还是屡禁不止。有些学生上课不认真听讲，课后不认真写作业，考试时却投机取巧，坐享其成，甚至有部分学生对于作弊行为见怪不怪，不以为耻。

3. 回扣在经济活动中比较常见。有些回扣是正当的经济往来，出卖方为了推销产品，愿意向购买方做出让利。有些则是商业贿赂行为，一些不法商人意图用回扣的方式来获得交易的成功，谋取不正当利益。在公务管理和经济往来中，有些人会以各种方式进行贿赂，比如回扣、赞助等。殊不知，从工作人员伸手接过这些回扣的那一刻起，就走上了违纪违法的道路。因此，同学们在公务活动和经济活动中，不可索取他人财物或非法收受他人财物，不要因为做得隐蔽就起贪心，而应坚守廉洁诚信的底线。

知识讲堂

一、廉洁的概念

“廉洁”最早出现在战国时期伟大的诗人屈原的《楚辞·招魂》中：“朕幼清以廉洁兮，身服义尔未沫。”东汉著名学者王逸在《楚辞·章句》中注释说：“不受曰廉，不污曰洁。”也就是说，不接受他人馈赠的钱财礼物，不让自己清白的人品受到玷污，就是廉洁。

廉是清廉，就是不贪取不应得的钱财；洁是洁白，是指人生光明磊落的态度。确切一点说，廉洁是说我们做人要有清清白白的行为、光明磊落的态度。

二、腐败的概念

腐败，指物体腐烂，行为堕落。语出《韩诗外传》卷八：“民无冻馁，食无腐败。”《现代汉语词典》对“腐败”的释义如下：一为物体腐烂；二是思想陈旧，行为堕落；三是制度、组织、机构、措施等混乱、黑暗。

目前，腐败的概念可分为广义和狭义两个方面。从广义上说，凡个人或单位在公共领域和私人领域违背社会道德、法律和传统规范的行为，都可视为腐败；从狭义上说，腐败即权力腐败，是公职人员滥用公共权力谋取私人利益的行为，即以权谋私。腐败不仅给党和国家造成了巨大的损失，也严重损害了广大人民的利益，一定程度上激化了社会矛盾，对社会的安定团结、长治久安构成巨大威胁。

三、不廉洁行为与腐败行为的界定

不廉洁是指不清白高洁，贪污，不诚信，不正直。从法律角度讲，不廉洁行为可以发生在领导干部身上，也可以发生在普通工作人员身上。腐败主要发生在领导干部和有权力的公职人员身上，它一般不发生在无职权的工作人员和老百姓身上。不廉洁行为与腐败行为都是一种侵占行为，不廉洁行为与腐败行为有一个从量变到质变的过程，不廉洁行为容易引起腐败行为，腐败行为是不廉洁行为的集中表现。

校园里出现的生活奢侈浪费、考试作弊、学生干部“贿选”等行为并不是腐败行为，而是不廉洁行为。虽然是不廉洁行为，如果不及时给予矫正，就容易导致腐败的滋生蔓延。

四、学生中常见的不廉洁行为

目前，职业院校学生的思想主流是好的，但是某些因素也冲击着学生正在形成的人生观和价值观，并对即将树立的廉洁思想构成潜在的威胁。

（一）生活攀比，铺张浪费

目前职业院校的学生消费水平正在逐年提高，有些学生的消费已经高于普通的工薪层。有些学生吃饭浪费，吃一半倒一半；有的学生借了高利贷去买高档手机、化妆品、奢侈品，有的甚至去赌博，最后发展到“裸贷”。

（二）诚信缺失，自律失控

诚信缺失已成为较为普遍的现象。考试舞弊、弄虚作假骗取助学金、伪造个人简历、不履行用人协议、恶意拖欠学费，这些行为给学生个人、学校乃至社会带来了很大的负面影响。

（三）网络成瘾，学业荒废

上课时拿着手机发短信，看新闻，玩游戏……在职业院校内，很多学生过着这样的生活。学生沉迷网络不仅浪费浪费金钱、精力，更需要警惕的是，网络游戏、网络聊天创设的虚拟环境使传统的道德准绳失去约束，导致各种网络欺骗、破坏与犯罪行为的发生，学生深受其害。

（四）追逐名利，目的功利

在评优、选举中，有的学生通过请客送礼、老乡情缘、拉选票，甚至依靠长辈的面子打通各种关系，目的在于评上先进或当上学生干部等。这些行为的存在，会使学生片面地认为“有钱好疏通，有人好办事”，将来到了社会上难免会在一些事情上走行贿的道路。

五、廉洁修身，从我做起

古人云：“正心，修身，齐家，治国，平天下。”廉洁修身乃齐家之始、治国之源。清正廉洁是中华民族的传统美德，也是做人的基本准则。小不洁致大腐败，几乎所有的腐败行为都是由小的不廉洁行为积聚而成的。职业院校的学生抵制腐败，应该从廉洁修身做起。

（一）言行一致，诚实守信

诚实，即忠诚老实，就是不隐瞒自己的真实思想，言行一致，不说谎，不作假；守信，就是讲信用，讲信誉，信守承诺，忠实于自己承担的义务，答应了别人的事一定要去做。

古人云："言必信，行必果。"诚信是中华民族的传统美德，是人生最不可少的品行素质。人无信则不立，事无信则不成，国无信则不强。

同学们，你们是民族的希望、祖国的未来，肩负着社会主义现代化建设的历史使命。希望大家从现在做起，从小事做起，诚实做人，诚心做事，言行一致，表里如一，不断提高思想道德和科学文化素质，为立业成事创造条件，为实现中华民族伟大复兴的中国梦贡献力量。

人物故事

合格的助手

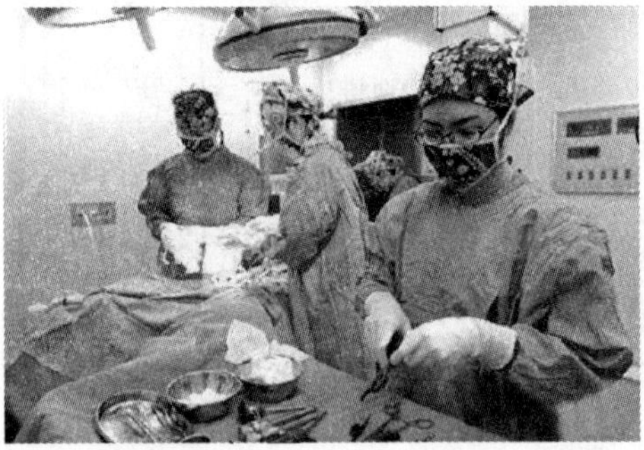

有一个学生，刚从学校毕业，在一家医院护士做为期一个月的实习生。一个月内，如果能让院方满意，她就可以正式获得护士这份工作；否则，她就得离开。一天，交通部门送来一位因车祸而生命垂危的人，实习护士被安排做外科手术专家——该院院长张教授的助手。复杂的手术从清晨进行到黄昏，眼看患者的伤口即将缝合，这位实习护士突然严肃地盯着院长说："张教授，我们用的是12块纱布，可是你只取出了11块。""我已经全部取出来了，一切顺利，立即缝合。"院长头也不抬，不屑一顾地回答。"不，不行。"这位实习护士高声抗议道，"我记得清清楚楚，手术中我们用了12块纱布。"院长没有理睬她，命令道："听我的，准备缝合。"这位实习护士毫不示弱，正直诚实使她几乎大声叫起来："你是医生，你不能这样做。"直到这时，院长冷漠的脸上才露出欣慰的笑容。他举起左手握着的第12块纱布，当场向所有的人宣布："她是我最合格的助手。"这位实习护士理所当然地获得了这份工作，并在以后的工作中取得了令人瞩目的成就。

这个故事说明了这样一个道理：人要想获得成功，仅有敏锐的头脑是不够的，更重要的是还要有正直诚实的品性。

（二）见贤思齐，自律自省

自省即自我反省，是孔子提出的一种自我道德修养的方法。他说：“见贤思齐焉，见不贤而内自省也。”意思是，见到德才兼备的人就向他看齐，如果见到有人做得不好，也要反省一下自己有没有类似情况，有则改之，无则加勉。这就要求我们要保持自谦的精神、自信的状态，自律的意识和自责的勇气，以无私坦荡的胸襟、虚怀若谷的品格，尊荣弃耻，持之以恒。

古语说得好：“以铜为镜，可以正衣冠；以史为镜，可以知兴替；以人为镜，可以明得失。”自律自省是提高个人修养、塑造高尚人格的重要手段。从古到今，注重道德修养、塑造高尚的道德人格和优雅气质一直是中华民族修身之道的精髓。不会自省，就谈不上修身；不会自律，也无从高尚与优雅。

每个人的成功都不是一蹴而就的，都需要不懈努力，在不断的失败中找出通向成功的道路，而自律自省就是帮助我们打开成功之门的钥匙。

人物故事

“四知太守”杨震

东汉时，杨震在赴任途中经过昌邑时，昌邑县令王密来拜访他，并怀金十斤相赠。杨震说：“故人知君，君不知故人，何也？”王密没听明白杨震的责备之意，说：“天黑，无人知晓。”杨震说：“天知，神知，你知，我知，何谓无知？”王密这才明白过来，大感惭愧，怏怏而去。于是杨震得号“四知太守”。

杨震在夜深人静之时，在没有第三者知道的情况下，严于律己，不贪不占，拒礼拒贿，其“慎独”精神可嘉，其人品之高尚让人仰慕。

（三）遵守规则，维护法纪

规则是人们在社会生活中为了维护人们的权利和社会的稳定而确定的准则，它规定人们什么该做、什么不该做。法纪是“法律纪律”的简称。维护法纪就是要维护法律、规则的威严，尤其是法律，任何人任何情况下都不能凌驾其上，都必须遵守。

遵守规则、维护法纪是保障我们每个人自身利益，是保证我们正确行使自己的权力、履行自己义务的必要条件。

同学们，“不以规矩，不成方圆”。只有大家遵守规则，维护法纪，才能保证我们有良好的社会风气，才能促进整个社会的安定团结。愿大家能够养成遵规守纪的好习惯，从现在开始争做文明学生和守法公民。

人物故事

守纪楷模周恩来

周恩来总理时时处处严格要求自己，凡是国家有规定的，他总是带头执行。比如国务院规定，私人用车要自付汽油费，他严格执行这一规定，每次去医院、看演出、理发等都作为私事，要司机一笔一笔记下来，按时付清汽油费。

一次，周恩来原打算向一个图书馆借阅《世界地图》和其他一些书籍，但听说这些书籍按照规定是不能外借的，只能到图书馆去看，于是他就冒雨来到图书馆。当图书管理员一看是周恩来总理时，后悔自己没有在电话中问清楚是哪位领导要借书，结果让周总理耽误了宝贵的时间。周恩来却表扬这位图书管理员说：“你做得很好。没有制度、规定，就办不好事情。别人要遵守规定，我也要遵守规定，我们大家都要遵守规定。这样，一切事情就好办了。”

周恩来曾说：“我身为总理，带一个好头，影响一大片；带一个坏头，也会影响一大片。”在他的革命生涯中，他始终严格遵守党的各项纪律，成为全党严守纪律的楷模。

（四）勤俭为荣，贪奢为耻

勤俭就是勤劳而节俭，贪奢就是贪图奢侈的生活，过度追求物质享受。

勤俭节约是中华民族的传统美德。自古以来，中华民族就以勤劳俭朴、勇敢智慧享誉世界。“居安思危，戒奢以俭”“历览前贤国与家，成由勤俭败由奢”是古人的谆谆告诫。“谁知盘中餐，粒粒皆辛苦”的警句，教育着一代又一代的中国人。“勤俭为荣，奢侈为耻”是中华民族一贯崇尚的荣辱观。作为炎黄子孙，我们应当继承和发扬中华民族的这一传统美德。

勤俭节约是保持廉洁、预防腐败的需要。事实证明，凡贪官都有奢侈的记录，“贪”与“奢”互为因果，相辅相成。奢侈必然导致贪婪，贪婪必定奢侈，生活上的奢侈是产生腐败的温床。因此，作为一名职业院校的学生，我们应该从细节做起，养成节约的习惯。日常生活中不讲究吃穿，不贪图享受，不讲排场，不攀比，不赶时髦。要节约每一张纸、每一滴水、每一度电、每一粒粮食，注重培养自己节俭、廉洁的品质。

人物故事

勤与俭的故事

有这样一个民间传说：一位老人去世时，除了一块写有“勤俭”的匾外什么也没给两个儿子留下。兄弟俩分家时，便把匾从中间锯开，哥哥要了“勤”，弟弟要了“俭”。哥哥每日辛勤耕作，但生活不知节俭，结果是两手空空；弟弟则省吃俭用，却不知勤劳耕作，结果是坐吃山空。后来经过仔细琢磨，他们把匾合在一起，照着去做，勤俭持家，终于创造了丰厚的财富，过上了幸福的生活。

拓展一步

《中国共产党廉洁自律准则》

中国共产党全体党员和各级党员领导干部必须坚定共产主义理想和中国特色社会主义信念，必须坚持全心全意为人民服务根本宗旨，必须继承发扬党的优良传统和作风，必须自觉培养高尚道德情操，努力弘扬中华民族传统美德，廉洁自律，接受监督，永葆党的先进性和纯洁性。

党员廉洁自律规范

第一条　坚持公私分明，先公后私，克己奉公。

第二条　坚持崇廉拒腐，清白做人，干净做事。

第三条　坚持尚俭戒奢，艰苦朴素，勤俭节约。

第四条　坚持吃苦在前，享受在后，甘于奉献。

党员领导干部廉洁自律规范

第五条　廉洁从政，自觉保持人民公仆本色。

第六条　廉洁用权，自觉维护人民根本利益。

第七条　廉洁修身，自觉提升思想道德境界。

第八条　廉洁齐家，自觉带头树立良好家风。

法律链接

《中国共产党纪律处分条例》（节选）

第八章　对违反廉洁纪律行为的处分

第九十四条　利用职权或者职务上的影响，侵占非本人经管的公私财物，或者以象征性地支付钱款等方式侵占公私财物，或者无偿、象征性地支付报酬接受服务、使用劳务，情节较轻的，给予警告或者严重警告处分；情节较重的，给予撤销党内职务或者留党察看处分；情节严重的，给予开除党籍处分。

第九十五条　利用职权或者职务上的影响，违反有关规定占用公物归个人使用，时间超过六个月，情节较重的，给予警告或者严重警告处分；情节严重的，给予撤销党内职务处分。占用公物进行营利活动的，给予警告或者严重警告处分；情节较重的，给予撤销党内职务或者留党察看处分；情节严重的，给予开除党籍处分。

第九十八条　有下列行为之一，对直接责任者和领导责任者，情节较轻的，给予警告或者严重警告处分；情节较重的，给予撤销党内职务或者留党察看处分；情节严重的，给予开除党籍处分：

（一）用公款旅游、借公务差旅之机旅游或者以公务差旅为名变相旅游的；

（二）以考察、学习、培训、研讨、招商、参展等名义变相用公款出国（境）旅游的。

第九十九条　违反公务接待管理规定，超标准、超范围接待或者借机大吃大喝，对直接责任者和领导责任者，情节较重的，给予警告或者严重警告处分；情节严重的，给予撤销党内职务处分。

第一百条　违反有关规定配备、购买、更换、装饰、使用公务用车或者有其他违反公务用车管理规定的行为，对直接责任者和领导责任者，情节较重的，给予警告或者严重警告处分；情节严重的，给予撤销党内职务或者留党察看处分。

第一百零三条　搞权色交易或者给予财物搞钱色交易的，给予警告或者严重警告处分；情节较重的，给予撤销党内职务或者留党察看处分；情节严重的，给予开除党籍处分。

第一百零四条　有其他违反廉洁纪律规定行为的，应当视具体情节给予警告直至开除党籍处分。

知行合一

1. 职业院校中存在哪些不廉洁行为？

2. 职业院校学生如何做到廉洁修身？

3. 组织一次“崇廉尚洁，从我做起”主题演讲比赛，倡导积极的人生态度、良好的道德品质、健康的生活情趣。

思维导图

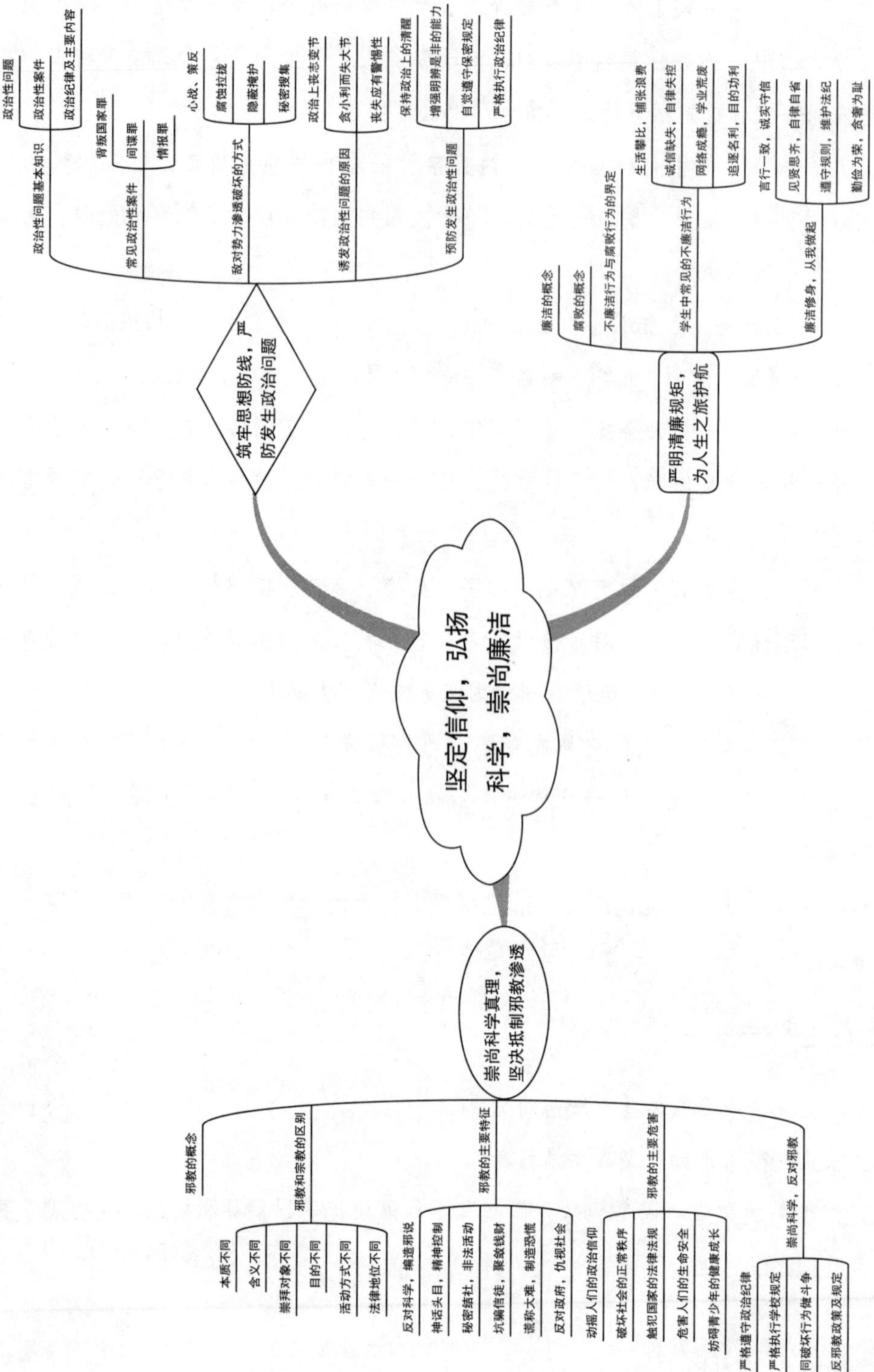
坚定信仰，弘扬科学，崇尚廉洁
筑牢思想防线，严防发生政治问题
政治性问题基本知识
政治性问题
政治性案件
政治纪律及主要内容
常见政治性案件
背叛国家罪
间谍罪
情报罪
敌对势力渗透破坏的方式
心战、策反
腐蚀拉拢
隐蔽掩护
秘密搜集
诱发政治性问题的原因
政治上丧志变节
贪小利而失大节
丧失应有警惕性
预防发生政治性问题
保持政治上的清醒
增强明辨是非的能力
自觉遵守保密规定
严格执行政治纪律
严明清廉规矩，为人生之旅护航
廉洁的概念
腐败的概念
不廉洁行为与腐败行为的界定
学生中常见的不廉洁行为
生活攀比，铺张浪费
诚信缺失，自律失控
网络成瘾，学业荒废
追逐名利，目的功利
廉洁修身，从我做起
言行一致，诚实守信
见贤思齐，自律自省
遵守规则，维护法纪
勤俭为荣，贪奢为耻
崇尚科学真理，坚决抵制邪教渗透
邪教的概念
邪教和宗教的区别
本质不同
含义不同
崇拜对象不同
目的不同
活动方式不同
法律地位不同
邪教的主要特征
反对科学，编造邪说
神话头目，精神控制
秘密结社，非法活动
坑骗信徒，聚敛钱财
谎称大难，制造恐慌
反对政府，仇视社会
邪教的主要危害
动摇人们的政治信仰
破坏社会的正常秩序
触犯国家的法律法规
危害人们的生命安全
妨碍青少年的健康成长
崇尚科学，反对邪教
严格遵守政治纪律
严格执行学校规定
敢于同破坏行为做斗争
积极宣传反邪教政策及规定

项目十一　实习实训、求职、就业安全指导

人力资源和社会保障部《技工教育“十三五”规划》指出，从经济社会发展和就业创业对技能人才的多样化需求出发，推广“校企双制、工学一体”办学模式，促进技能就业、技能成才。这就给同学们的实习实训提出了更高的要求。通常，职业院校的同学们在校学习时间和实习实训的时间比例要达到1:1。同学们几乎有一半时间是在实习实训场所度过的。大家应牢固树立安全第一的理念，严格按照安全操作规程进行操作，确保安全。

模块一　实习实训安全须知

实习实训是职业院校的同学们重要的学习环节，是提高职业能力的重要途径。同学们不但要在生产实习实训中强化技能训练更要在实习实训操作中强化安全意识，养成严格遵守安全操作规程的习惯，为今后的职业生涯奠定基础。

典型事例

1. 2010年6月，某职业院校同学赵某完成在学校的理论学习之后，进入某大型企业顶岗实习。7月8日，该同学未按规定将手机等私人物品放在指定位置。工作间隙，手机不慎滑落到原料传送带下面的缝隙中，该同学立即弯腰捡拾，就在此时该传送带启动了，致使该同学腹部被物料划伤，紧急送医后，经抢救无效死亡。

2. 2007年，某职业院校同学李某在校进行钳工基本操作实训中，又快又好地完成了实训指导教师布置的操作任务，受到老师的表扬。高兴之余，手拿一根锯条，在实习教

室内旋转身体庆祝，在离心力作用下，不慎身体碰到钳台，同时锯条恰巧接触到墙上的插座。锯条瞬间断成数节，自己也因碰撞、电击造成轻伤。

3. 2004年，某职业院校同学王某进入某大型企业电器维修车间参加跟岗实习。一次随师傅李某某进行登高操作，负责对李师傅进行监护，用脚顶着梯子底部，防止滑脱。工作当中，另外一名工人师傅方某让他去拿一件专用工具。该同学在未请其他人对李师傅进行保护的情况下，跑向工具室拿工具。就在他拿工具的短短几分钟内，梯子滑脱，造成李师傅摔伤，裆部撕裂。

4. 2015年10月底，某职业院校同学孙某在企业跟岗实习满一个月，第一次领到实习津贴，又正赶上其生日。同宿舍好友提出为其祝寿，该同学盛情难却，中午和大家一起外出吃饭并饮啤酒一瓶。他觉得喝得不多，能够坚持上班。结果下午工作期间由于精力不集中，被电烙铁烫伤，产品也出现了次品。企业对他罚款200元，终止其实习，将他退回学校。

5. 2009年，某职业院校同学钱某在企业顶岗实习。10月20日，在下班路上，钱某和同学们边走边闹，被身后驶来的机动车轧伤，造成右脚脚面粉碎性骨折。

6. 2015年4月，某职业院校同学吴某在某企业跟岗实习。19日晚22：00许，因玩手机错过饭点的吴某到厂外某小摊吃饭，由于小摊卫生不达标，该同学患细菌性痢疾，住院治疗7天。

各抒己见

对于这几起实习实训过程中发生的案例，大家怎么看？为什么会发生这些惨痛的事故？几位同学存在哪些问题？违反了哪些安全操作规程或规定？

专家点评

1. 企业安全操作规程规定，工作时间不得携带与工作无关的物品进入工作区域。出现物品滑落时，必须先确认安全才可以寻找、捡拾。赵同学无视安全文明生产规定，因违规携带、捡拾手机而付出了宝贵的生命，教训惨痛而深刻。

2. 实习实训期间，在工作场地切不可置安全于不顾。李同学在身体受到伤害的同时，用自己的忘乎所以为同学们上了一堂生动鲜活的安全教育课。

3. 实习实训期间，必须忠于职守，不得分心。登高、电气维修作业必须一人监护，一人操作。受人之托就必须忠人之事。

4. 实习实训期间，班前班后应绝对禁止饮酒。

5. 实习实训期间，应严格遵守交通法规，确保交通安全。

6. 实习实训期间，按时作息、吃饭是保证同学们身体健康、实习实训顺利进行的重要条件。饮食卫生必须重视。

知识讲堂

一、 一体化教室（实习车间、生产现场）安全操作规程

1. 同学们进入一体化教室或实习车间、生产现场，必须穿好工装，按要求戴好安全帽和其他个人必须佩戴的防护用品，做好各项准备工作，与实习实训无关的物品（如手机等）不得带入一体化教室或实习车间、生产现场。

2. 实习实训时，不得随意打闹，不得做与实习实训无关的事情，不得离开工作场地，不得请他人代做或代他人操作。

3. 严格遵守文明操作规程，没有指导教师、企业领导、工人师傅同意和指导，不得私自操作，不得擅自开启电源，更不允许操作与自己工作岗位无关及自己不熟悉的设备。避免操作不当引发事故。

4. 实习实训过程中，使用电动工具前，必须对电源线、电源插座进行安全检查，发现问题及时解决。

5. 实习实训工具必须规范放置。

6. 实习实训场地和实习实训工作必须保持干净清洁。

7. 实习实训过程中注意保护元器件、工具，防止碰撞造成损坏。

8. 实习实训结束时，必须切断所有电源，及时清理操作台和工作场地卫生。

二、建立“四方”联动机制，确保实习实训安全

职业院校的学生年龄偏小，活泼好动，逆反心理强，社会经验欠缺，安全意识差。学校应按照“全员育人、全过程育人、全方位育人”的总要求，遵循“学校主动，企业

推动，家庭促动，社会联动”的原则，为同学们选好实习企业，协调签署三方协议，明确各方的权利和义务。实习实训中一旦发生问题，同学们可以按照相关协议和法律法规解决。

三、实习前同学们一定要认真参加安全培训

《关于进一步加强中等职业学校同学们实习风险管理工作的紧急通知》中明确强调，各职业院校要安排专人负责同学们实习实训管理工作，形成同学们实习前有专门培训、实习中有过程管理、出险后及时赔付的全流程风险管控机制。

同学们实习实训多在生产一线，提前为同学们做好实习实训安全常识的普及和培训就成了学校和实习实训单位为同学们把好实习实训安全关的重要工作之一。实习实训开始前，同学们一定要认真学习《实习实训工作管理制度》《实习实训安全须知》《实习实训安全协议》等材料，掌握实习实训期间相关规定和生产、生活、交通、饮食等方面的安全知识。安全培训考试合格，方可参加相应的实习实训。

四、实习同学的权利和义务

职业院校的同学们参加实习实训在我国已经实施多年，但是在实践中仍存在着诸多法律问题，其中最为突出的是有的同学不清楚自己实习实训过程中的权利和义务。面对实习实训过程中可能会出现的安全隐患，同学们应树立起维护自身权益的意识，明确自己在实习实训中所享有的权利和应尽的义务。

1. 同学们须参加实习实训岗前培训及安全生产教育，按照规定要求规范行为，严格遵守安全生产操作规程，遵纪守法。

2. 同学们要服从工作安排和管理，认真履行岗位职责，尊重实习指导教师和其他员工，爱护公共财产。

3. 同学们因违反操作规程而造成的人身伤害或经济损失，需承担相应的赔偿责任。

4. 同学们实习实训期间，未经批准，不得擅自离开实习实训单位。

5. 同学们应定期向校内指导教师、班主任汇报自己的情况，保持信息畅通。

6. 同学们要接受实习实训单位的考核。实习实训结束后，要认真填写实习实训鉴定表。

同学们在实习实训过程中由于各种原因往往会出现一些违纪违规的行为。对于一般违纪行为，单位、学校或带队指导教师可以共同进行教育。作为同学，有义务接受校企

的共同教育，做到严格出勤、遵纪守规。如果多次教育无效，实习实训单位有权将同学退回学校，学校可以根据同学的违纪情况依据事实和程序进行处理。如果同学的违纪行为已触犯国家法律并造成严重后果，则应当交由相关部门进行处理。

拓展一步

实习实训三方协议书（参考样本）

甲方（顶岗实习单位）：

乙方（实习学生）：

丙方（学校）：

为进一步做好技工教育理论与实践相结合的工作，突出技能培养的办学模式，保证学生顶岗实习工作的顺利进行，经甲、乙、丙三方共同协商，就丙方学生赴甲方进行实习实训事宜，达成如下协议：

一、甲方职责和义务

1. 甲方根据实际生产需要，选择乙方到企业进行实习实训，为乙方提供适合的实习工作岗位，并给予相应的技术指导。实习结束，若甲乙双方同意，甲方录用乙方为正式员工，签订劳动合同。

2. 甲方为乙方提供的岗位以及工作场地、设备、劳动保护用品等工作条件，必须符合国家有关规定，保证学生的合法权益。

3. 甲方应依据《中华人民共和国劳动合同法》及实习实训相关规定安排工作时间，严格执行每天不超过八小时、每周不超过四十小时工作时间的规定，不得安排实习学生在节假日加班及从事高危高风险的工作。到岗前要为学生购买人身意外伤害保险，对实习学生进行岗前安全防护知识、岗位操作规程的培训，落实安全防护措施，预防发生伤亡事故。工作时间非因乙方自身原因导致乙方发生人身安全问题的，由甲方负责；非因工作原因导致乙方发生人身安全问题的，根据法律规定处理解决，甲方应为乙方提供帮助。

4. 乙方在甲方顶岗实习期间，甲方要提供________元/月的生活补贴并按时发放，不得无故克扣和拖欠。

5. 乙方在顶岗实习期间因工作原因造成伤害的，甲方应根据有关规定处理并承担相关费用，并及时告知丙方。

6. 顶岗实习期间加强学生的政治思想、劳动态度、工作安全等方面的管理工作，顶岗实习结束后要做好对乙方的考核工作。实习期间，甲方不得无故辞退乙方，若乙方在顶岗实习过程中有违法、违纪和违规行为，甲方应通知丙方，并有权中止乙方实习实训。

二、乙方职责和义务

1. 乙方须参加甲方组织的实习实训岗前培训及安全生产教育，按照甲方的规定要求规范行为，严格遵守安全生产操作规程，遵纪守法。

2. 乙方要服从甲方的工作安排和管理，认真履行岗位职责，尊重实习指导教师和其他员工，爱护甲方财产等。

3. 乙方因违反操作规程造成的人身伤害或经济损失，由乙方承担赔偿责任。

4. 实习实训期间，若中途变更实习实训单位，须征得甲、丙双方的同意。未经批准，不得擅自离开实习实训单位。

5. 乙方应定期向校内指导教师、班主任汇报自己的情况，保持信息畅通。

6. 乙方要接受实习实训单位的考核。实习实训结束后，要认真填写实习实训鉴定表。

三、丙方职责和义务

1. 与甲方共同做好实习实训学生的思想教育和指导工作。

2. 协调、处理实习实训过程中出现的问题，经常到甲方巡查，及时了解实习学生的工作、生活情况，及时协助解决甲、乙方的问题。

3. 与甲方共同做好对实习实训学生的考核鉴定工作。

4. 及时处理甲方退回的学生。对违反《实习实训三方协议》、擅自离开实习单位的学生，根据学校的有关规定进行处理。

5. 协调甲、乙方及时处理双方出现的争议；协助双方依法处理实习实训期间出现的人身伤害事故。

四、协议期限及其他要求

实习实训时间：______年______月______日至______年______月______日。根据乙方有关实际情况，由甲、丙方共同确定实习实训成绩，考核合格者方可毕业，考核情况由丙方归入乙方个人档案。

五、其他条款

1. 在实习实训过程中发生的本协议未尽事宜由三方协商解决。

2. 实习实训期满本协议自然终止。

3. 本协议经三方签字或盖章生效。

4. 因履行本协议发生争议且协商不成时，可向本协议签订地人民法院提起诉讼。

5. 本协议一式3份，甲、乙、丙三方各执1份。

甲方（盖章）：

代理人（签名）：

乙方（签名）：

监护人（签名）：

丙方（盖章）：

代理人（签名）：

签订日期： 年 月 日

法律链接

《中华人民共和国安全生产法》从生产经营单位的安全生产保障、从业人员的安全生产权利义务、安全生产的监督管理、生产安全事故的应急救援与调查处理、法律责任几个方面对安全生产问题进行了规范。强调安全第一、预防为主、综合治理的12字方针，明确事故原因没有查清不放过、事故责任者没有严肃处理不放过、周围群众没有受到教育不放过、防范措施没有落实不放过的“四不放过”原则，对职业院校同学实习实训工作具有重要的指导意义。请同学们上网学习，确保实习实训全过程安全。

知行合一

同学们有什么样的思想，就会有什么样的行动。安全第一的意识必须内化于心，外化于行。每一次血的教训，每一次安全事故的背后，都有一个惨不忍睹的故事。作为职业院校的同学、技能人才的后备军，必须具有良好的精神素质和身体素质，树立为人民服务的思想，具有忠于职守的职业道德、严肃认真的工作作风、严谨细致的工作态度，努力提高思想认识，确保实习实训安全。请写出自己的实习实训安全承诺书。

模块二 实习实训事故的预防与应急处置

愚者用自己的鲜血换来教训，智者用别人的教训避免流血。不同专业、岗位的安全操作规程，是劳动者用血与泪甚至以生命为代价换来的。缺乏安全意识和安全知识，违反规章制度、操作规程，是实习实训中发生事故的重要原因。珍惜生命，从我做起，从点滴做起。同学们参加实习实训前要认真学习有关安全操作规程、事故的预防与应急处置预案；实习实训中认真遵守有关安全制度、操作规程。安全第一，预防为主！

典型事例

1. 2014年，某职业院校同学王某完成在学校的理论学习之后，进入某企业电气车间电机维修班实习。在一次电机热拆热卸工作中，燃料外泄，造成一次初起火灾。该同学利用在校期间学过的知识，立即选用泡沫灭火器灭火，恰当地处置了险情。

2. 2010年，某职业院校同学孙某某在下厂顶岗实习期间，其师傅在一罐体内操作时不幸昏迷。该同学沉着冷静，按在课堂上所学知识，将其师傅拉出罐外，紧急检查后，畅通气道，立即实施心肺复苏法紧急救治，在其他工人师傅的帮助下，拨打120，及时送医，挽救了其师傅的生命。

3. 2008年，某职业院校同学张某在某化工厂顶岗实习期间，遭遇氨水管道阀门泄露事故。该同学由于紧张，一时忘记了事故预案，未及时上报值班领导，也未关闭主管道阀门，而是自行堵漏，结果耽误了处置时机，泄漏点越来越大，自己也被烧伤送医。

4. 2011年，某职业院校同学许某某在工厂顶岗实习期间，发现成品储罐液位有急剧下降趋势，按照平时学习的应急预案，迅速报告值班长，并逐级上报企业生产总调度室，由值班调度采取原料排空措施，避免了一场恶性事故的发生。

各抒己见

由这几起实习实训过程中发生的案例，大家想到了什么？如自己是当事人，会怎样应对呢？请同学们想一想，议一议，深入体会事故预防和紧急处置的重要性。

专家点评

1. 安全第一。同学们进入企业实习，应认真学习、掌握各种事故应急预案，一旦发生危险，应及时有效处置。

2. 认真学习掌握相关的急救方法与步骤，关键时刻才能临危不乱，及时救护，挽救他人宝贵的生命。

3. 遇事应冷静思考，正确应对，不能正确处置时应及时上报，不可擅自行动，防止事态扩大。

知识讲堂

一、实习实训过程中事故的预防

（一）实习实训前的教育与培训

实习实训开始前，结合实习实训具体专业、工作岗位所涉及的安全问题和相关案例对同学们进行“三级三纪”安全教育，使同学们在思想上形成比较系统的自我防护意识，掌握事故紧急处置的基本知识，切实树立安全第一、预防为主的思想，具备安全文明生产的基本能力。

（二）实习实训过程中事故的预防

各实习实训带队指导教师和负责实习实训单位的车间领导、安全员负责同学们顶岗实习全过程的管理和督查；定期巡视、联系同学们，及时掌握大家的思想动态，发现安全问题苗头和隐患及时处置，把问题消灭在萌芽状态，坚决防止事故的发生。

1. 杜绝火灾隐患

实习实训过程中，同学们要遵守防火制度，易燃易爆物品严格按规定存放，不要将打火机等易燃易爆物品带进实训实习场地。严禁吸烟，也不能在场地内使用交流电器烤煮食物。使用电烙铁、电炉等电热器时，不可直接放在可燃物上。定期进行消防演练，熟悉消防通道和逃生通道的位置，掌握灭火器材的使用方法。一旦有危险发生，同学们可安全撤离或用消防器材进行初起火灾的扑救。

2. 安全用电

实习实训过程中，同学们不得在实习实训场地内乱拉乱接和改装电源线路，要经常检查电源线路、漏电开关和电路绝缘性能是否正常。不靠近高压带电体，不接触低压带电体，熟悉各种安全标志，严格遵守各项安全技术操作规程和安全作业制度、工作票制度，严禁单独作业，切实做到一人操作、一人监护。注意悬挂“有人工作，请勿合闸”等标志牌，尽量避免带电操作。工作结束后，离开时要注意关闭仪器设备的总电源，注意排气通风，保持清洁，防止小动物进入。

3. 防止受伤

实习实训过程中，同学们在实习实训场所要注意保护自己，防止受伤。传动设备外露转动部分必须安装防护罩，必要时应挂“危险”类警告牌。启动前应检查一切保护装置和安全附件，使其处于完好状态。运转中出现异常现象或声音，须及时停机检查，一切正常后才能重新启动。不能把手挤进螺孔或管子里，以防毛刺刮伤。应定期检查、校验压力计，并经常检查压力容器接头处及送气管道。用钻孔器、锥子、针等切割和穿透物体时，要谨慎操作；进行弹、喷、射击等操作时不能对着人，以防伤人。进行登高作业时应提前采取保护措施以防止摔伤。切实保证实习实训场所清洁有序，防止滑倒、碰撞等事故的发生。

4. 其他注意事项

虽然安全第一、预防为主、综合治理的方针越来越深入人心，大家的实习实训环境越来越安全，但仍要有防中毒、防辐射、防爆炸等思想意识和措施，注意电气焊等特种操作的安全，确保万无一失。

二、实习实训过程中事故的应急处置

事故应急处理采取分级响应原则，并逐级响应和上报。

（一）报警

事故发生后，发现问题的同学应迅速报告指导教师或车间当班班长，说明应急事故种类、发生部位、介质、报警人姓名等信息。当班班长迅速报告车间主任。在逐级上报的同时，采取有效应急措施实施救援行动。

（二）接警

车间主任接到报警后将迅速赶赴现场，启动车间应急预案，履行相应职责，迅速查清事故发生的位置、环境、规模及可能产生的危害。及时与应急领导机构、应急队伍、辅助人员及灾害区内部人员沟通联络。快速采取应急措施，医疗、后勤、保卫等部门各司其职。迅速通报灾情，通知相关方做好必要的准备工作。采取必要的自救措施，力争迅速消灭灾害，并注意采取隔离灾区的措施，转移灾区附近易引起灾害蔓延的物品，撤离或保护好贵重物品，尽量减少损失。保护好现场，为开展事故调查做好准备。根据应急事件种类、严重程度、本单位能否控制初期事件等因素，决定是否启动上一级应急救援预案。这时候同学们一定要服从命令，听从指挥，确保自身安全。

（三）事故应急处理措施

1. 根据工艺规程、操作规程的技术要求，确定采取的紧急处理措施。

2. 事故现场人员按疏散预案路线安全迅速地撤离现场。

3. 设立警戒线，隔离危险区，同时保护好现场。除应急指挥和救援人员外，禁止无关人员进入警戒线内，直到应急命令解除。

4. 在应急恢复阶段，除事故调查人员外，禁止无关人员进入警戒线内，直到事故原因查明为止。

（四）受伤人员现场救护、救治与医院救治

1. 采取“先救人，后救物；先救重伤员，后救轻伤员”的原则，实施受伤人员救护。

2. 按受伤人员受伤情况，分类选择相应专业医院；在医院救治能力相当的时候，遵循就近就医的原则。

（五）事故后人员的安全疏散、撤离

1. 严格执行安全第一、生命至上的疏散原则，在现场指挥员的指挥下进行撤离。

2. 按要求穿戴防毒面具等防护用品或用湿毛巾掩住口鼻。

3. 事故现场人员按疏散预案路线安全迅速地撤离现场。

拓展一步

一、事故上报制度及报告的撰写

根据国务院2007年493号令《生产安全事故报告及调查处理条例》的规定，企业在发生事故后的1小时内要向当地的安全生产监督管理部门进行报告。报告的内容有：

1. 事故发生单位概况；

2. 事故发生的时间、地点以及事故现场情况；

3. 事故的简要经过；

4. 事故已经造成或者可能造成的伤亡人数（包括下落不明的人数）和初步估计的直接经济损失；

5. 已经采取的措施；

6. 其他应当报告的情况。

二、常见安全生产标志

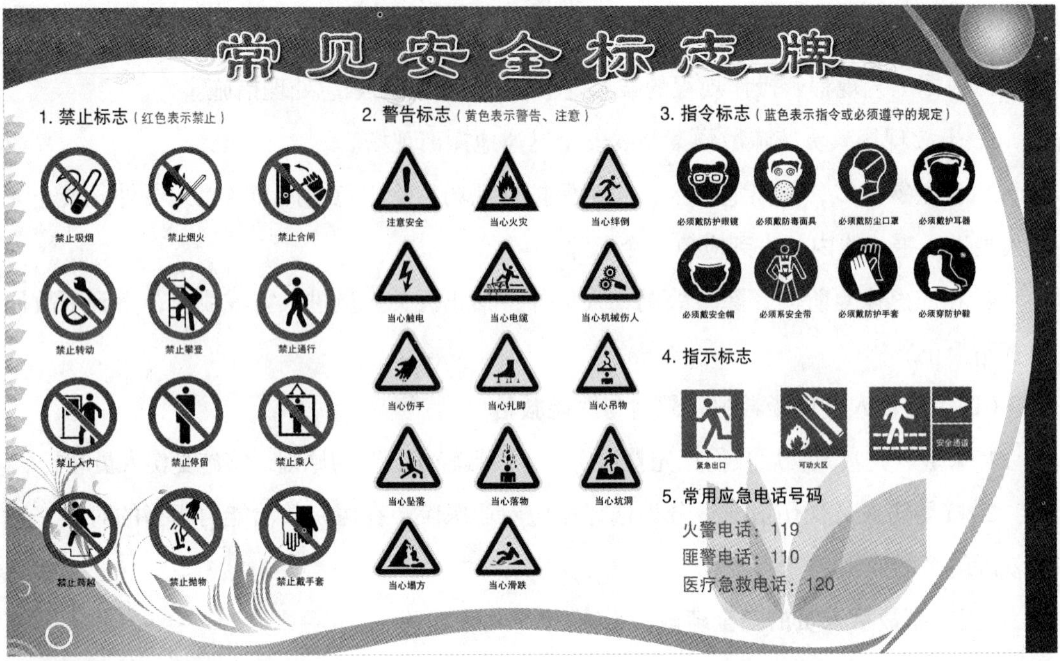
常见安全标志牌
1. 禁止标志（红色表示禁止）
禁止吸烟
禁止烟火
禁止合闸
禁止转动
禁止攀登
禁止通行
禁止入内
禁止停留
禁止乘人
禁止抛物
禁止戴手套
2. 警告标志（黄色表示警告、注意）
注意安全
当心火灾
当心绊倒
当心触电
当心电缆
当心机械伤人
当心伤手
当心扎脚
当心吊物
当心坠落
当心落物
当心坑洞
当心塌方
当心滑跌
3. 指令标志（蓝色表示指令或必须遵守的规定）
必须戴防护眼镜
必须戴防毒面具
必须戴防尘口罩
必须戴护耳器
必须戴安全帽
必须系安全带
必须戴防护手套
必须穿防护鞋
4. 指示标志
紧急出口
可动火区
安全通道
5. 常用应急电话号码
火警电话：119
匪警电话：110
医疗急救电话：120

必须系安全带
必须戴安全帽
必须穿防护鞋
必须戴防尘口罩
必须戴护耳器
必须穿防护服
必须戴防护帽
必须戴防毒面具
必须洗手
必须接地
必须拔出插头

当心夹手
Warning, hands pinching
严禁一切明火
All forbidden fire
禁止乱动消防器材
修理时禁止转动

法律链接

职业学校学生实习管理规定

第一章　总则

第一条　为规范和加强职业学校学生实习工作，维护学生、学校和实习单位的合法权益，提高技术技能人才培养质量，增强学生的社会责任感、创新精神和实践能力，更好服务产业转型升级需要，依据《中华人民共和国教育法》《中华人民共和国职业教育法》《中华人民共和国劳动法》《中华人民共和国安全生产法》《中华人民共和国未成年人保护法》《中华人民共和国职业病防治法》及相关法律法规、规章，制定本规定。

第二条　本规定所指职业学校学生实习，是指实施全日制学历教育的中等职业学校和高等职业学校（以下简称“职业学校”）学生按照专业培养目标要求和人才培养方案安排，由职业学校安排或者经职业学校批准自行到企（事）业等单位（以下简称“实习单位”）进行专业技能培养的实践性教育教学活动，包括认识实习、跟岗实习和顶岗实习等形式。

认识实习是指学生由职业学校组织到实习单位参观、观摩和体验，形成对实习单位和相关岗位的初步认识的活动。

跟岗实习是指不具有独立操作能力、不能完全适应实习岗位要求的学生，由职业学校组织到实习单位的相应岗位，在专业人员指导下部分参与实际辅助工作的活动。

顶岗实习是指初步具备实践岗位独立工作能力的学生，到相应实习岗位，相对独立参与实际工作的活动。

第三条　职业学校学生实习是实现职业教育培养目标，增强学生综合能力的基本环节，是教育教学的核心部分，应当科学组织、依法实施，遵循学生成长规律和职业能力形成规律，保护学生合法权益；应当坚持理论与实践相结合，强化校企协同育人，将职业精神养成教育贯穿学生实习全过程，促进职业技能与职业精神高度融合，服务学生全面发展，提高技术技能人才培养质量和就业创业能力。

第四条　地方各级人民政府相关部门应高度重视职业学校学生实习工作，切实承担责任，结合本地实际制定具体措施鼓励企（事）业等单位接收职业学校学生实习。

第二章　实习组织

第五条　教育行政部门负责统筹指导职业学校学生实习工作；职业学校主管部门负责职业学校实习的监督管理。职业学校应将学生跟岗实习、顶岗实习情况报主管部门备案。

第六条　职业学校应当选择合法经营、管理规范、实习设备完备、符合安全生产法律法规要求的实习单位安排学生实习。在确定实习单位前，职业学校应进行实地考察评估并形成书面报告，考察内容应包括：单位资质、诚信状况、管理水平、实习岗位性质和内容、工作时间、工作环境、生活环境以及健康保障、安全防护等方面。

第七条　职业学校应当会同实习单位共同组织实施学生实习。

实习开始前，职业学校应当根据专业人才培养方案，与实习单位共同制订实习计划，明确实习目标、实习任务、必要的实习准备、考核标准等，并开展培训，使学生了解各实习阶段的学习目标、任务和考核标准。

职业学校和实习单位应当分别选派经验丰富、业务素质好、责任心强、安全防范意识高的实习指导教师和专门人员全程指导、共同管理学生实习。

实习岗位应符合专业培养目标要求，与学生所学专业对口或相近。

第八条　学生经本人申请，职业学校同意，可以自行选择顶岗实习单位。对自行选择顶岗实习单位的学生，实习单位应安排专门人员指导学生实习，学生所在职业学校要安排实习指导教师跟踪了解实习情况。

认识实习、跟岗实习由职业学校安排，学生不得自行选择。

第九条　实习单位应当合理确定顶岗实习学生占在岗人数的比例，顶岗实习学生的人数不超过实习单位在岗职工总数的10%，在具体岗位顶岗实习的学生人数不高于同类岗位在岗职工总人数的20%。

任何单位或部门不得干预职业学校正常安排和实施实习计划，不得强制职业学校安排学生到指定单位实习。

第十条　学生在实习单位的实习时间根据专业人才培养方案确定，顶岗实习一般为6个月。支持鼓励职业学校和实习单位合作探索工学交替、多学期、分段式等多种形式的实践性教学改革。

第三章　实习管理

第十一条　职业学校应当会同实习单位制定学生实习工作具体管理办法和安全管理规定、实习学生安全及突发事件应急预案等制度性文件。

职业学校应对实习工作和学生实习过程进行监管。鼓励有条件的职业学校充分运用现代信息技术，构建实习信息化管理平台，与实习单位共同加强实习过程管理。

第十二条　学生参加跟岗实习、顶岗实习前，职业学校、实习单位、学生三方应签订实习协议。协议文本由当事方各执一份。

未按规定签订实习协议的，不得安排学生实习。

认识实习按照一般校外活动有关规定进行管理。

第十三条　实习协议应明确各方的责任、权利和义务，协议约定的内容不得违反相关法律法规。

实习协议应包括但不限于以下内容：

（一）各方基本信息；

（二）实习的时间、地点、内容、要求与条件保障；

（三）实习期间的食宿和休假安排；

（四）实习期间劳动保护和劳动安全、卫生、职业病危害防护条件；

（五）责任保险与伤亡事故处理办法，对不属于保险赔付范围或者超出保险赔付额度部分的约定责任；

（六）实习考核方式；

（七）违约责任；

（八）其他事项。

顶岗实习的实习协议内容还应当包括实习报酬及支付方式。

第十四条　未满18周岁的学生参加跟岗实习、顶岗实习，应取得学生监护人签字的知情同意书。

学生自行选择实习单位的顶岗实习，学生应在实习前将实习协议提交所在职业学校，未满18周岁学生还需要提交监护人签字的知情同意书。

第十五条　职业学校和实习单位要依法保障实习学生的基本权利，并不得有下列情形：

（一）安排、接收一年级在校学生顶岗实习；

（二）安排未满16周岁的学生跟岗实习、顶岗实习；

（三）安排未成年学生从事《未成年工特殊保护规定》中禁忌从事的劳动；

（四）安排实习的女学生从事《女职工劳动保护特别规定》中禁忌从事的劳动；

（五）安排学生到酒吧、夜总会、歌厅、洗浴中心等营业性娱乐场所实习；

（六）通过中介机构或有偿代理组织、安排和管理学生实习工作。

第十六条　除相关专业和实习岗位有特殊要求，并报上级主管部门备案的实习安排外，学生跟岗和顶岗实习期间，实习单位应遵守国家关于工作时间和休息休假的规定，并不得有以下情形：

（一）安排学生从事高空、井下、放射性、有毒、易燃易爆，以及其他具有较高安全风险的实习；

（二）安排学生在法定节假日实习；

（三）安排学生加班和夜班。

第十七条　接收学生顶岗实习的实习单位，应参考本单位相同岗位的报酬标准和顶岗实习学生的工作量、工作强度、工作时间等因素，合理确定顶岗实习报酬，原则上不低于本单位相同岗位试用期工资标准的80%，并按照实习协议约定，以货币形式及时、足额支付给学生。

第十八条　实习单位因接收学生实习所实际发生的与取得收入有关的、合理的支出，按现行税收法律规定在计算应纳税所得额时扣除。

第十九条　职业学校和实习单位不得向学生收取实习押金、顶岗实习报酬提成、管理费或者其他形式的实习费用，不得扣押学生的居民身份证，不得要求学生提供担保或者以其他名义收取学生财物。

第二十条　实习学生应遵守职业学校的实习要求和实习单位的规章制度、实习纪律及实习协议，爱护实习单位设施设备，完成规定的实习任务，撰写实习日志，并在实习结束时提交实习报告。

第二十一条 职业学校要和实习单位相配合，建立学生实习信息通报制度，在学生实习全过程中，加强安全生产、职业道德、职业精神等方面的教育。

第二十二条 职业学校安排的实习指导教师和实习单位指定的专人应负责学生实习期间的业务指导和日常巡视工作，定期检查并向职业学校和实习单位报告学生实习情况，及时处理实习中出现的有关问题，并做好记录。

第二十三条 职业学校组织学生到外地实习，应当安排学生统一住宿；具备条件的实习单位应为实习学生提供统一住宿。职业学校和实习单位要建立实习学生住宿制度和请销假制度。学生申请在统一安排的宿舍以外住宿的，须经学生监护人签字同意，由职业学校备案后方可办理。

第二十四条 鼓励职业学校依法组织学生赴国（境）外实习。安排学生赴国（境）外实习的，应当根据需要通过国家驻外有关机构了解实习环境、实习单位和实习内容等情况，必要时可派人实地考察。要选派指导教师全程参与，做好实习期间的管理和相关服务工作。

第二十五条 鼓励各地职业学校主管部门建立学生实习综合服务平台，协调相关职能部门、行业企业、有关社会组织，为学生实习提供信息服务。

第二十六条 对违反本规定组织学生实习的职业学校，由职业学校主管部门责令改正。拒不改正的，对直接负责的主管人员和其他直接责任人依照有关规定给予处分。因工作失误造成重大事故的，应依法依规对相关责任人追究责任。

对违反本规定中相关条款和违反实习协议的实习单位，职业学校可根据情况调整实习安排，并根据实习协议要求实习单位承担相关责任。

第二十七条 对违反本规定安排、介绍或者接收未满16周岁学生跟岗实习、顶岗实习的，由人力资源社会保障行政部门依照《禁止使用童工规定》进行查处；构成犯罪的，依法追究刑事责任。

第四章 实习考核

第二十八条 职业学校要建立以育人为目标的实习考核评价制度。学生跟岗实习和顶岗实习，职业学校要会同实习单位根据学生实习岗位职责要求制订具体考核方式和标准，实施考核工作。

第二十九条 跟岗实习和顶岗实习的考核结果应当记入实习学生学业成绩，考核结果分优秀、良好、合格和不合格四个等次，考核合格以上等次的学生获得学分，并纳入学籍档案。实习考核不合格者，不予毕业。

第三十条　职业学校应当会同实习单位对违反规章制度、实习纪律以及实习协议的学生，进行批评教育。学生违规情节严重的，经双方研究后，由职业学校给予纪律处分；给实习单位造成财产损失的，应当依法予以赔偿。

第三十一条　职业学校应组织做好学生实习情况的立卷归档工作。实习材料包括：（1）实习协议；（2）实习计划；（3）学生实习报告；（4）学生实习考核结果；（5）实习日志；（6）实习检查记录等；（7）实习总结。

第五章　安全职责

第三十二条　职业学校和实习单位要确立安全第一的原则，严格执行国家及地方安全生产和职业卫生有关规定。职业学校主管部门应会同相关部门加强实习安全监督检查。

第三十三条　实习单位应当健全本单位生产安全责任制，执行相关安全生产标准，健全安全生产规章制度和操作规程，制定生产安全事故应急救援预案，配备必要的安全保障器材和劳动防护用品，加强对实习学生的安全生产教育培训和管理，保障学生实习期间的人身安全和健康。

第三十四条　实习单位应当会同职业学校对实习学生进行安全防护知识、岗位操作规程教育和培训并进行考核。未经教育培训和未通过考核的学生不得参加实习。

第三十五条　推动建立学生实习强制保险制度。职业学校和实习单位应根据国家有关规定，为实习学生投保实习责任保险。责任保险范围应覆盖实习活动的全过程，包括学生实习期间遭受意外事故及由于被保险人疏忽或过失导致的学生人身伤亡，被保险人依法应承担的责任，以及相关法律费用等。

学生实习责任保险的经费可从职业学校学费中列支；免除学费的可从免学费补助资金中列支，不得向学生另行收取或从学生实习报酬中抵扣。职业学校与实习单位达成协议由实习单位支付投保经费的，实习单位支付的学生实习责任保险费可从实习单位成本（费用）中列支。

第三十六条　学生在实习期间受到人身伤害，属于实习责任保险赔付范围的，由承保保险公司按保险合同赔付标准进行赔付。不属于保险赔付范围或者超出保险赔付额度的部分，由实习单位、职业学校及学生按照实习协议约定承担责任。职业学校和实习单位应当妥善做好救治和善后工作。

第六章 附则

第三十七条 各省、自治区、直辖市教育行政部门应会同人力资源社会保障等相关部门依据本规定，结合本地区实际制定实施细则或相应的管理制度。

第三十八条 非全日制职业教育、高中后中等职业教育学生实习参照本规定执行。

第三十九条 本规定自发布之日起施行，《中等职业学校学生实习管理办法》（教职成〔2007〕4号）同时废止。

知行合一

1.“事故猛于虎。”同学们应牢固树立安全第一、预防为主的思想，珍爱生命，严格遵守各项安全操作规程和劳动纪律。同学们应牢记事故处理预案，服从命令，听从指挥，确保自身安全。遇事不可惊慌失措，给自己和实习实训单位事故处置工作“添乱”。请同学们参加一次消防疏散演习，掌握逃生技巧。

2. 如何防中毒、防爆炸、防辐射？谈谈你的观点。

模块三 安全求职，严防就业伤害

2014年，国务院印发了《加快发展现代职业教育的决定》，要求“加大实训在教学中的比重，创新顶岗实习形式，强化以育人为目标的实习实训考核评价，健全学生实习责任保险制度”。这就为同学们安全求职、严防就业伤害提出了更高的要求，要求学生能够学习、掌握法律武器，维护自己的合法权益不受侵害。

典型事例

1. 2016年，某职业院校同学张某某完成在学校的理论学习之后，进入某大型企业实习。对实习抱有美好憧憬的他在实习两个月之后，频频在QQ群中吐槽自己的辛苦：“天哪，累死了，国家规定了八小时工作制，但为什么总要加班到晚上十点才能休息？”“我那师傅，整天和训儿似的训我，这样的日子什么时候才能到头？”不久，他因受不了辞职了。

2. 2014年，某职业院校同学赵某某，因个人原因（受不了学院安排的实习单位的严格管理）未完成在校学习工学交替学分，申请自找单位实习。由于对接收单位了解不深，偏信其虚假宣传，入职后形成较大思想落差，差点陷入传销的陷阱。

3. 2017年，某职业院校同学吴某进入某大型企业生产线工学交替。因上班期间出现一件次品，被企业领导批评，罚款100元。事后，该同学经过反思，认定该次品并非出自他手。他应该怎么维护自己的合法权利呢？

4. 2017年，某职业院校同学王某进入某大型企业生产线工学交替。因对某生产材料过敏，王某全身刺痒，上身皮肤溃烂流脓，头上长癣。

各抒己见

对于实习实训过程中发生的以上案例，大家怎么看？为什么会发生这样的事情？前两位同学存在哪些问题？如何安全求职，防止就业伤害？后两位同学该怎么办？

专家点评

1. 参加实习实训的同学是学校里特殊的同学，也是企业中特殊的员工。他们身心发展正处于从学生到技术工人的过渡期，心理、身体都应该做好充分的准备，学会诚信、敬业，学会服从。

2. 参加实习实训的同学初次步入社会，必须具备自我服务、自我保护的意识和能力，应该牢记在任何情况下理智都比感情更可靠，遇事必须三思而后行。

3. 学生应该逐步学会经得起打击、受得住委屈，应及时向老师、家长请教维权的方法，独立、正确地处理自己碰到的各种问题。

4. 学生在实习实训期间一旦身体不适，应该及时就医；如有必要，可通过正确的渠道申请调岗。

知识讲堂

一、安全求职，警惕招聘骗局，识别和抵制非法传销

对于学生来讲，最大的心愿就是找到一份合适的工作，可是学生在求职过程中总会

遇到"高薪"招聘等各种各样的骗局。学生在校期间应多了解求职中可能出现的招聘骗局，学会基本的识别和抵制非法传销能力，为自己毕业后的顺利求职做好准备。

所谓传销，是指组织者或者经营者发展人员，通过对被发展人员以其直接或间接发展的人员数量或者销售业绩为依据计算和给付报酬，或者要求被发展人员以交纳一定费用为条件取得加入资格等方式牟取非法利益的行为。传销属于违法犯罪行为，会扰乱经济秩序，影响社会稳定。

二、维护自身利益，严防就业侵害

1. 树立维权意识

维权意识是指在就业过程中合法权益受到不法侵害时，劳动者感知、认知、评价并且能用法律作为手段维护其合法权益的意识。

2. 具备维权能力

维权能力指当一些合法权益被侵害时，自己知道通过什么途径，在什么样的期限内，用什么方法去维护自己的合法权益。

3. 维护自身利益，严防就业侵害

能否为学生提供全面、有效的权益保护，关系到学校和社会的稳定，也是影响学生顺利就业的关键因素。学生作为一个特殊社会群体，维权意识淡薄，法律知识欠缺，自己的合法权益很容易受到侵害。对学校而言，要加强就业权益自我保护的指导和教育，强化《就业指导》等课程教学，开设专门的法律课程；对学生而言，需要建立自我保护的权益意识，学习和掌握法律知识，规避就业风险和权益侵害，为安全顺利就业做好准备。

拓展一步

一、典型的招聘骗局及预防对策

1. 只试用，不聘用

有些单位在生产旺季会大量招聘低成本的应届毕业生，等试用期一过就解聘。毕业生在求职时一定要仔细阅读劳动合同，尤其是合同期限和社会保障等方面的细节。

2. 模糊工作内容

有些单位在发布招聘信息时，经常会模糊招聘职位的工作内容，以高职位的名义进行招聘，然后把求职者放到较低的岗位上。在求职时，学生要搞清楚职位的具体工作内容。

3. 上岗培训要收费

按照有关规定，招聘单位不得以培训为由向求职者收取报名费、培训费等任何费用。但以提供工作岗位为诱饵，骗取培训费的事时有发生。对于此类打着招聘旗号敛财的用人单位，学生需要提高警惕。

4. 薪酬模糊不透明

工资是一个很模糊的概念，在正式签合同前同学们一定要把薪酬待遇谈清楚，并在劳动合同中清晰注明。一旦发现企业不履行其之前承诺的工资、保险与福利，可以向当地劳动保障部门举报。

5. 只签协议，不签订劳动合同

《协议书》不能代替《劳动合同》，建立劳动关系应当签订书面劳动合同。已建立劳动关系、未同时签订书面劳动合同的，应当自用工之日起一个月内签订书面劳动合同。

二、常见的无效劳动合同

常见的无效劳动合同有以下几类：（1）口头约定合同；（2）一边倒合同；（3）胁迫合同；（4）无保障合同；（5）附带保证合同；（6）假合同；（7）抵制性质合同。

三、工伤后能享受的待遇

职工发生工伤，经治疗伤情相对稳定后存在残疾、影响劳动能力的，应当进行劳动能力鉴定。申请劳动能力鉴定应提供工伤认定决定和职工工伤医疗的有关资料。

四、劳动者承担违约金的问题

用人单位为劳动者提供专项培训费用，对其进行专业技术培训的，可以与劳动者订立协议，约定服务期。违约金的数额不得超过用人单位提供的培训费用。用人单位要求劳动者支付的违约金不得超过服务期尚未履行部分所应分摊的培训费用。

五、保险与住房公积金、企业年金

1. 三险一金

“三险”指的是养老保险、医疗保险和失业保险。“一金”指的是住房公积金。

2. 四险一金

“四险”指的是养老保险、医疗保险、失业保险和工伤保险。“一金”指的是住房公积金。

3. 五险一金

“五险”指的是养老保险、医疗保险、失业保险、工伤保险和生育保险。“一金”指的是住房公积金。

4. 六险二金

“六险”指的是养老保险、医疗保险、大额补充医疗保险、失业保险、工伤保险和生育保险。“二金”指的是住房公积金和企业年金。

六、触电急救方法及步骤

有人触电时，首先应迅速拔下电源插头或把总电闸拉开，使触电者迅速脱离电源，越快越好。

如果触电者伤势不重、神志清醒，但有些心慌、四肢发麻、全身无力，或者触电者在触电过程中曾一度昏迷，但已经清醒过来，应使触电者安静休息，不要走动，同时应严密观察并请医生前来诊治或送往医院。

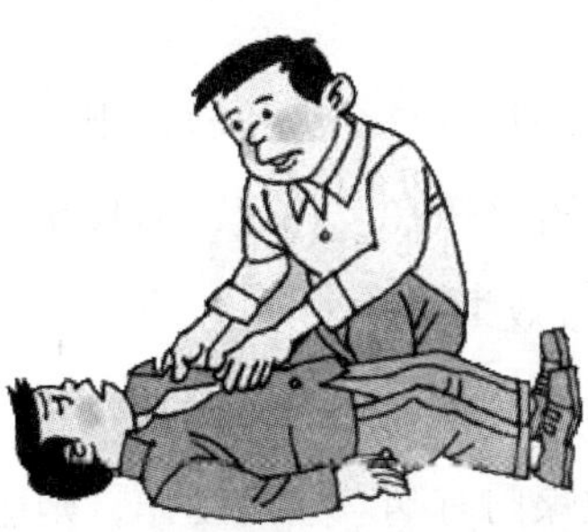

如果触电者伤势较重，已失去知觉，但心脏还跳动，还有呼吸，应使触电者舒适、安静地平卧，使周围空气流通，解开他的衣服以利呼吸。如天气寒冷，要注意保温，并速请医生诊治或送往医院。如果发现触电者呼吸困难、气吸微弱，或发生痉挛，应随时为进一步的抢救做准备。

如果触电者伤势严重，呼吸停止或心脏跳动停止，或二者都已停止，应立即施行心肺复苏。一般情况下，心脏停跳不超过4分钟，有可能恢复功能；若超过4分钟，易造成脑组织永久性损伤，甚至导致死亡。因此，急救必须及时和迅速。心跳、呼吸骤停的急救，简称心肺复苏，通常采用人工胸外挤压和口对口人工呼吸方法。应当注意，急救要尽快地进行，不能等候医生的到来。在送往医院的途中，也不能中止急救。

1. 口对口人工呼吸方法

一手捏住患者鼻翼两侧，另一手食指与中指抬起患者下颌，深吸一口气，用口对准患者的口吹入，吹气停止后放松鼻孔，让病人从鼻孔呼气。依此反复进行。成人患者每分钟14～16次，儿童每分钟20次。最初六七次吹气可快一些，以后转为正常速度。同时要注意观察患者的胸部，操作正确应能看到胸部有起伏，并感到有气流逸出。

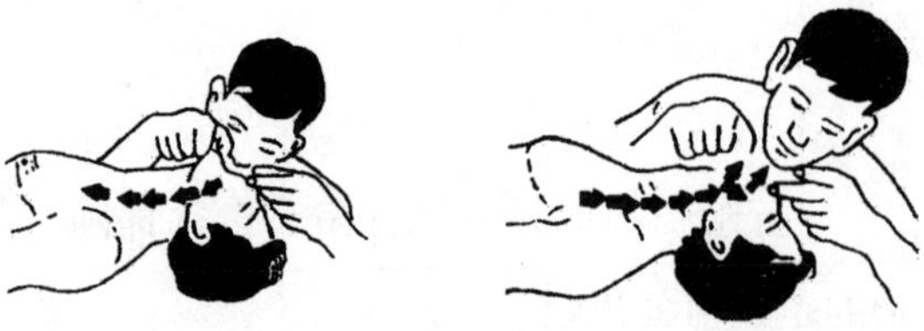

2. 胸外心脏挤压术

让患者的头、胸部处于同一水平面，最好躺在坚硬的地面上。抢救者左手掌根部放在患者的胸骨中下半部，右手掌重叠放在左手背上。手臂伸直，利用身体部分重量垂直下压胸腔3～5厘米（成人5厘米，儿童3厘米，婴儿2厘米），然后放松。放松时掌根不要离开患者胸腔。挤压要平稳、有规则、不间断，也不能冲击猛压。下压与放松的时间应大致相等。频率为成人每分钟80～100次，儿童每分钟100次，婴儿每分钟120次。在实施胸外心脏挤压的同时，应交替进行口对口人工呼吸。

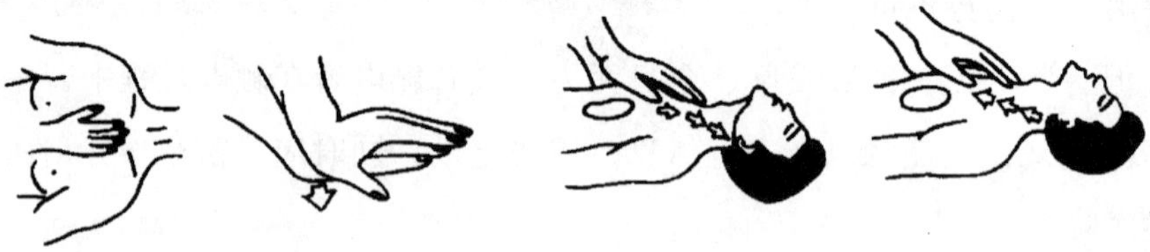

（a）　（b）　（c）　（d）

心肺复苏抢救工作要坚持不断，切不可轻易停止。如果现场仅一个人抢救，则应口对口人工呼吸和胸外心脏挤压交替进行，每次吹气2～3次，再挤压10～15次，而且吹气和挤压的速度都应比双人操作的速度提高一些，以不降低抢救效果。

在抢救过程中，如果发现触电者皮肤由紫变红，瞳孔由大变小，则说明抢救收到了效果；如果发现触电者嘴唇稍有开、合，或眼皮活动或喉咙嗓门有咽东西的动作，则应注意其是否有自主心脏跳动和自主呼吸。触电者能自主呼吸时，即可停止人工呼吸。如果人工呼吸停止后触电者仍不能自主呼吸，则应立即再做人工呼吸。急救过程中，如果触电者身上出现尸斑或身体僵冷，经医生做出无法救活的诊断后方可停止抢救。

法律链接

一、《劳动法》关于试用期的相关规定

1. 试用期最长不得超过6个月。

2. 合同期不足3个月，不得签订试用期 。

3. 试用期包含在劳动合同期限内。

4. 试用期应依法缴纳相应社会保险。

5. 单位解约要有合法理由，并提前30天通知或多支付1个月工资。

6. 单位不能两次试用同一人。

二、《劳动法》关于劳动合同解除的相关规定

1. 一般情况下劳动者试用期内提前三日，试用期满后提前三十日通知用人单位，就可以解除劳动合同。

2. 经劳动合同当事人协商一致，劳动合同可以解除。

三、《劳动法》关于加班的相关规定

1. 企业不能以员工拒绝加班为由辞退员工。

2. 用人单位由于生产经营需要，经与工会和劳动者协商一致后可延长工作时间，一般每日不得超过1小时，因特殊原因需要延长工作时间的，在保障劳动者身体健康的条件下延长工作时间每日不得超过3小时，但是每月不得超过36小时。

四、《劳动法》关于劳动者应承担商业秘密和与知识产权相关的保密义务的相关规定

用人单位与劳动者可以在劳动合同中约定保守用人单位的商业秘密和与知识产权相关的保密事项。对负有保密义务的劳动者，用人单位可以在劳动合同或者保密协议中与劳动者约定竞业限制条款，并约定在解除或者终止劳动合同后，在竞业限制期限内按月给予劳动者经济补偿。劳动者违反竞业限制约定的，应当按照约定向用人单位支付违约金。

知行合一

找到一份工作并且能够顺利通过试用期得以转正被很多同学看做是一件非常重要的事情。同学们要树立起严谨的维权意识，具备利用法律武器保障自己的合法权益的能力，掌握签订就业协议、劳动合同的相关法律知识，明确自己在就业过程中的权益和义务，懂得依法就业、依法维权。请同学们认真分析典型事例中学生存在的问题，并思考如自己遇到类似的问题该怎么办。建议同学们开展一次模拟招聘活动。

思维导图

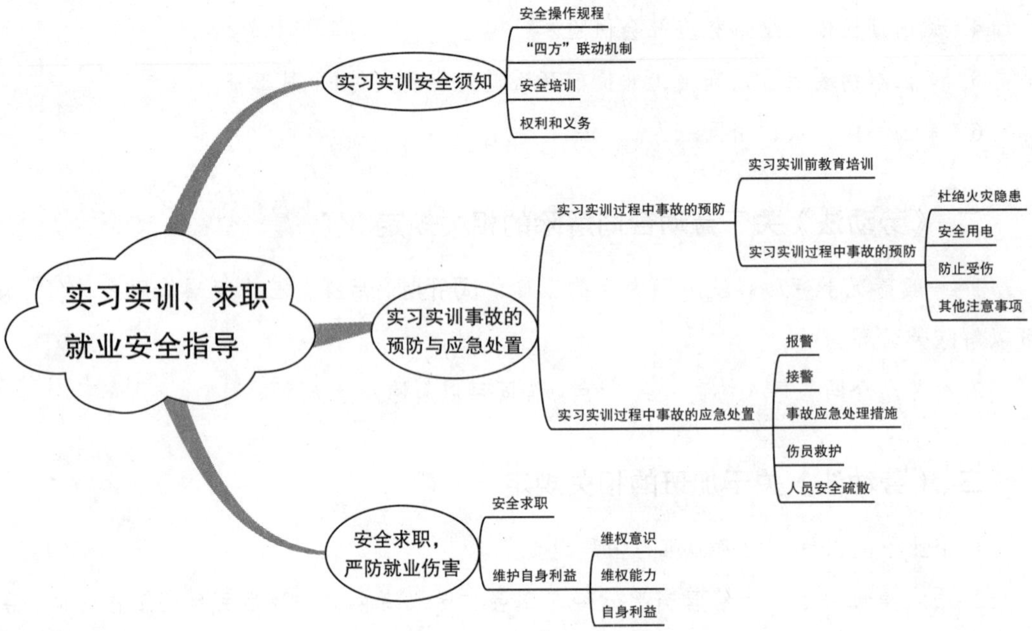
实习实训、求职就业安全指导
实习实训安全须知
安全操作规程
“四方”联动机制
安全培训
权利和义务
实习实训事故的预防与应急处置
实习实训过程中事故的预防
实习实训前教育培训
实习实训过程中事故的预防
杜绝火灾隐患
安全用电
防止受伤
其他注意事项
实习实训过程中事故的应急处置
报警
接警
事故应急处理措施
伤员救护
人员安全疏散
安全求职，严防就业伤害
安全求职
维护自身利益
维权意识
维权能力
自身利益

项目十二 紧急救护与社会保障

公共急救知识和技能的普及，直接关系到群众的生命安全。许多紧急伤病患者，在送医院之前就要施行急救。如果失去了第一时间抢救的先机，就有可能无法挽回宝贵的生命，或是留下严重的后遗症。

急救教育要从小抓起，要把急救自救知识纳入学校教育的课时计划。大中专、职业院校、中小学生接受知识的能力比较强，对于急救知识的学习和培训，不仅可以使他们在遇到意外伤害时实现自救，还可以在必要时帮助他人，而且还可以通过他们扩散到他们的父母，最终使整个社会受益。

中国急救

模块一 急救常识

在现实生活中，真正心脏病急症及其他危重急症绝大多数发生在医院外的环境下。现场急救争分夺秒，在医务人员赶到之前，“第一目击者”肩负着尤为重要的责任。掌握最基本的急救常识，通过伤病者表象、体温、脉搏、呼吸次数、血压等判断病势，实施必要的人工呼吸和心肺复苏，达到初步急救的目的，能为之后的抢救提供很大的帮助。此外，我们还应备一个急救箱，箱里配置的药品一定要确保品质和有效期。

典型事例

1. 国道上一辆大型货车突然失控，在撞倒中心隔离墩后驶入对向车道，与一满载乘

客的中巴车迎面相撞，并双双坠入路基下3米的水塘中，部分乘客被抛到车窗外而落水。

2. 某女，38岁，自服农药昏迷1小时后被发现。患者1个小时前因与家人发生争吵，自服农药约50毫升，且把药瓶打碎扔掉。患者腹痛，恶心，并呕吐一次，吐出物有大蒜味，逐渐神志不清。

3. 患儿，男，汉族，10岁，在池塘边玩耍时不慎掉入池塘中，7分钟后被救出。当时患儿昏迷，四肢冰冷，面色铁青，唇最明显，口鼻腔内有大量泡沫液，呼吸慢而浅，不规整，心率84次/分，心音弱，双肺布满湿啰音。

4. 某职业院校实习学生骑摩托车下班时，与对面行驶车辆相撞，全身多处骨折，昏迷。

5. 杨某，男，37岁，在家里观看足球比赛实况转播时突然倒在沙发上，家人呼之不应，急打120求救。

各抒己见

1. 如果遇到意外受伤的情况，你会怎么做？

2. 你根据哪些情况可判断出患者病情危重？

3. 在拨打120急救电话时，应注意哪些事项？

专家点评

当遇到突发意外情况时，我们要沉着冷静，判明情况，迅速拨打120紧急呼救。同时，应采取一些必要的现场急救措施，以抢得先机，挽救生命。

一、明确急救的目的和原则

急救的目的在于：抢救生命，降低死亡率；防止病情的继续恶化；减轻病痛，减少意外损害，降低伤残率。

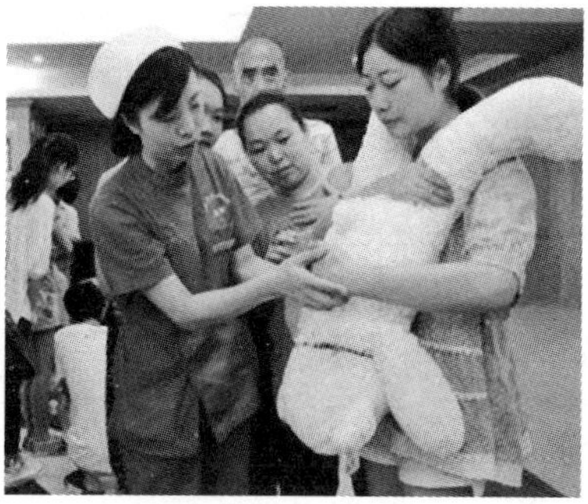

现场急救应掌握的原则：（1）沉着大胆，细心负责，分清轻、重、缓、急，果断实施救治。（2）先处理危重病人，再处理较轻病人；对同一患者，先救治生命，再处理局部。（3）观察现场环境，确保自己和伤者的安全。（4）充分运用现场可供支配的人力、物力来协助急救。

二、仔细观察伤病者表征

1. 面容。面容表情常反映伤病的轻重程度。正常人表情自如，患病受伤害时即失去常态，如出现愁眉苦脸、苦笑面容、贫血面容、垂危面容、慢性病容等时，即提示疾病急性发作或慢性转重。

2. 意识。正常人意识清醒，思维敏捷合理，语言清晰。如果有人“不明白了”，呼吸、心跳存在，按压或针刺人中穴无反应，有可能是昏迷了。昏迷时间越长，病情相对越重。

3. 瞳孔。正常成人瞳孔直径2～4mm，等大正圆。瞳孔的正常与否，对某些疾病的判断很有意义。瞳孔扩大、瞳孔缩小、瞳孔形状不规则、瞳孔不等大、瞳孔对光反射迟钝或消失、扩大等，都预示着一定疾病的出现。

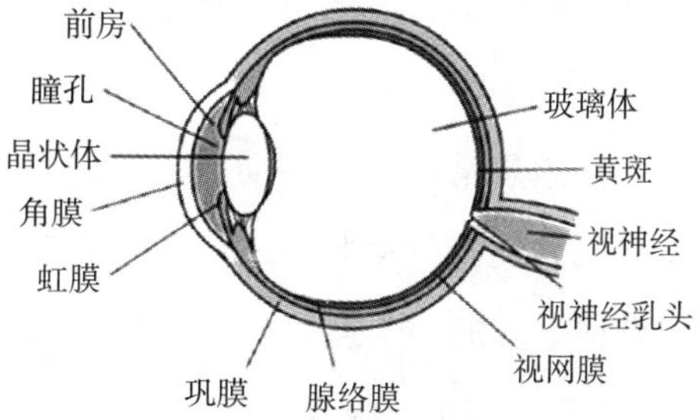

4. 皮肤。皮肤颜色的改变和皮疹的有无，往往是判断伤病和决定治疗的先决条件。如皮肤苍白、全身青紫、皮肤发黄、出血、淤斑、皮肤水肿、皮疹、斑疹、玫瑰疹、斑丘疹、荨麻疹等。

三、进行必要的测量

（一）测量体温

测量体温高低，必须使用体温计。体温计有口表和肛表两种。

1. 口腔内测量法。测温前，应先将体温表用75%酒精消毒，再将表内的水银柱甩至35℃以下，然后将口表水银端斜置于患者舌下，叮嘱患者闭口（勿用牙咬），用鼻呼吸，3分钟后取出，擦净后观察水平线位置的水银柱所在刻度。一般成人正常口腔体温在36.2～37.2℃之间，小儿可高0.5℃。

2. 腋下测量法。先将体温计水银甩至35℃以下，解开衣纽，揩干腋下，然后将口表水银端放于腑窝中央略前的部位，夹紧。腋下测温需10分钟，取出看清度数并做好记录。正常人腋下体温为36～37℃。

3. 肛门内测量法。肛门内测量时，首先选用肛门表，用液体石蜡或油脂润滑体温表含水银一端，再慢慢将表的水银端插入肛门约3～4.5厘米，3～5分钟后取出，用纱布或软手纸将表擦净，并阅读度数。肛门体温的正常范围为36.8～37.8℃。

（二）测量脉搏

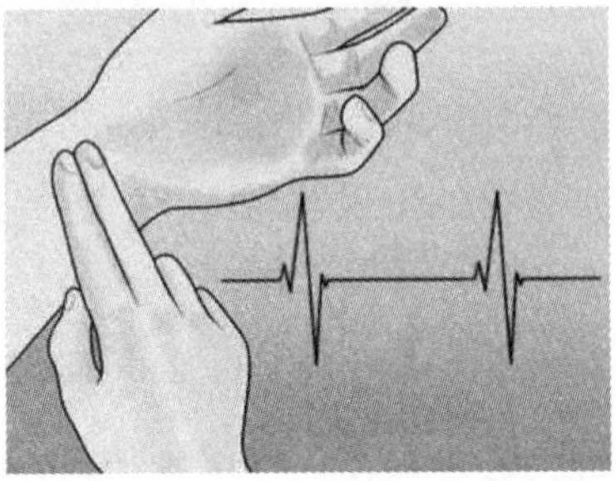

脉博的频率受年龄和性别的影响，一般女性比男性快，儿童比成人快。婴儿每分钟120～140次，幼儿每分钟90～100次，学龄期儿童每分钟80～90次，成年人每分种70～80次。

测量时最常选用的是桡动脉搏处。桡动脉搏在手的腕关节上方，靠拇指一侧搏动最明显。检查者将右手食指、中指、无名指并齐按在病人手腕段桡动脉处，压力大小以能感到清楚的动脉搏动为宜。

在紧急情况下，桡动脉不便测量时，也可采用以下动脉：颈动脉——位于气管与胸锁突肌之间；肱动脉——位于臂内侧肱二头肌内侧沟处；股动脉——大腿上端，腹股沟中点稍下方的一个强大的搏动点。

（三）测量呼吸次数

病人的呼吸次数，是了解其身体状况的常用指标。测量呼吸次数在家庭急救中事关重要。正常人呼吸不仅有规律而且均匀，成年人每分钟呼吸16～20次，呼吸与脉搏的比例是1∶4。小孩每分钟呼吸30次左右，而新生儿的呼吸频率每分钟可达到44次。

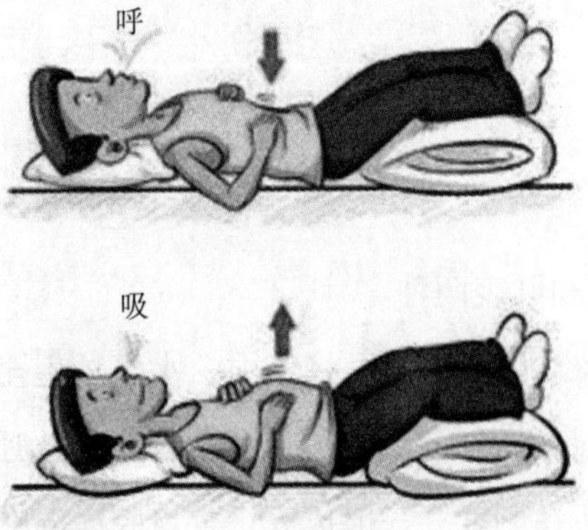

一次呼吸的动作完成包括吸气及呼气，一般用直接观察胸部起伏来观察呼吸动作。测呼吸速率时要测足60秒，不仅要数每分钟的次数，还要观察呼吸快慢是否一致，深浅是否均匀，有无呼吸困难的表现。对危重病人，可将棉絮放在鼻孔前，棉絮飘动的次数就是他呼吸的次数。

（四）测量血压

正常成人血压值为：收缩压140/90mmHg（18.6/12kPa），舒张压90/60mmHg（12/8kPa）。血压异常现象有高血压（收缩压和舒张压均高于正常值）、临界性高血压（收缩压和舒张压达到临界点）、低血压（收缩压和舒张压均低于正常值）。

在40岁以后，收缩压可随年龄增长而升高。39岁以下＜18.7kPa（140mmHg），40～49岁＜20kPa（150mmHg），50～59岁＜21kPa（160mmHg），60岁以上＜22.6kPa（170mmHg）。

四、判断危险急病

学会判断危重急症可让真正垂危的患者在现场得到及时必要的紧急救助。一般先判断病人神志是否清醒。通常做法是大声呼唤或轻轻摇动病人身体，观察是否有反应。病人如无反应，则表示神志丧失，已陷入危重状态。

（一）检查病人瞳孔反应

当病人脑部受伤、脑出血、严重药物中毒时，瞳孔可能缩小为针尖大小，也可能扩大到黑眼球边缘，对光线无反应或反应迟钝。脑水肿或脑疝会使双眼瞳孔一大一小。瞳孔的变化提示了脑病变的严重性。当病人的瞳孔逐渐放大并固定不动、对光反射消失时，病人一般已陷入临床死亡状态。

（二）检查呼吸活动

当病人十分衰竭、呼吸很微弱时，胸部起伏不易觉察，此时可以用棉花絮丝或纸条等放在病人鼻孔前，观察棉絮或纸条是否飘动，以判定呼吸是否正常。如发现呼吸已停止，应立即施行人工呼吸。

（三）检查心跳、脉搏

严重的心脏急症（如急性心肌梗塞、心律失常等）以及严重的创伤、大出血等急病危及生命时，病人心跳或加快，超过每分钟100次；或变慢，每分钟40～50次；或不规则，忽快忽慢忽强忽弱。当心跳出现以上情况时，往往是心脏呼救信号，应特别引起重视。

急救最基本的目的是挽救生命，而危及生命的症状则是在瞬间心跳和呼吸骤停。很多原因可以引起心跳、呼吸骤停，但在日常生活中，最为常见的是心脏病急症猝死，其他的还有诸如触电、溺水、中毒等引起的急症。心肺复苏法是挽救心跳、呼吸骤停病人的方法。

五、及时拨打急救电话120

电话呼救应简单明了，语言必须精练、准确，讲清重要的，无关的话不要说，以免耽误宝贵的时间。主要内容有以下几点：

1. 病人姓名、性别、年龄；

2. 病人目前最危急的状况，如昏倒在地、心前区剧痛、呼吸困难、大出血等，发病的时间、过程，用药情况，过去病史及与本次发病有关的因素；

3. 病人家庭或发病现场的详细地址、电话以及等候救护车的确切地址，最好选择有醒目标志的地方；

4. 意外灾害事故、突发事件等造成成批伤病员时，要说明伤害性质，如中毒、车祸、溺水、触电等，同时要说明受伤人数、候车地点、呼救人的姓名身份。

知识讲堂

一、人工呼吸术

人工呼吸是指人为地帮助伤病患者进行被动呼吸活动，使患者体内外进行气体交换，达到促使患者恢复自动呼吸的救治目的。大脑即使缺氧短短4分钟，也会引起永久性的损害，因此应尽快把空气送入肺内。

常用的人工呼吸法有口对口吹气法、口对鼻吹气法、举臂压胸人工呼吸法和举臂压背人工呼吸法等几种。

1. 口对口呼吸法

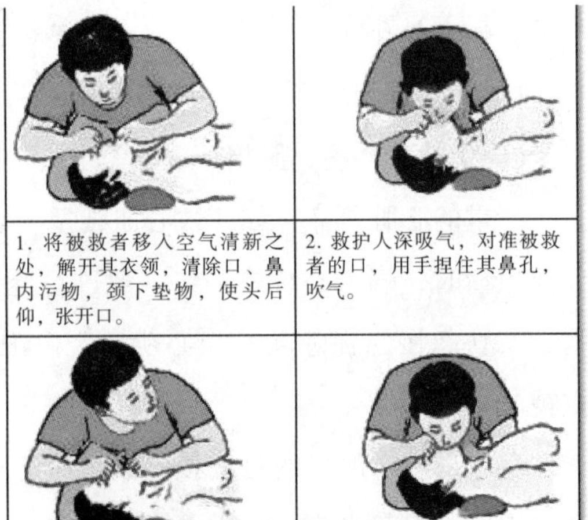
1. 将被救者移入空气清新之处，解开其衣领，清除口、鼻内污物，颈下垫物，使头后仰，张开口。

2. 救护人深吸气，对准被救者的口，用手捏住其鼻孔，吹气。

3. 吹气停止后，松开捏鼻的手，嘴也离开。再深吸气，重复上述步骤。

4. 每分钟吹气次数和平时呼吸频率相似。耐心、持续地进行抢救，直到被救者能自己进行呼吸为止。

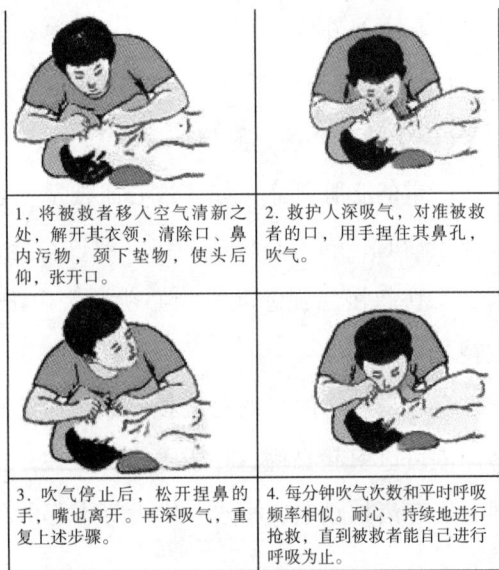

患者取仰卧位，抢救者一手放在患者前额，并用拇指和食指捏住患者的鼻孔，另一手握住颏部使患者头部尽量后仰，使其气道保持开放状态。抢救者深吸一口气，张开口以封闭患者的嘴周围（婴幼儿可连同鼻一块包住），向患者口内连续吹气2次，每次吹气时间为1～1.5秒，吹气量1000毫升，直到患者胸廓抬起；停止吹气，松开贴紧患者的嘴，并放松捏住鼻孔

的手，将脸转向一旁，用耳听是否有气流呼出；再深吸一口新鲜空气为第二次吹气做准备，当患者呼气完毕，即开始下一次同样的吹气。

2. 口对鼻呼吸法

当患者有口腔外伤或其他原因导致口腔不能打开时，可采用口对鼻吹气。首先开放患者气道，头后仰，用手托住患者下颌使其口闭住。深吸一口气，用口包住患者鼻部，用力向患者鼻孔内吹气，直到其胸廓抬起，吹气后将患者口部掰开，让气体呼出。如吹气有效，则可见到患者的胸部随吹气而起伏，并能感觉到气流呼出。

3. 举臂压胸人工呼吸法

患者仰卧位，两上肢分别平放于躯干两侧，急救者双膝跪在患者头顶端，用双手握住患者的两前臂（接近肘关节的地方），并将其双臂向上拉，与躯体呈直角。

将双臂向外拉，使患者的肢体呈十字状，维持此姿势2秒钟，使患者的胸廓扩张，引气入肺（即吸气）；接着再将患者的两臂收回，使之屈肘放于胸廓的前外侧，对着肋骨施加压力，持续2秒钟，使其胸廓缩小挤气出肺（即呼气）。如此往复，直至患者自主呼吸或确诊死亡为止。

4. 举臂压背人工呼吸法

患者取俯卧位，头偏向一侧，腹部稍垫高，两臂伸过头或一臂枕在头下，使胸廓扩大。急救者跪在患者头前，双手握住其两上臂（接近肘关节的地方），并向上拉过其头部，使空气进入肺内，然后将两臂放回原位，急救者双手撑开，压迫患者两侧肩胛部位，使其肺内的气体排出。如此反复进行。

注意事项：

（1）清除病人口、鼻内的泥、痰等肮脏异物，如有假牙亦应取出，以免脱落坠入气管；

（2）解开病人衣领、内衣、裤带、乳罩，以免胸廓受压；

（3）仰卧人工呼吸时必须拉出患者舌头，以免舌头后缩阻塞呼吸；

（4）对怀有身孕的女性或者胸、背有外伤和骨折的患者，应选择适当姿势，防止造成新的伤害；

（5）一般情况下应就地做人工呼吸，尽量少搬动；

（6）将患者抬置于空气流通的场所，使其头后仰，可在肩下垫枕头或其他物品，使其气管顺直；

（7）人工呼吸要有节奏（每分钟约16～20次），并耐心地进行，直到病人自主呼吸恢复或死亡为止。

二、心肺复苏术

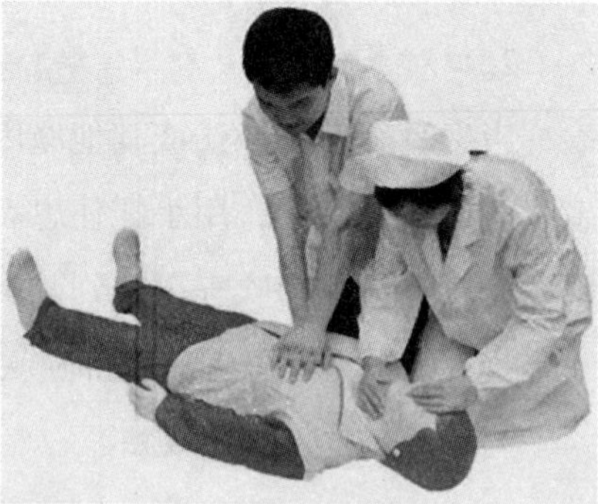

心肺复苏术是对心脏骤停病人所采取的急救措施。如抢救及时，处理得当，常可在短时间内使病人苏醒，使患者生存的机会成倍提高。

严重疾病、触电、溺水、窒息或药物过敏，使心脏突然停止跳动，称为心脏骤停。一旦发现患者心脏骤停，应迅速使患者仰卧，抢救者用半握拳在患者的心前区上反复敲击。如果敲击3～5次心脏搏动仍未恢复，则应立即改换胸外心脏按压术抢救。

（一）单人心肺复苏术。

家庭出现危重病人时，或在郊外的事故发生地，都可能只有一个人在场。掌握单人心肺复苏抢救法，对患者进行适当的处理，可使之免于不幸。

操作要领：

1. 首先判定患者神志是否丧失。如果无反应，一面呼救，一面摆好患者体位，打开气道。

2. 如患者无呼吸，即刻进行口对口吹气2次，然后检查颈动脉。如脉搏存在，表明心脏尚未停搏，无需进行体外按压，仅做人工呼吸即可，按每分钟12次的频率进行吹气，同时观察患者胸廓起落的情况。一分钟后检查脉搏，如无搏动，则人工呼吸与心脏按压同时进行。抢救者面对患者，跪在其身体一侧。抢救者两肘关节伸直，双手重叠，将手掌腕部压在患者胸骨中线下段、两乳之间。抢救者靠自己的臂力和体重有节律地向脊柱方向垂直下压后突然放松，如此反复进行。成年患者每分钟80～100次。抢救者在患者胸部加压时，不可用力过猛，动作切忌粗暴。同时，挤压位置要正确，若位置过左过右或过高过低，则不仅达不到救治目的，反而容易折断患者肋骨或损伤其内脏。

另外，为避免患者呕吐物倒流或吸入气管，在做胸外心脏按压前，应将患者的头部放低些，并使其面部偏向一侧。

3. 按压和人工呼吸同时进行时，其比例为30：2，即30次心脏按压，2次吹气，交替进行。操作时，抢救者同时计数，30次按压后，抢救者迅速倾斜头部，打开气道，深呼气，捏紧患者鼻孔，快速吹气2次，然后再回到胸部，重新开始心脏按压30次。如此反复进行，一旦心跳开始，立即停止按压。

注意事项：单人进行心肺复苏抢救1分钟后，可通过看、听和感觉来判定患者有无呼吸。以后每4～5分钟检查1次。操作时，中断时间最多不超过5秒钟。

一旦心跳开始，立即停止心脏按压，同时尽快把患者送到医院继续诊治。

（二）双人心肺复苏术

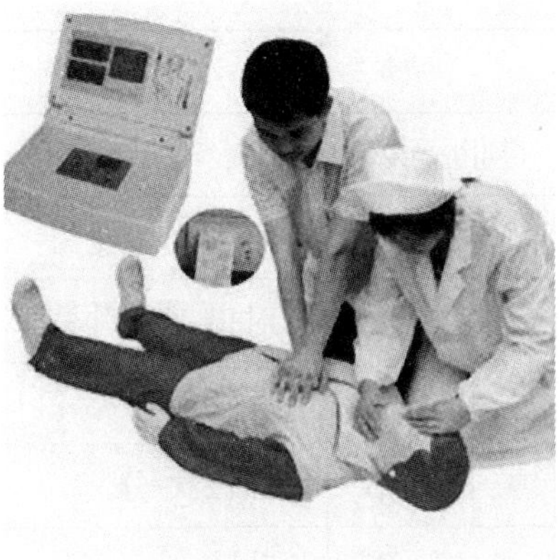

双人心肺复苏术是指两人同时进行徒手操作，即一人进行心脏按压，另一人进行人工呼吸。

操作要领：双人抢救的效果比单人进行的效果好。按压速度为1分钟60次。心脏按压与人工呼吸的比例为5∶1，即5次心脏按压，1次人工呼吸，交替进行。

注意事项：操作时，中断时间最多不得超过5秒。什么时候停止心脏按压好呢？首先触摸患者的手足，若温度略有回升的话，则进一步检查颈动脉搏动情况。如有搏动，则表明心跳恢复，应立即停止心脏按压。

（三）心肺复苏有效的指标

经现场心肺复苏后，可根据以下几条指标考虑是否有效。

1. 瞳孔。若瞳孔由大变小，则复苏有效；反之，瞳孔由小变大、固定、角膜混浊，说明复苏失败。

2. 面色。由发绀转为红润，则复苏有效；变为灰白或陶土色，说明复苏无效。

3. 颈动脉搏动。按压有效时，每次按压可摸到1次搏动；如停止按压，脉搏仍跳动，说明心跳恢复；若停止按压，搏动消失，应继续进行胸外心脏按压。

4. 意识。复苏有效，可见患者有眼球活动，并出现睫毛反射和对光反射，少数患者开始出现手脚活动。

5. 自主呼吸。出现自主呼吸，则复苏有效，但呼吸微弱者应继续口对口人工呼吸。

（四）心肺复苏终止的指标

一旦进行现场心肺复苏，急救人员应负责任，不能无故中途停止。因心脏比脑更耐缺氧，故终止心肺复苏应以心血管系统无反应为准。

若有条件确定下列指征，且进行了30分钟以上的心肺复苏，则可考虑终止心肺复苏。

1. 脑死亡。深度昏迷，对疼痛刺激无任何反应。自主呼吸停止，瞳孔散大固定。脑干反射全部或大部分消失，包括头眼反射、瞳孔对光反射、角膜反射、吞咽反射、睫毛反射消失。

2. 无心跳和脉搏。

有关儿童和婴儿的心脏复苏实施方法与成人有所不同，内容详见下表：

成人、儿童、婴儿实施心脏复苏比较表

		成人	儿童（1～8岁）	婴儿（1岁以内）
判断意识		轻拍、呼喊	轻拍、呼喊	拍击足底
开放气道		头后仰呈90度角	头后仰呈60度角	头后仰呈30度角
吹气	方式	口对口、口对鼻	口对口、口对鼻	口对口鼻
	吹气量	胸部隆起	胸部隆起	胸部隆起
	频率	10～12次/分	12～20次/分	12～20次/分
检查脉搏		颈动脉	颈动脉	肱动脉
胸外按压	部位	胸部正中线与乳头连线水平（胸骨下1/2处）	胸部正中线与乳头连线水平（胸骨下1/2处）	胸部正中线与乳头连线下方水平
	方式	双手掌根重叠	单手掌根或双手掌根重叠	中指和无名指
	深度	4～5cm	为胸廓前后径的1/3～1/2（2.5～4cm）	为胸廓前后径的1/3~1/2（1.5～2.5cm）
	频率	100次/分	100次/分	100次/分
按压：吹气		30：2	30：2	30：2

注意事项：

（1）胸外按压不可压于剑突处以免导致肝脏破裂。按压时，患者需要平躺在地板或硬板上。施救者跪下，双膝分开与肩同宽，肩膀应在患者胸部正上方，手肘伸直垂直下压于患者胸骨上。

（2）心肺复苏开始后不可中断5秒钟以上。若现场只有一位急救员，必要时应先为患者施行1分钟有效的心肺复苏术后再寻求支持。

（3）对于危重者千万不能等专业人员的急救。不要把时间消耗在反复检查心跳、呼吸的过程中。

（4）不要做不必要的全身检查。不要随意搬动病人，注意保护其脊柱。

（5）救护人员最好定期参加心肺复苏的培训学习。

三、意外受伤的急救

1. 异物入眼

任何细小的物体或液体，哪怕是一粒沙子或是一滴洗涤剂进入眼中，都会引起眼部疼痛，甚至损伤眼角膜。

急救办法：首先是用力且频繁地眨眼，用泪水将异物冲刷出去。如果不奏效，就将眼皮捏起，然后在水龙头下冲洗眼睛。还可以把上眼皮翻开，让病人向下看，急救者用拇指和食指捏住上眼皮，稍向前拉牵，食指轻压而拇指向上翻，找到异物并用镊子或湿棉签、湿手绢将异物取出。注意一定要将隐形眼镜摘掉。

绝对禁止：不能揉眼睛，无论多么细小的异物都会划伤眼角膜并导致感染。如果异物进入眼部较深的位置，就必须立即就医。

特别注意：如果是腐蚀性液体溅入眼中，必须马上去进行诊治；倘若经过自我处理后眼部仍旧不适，出现灼烧、水肿或视力模糊的情况，也必须立即就医，借助专业仪器来治疗，切不可鲁莽行事。

2. 流鼻血

鼻子流血是由于鼻腔中的血管破裂造成的。鼻部的血管都很脆弱，因此流鼻血是比较常见的小意外。

急救办法：身体微微前倾，并用手指捏住鼻梁下方的软骨部位，持续约5～15分钟。如果有条件的话，放一个小冰袋在鼻梁上也有迅速止血的效果。

绝对禁止：用力将头向后仰起的姿势会使鼻血流进口中，慌乱中势必还会有一部分血液被吸进肺里，这样做既不安全也不卫生。

特别注意：如果鼻血持续流上20分钟仍旧止不住的话，患者应该马上找大夫救治。如果流鼻血的次数过于频繁且毫无原因，或伴着头疼、耳鸣、视力下降以及眩晕等其他症状，那么也务必去医院诊治，因为这有可能是大脑受到了震荡或重创。

3. 烫伤

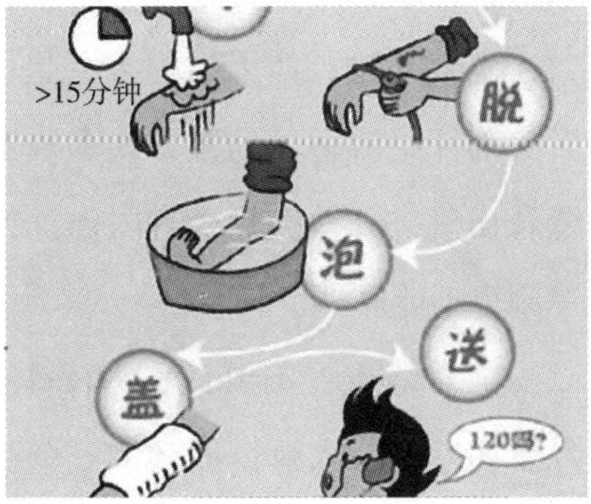

烫伤分为三级：一级烫伤会造成皮肤发红有刺痛感；二级烫伤发生后会看到明显的水泡；三级烫伤则会导致皮肤破溃变黑。

急救办法：发生烫伤后，立即将被烫部位放置在流动的水下冲洗（在水中小心剪开并脱去衣服）或用凉毛巾冷敷。如果烫伤面积较大，伤者应该将整个身体浸泡在放满冷水的浴缸中。可以将纱布或绷带松松地缠绕在烫伤处以保护伤口。

绝对禁止：不能采用冰敷的方式治烫伤，冰会损伤已经破损的皮肤导致伤口恶化。不要弄破水泡，否则会留下疤痕。也不要随便将抗生素药膏或油脂涂抹在伤口处，这些黏糊糊的物质很容易沾染脏东西。

特别注意：三级烫伤、触电灼伤以及被化学品烧伤务必及时就医。另外，如果病人出现咳嗽、眼睛流泪或者呼吸困难等情况，则需要专业的帮助。二级烫伤如果面积大于手掌的话，患者也应及时到医院治疗，专业的处理方式可以避免留下疤痕。

4. 扭伤

当关节周围的韧带被拉伸得过于严重，超出了其所能承受的程度，就会发生扭伤，扭伤通常伴随着青紫与水肿。

急救办法：在扭伤发生的24小时之内，尽量做到每隔一小时用冰袋冷敷一次，每次半小时。将受伤处用弹性压缩绷带包好，并将受伤部位垫高。24小时之后，给患处换为热敷，促进受伤部位的血液流通。

绝对禁止：不能随意活动受伤的关节，否则容易造成韧带撕裂。

特别注意：如果经过几日的自我治疗和休息之后，患处仍旧疼痛且行动不便，那么有可能是骨折、肌肉拉伤或者韧带断裂，需要立即到医院就诊。

5. 狗咬伤

第一步：应及时正确处理伤口。被狗咬伤后，应在伤口上下 5 厘米处用布带勒紧，用吸奶器将污血吸出，然后用肥皂水冲洗伤口。

第二步：及时进行狂犬疫苗和狂犬病免疫血清免疫接种；咬人的狗应加隔离，一旦确诊为携带狂犬病毒，应立即处死。

6. 头部“遇袭”

头骨本身非常坚硬，所以一般的外力很少会造成头骨损伤。倘若外力过于猛烈，则颈部、背部、头部的脆弱血管就成了“牺牲品”。

急救办法：如果你的头上起了个包，那么用冰袋敷患处可以减轻水肿。如果被砸伤后头部开始流血，处置方式和被割伤的方式一样，即用干净毛巾按压伤口止血，然后去缝合伤口，并检查是否有内伤。如果被砸伤者昏厥，必须立即叫救护车速送医院诊治，一刻也不能耽搁。

绝对禁止：不要让伤者一个人入睡。在被砸伤的24小时之内，一定要有人陪伴伤者。如果伤者入睡，那么每三个小时就要叫醒伤者一次，并让伤者回答几个简单问题，以确保伤者没有昏迷，没有颅内伤。

特别注意：当伤者出现惊厥、头晕、呕吐、恶心或行为有明显异常时，需要马上入院就医。

7. 肢体（手指）离断伤

先用指压止血法止血，然后上止血带，再行包扎。离断的肢体（手指）用洁净的毛巾布料包好，装入塑料袋内，将袋口系紧，放到另一个装有冰块的塑料袋内，或装入盛有冰块的大口保温桶内。

不能将断肢（指）直接放到水中、冰中、酒精中，以免影响断肢（指）再植的成活率。

8. 电梯意外事故

手扶电梯意外事故：

（1）按急停按钮。按下按钮后扶梯会自动停下，避免事态进一步恶化。

（2）大声呼救。停下脚步，告知后面的人不要向前靠近。

（3）保护脑部。双手交叉护住后脑和颈部，两肘向前护住太阳穴。

（4）保护腹腔。不慎倒地时，双膝尽量前屈，侧躺在地。

（5）保持情绪稳定。不要因恐惧而“慌不择路”。

（6）尽量保护老人和小孩。老人和小孩自卫能力差，容易受到意外伤害。

升降电梯意外事故：

（1）按下红色紧急按钮求救，也可通过大声呼救等方式向外界传递被困信息。

（2）保持镇静。耐心等待救援，千万不要试图自行打开电梯门。

（3）紧靠电梯墙壁。整个背部跟头部紧贴电梯内墙，呈一直线。

（4）紧握扶手。电梯下滑时要紧握扶手，防止因重心不稳而摔伤。

（5）膝盖呈弯曲姿势。如没有扶手可抱头，借用膝盖弯曲承受重击压力。

（6）脚尖点地，脚跟抬起，减缓冲力。如果带有小孩，要将小孩抱在怀里。

拓展一步

一、家庭急救药箱

随着人们生活水平的提高和医药卫生知识的普及，人们防病健身的意识也随之增强，现在许多家庭都备有药品，使得一些小病能够得到及时治疗。一些患者在病愈后也会将未用完的药品保存下来，以备有病时再用。

（一）家庭小药箱配置物品

家庭小药箱

消过毒的纱布、棉棒等都是急救时常用的配置物品。如有条件，最好有1条长1米左右的大三角巾；体温计是必须准备的量具；医用的剪子、镊子（在使用前先用火或酒精消毒）也要相应地配齐；准备好碘酒、红药水、烫伤膏、眼药膏、止痒清凉油、伤湿止痛膏、创可贴及75%酒精等外用药；配置解热、止痛、止泻、防晕、消炎和助消化药等内服药。

（二）家庭储药备忘录

1. 止咳化痰药，如必嗽平、咳必清、咳美芬、退咳露等。

2. 解热镇痛药，如阿司匹林、去痛片、消炎痛等。

3. 感冒药，如扑感敏、新康泰克、强力银翘片、白加黑感冒片、小儿感冒灵等。

4. 胃肠及助消化药，如吗丁琳、多酶片、山楂丸、快胃片、启脾丸、胃复康片等。

5. 退烧药，如口服退烧药等。

6. 止泻药，如易蒙停、止泻宁、思密达等。

7. 抗过敏类药，如多虑平、赛庚啶、异丙嗪（非那根）等。

8. 速效救心丸。

9. 眼药水，如利福平眼药水、红霉素眼药膏等。

10. 外用药，如达克宁霜、百多邦软膏等。

二、家庭常见病应急小窍门

（一）哮喘

1. 鸡蛋蒸苹果治哮喘：取1个苹果，将果核从苹果的顶部蒂处取出（开口处要圆，为鸡蛋恰好能堵住的大小），在苹果四周没破的情况下，放入1个鸡蛋黄，然后在苹果开口处放1个鸡蛋，将开口堵好后放入笼内蒸1小时。温热服

用，一天1个，连服3天，即能有效治疗哮喘。

2. 生姜治哮喘：（1）取15克生姜切碎，加入1个鸡蛋，调匀，炒熟食用即可。注意，这种方法只适用于寒性哮喘病人。（2）取30克生姜洗净、切丝，加20克桔梗、20克红糖拌匀，共置于暖瓶内，沏入开水，加盖焖1小时后代茶饮用。此法适用于慢性气管炎患者，久饮见疗效。（3）将嫩鲜姜切碎放入盆内，把背心浸入姜汁内（浸得越透越好，盆内不放水，要完完全全是姜汁），待几天后完全浸透，再取出阴干。在秋分前一天穿上背心，直至第二年春分时再脱掉。为了清洁，可浸两件替换穿，对哮喘疗效显著。

3. 浓豆浆治哮喘：黄豆充分浸泡后，用榨汁机榨出豆汁，将汁煮沸后放入少许味精和食盐，每天像喝茶水一样大量饮用，长期坚持即可有效治疗哮喘。

（二）止咳

1. 生姜止咳：（1）取生姜1小块，切碎，鸡蛋1个，香油少许，在锅中加入香油，油热后打入鸡蛋，姜末撒入蛋中，炸熟后趁热吃下，每日2次，数日后咳嗽即好转；（2）生姜250克，捣碎，用纱布将汁滤出，按1：1兑蜂蜜，上火煮开后再倒进碗里，早晚各1匙；（3）取豆腐250克、红糖60克、生姜6克，一起用水煎好，睡前吃渣饮汤，连续服用1周，即可有效治疗咳嗽。

2. 草莓加冰糖止咳：将草莓洗净、去蒂，与冰糖以2：1的用量隔水炖服，每日服2～3次，数天即可有效止咳。

3. 香蕉冰糖止咳：取香蕉2～4根、冰糖5克，装入碗内上锅，开锅后用文火蒸5分钟即可食用。

4. 风油精止咳：用风油精外搽前脖颈和颈两边，咳嗽可立刻止住，同时，还能有效平息痰喘。

（三）感冒

1. 葱治感冒：（1）取5～10根洗净的葱、数片生姜、适量红糖，煎汤饮服，然后加衣盖被，发汗。此法对治伤风感冒有奇效。（2）用葱煎水来擦脚心和背心。此法对轻度伤风感冒能起到良好的治疗效果。（3）取3～5根葱，用热水浸泡后尽可能将其碾碎，然后将葱屑用纱布包裹起来，挤出葱屑的汁液，再调以适量的开水，在睡觉前饮用即可。此法对治疗感冒有显著效果。

2. 大蒜治感冒：（1）先将洗净、去膜的蒜片浸入冷开水中，密封，大约8小时后加入碎冰糖，然后快速搅拌，再密封3～5小时服用即可。（2）取大蒜和洋葱各50克，切碎后放在大口瓶子里，患者的嘴和鼻子交替对准瓶口，吸入大蒜和洋葱味，每天进行3～4次，每次15分钟。此法对流感、咽喉炎、扁桃体炎、肺炎、百日咳均有非常好的疗效。（3）取等量的蒜泥与蜂蜜，混合后搅拌均匀，每天服4～6次，每次1汤匙，用温开水送服。此法对治疗流感有非常好的效果。

3. 姜治感冒：（1）取10克鲜姜、25克香菜根，用水煎服，一日3次，数日后即可治愈风寒感冒；（2）取30克生姜，切片，配50克红糖，泡热水口服，可防治风寒感冒；（3）切几片姜，和一把橘皮（干、鲜均可）一起放入适量水中熬煮，喝前放入适量糖（春夏用白糖，秋冬用红糖）即可。

4. 藕汁蜂蜜治感冒：将适量鲜藕洗净，捣烂榨汁250克，加50克蜂蜜调匀，分5次服，连用数日，可治感冒咳嗽。

5. 可乐治感冒：伤风感冒初起时，可用可乐加几片姜和一个柠檬同煮，然后饮之，即有显著疗效。

（四）腹泻

1. 鸡蛋治腹泻：（1）把等量的红糖、白糖混合拌匀，放在碟子里。用白水煮3个鸡蛋，趁热剥皮蘸糖吃，尽量多蘸糖，3个鸡蛋一次吃完，效果明显。（2）在碗中打1个鸡蛋，不放油盐，用炒菜锅干炒，一次吃完。轻者吃1～2次即好，重者一天3次，1～2天可愈。（3）趁热吃1个白水煮鸡蛋，对治疗非感染性腹泻有一定的效果。

2. 醋止腹泻：（1）用适量食醋煮2个鸡蛋，鸡蛋煮熟后连同食醋一起服下，对治疗腹泻有一定的作用。（2）腹泻时，沏一杯绿茶或花茶，将茶水倒入另一杯中，放入1大汤匙醋，将醋茶喝下。一杯茶可连续冲泡2次，连喝几杯醋茶，有止泻作用。（3）腹泻时，喝上两口山西老陈醋，可以缓解症状。

3. 鲜桃缓解腹泻：便溏或腹泻初起时，在饭前快速吃鲜桃1个，饭中食大蒜1～2瓣，一般在12小时后可缓解腹泻。

4. 苹果治小儿腹泻：把洗净的苹果放入碗中隔水蒸软即可，吃时去掉外皮，一日3～5次，治疗小儿腹泻初起时效果较好。

5. 大蒜治腹泻：（1）把适量大蒜去皮捣烂，包入油饼中，然后一起吃下。每早空腹作为点心食用，连吃3天，即可有效治疗腹泻。（2）用适量大蒜头切片和1汤匙茶叶熬水，煮开1～2分钟后即可服用。服用2～3天可使腹泻好转。（3）将蒜剥皮洗净，用刀削去蒜瓣的头尾和蒜的膜皮，大便后先温水坐浴，再将削好的蒜送入直肠里，越深效果越好。一般情况下，5～6小时后排便即成条形。每次放一两瓣，连放2～3天，大便可正常。采用这种方法应注意手的消毒。

知行合一

1. 遇到意外情况需要急救时，应如何观察和测量伤者的情况？
2. 拨打120急救电话时应注意哪些问题？
3. 如何做人工呼吸和心肺复苏？
4. 试举出几个家庭应急小窍门。

模块二 预防传染性疾病

2017年3月，中国内地共报告法定传染病544132例，死亡1589人。其中，甲类传染病鼠疫、霍乱无发病、死亡报告。乙类传染病中传染性非典型肺炎、白喉、脊髓灰质炎和人感染高致病性禽流感无发病、死亡报告，其余22种传染病共报告发病325791例，死亡1579人。报告发病数居前5位的病种依次为病毒性肝炎、肺结核、梅毒、淋病以及细菌性和阿米巴性痢疾，占乙类传染病报告病例总数的95%。

同期，丙类传染病中丝虫病无发病、死亡报告，其余10种传染病共报告发病218341例，死亡10人。报告发病数居前3位的病种依次为其他感染性腹泻病、手足口病和流行性感冒，占丙类传染病报告病例总数的90%。

典型事例

1. 世界传染病史上的悲惨事件

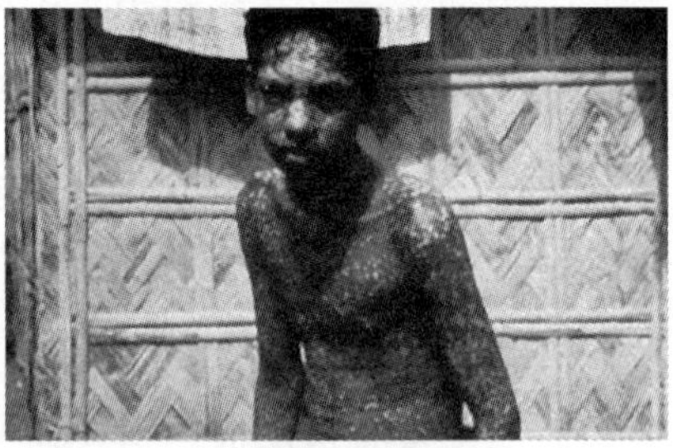

（1）天花（Smallpox）。16世纪末，欧洲的探险家、殖民者和征服者开始进入新大陆，把天花患者用过的毯子送给了印第安人，导致瘟疫肆虐，使美洲大陆上居住着的将近1亿名土著居民骤减到500万到1000万。造成了被史学家称为“人类史上最大的种族屠杀”事件的就是天花。

天花是由天花病毒引起的一种烈性传染病，典型症状包括高烧、全身酸痛、皮疹、水泡和永久性伤疤。这种疾病一般通过与患者的皮肤或体液直接接触传播，封闭环境中也会通过空气传播。18世纪70年代，英国医生爱德华·琴纳发明了牛痘苗，人类终于能够抵御天花病毒，1976年，世界卫生组织开始推行大规模接种天花疫苗。1977年，天花病例彻底消失。这也是到目前为止，在世界范围内被人类消灭的第一个传染病。

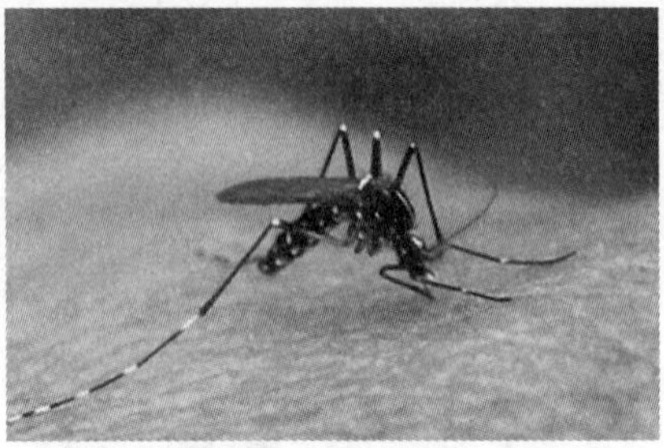

（2）疟疾（Malaria）。作为仍然在肆虐的瘟疫，疟疾已然成为全球最普遍、最严重的热带疾病。一组数据能让我们感受到它惊人的破坏力：1906年，美国政府招募了26000名工人建造巴拿马运河，其中21000人因为疟疾住进医院；仅美国南北战争中就有1316000人感染疟疾，其中约一万人死亡；第一次世界大战期间，英国、法国和德国的士兵饱受疟疾之苦长达三年之久，丧生者达10万以上；第二次世界大战期间，美国在非洲和南太平洋的驻军中有6万人死于疟疾；而今每年全球约有3亿宗疟疾病例发生，导致超过100万人死亡。

疟疾一般是由蚊子和人类身体上的疟原虫微生物引起的。当受感染的蚊子停留在人类皮肤上开始吸血时，疟原虫微生物就会进入人体。一旦进入血液，就会在血红细胞内生长并最终摧毁红细胞。症状有轻有重，典型症状是发烧、发冷、出汗、头痛和肌肉痛。

（3）霍乱（Cholera）。霍乱共有7次世界性大流行的记录。第一次始于1817年，随后的5次爆发，均发生在19世纪，故被称为“最令人害怕、最引人注目的19世纪世界病”。霍乱导致的死亡人数无法估量，仅仅印度，在100年间就死亡3800万人，欧洲仅在1831年就死亡90万人。

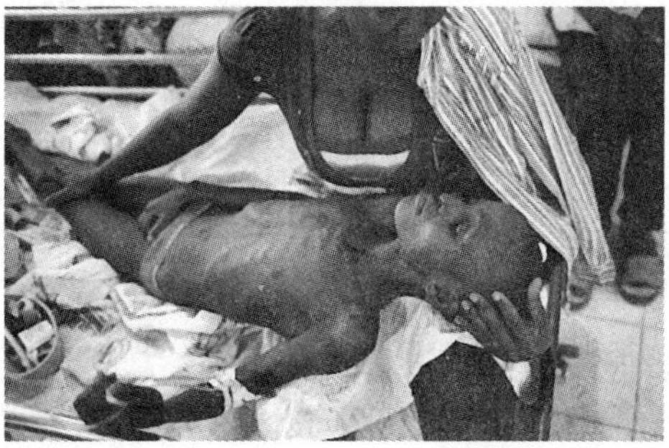

霍乱是一种由霍乱弧菌引起的急性腹泻疾病，病发高峰期在夏季，能在数小时内造成腹泻脱水甚至死亡。最常见的感染原因是食用被病人粪便污染过的水。霍乱弧菌产生的霍乱毒素会造成感染者分泌性腹泻，表现为突然而无痛的水泻，常伴呕吐。治疗方式为补充水分与电解质和抗生素治疗。

2. 我国发现的传染病案例

（1）非典型性肺炎（SARS）。非典型性肺炎的首发病例，也是全球首例，于2002年11月出现在广东佛山，并迅速形成流行态势。2002年11月至2003年8月5日，29个国家报告临床诊断病例8422例，死亡916例。

这是一种因感染SARS冠状病毒引起的新的呼吸系统传染性疾病。主要通过近距离空气飞沫传播，具有较强的传染性。以发热、头痛、肌肉酸痛、乏力、干咳少痰等为主要临床表现，严重者可出现呼吸窘迫。

（2）H7N9型禽流感。H7N9型禽流感是一种新型禽流感，于2013年3月底在上海和安徽两地率先发现。H7N9型禽流感是全球首次发现的新亚型流感病毒。经调查，H7N9禽流感病毒基因来自于东亚地区野鸟和中国上海、浙江、江苏鸡群的基因重配。

发病症状：发热、咳嗽等急性呼吸道感染症状，尤其是会出现高热、呼吸困难。10例确诊病例主要表现：典型的病毒性肺炎，起病急，病程早期均有发热（38℃以上）、咳嗽等呼吸道感染症状。起病5～7天出现呼吸困难等重症肺炎相关表现，并进行性加重，部分病例可迅速发展为急性呼吸窘迫综合征并死亡。

流感是由流感病毒引起的一种急性呼吸道传染病。流感病毒可分为甲（A）、乙（B）、丙（C）三型。其中，甲型流感依据流感病毒特征可分为135种亚型，H7N9亚型禽流感病毒只是其中的一种，既往仅在禽间发现，未发现过人的感染情况。据中国疾控中心报告，未发现全国流感活动水平异常升高。专家认为，根据对密切接触者医学观察结果，未提示该病毒具有较强的人传人能力。

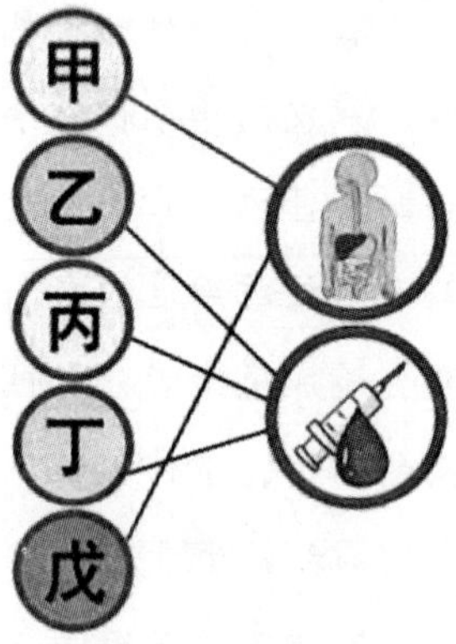

（3）病毒性肝炎。病毒性肝炎的病原学分型，目前已被公认的有甲、乙、丙、丁、戊五种肝炎病毒，分别写作HAV、HBV、HCV、HDV、HEV，除乙型肝炎病毒为DNA病毒外，其余均为RNA病毒。2017年3月，中国内地共报告病毒性肝炎142147例，死亡59例。

甲型肝炎病毒主要从肠道排出，通过日常生活接触而经口传染；乙型肝炎病毒可通过各种体液排至体外，如通过血液、精液、阴道分泌物、唾液、乳汁、月经、泪液、尿、汗等；丙型肝炎病毒主要通过输血而引起，本病约占输血后肝炎的70%以上；丁型肝炎传播途径与乙型肝炎基本相同，静脉注射禁品、男性同性恋和经常应用血制品或肾透析患者，为本病的高危人群；戊型肝炎主要通过被污染水源，经粪—口途径而感染。

各抒己见

1. 什么是传染性疾病？你所了解的传染性疾病有哪些？
2. 怎样预防传染性疾病？
3. 如果周围出现传染病，你会如何应对？

专家点评

随着城市化进程的加快、人口增长和流动性的增强，预防和控制传染病的发展面临着比较复杂的情况。为了有效对传染病进行预防和控制，必须切断传播途径，对易感人群给予保护，即及时采取全面、有效的措施。学校常见的传染病包括：

1. 肺结核

肺结核是由结核杆菌引起的呼吸道传染病。主要通过病人咳嗽、打喷嚏或大声说话时喷出的飞沫传染其他人。由于学生在学校生活比较集中，如果有人得了肺结核，又没有及早正规治疗，很容易造成同学之间的传染。肺结核已经成为大学生因病辍学的主要原因之一。

肺结核病的主要症状是咳嗽、咳痰，甚至痰中带血。如果连续三周以上的咳嗽、咳痰或痰中带有血丝，就有极大的可能是得了肺结核病。其他常见的症状还有低烧、盗汗、疲乏无力、体重减轻等。

只要坚持正规治疗，肺结核病是可以治愈的。目前最主要的治疗方法是抗结核药物治疗，同时辅助其他治疗方法。国家免费为活动性肺结核病人提供抗结核病药品、保肝药品和主要的检查。只要病人能按照医生的要求全程不间断地服药，绝大部分病人都是能够治愈的。

2. 艾滋病

艾滋病是获得性免疫缺陷综合征的通称，是一种传染病。世卫组织近期发布的《全球青少年健康状况》指出，艾滋病已经成为青少年的第二大死因。在中国，性传播已占新发感染的90%，艾滋病病毒的传播在年轻人中间也呈上升趋势。在西安，艾滋病感染者中学生比例占6.4%，且报告人数逐年增多。

艾滋病如何传播？（1）三大传播途径是性、血液和母婴；（2）公共场所的一般接触、日常的生活接触、礼节性接吻和拥抱等不会传播艾滋病病毒。

怎样预防艾滋病？目前尚无有效疫苗，因此最重要的是采取预防措施：（1）坚持洁身自爱，不卖淫、嫖娼，不涉足色情场所，不要轻率地进出某些娱乐场所；避免婚前、婚外性行为；任何场合都应保持强烈的预防艾滋病意识，不要存在任何侥幸心理。（2）不以任何方式吸毒，远离毒品。（3）不去非法采血站卖血，不擅自输血和使用血制品，应在医生的指导下使用。（4）生病时要去正规的诊所、医院，不到医疗器械消毒不可靠的医疗单位特别是个体诊所打针、拔牙、针灸、手术。不用未消毒的器具穿耳孔、文身、美容。（5）不要借用或共用牙刷、剃须刀、刮脸刀等个人用品。（6）避免直接与艾滋病患者的血液、精液、乳汁和尿液接触，对被他人污染过的物品要及时消毒，切断其传播途径。（7）正确使用安全套是性生活中最有效的预防性病和艾滋病的措施之一。（8）患有性病后应及时、积极进行治疗，否则已存病灶会增加艾滋病感染的危险。

假如感染了艾滋病病毒，应当如何治疗？目前，全世界普遍采用的是高效抗逆转录病毒治疗，即通过多种抗逆转录病毒药物的联合运用，持久地抑制病毒复制及其异常的免疫激活，逐步实现免疫重建，提高感染者和患者的生活质量，减少艾滋病的发生率和死亡率。一旦被确诊感染了艾滋病病毒，可与当地疾控部门联系，专业人员会结合传播途径和CD4细胞检测结果将感染者转介到医疗机构，开展免费的抗病毒治疗。

3. 麻疹

麻疹是最常见的急性呼吸道传染病之一，冬春季呈季节性高发，其传染性很强。临床上以发热、上呼吸道炎症、眼结膜炎，以及皮肤出现红色斑丘疹和颊黏膜上有麻疹黏膜斑，疹退后遗留色素沉着伴糠麸样脱屑为特征。

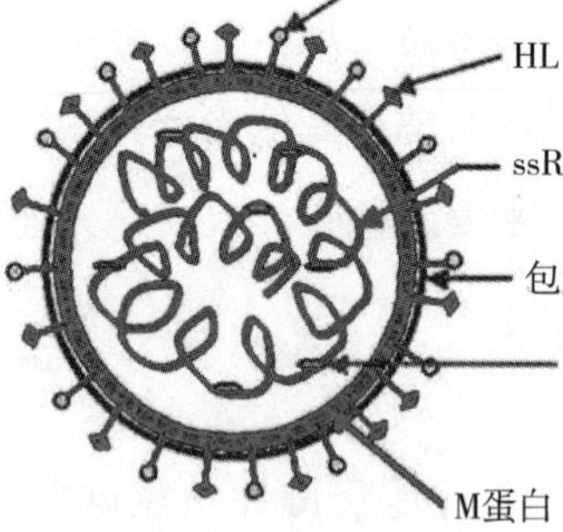

麻疹病毒结构模式图

如何预防麻疹？（1）接种麻疹疫苗是预防麻疹最有效的手段。（2）勤洗手脸、勤通风、勤晒被褥、勤锻炼，养成良好的卫生习惯。（3）麻疹是呼吸道传染病，传播力极强，在人员拥挤、空气不流通的密闭环境中，更容易实现传播。应尽量避免到人员密集、空气流通较差的医院、网吧、商场、影剧院等公共场所，减少感染和传播机会。

如果发现自己出现发烧、红色皮疹、咳嗽等症状，要尽快到医院诊治，并主动戴上口罩到发热门诊就诊。

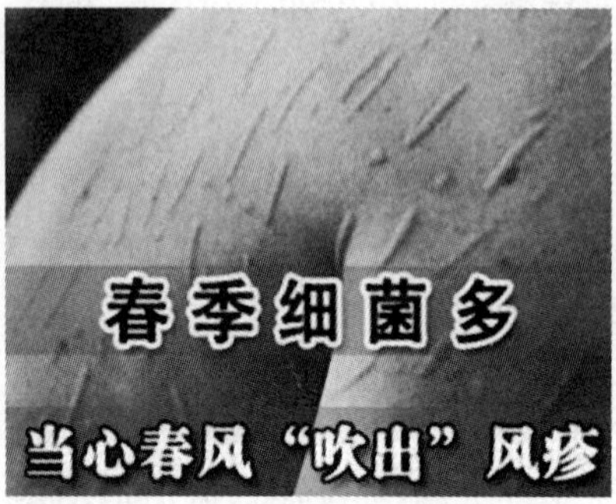

4. 风疹

风疹是由风疹病毒（RV）引起的急性呼吸道传染病，包括先天性感染和后天获得性感染。患者是风疹唯一的传染源，主要由飞沫经呼吸道传播，人与人之间也可经密切接触传染。一般病情较轻，病程短，愈后良好。风疹极易引起暴发传染，一年四季均可发生，以冬春季发病为多。

风疹常见症状主要有低热或中度发热头痛、食欲减退、疲倦、乏力及咳嗽、打喷嚏、流涕、咽痛、结膜充血等；风疹一般多见于儿童，流行期中青年、成人和老人中发病也不少见，多流行于幼儿园、学校、军队等聚集群体中。

风疹患者一般症状轻微，不需要特殊治疗。症状较显著者，应卧床休息，流质或半流质饮食。对高热、头痛、咳嗽、结膜炎患者可给予对症处理。免疫接种是预防风疹的有效方法。风疹疫苗属于减毒活病毒株，使用已超过40年。单剂接种可获得95%以上的长效免疫力，与自然感染诱发的免疫力接近。

5. 水痘

水痘是由水痘–带状疱疹病毒初次感染引起的急性传染病。任何年龄人群均可感染水痘-带状疱疹病毒，以婴幼儿和学龄前、学龄期儿童发病较多，6个月以下的婴儿较少见，成人发病症状比儿童更严重。

水痘主要症状有发热，皮肤和黏膜成批出现周身性红色斑丘疹、疱疹、痂疹。皮疹呈向心性分布，主要发生在胸、腹、背部，四肢很少发生。冬春两季多发，其传染力强。

人类是该病毒唯一宿主，水痘患者是唯一的传染源，自发病前1～2天直至皮疹干燥结痂期均有传染性，接触或飞沫吸入均可传染，易感儿发病率可达95%以上。该病为自限性疾病，一般不留瘢痕，如合并细菌感染会留瘢痕，病后可获得终身免疫。有时病毒以静止状态存留于神经节，多年后感染复发而出现带状疱疹。

水痘无特效治疗方法，主要是对症处理及预防皮肤继发感染，保持清洁，避免抓搔。加强护理，勤换衣服，勤剪指甲，防止抓破水疱继发感染。积极隔离患者，防止传染。局部治疗以止痒和防止感染为主，可外搽炉甘石洗剂，疱疹破溃或继发感染者可外用1%甲紫或抗菌素软膏。继发感染全身症状严重时，可用抗生素。忌用皮质类固醇激素，以防止水痘泛发和加重。

知识讲堂

一、传染性疾病

传染病是指由病原微生物（病毒、细菌、螺旋体等）和寄生虫（原虫或蠕虫）感染人体后产生的具有传染性的疾病。

《中华人民共和国传染病防治法》规定，传染病分为甲类、乙类、丙类三大类。甲类传染病是指鼠疫、霍乱；乙类传染病主要有非典型性肺炎、艾滋病、病毒性肝炎、人感染高致病性禽流感、流行性出血热、肺结核、流行性乙型脑炎、细菌性和阿米巴性痢疾、伤寒和副伤寒、淋病、梅毒、血吸虫病、疟疾等；丙类传染病主要有流行性感冒，麻风病，急性出血性结膜炎，流行性腮腺炎，除霍乱、细菌性和阿米巴性痢疾、伤寒和副伤寒以外的感染性腹泻病等。

传染病流行的基本条件如下：传染源，指患者、阴性感染者、病原携带者、受感染的动物；传播途径，有空气、飞沫、尘埃，水、苍蝇、食物，手、用具，血液、体液、血制品，土壤；易感人群。

常见的病原微生物有病毒、衣原体、立克次体、螺旋体、细菌、真菌等。病原微生物传播途径有空气、水、食物、日常用具、吸血节肢动物等。

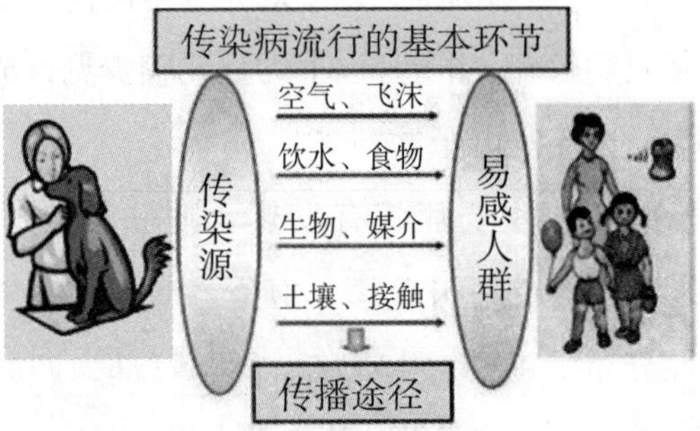

传染病的治疗要坚持综合治疗的原则，即治疗、护理与隔离、消毒并重，一般治疗、对症治疗与支持治疗并重。同时应控制传染源，切断传播途径，保护易感人群。

二、常见流行性疾病

一年四季，随着气候变化，流行性疾病呈现出不同的特点。夏季高温，蚊蝇猖獗，秋季气候多变，所以这两个季节是传染性疾病多发季节。常见的流行性疾病如下：

1. 流行性感冒

流行性感冒是由流感病毒引起的急性呼吸道传染病。该病毒主要存在于病人的口鼻分泌物中，通过说话、咳嗽、喷嚏，随飞沫散布，借空气传播，也可通过被病毒污染的物品间接传播，传染性强。流感潜伏期短则数小时，最长不超过四天。

患流感后，病人一般会有高热、全身酸痛、头痛等症状，有些病人还会腹泄、咳嗽，患病后3～4天就会退热，1周内痊愈。体质较弱者病程较长。

目前尚无确切有效的抗病毒药物，可服用感冒清热冲剂、板兰根冲剂、抗病毒冲剂，如出现咳嗽、腹泄、高热不退等症状，可根据病情对症治疗。

2. 流行性脑膜炎

流脑易发于冬春季节，其中每年的3月和4月为高峰期。

流脑通过病人或病原携带者打喷嚏、咳嗽等形式传播，病菌随飞沫进入其他人呼吸道而感染。传染源主要是病人和健康携带者。潜伏期为2～10天，平均4天左右。

6个月至2岁的婴幼儿发病率最高，其次为学龄儿童及青少年。该病有突发性高热、头痛、呕吐、皮肤和黏膜出血点或瘀斑及脖子发硬等症状。个别可留有后遗症，如智力障碍、听力损伤等。

3. 流行性腮腺炎

流行性腮腺炎简称“腮腺炎”，亦称“痄腮”，是一种通过飞沫传播的急性呼吸道传染病，冬春季节容易发生。多见于5～15岁的儿童和青少年。一次感染后可获终身免疫。

传播途径：病人是唯一的传染源，主要通过飞沫传染，少数通过用具间接传染，传染性强。

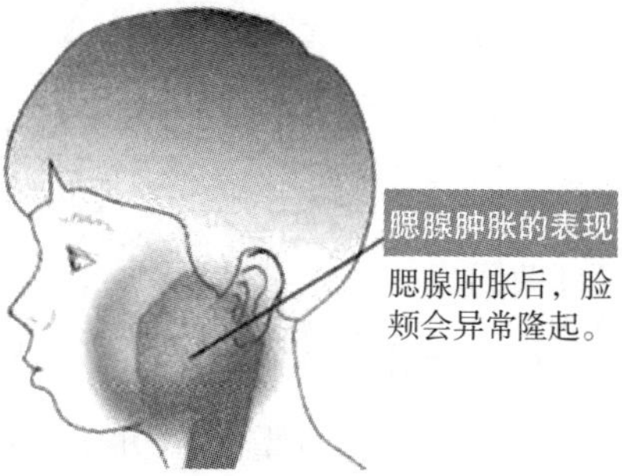

腮腺肿胀的表现
腮腺肿胀后，脸颊会异常隆起。

主要症状：本病大多数起病较急，有发热、畏寒、头痛、咽痛等全身不适症状。患者一侧或双侧耳下腮腺肿大，疼痛，咀嚼时更痛。并发症有脑膜炎、心肌炎、卵巢炎或睾丸炎等。整个病程约7 ~ 12天。

4. 流行性出血热

流行性出血热是由于人们在生产、生活中接触鼠类或被鼠类污染的食物，感染出血热病毒引起的疾病。该病初期会出现寒战，继而高热，并伴有“三痛、三红”症状，即头痛、腰痛、眼眶痛，颜面、颈部、胸部充血潮红，呈醉酒面容。该病以发热、出血、肾损伤为主要特征，死亡率较高。

5. 夏季多见细菌性食物中毒和大肠杆菌导致的腹泻

细菌性食物中毒的传染源为被细菌污染的食物。其症状为畏寒、发热、恶心、呕吐、腹痛、腹泻，严重者可引起脱水和休克。同餐人群可集体发病。

大肠杆菌导致的腹泻按致病机制可分为5类。1. 致病性大肠杆菌肠炎：大便每天3～5次，为黄色蛋花状，量较多。2. 大肠毒素性大肠杆菌肠炎：分泌性水样腹泻，每天2～10次。3. 侵袭性大肠杆菌肠炎：临床表现酷似急性菌痢，但大便培养不出痢疾杆菌。4. 出血性大肠杆菌肠炎：恶心、呕吐和严重的痉挛性腹痛，腹泻为鲜红色水便。5. 黏附性大肠杆菌肠炎。

6. 秋季常见传染病可分为三大类：肠道传染病、呼吸道传染病和虫媒传染病

肠道传染病有霍乱、伤寒、痢疾、手足口病、布鲁氏菌病等。这类传染病经“粪—口”途径传播，是“吃进去”的传染病。通常原因是，细菌或病毒污染了手、饮水、餐具或食物等，未经过恰当的处理，吃进后发病。

呼吸道传染病有流感、禽流感、军团菌病、肺结核病、中东呼吸综合征等。这类传染病经呼吸道传播，是“吸进去”的传染病。细菌和病毒通过空气传播或通过灰尘中细菌或病毒的飞沫经呼吸道进入人体后发病。

虫媒传染病有乙脑、疟疾、登革热、寨卡病毒病、流行性出血热等。这类传染病通过一些昆虫媒介，如蚊、螨、虱子、跳蚤等叮咬人体后传播，是“叮咬传播”的传染病。昆虫先叮咬病人，然后再叮咬健康人，同时将细菌或病毒传入健康人的体内导致发病。

三、流行病预防

不同的传染病有不同的治疗方法，但基本的预防措施是相通的。我们只要注意以下几点，就能有效地减少疾病的发生和传播。

1. 合理膳食

要多饮水，摄入足够的维生素。宜多食些富含优质蛋白、糖类及微量元素的食物，如瘦肉、禽蛋、大枣、蜂蜜和新鲜蔬菜、水果等；不食、不加工不清洁的食物，拒绝生吃各种海产品和肉食，不吃带皮水果，不喝生水，不随便倒垃圾，垃圾要分类并统一处理。

2. 注意个人卫生，养成良好的卫生习惯

勤洗手，用流动水彻底清洗干净，包括不用污浊的毛巾擦手；不随便吐痰，不随

意打喷嚏；合理安排好作息时间，做到生活有规律。注意不要过度疲劳，以免抗病力下降。不去或少去人口密集、人员混杂、空气污浊的场所，如农贸市场、个体饮食店、游艺活动室等。

3. 室内定时通风，积极参加体育锻炼

定时打开门窗自然通风，可有效降低室内空气中微生物的数量，改善室内空气质量，调节居室微小气候，是最简单、行之有效的室内空气消毒方法；多到郊外、户外呼吸新鲜空气，每天散步、慢跑、做操、打拳等，使身体气血畅通，筋骨舒展。

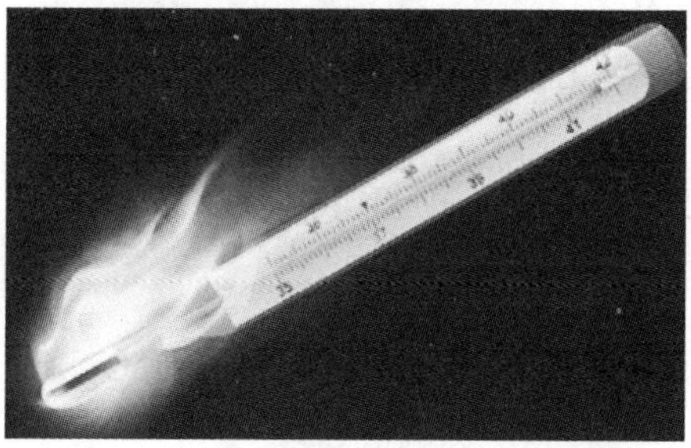

4. 发热或有其他不适及时就医

到医院就诊最好戴口罩，回宿舍后洗手，避免交叉感染；传染病人用过的物品及房间适当消毒，如日光下晾晒衣被，房内门把手、桌面、地面用含氯消毒剂喷洒、擦拭。避免接触传染病人，尽量不去传染病流行疫区。

5. 接种疫苗

常见的传染病现在一般都有疫苗，进行计划性人工自动免疫是预防各类传染病发生的主要环节，接种预防性疫苗是阻击传染病发生的最佳积极手段。

拓展一步

一、卫生防疫

狭义的卫生防疫是指为预防、控制疾病传播而采取的一系列措施。广义的卫生防疫是指卫生防疫站的卫生防疫工作，包括卫生监督和疾病控制两大部分。

卫生防疫确切地说是指疾病控制的内容，包含疾病预防控制、卫生监督检测、预防技术咨询与服务、基层防疫人员培训和卫生健康教育的业务技术指导，是流行病防治、计划免疫、慢性病防治、结核病防治、性病防治、寄生虫病防治、食品卫生、环境卫生、劳动卫生、放射卫生、学校卫生、健康教育、卫生检验、预防医学等内容的统称。

二、职业卫生安全

（一）职业卫生安全的定义

职业卫生安全（国内也称“劳动安全卫生”“劳动保护”）是安全科学研究的主要领域之一，通常是指影响作业场所内员工、临时工、合同工、外来人员和其他人员安全与健康的条件和因素。

苏联、德国和我国等称之为“劳动保护”，并将之定义为：为了保护劳动者在劳动、生产过程中的安全、健康，在改善劳动条件，预防工伤事故及职业病，实现劳逸结合和女职工、未成年工的特殊保护等方面，所采取的各种组织措施和技术措施的总称。职业卫生安全关注的是人的防护，而不是环境的保护。

（二）职业卫生安全常用术语

1. 安全生产：消除或控制生产过程中的危险因素，保证生产顺利进行。

2. 本质安全：通过设计等手段使生产设备或生产系统本身具有安全性，即使在误操纵或发生故障的情况下，也不会造成事故。

3. 安全治理：为了在生产过程中保护劳动者的安全和健康、改善劳动条件、预防工伤事故和职业危害、实现劳逸结合、加强安全生产所采取的一系列法制措施。

4. 事故：职业活动过程中发生意外的突发性事件的总称，通常会使正常活动中断，造成职员伤亡或财产损失。工伤事故处理“四不放过”原则是指在调查处理工伤事故时必须坚持的原则，即：事故原因分析不清不放过，没有采取切实可行的防范措施不放过，事故责任人没受到处罚不放过，他人没受到教育不放过。

5. 事故隐患：导致事故发生的物的危险状态、人的不安全行为及治理缺陷。

6. 三违：违章指挥，违章作业，违反纪律。违章指挥：强迫员工违反国家法律、法规、规章制度或操作规程进行作业的行为。违章作业：员工不遵守规章制度，冒险进行操作的行为。

7. 三级安全教育：进厂教育，车间教育，班组教育。

8. 四不伤害：不伤害自己，不伤害别人，不被别人伤害，帮助别人不受伤害。

9. 三懂四会：懂生产原理，懂工艺流程，懂设备构造；会操作，会维护保养，会排除故障和处理事故，会正确使用消防器材和防护器材。

知行合一

1. 所谓传染病是指____。

2.《中华人民共和国传染病防治法》规定，传染病分为________、________、________三大类，其中甲类传染病是指________、________。

3. 传染病流行的基本条件是________、________和________。

4. 传染病的治疗要坚持________的原则，即治疗、护理与隔离、消毒并重，一般治疗、对症治疗与支持治疗并重。

5. 常见的流行性疾病有哪些？请举出三种以上。

模块三 医疗保险与社会保障

2017年6月2日，人社部召开全面推进医保全国联网和跨省异地就医直接结算工作百日攻坚视频会。会议明确要求决战6、7、8三个月，打赢百日攻坚战，确保国家异地就医结算系统全面启动、联网运行，确保在线备案人员跨省异地就医住院医疗费用全部实现直接结算，力争早日实现三大任务：全部省份接入国家异地就医结算系统；90%以上的地市接入国家异地就医结算系统；承担异地就医任务的医疗机构80%以上接入国家异地就医结算系统。至此，异地就医结算工作全面展开，将会给人民群众的看病治疗带来实实在在的方便。

典型事例

1. 2016年10月28日，某技师学院信息工程学院学生时某在宿舍卫生值周时不慎摔倒，造成门牙掉落。先期花费医疗费用784.6元，本人未参加大学生医疗保险。

2. 2016年11月9日，某技师学院机电工程学院学生冉某、董某在出门玩耍时，被倒塌的墙体意外砸伤。两人共计花费医疗费用2806.68元，两人未参加大学生医疗保险。

3. 2016年11月24日，某技师学院汽车工程学院汽车检测与维修专业学生满某，在实习过程中意外受伤，右手四指严重受伤。满某住院花费6万余元，本人未参加大学生医疗保险。

4. 2017年4月7日，某技师学院学生王某因胫腓骨骨折到山东中医药大学附属医院就诊。因该生在校参加了大学生医保，医保统筹为其支付医疗费用24452.21元，有效地减轻了其家庭负担。

各抒己见

1. 什么是大学生医疗保险？为什么要参加大学生医疗保险？

2. 参加医疗保险的大学生如何就医看病？

专家点评

目前我国医疗保险分为两种：一是职工基本医疗保险；二是城乡居民医疗保险。大学生医疗保险（简称“大学生医保”）属城乡居民医疗保险，是政府针对在校大学生推出的一项优惠政策。

1. 参保及缴费

大学生医保参保期为当年9月1日至次年12月31日，每年9月1日至12月31日为大学生医保缴费期，在缴费期内缴费参保的，自9月1日起享受大学生医保待遇。

2017年城乡居民医保各级财政人均补助标准在2016年基础上新增30元，平均每人每年达到450元；2017年城乡居民医保人均个人缴费标准在2016年基础上提高30元，平均每人每年达到180元。

2018年度济南市大学生医保的缴费标准为120元，财政每人补助450元。属济南市低保、重度残疾、农村五保或优抚定补的，还可免费参保。

2. 就医治疗

（1）住院。学生上学期间住院治疗，持本人身份证到大学生医保定点医院即可就医，可实现网上结算，本人只需缴纳个人应负担部分。

（2）门诊治疗。一般在校医院进行治疗。

（3）寒暑假医疗。学生在寒暑假期间可就近治疗，住院且在非大学生医保定点医院治疗的需提供病历、医疗发票、费用清单和本人身份证复印件，按规定流程进行报销；属门诊医疗的，须是急诊，提供材料同住院医疗。

知识讲堂

一、基本医疗保险

（一）职工基本医疗保险

职工基本医疗保险制度是依法对职工的基本医疗权利给予保障的社会医疗保险制度，是通过法律、法规强制推行的。职工基本医疗保险实行社会统筹医疗基金与个人医疗账户相结合的基本模式，与养老、工伤、失业和生育保险一样，都属社会保险的一个基本险项。

覆盖范围：城镇所有用人单位，包括企业（国有企业、集体企业、外商投资企业、私营企业等）、机关、事业单位、社会团体、民办非企业单位及其职工，都要参加基本医疗保险。乡镇企业及其职工、城镇个体经济组织业主及其从业人员是否参加基本医疗保险，由各省、自治区、直辖市人民政府决定。

缴费办法：所有用人单位及其职工都要按照属地管理原则参加所在统筹地区的基本医疗保险，执行统一政策，实行基本医疗保险基金的统一筹集、使用和管理。基本医疗保险费由用人单位和职工共同缴纳。用人单位缴费率应控制在职工工资总额的6%左右，职工缴费率一般为本人工资收入的2%。随着经济发展，用人单位和职工缴费率可做相应调整。

我国1998年开始建立城镇职工基本医疗保险制度。

（二）城乡居民医疗保险

1. 新型农村合作医疗

农村合作医疗保险是由我国农民自己创造的互助共济的医疗保障制度，在保障农民获得基本卫生服务、缓解农民因病致贫和因病返贫方面发挥了重要的作用。而新型农村合作医疗，简称“新农合”，则是指由政府组织、引导、支持，农民自愿参加，个人、集体和政府多方筹资，以大病统筹为主的农民医疗互助共济制度。

新农合采取个人缴费、集体扶持和政府资助的方式筹集资金，新农合从2003年起在全国部分县（市）试点，到2010年逐步实现基本覆盖全国农村居民。

2. 城镇居民医疗保险

城镇居民医疗保险是以没有参加城镇职工医疗保险的城镇未成年人和没有工作的居民为主要参保对象的医疗保险制度。它是继城镇职工基本医疗保险制度和新型农村合作医疗制度推行后，主要对城镇非从业居民医疗保险做出的制度安排。

城镇居民基本医疗保险是社会医疗保险的组成部分，采取以政府为主导、以居民个人（家庭）缴费为主、以政府适度补助为辅的筹资方式，按照缴费标准和待遇水平相一致的原则，为城镇居民提供医疗需求的医疗保险制度。

国务院决定自2007年起开展城镇居民基本医疗保险试点。

3. 城乡居民医疗保险

2016年1月12日，国务院印发的《关于整合城乡居民基本医疗保险制度的意见》要求，推进城镇居民医保和新农合制度整合，逐步在全国范围内建立起统一的城乡居民医保制度，实现覆盖范围、筹资政策、保障待遇、医保目录、定点管理、基金管理“六统一”。

城乡居民医保制度覆盖范围包括现有城镇居民医保和新农合所有应参保（合）人员，即覆盖除职工基本医疗保险应参保人员以外的其他所有城乡居民。农民工和灵活就业人员依法参加职工基本医疗保险，有困难的可按照当地规定参加城乡居民医保。

大学生可在学校所在地参加城乡居民医保，享受医保待遇。

二、社会保障

社会保障是指国家通过立法，积极动员社会各方面资源，通过收入再分配，保证无收入、低收入以及遭受各种意外灾害的公民能够维持生存，保障劳动者在年老、失业、患病、工伤、生育时的基本生活不受影响，同时根据经济和社会发展状况，逐步增进公

共福利水平，提高国民生活质量。

社会保障作为一种国民收入再分配形式是通过一定的制度实现的。我们将由法律规定的、按照某种确定规则经常实施的社会保障政策和措施体系称之为社会保障制度。由于各国的国情和历史条件不同，在不同的国家和不同的历史时期，社会保障制度的具体内容不尽一致；但有一点是共同的，那就是为满足社会成员的多层次需要，相应安排多层次的保障项目。

全球的社会保障模式，大致可分为国家福利、国家保险、社会共济和积累储蓄四种，分别以英国、苏联、德国、新加坡为代表。目前我国在建的社会保障制度，属于社会共济模式，即由国家、单位（企业）、个人三方共同为社会保障计划融资，而且这是未来相当长一段时期的改革趋势。个人责任的强化已经成为全球社会保障制度改革的共识。社会保障是现代工业文明的产物，是经济发展的“推进器”，是维护百姓切身利益的“托底机制”，是维护社会安定的“稳定器”。社会保障是现代国家一项基本的社会经济制度，是社会安定的重要保障，也是社会文明进步的重要标志。

（一）社会保障的内容

一般来说，社会保障由社会保险、社会救济、社会福利、优抚安置等组成。其中，社会保险是社会保障的核心内容。

1. 社会保险

社会保险，是指国家通过立法建立的一种社会保障制度，目的是使劳动者因年老、失业、患病、工伤、生育而减少或丧失劳动收入时，能从社会获得经济补偿和物质帮助，保障基本生活。

社会保障

从社会保险的项目内容看，它是以经济保障为前提的。一切国家的社会保险制度，不论其是否完善，都具有强制性、社会性和福利性这三个特点。

按照我国劳动法的规定，社会保险项目分为养老保险、失业保险、医疗保险、工伤保险和生育保险等类型。社会保险的保障对象是全体劳动者，资金主要来源是用人单位和劳动者个人的缴费，政府给予资助。依法享受社会保险是劳动者的基本权利。

2009年和2011年，国务院先后启动新型农村社会养老保险试点和城镇居民社会养老保险试点，2012年在全国所有地区全面推开，基本实现两项制度全覆盖，这标志着我国覆盖全民的基本养老保险制度体系全面建立。2014年，国务院在总结新农保与城居保试点经验的基础上，决定将两项制度合并实施，在全国范围内建立制度名称、政策标准、经办服务、信息系统“四个统一”的城乡居民基本养老保险制度。

2. 社会救济

社会救济，是指国家和社会对生活在贫困线以下的低收入者或者遭受灾害的生活困难者提供无偿物质帮助的一种社会保障制度。

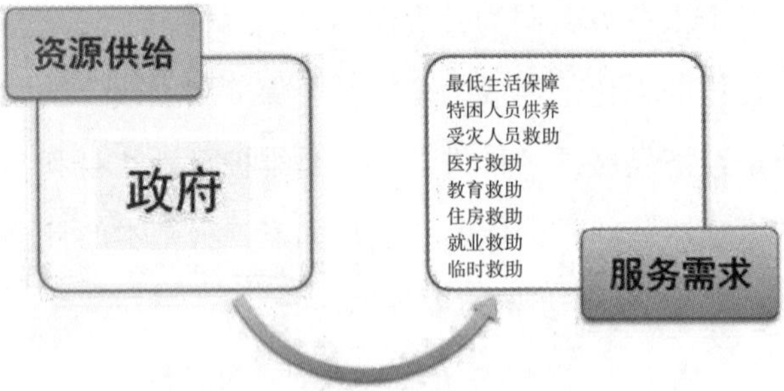

从历史发展看，社会救济先于社会保险。早在1536年，法国就通过立法要求在教区进行贫民登记，以维持贫民的基本生活需求。1601年，英国制定了《济贫法》，规定对贫民进行救济。中国古代的“义仓”也是一种救济制度。这些都是初级形式的社会救济制度。

维持最低水平的基本生活是社会救济制度的基本特征。社会救济经费的主要来源是政府财政支出和社会捐赠。

3. 社会福利

广义的社会福利，是指国家为改善和提高全体社会成员的物质生活和精神生活所提供的福利津贴、福利设施和社会服务的总称。狭义的社会福利，是指国家向老人、儿童、残疾人等社会中需要给予特殊关心的人群提供的必要的生活保障。

4. 优抚安置

优抚安置，是指国家对从事特殊工作的人们及其家属，如军人及其亲属，予以优待、抚恤、安置的一项社会保障制度。在我国，优抚安置的对象主要是烈军属、复员退伍军人、残疾军人及其家属；优抚安置的内容主要包括提供抚恤金、优待金、补助金，举办军人疗养院、光荣院，安置复员退伍军人等。

5. 社会互助

社会互助是指在政府鼓励和支持下，社会团体和社会成员自愿组织和参与的扶弱济困活动。

社会互助具有自愿和非营利的特征，其资金主要来源于社会捐赠和成员自愿交费，政府往往从税收等方面给予支持。社会互助主要形式包括：工会、妇联等群众团体组织的群众性互助互济，民间公益事业团体组织的慈善救助，城乡居民自发组成的各种形式的互助组织等。

（二）社会保障的功能

社会保障是劳动力再生产的保护器，是社会发展的稳定器，是经济发展的调节器。社会保障具有促进发展的功能、互助的功能、防控风险和资本积累等功能。此外，可以解除劳动力流动的后顾之忧，使劳动力流动渠道通畅，有利于调节和实现人力资源的高效配置。

拓展一步

1. 城乡居民医保与职工医保的区别

一是面对人群不同。城镇职工医保主要面向有工作单位或从事个体经济的在职职工和退休人员。城乡居民医保覆盖除职工基本医疗保险应参保人员以外的其他所有城乡居民。

二是缴费标准及来源不同。城镇职工医保由用人单位和职工个人共同缴纳，不享受政府补贴；城乡居民医保缴费标准总体上低于职工医保，在个人缴费基础上政府给予适当补贴。

三是缴费要求不同。城镇职工医疗保险设立最低缴费年限，达到缴费年限（男25年，女20年）的，退休后不再缴费即可享受基本医疗保险待遇；城乡居民医疗保险不设立最低缴费年限，必须每年缴费，不缴费不享受待遇。

2. 工伤保险与医疗保险的区别

（1）针对的对象不同

医保针对的是病，且有规定的个人自负比例；工伤保险针对的是因工受到事故伤害的人员，或旧伤复发部位，或并发症的医疗费用，且按规定实报实销。

（2）享受待遇的条件不同

医保报销范围、报销比例都达不到工伤保险规定的范围和比例；但发生事故伤害后，需进行工伤认定和劳动能力鉴定后才能享受相应的工伤保险待遇。

（3）享受待遇的标准不同

医保待遇中，个人需按比例承担相应费用，在治疗期间按病假处理。而工伤保险，因工伤发生的费用从工伤保险基金支付的就有9项：① 治疗工伤的医疗费用和康复费用；② 住院伙食补助费，到统筹地区以外就医的交通食宿费；③ 安装配置伤残辅助器具所需费用；④ 生活不能自理的，经劳动能力鉴定委员会确认的生活护理费；⑤ 一次性伤残补助金和一级至四级伤残职工按月领取的伤残津贴；⑥ 终止或者解除劳动合同时，应当享受的一次性医疗补助金；⑦ 因工死亡的，其遗属领取的丧葬补助金、供养亲属抚恤金和因工死亡补助金、劳动能力鉴定费。⑧ 五级、六级伤残职工按月领取的伤残津贴；⑨ 终止或者解除劳动合同时，应当享受的一次性伤残就业补助金。

知行合一

1. 参加大学生医保的同学如何就医？

2. 我国社会保障制度的主要内容有哪些？

3. 你能分清职工基本医疗保险、城乡居民医疗保险和工伤保险的区别吗？请具体说一说。

思维导图

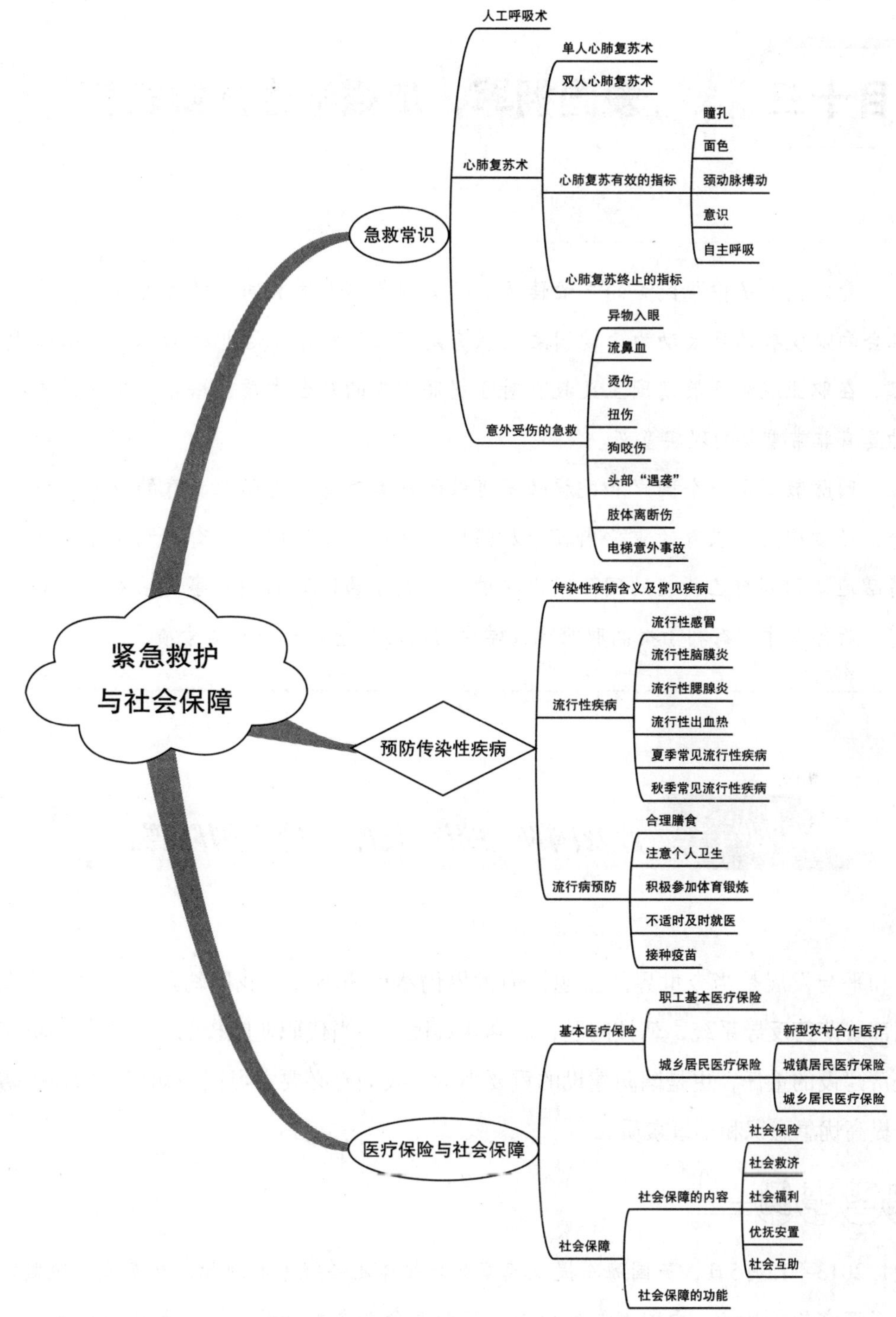

紧急救护与社会保障
急救常识
人工呼吸术
心肺复苏术
单人心肺复苏术
双人心肺复苏术
心肺复苏有效的指标
瞳孔
面色
颈动脉搏动
意识
自主呼吸
心肺复苏终止的指标
意外受伤的急救
异物入眼
流鼻血
烫伤
扭伤
狗咬伤
头部“遇袭”
肢体离断伤
电梯意外事故
预防传染性疾病
传染性疾病含义及常见疾病
流行性疾病
流行性感冒
流行性脑膜炎
流行性腮腺炎
流行性出血热
夏季常见流行性疾病
秋季常见流行性疾病
流行病预防
合理膳食
注意个人卫生
积极参加体育锻炼
不适时及时就医
接种疫苗
医疗保险与社会保障
基本医疗保险
职工基本医疗保险
城乡居民医疗保险
新型农村合作医疗
城镇居民医疗保险
城乡居民医疗保险
社会保障
社会保障的内容
社会保险
社会救济
社会福利
优抚安置
社会互助
社会保障的功能

项目十三　爱国拥军，加强学生国防教育

爱国拥军是中华民族的光荣传统，是全国各族人民共同的精神支柱，是推动社会向前发展的巨大动力。爱国主义教育是职业院校学生思想政治工作的核心内容。在职业院校开展爱国主义教育对于提高学生的综合素质、培养学生的爱国精神具有非常重要的现实意义。

国防教育是一个国家和民族必不可缺的基本教育，是职业教育的重要组成部分，是爱国主义教育的重要内容。加强职业院校学生的国防教育有利于学生更加清醒地认识到自己所处的国际国内环境，有利于为国家的国防事业培养更多更优秀的后备人才，有利于提高职业院校学生的国防观念和思想政治素质。

模块一　普及国防知识、技能，增强国防观念

和平与发展是当今世界的主题，但世界仍然动荡不安。我国钓鱼岛、南海争端，韩国部署萨德反导系统，朝核问题，叙利亚难民……当代职业院校的学生不仅担负着国家经济建设的重任，更是国防建设的重要力量，我们有必要学习国防知识，增强国防观念，提高忧患意识和军事素质。

典型事例

1. 2013年12月5日，美国海军提康德罗加级导弹巡洋舰考本斯号，在南海海域监视中国海军辽宁号航母时，中国军舰发出警告信号并命令考本斯号停下，美舰继续航行，随后，一艘中国登陆舰驶向考本斯号的前方并停下来，迫使美舰突然转向，双方最近距离

仅为457米，并未发生交火。

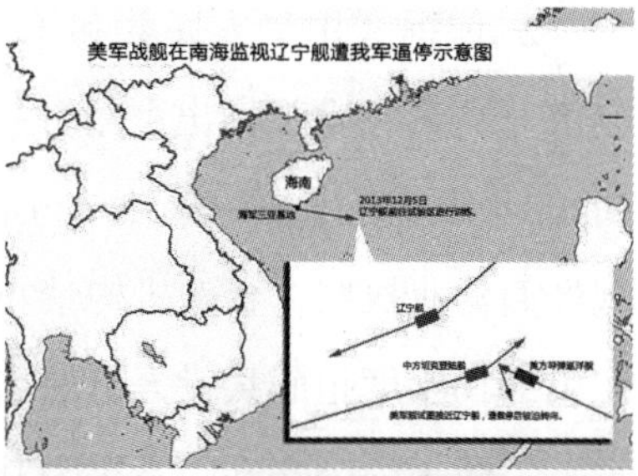

2. 2014年8月19日，中国南海，面对美军的抵近侦察，我军一架歼-11BH战斗机“危险接近”（美国称）美国P-8侦察机，甚至“进行了一个‘桶滚’机动，越过P-8的头顶”。

3. 2016年9月，云南昆明安宁市的高某和党某经过政审、体检顺利入伍。没想到，到了部队后，两人因怕苦怕累，不愿受部队纪律约束，以各种理由逃避服兵役。尽管兵役机关、部队及家属反复教育，但二人仍拒绝留队服役。为此，部队依据《兵役法》做出退兵处理。

各抒己见

1. 中国军舰逼退美国战舰、中国战机接近美国侦察机的意义何在？

2. 拒服兵役的行为是否触犯了法律？

专家点评

1. 解放军海军之所以敢于逼停美军巡洋舰，一个根本的原因是解放军拥有的现代化水面舰艇与美国海军在同一个水平线上。在过去十年里，解放军海军建设取得了前所未有的成就，目前已成为全球仅次于美国的第二大海上军事力量。虽然中国首艘航母辽宁舰及其新型潜艇引人关注，但驱逐舰、护卫舰、两栖登陆舰等舰艇的发展也同样取得重大进展。进入新世纪后，随着我国海军远洋活动的增加，巡航南沙海域已成常态。现如今的西沙群岛永兴岛已经进驻歼11战斗机、红旗9地空导弹、022型导弹艇、056型轻型护卫舰、预警雷达等高性能武器装备，未来永暑礁机场也将参照永兴岛的配置来进行部署。随着永暑礁机场的投入使用，南海三大机场可以实现相互交联，歼11、歼10等战斗机均可以实现对南海空域的常态存在。

2. 依据《中华人民共和国兵役法》《云南省征兵工作条例》等法规文件规定，安宁市对高某和党某做出严肃处罚：按照安宁市当年义务兵优待金的2倍标准给予经济处罚，3年内全市范围内事业单位和国有企业不得招聘录用，工商行政管理部门不得为其办理经商营业执照，金融机构禁止向其提供各种贷款业务。同时，市公安局将其列入《安宁市2016年度拒服兵役人员黑名单》，在其户籍信息系统“兵役状况”栏注明“拒服兵役”，两年内公安部门不得为其办理出国、出境相关手续。高某和党某因自身原因拒服兵役，两人的行为违反了《中华人民共和国兵役法》，已构成拒服兵役违法行为，在军队和地方造成了不良影响。依法服兵役是每个公民的义务，保家卫国是每个中国公民义不容辞的责任。

知识讲堂

在人类发展的历史长河中，国防是伴随国家的产生而产生的。国防是一个国家和民族生死存亡的根本大计，它服务于国家利益并直接关系着国家的安全、民族的尊严以及社会的发展。国无防不立，民无兵不安，覆巢之下无完卵。一个国家如果没有巩固的国防、强大的军队，就不可能维护国家的统一、领土的完整和民族的尊严，国家利益、集体利益、个人利益也就无从谈起。

随着社会的发展，现代国防的内涵也在不断扩大，如国防法规、国防体制建设、国防动员等都属于国防的范畴。作为中华人民共和国的公民，特别是即将成为祖国未来栋梁的大学生们，关注国防、心系国防、建设国防、保卫国防更是义不容辞的责任。

一、国防的含义与基本类型

（一）国防的概念

国防是指国家为抵御外来侵略与颠覆，捍卫国家主权、领土完整，维护国家安全、统一和发展而进行的军事活动，以及与军事有关的政治、经济、科技、文化、教育、外交等方面的活动。

从国防的含义可以看出，国防具有四个基本的要素，即国防的主体、国防的目的、国防的对象、国防的手段。

（二）国防的基本类型

国防的性质是由国家的社会制度和国家政策决定的。国家的社会制度不同，制定的国防政策也不同，国防的类型也各不相同。按照不同的国防概念和标准，当今世界各国的国防可分为以下四种类型：

1. 扩张型

扩张型国防是指某些国家为了维护本国在世界各地的利益，奉行霸权主义侵略扩张政策，打着防卫的幌子，对别国实行侵略、颠覆和渗透。

2. 自卫型

自卫型国防是指在国防建设上以防止外敌入侵为目的，主要依靠本国的力量，广泛争取国际上的支持，达到维护本国的安全、周边地区和世界的和平与稳定的目的。

3. 联盟型

联盟型国防是指以结盟形式，联合他国弥补自身力量的不足。可分为一元体联盟和多元体联盟两类：一元体联盟是指有一个大国做盟主，其他国家从属于他。例如日本和韩国的国防就是这种类型，都是以美国为盟主建立的国防。多元体联盟则是各国出于伙伴关系，共同协商防卫大计，如北约。联盟型国防又分为扩张型和自卫型两类。

4. 中立型

中立型国防指中小发达国家严守和平中立的国防政策，制定总体防御战略和寓兵于民的防御体系，如瑞士。

我国是社会主义国家，在对外关系上一直奉行和平共处五项基本原则。我国的政治制度和国家政策，决定了我们采取自卫型国防。在国防力量的应用上，我们坚持自卫立场，实行积极防御的战略方针。

二、国防的作用与基本特征

国防在国家的职能中具有十分重要的地位和作用，其强弱与国家利益休戚相关，关系到国家的安危与兴衰荣辱。

（一）国防的作用

1. 国防是国家安全的重要保证

国防是一个国家用来抵御外来侵略和保证自身安全的有力屏障。为了保障国家安全、促进国家发展，各国都从本国实际出发，努力加强自身的国防建设，在国民中进行国防教育，使国民树立爱国主义和维护国家根本利益的观念，为国家的发展创造有利的条件和环境。

2. 国防是国家独立自主的前提

强大的国防是确保国家安全、人民安居乐业的前提。国家独立、民族兴旺，离不开整个民族的尚武精神，离不开具有强大战斗力的军队和后备力量建设。在新的历史条件下，国防是我国维护国家权益和地位的必要条件，也是完成祖国统一大业、全面构建社会主义和谐社会的重要保障。

3. 国防是国家繁荣发展的重要条件

强有力的国防可以为一个国家的发展创造良好的内部和外部环境，使国家的建设事业顺利进行。如果没有巩固的国防，这个国家的政权是无法稳定的，经济发展的目标也就无从谈起。因此，国家的生存、政权的巩固、经济利益的维护、国际地位的提升，都必须有一个强大的国防来支撑。

（二）国防的基本特征

1. 国防力量的综合性

国防是综合国力的体现。综合国力是一个国家基于自然环境、人口、资源、经济、科技、军事、文化、体育、外交等方面所具有的综合实力的统称。在当代和未来的国际事务中，综合国力反映一个国家在国际社会中自由行动和影响国际事务的综合能力，也标志一个国家繁荣与发展的程度。有了雄厚的综合国力才能建设强有力的国防。尽管军事力量是国防力量的主体，但现代国防力量的构成已经不再局限于单一的军事力量，而是更加突出综合力量的竞争。因此，谁能抢占到战略的“制高点”，谁就有可能在战略上更加占有优势，政治上更加独立，经济上更加发达，军事上更加强盛，就能胜利地屹立于世界民族之林。

2. 国防手段的多元性

现代国防斗争不仅以武力为基础，而且还通过非武力的斗争形式进行抗衡，如政治、经济、科技、外交等手段，以达到限制和削弱对手、实现自身国防的目的。现代科学技术的发展，使得现代武器的破坏力、杀伤力日益增大，人们必须审慎地对待武力形式。国防的理想状态是不战而屈人之兵，即运用各种手段影响对手，比如意识形态、文明冲突和信息攻击等，使其不敢贸然动武。斗争的领域越来越广，也使得现代国防的斗争更加激烈。

3. 国防事业的效益性

随着社会的进步，国防发展到了一个新的阶段。国防除了保卫国家安全、维护国家利益的根本职能以外，还产生了社会效益。在较大范围内的各个层次上，国防对经济、政治、科技等方面的发展产生巨大的直接或间接的其他效益。

2014年，习近平总书记提出“一带一路”倡议，航天科技集团五院迅速响应，积极行动，为推动“一带一路”战略落地保驾护航。该院研制的亚太九号通信卫星于2015年10月成功发射后，与亚太五号、六号、七号、9A一起，形成“自西向东排开，从印度洋至马六甲海峡再至南海海域”的态势，把我国与东南亚国家的卫星通信服务连为一体，使中国—东盟“10+1”合作更加密切，进一步激活了东亚经济圈的活力，同时实现了对“海上丝绸之路”周边区域的基本覆盖。

三、我国的国防政策

21世纪新阶段，我国的国防政策主要有以下内容：

（一）维护国家安全统一，保障国家发展利益

防备和抵抗侵略，确保国家领海、领空和边境不受侵犯。反对和遏制台独分裂势力及其活动，防范和打击一切形式的恐怖主义、分裂主义和极端主义。不断提高应对多种安全威胁、完成多样化军事任务的能力，确保能够在各种复杂形势下有效应对危机，维护和平，遏制战争，打赢战争。

（二）实现国防和军队建设全面、协调、可持续发展

坚持国防建设与经济建设协调发展的方针，把国防和军队现代化建设融入经济社会发展体系之中，使国防和军队现代化进程与国家现代化进程相一致。

（三）加强以信息化为主要标志的军队质量建设

坚持以机械化为基础，以信息化为主导，推动信息化机械化复合发展，实现军队火力、突击力、机动能力、防护能力和信息能力整体提高。加紧构建适应信息化战争需要的联合作战指挥体制、训练体制和保障体制，加强诸军兵种的综合集成建设。实施人才战略工程，培养大批适应军队信息化建设、胜任信息化条件下作战任务的高素质新型军事人才。

（四）贯彻积极防御的军事战略方针

我国实行积极防御的战略方针，这是由我国的社会制度和基本政策决定的，是由毛泽东积极防御战略思想本身所具有的长期稳定的科学指导作用决定的，是由新时期军事斗争的客观需要决定的。它的基本精神是：在战略指导下实行自卫战争，后发制人；对待强敌，持久作战；依靠人民战争，以劣势装备战胜优势装备之敌；立足于复杂困难情况下作战，着重准备对付可能发生的局部战争和突发事件。

（五）坚持自卫防御的核战略

我国的核战略贯彻国家的核政策和军事战略，根本目标是遏制他国对我国使用或威胁使用核武器。我国始终奉行在任何时候、任何情况下都不首先使用核武器的政策，无条件地承诺不对无核国家和无核武器区使用或威胁使用核武器，主张全面禁止和彻底销毁核武器。我国坚持自卫反击和有限发展的原则，着眼于建设一支满足国家安全需要的精干有效的核力量，确保核武器的安全性、可靠性，保持核力量的战略威慑作用。

（六）营造有利于国家和平发展的安全环境

按照和平共处五项原则开展对外军事交往，发展不结盟、不对抗、不针对第三方的军事合作关系。参与国际安全合作，加强与主要大国和周边国家的战略协作和磋商，开展双边和多边联合军事演习，推动建立公平、有效的集体安全机制和军事互信机制，共同防止冲突和战争。支持按照公正、合理、全面、均衡的原则，实现有效裁军和军备控制，反对核扩散，推进国际核裁军进程。遵守联合国宪章的宗旨和原则，履行国际义务，参加联合国维和行动、国际反恐合作和救灾行动，为维护世界和地区的和平稳定发挥积极作用。

四、国防法规

国防法规是国家法律体系的重要组成部分，是加强武装力量建设的基本法律依据，是调整国防领域中各种关系、坚持依法治军、全面提高部队战斗力的重要保证，也是做好战争准备、赢得战争胜利的根本保障。

（一）国防法规的作用

1. 保证执政党对军队的绝对领导

军队是国家的柱石，是国防的骨干力量。党要对国防实行集中统一的领导，首先是确定对军队的绝对领导。世界上许多国家都是通过法制的手段对军队实施统一领导的。在我国，中国共产党是执政党，党对军队的领导和国家对军队的领导是一致的。

2. 有效地保障国防现代化建设

国防现代化是一个涉及面广、体系庞大、内容完整的系统工程，它包括国防领导、国防管理、国防经济、国防科技、国防工业、国防教育、国防动员、国防资产、国防经费、全民防御等诸多方面的内容，而所有这些都需要国防法规进行调整。所以，国防法规是规范和保障国防现代化建设的重要工具，是国家在人力、物力和财力方面加强国防建设的有效调节器。

3. 巩固和提高武装力量的战斗力

武装力量的战斗力是衡量国防建设的根本标准之一。通过依法管理的手段提高战斗力，已成为世界各个国家治军的大趋势。将武装力量的建设纳入法治轨道，有利于全民加强军事工作、政治工作、后勤工作、装备工作和作风纪律建设，使武装力量统一形成严密的组织、精干的指挥、高度的效能、严整的军纪、严格的纪律和紧张活泼的作风。武装力量建设的法治程度，即是武装力量综合战斗力的内在因素，又是提高战斗力的保障因素。

4. 依法维护军队和军人的合法权益

依法维护军队和军人的合法权益具有十分重要的作用：一是有利于增强全民的国防观念，提高全社会关心和爱护人民军队的意识，促进军民共建钢铁长城；二是有利于军队革命化、现代化、正规化建设，增强军队的凝聚力和战斗力，激发广大官兵献身国防的热情；三是有助于解除军人的后顾之忧，保持国家、军队和社会的稳定；四是适应社会主义市场发展的需要，从根本上解决在军队和军人权益保护方面存在的问题，使军人权益保护工作走上制度化、规范化的轨道。

5. 发展我国对外军事关系，提高军队的国际地位

对外军事交往有利于各国军队之间增进友谊、加强合作和交流，对于消除误解、维护世界和平具有重要的意义。坚持和平共处五项原则，独立自主地处理对外军事关系、开展军事交流与合作，这对树立我们国家和军队的形象起到了重要作用。

（二）国防法规的特性

国防法规是一个国家统治阶级的意志在国防建设领域中的法律体现。国防法规与国家宪法和其他法律一样，都具有鲜明的阶级性。我国的国防法规除了具有无产阶级的根本性质之外，还具有以下性质：很高的权威性，权威性是所有法律的共性；较强的从属性；一定程度的保密性。此外，国防法规还具有区别于其他法律的特殊性，主要表现在以下三个方面：

1. 调整对象的军事性

国防法规所调整的是国防和武装力量建设领域的各种社会关系，包括军队内部的社会关系、武装力量内部的社会关系、武装力量与外部的社会关系等。

2. 司法适用的优先性

在解决与国防利益、军事利益有关的法律问题时，如果国防法规与普通法规都有相

关的规定时，以国防法规为准，在司法程序上实行排他性的“军法优先适用”的原则。“特别法优先于普通法”是国际公认的法律适用原则。特别法是对特定人、特定领域、特定事项在特定时间内有效的法律。国防法属于特别法。

3. 处罚措施的严厉性

国防法规所保护的国防利益，是关系国家兴衰存亡的最根本的国家利益，因而对危害国防利益的犯罪实行比较严厉的处罚。对军人犯罪给予较重的处罚，是军事斗争的特殊性决定的，是保障完成军事任务的需要。

五、公民和组织的国防权利和义务

（一）公民和组织的国防权利

1. 对国防建设提出建议的权利

《中华人民共和国国防法》第五十四条规定：“公民和组织有对国防建设提出建议的权利。”公民的批评建议权，充分体现了我国人民当家做主的社会主义性质。在我们国家，人民是国家的主人，公民和组织有权关心国防建设，也有权对国防建设提出建议。

2. 制止和检举危害国防行为的权利

《中华人民共和国国防法》第五十四条规定：“公民和组织对危害国防的行为有进行制止或者检举的权利。”国防关系到国家的存亡、经济的发展、社会的稳定、人民的幸福，国防利益是国家和人民的根本利益。

3. 因国防活动受到经济损失的补偿权利

《中华人民共和国国防法》第五十五条规定：“公民和组织因国防建设和军事活动在经济上受到直接损失的，可以依照国家有关规定取得补偿。”该规定体现了我国一切为了人民利益的社会主义本质，既保护了公民和组织的经济权利，又有利于调动公民和组织依法参加国防建设和军事活动的积极性。

（二）公民和组织的国防义务

1. 服兵役义务

我国《宪法》第五十五条和《中华人民共和国国防法》第五十条第一款规定：“依照法律服兵役和参加民兵组织是中华人民共和国公民的光荣义务。”我国《兵役法》第三条规定：“中华人民共和国公民，不分种族、民族、职

业、家庭出身、宗教信仰和教育程度，都有义务依照本法的规定服兵役。”公民履行兵役义务有多种形式，参军服现役是履行兵役义务，服预备役、参加民兵组织、高等院校和高级中学学生参加军事训练等，也是履行兵役义务。

2. 承担国防科研生产和接受军事订货的义务

企业、事业单位，应按照国家要求承担国防科研生产任务，接受军事订货，提供符合质量标准的武器装备或军用物资。

3. 接受国防教育的义务

接受国防教育作为公民的一项义务，是指每一个公民都要按照国家的规定，通过一定的形式，接受国防教育，增强国防观念。具体说，就是我国公民有接受国防理论、军事知识、军事法制等内容教育的义务。

4. 保护国防设施的义务

国防设施是国防的物质屏障。在战时，它是打击敌人、抵抗侵略的重要依托；在平时，它具有制约敌对力量的威慑作用。因此，保护国防设施，确保国防设施效能的实现，是巩固国防、维护国家安全利益的具体体现，也是我国国防法的要求所在。

5. 保守国防秘密的义务

所谓国防秘密，是指关系国家防卫安全与利益，依照法定程序确定，在一定时间内或只限一定范围内的人员知悉的军事或与军事有关的政治、经济、外交、科技、文化等方面的事项。一个国家的国防秘密，不仅关系着现实政权的巩固、社会的稳定，而且关系着未来战争的胜败、领土的得失，它影响着整个国家的生存、安全与发展。因此，保守国防秘密就成为公民和组织的一项重要的国防义务。

6. 支持国防建设的义务

《中华人民共和国国防法》第五十三条规定：“公民和组织应当支持国防建设，为武装力量的军事训练、战备勤务、防卫作战等活动提供便利条件或者其他协助。”根据这一规定，我国公民和组织有支持国防建设、为武装力量活动提供便利、支前参战等义务。

拓展一步

我国现行的《中华人民共和国兵役法》是2011年10月29日第十一届全国人民代表大会常务委员会第二十三次会议通过的。《中华人民共和国兵役法》主要规定了我国的兵役制度，公民的兵役义务和权利，兵员的平时征集和战时动员，预备役人员的军事训练，高等院校和高级中学学生的军事训练，违反兵役法的惩处等。

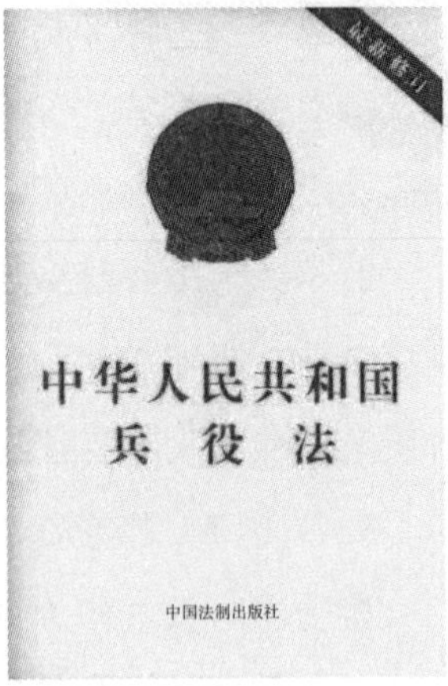

1. 服役分为现役和预备役。现役是指公民自入伍之日起至退伍之日止，在中国人民解放军、中国人民武装警察部队中所服的兵役。现役分为士兵的现役和军官的现役。现役士兵包括义务兵役制士兵和志愿兵役制士兵。义务兵役制士兵称义务兵；志愿兵役制士兵称为士官，包括初级士官、中级士官和高级士官。

2. 士兵的现役。义务兵服现役的期限为2年。义务兵服现役期满，根据部队的需要和本人的志愿，经团以上单位批准，可以改为士官。士官实行分级服现役制度。士官服现役的期限一般不超过30年，年龄不超过55周岁。根据部队的需要，士官还可以直接从非军事部门具有专业技能的公民中招收。

3. 衔级制度分为现役军人的衔级制度和预备役军人的衔级制度、军官的衔级制度和士兵的衔级制度。士兵的军衔按等级分为九级（见左图）。

4. 全国平时征集工作，一般每年一次，征集人数、要求和时间由国务院和中央军委规定。每年12月31日以前年满十八周岁的男性公民，应当被征集服现役。根据部队需要，可按上述年龄规定征集女性公民服现役；根据军队需要和本人意愿，可以征集当年12月31日以前年满十七周岁未满十八周岁的公民服现役。如果应征公民是维持家庭生活唯一劳动力的，可以缓征；应征公民正在被依法侦查、起诉、审判的或者被判处徒刑、拘役、管制正在服刑的，不征集。

5.《中华人民共和国兵役法》规定："普通高等学校的学生在就学期间，必须接受基本军事训练。根据国防建设的需要，对适合担任军官职务的学生，再进行短期集中训练，考核合格的，经军事机关批准，服军官预备役。"

有服兵役义务的公民，拒绝、逃避兵

役登记和体格检查的，或者应征公民拒绝、逃避征集的，或者预备役人员拒绝逃避参加军事训练、执行军事勤务和征召的，不得录用为公务员，两年内不得出国（境）或者升学。在战时，对上述行为构成犯罪的，依法追究刑事责任。

知行合一

1. 分组进行国防知识竞赛。（在老师的指导下，进行环节和流程的设计）

2. 如何成为一名合格的中华人民共和国军人？

3. 韩国部署萨德反导系统对我国会有哪些影响？我们可以采取哪些反制措施？

模块二 新时期我国国防建设的发展成就

“居安思危，思则有备，有备无患。”新中国成立至今，党和国家十分重视国防建设，取得了举世瞩目的成就，尤其是在2015年11月26日中央军委改革工作会议上，习近平总书记提出全面实施改革强军战略，坚定不移走中国特色强军之路，更是将我国的国防建设推向了新的高度。

典型事例

1. 2017年4月27日，中国海军第二十五批护航编队在与第二十六批护航编队完成两个批次的联合护航后，高速向索马里以东海域航行，28日上午8时抵达预定海域并开始执行为期4天的机动巡航任务。巡航过程中，第二十五批护航编队开展了针对性演练。在结束索马里东部海域机动巡航后，第二十五批护航编队开始驶离索马里海域，转入执行出访任务。

2. 2016年6月1日，联合国驻马里多层面综合稳定特派团位于加奥的营地遭遇汽车炸

弹袭击，造成重大伤亡。这次袭击中来自陆军第16集团军的三级士官申亮亮不幸遇难，另有5人受伤。可噩耗并没有就此打住，2016年7月10日下午18时，南苏丹交战双方的一些坦克、士兵从中国维和步兵营防区通过，由于交火过于密集，18时32分，一发炮弹击中中国维和步兵营位于难民营4号哨位的步战车并在内部爆炸。在这次武装分子袭击中，中国维和步兵营6人受伤，1人牺牲。

各抒己见

1. 谈一谈中国海军赴索马里护航的重要意义。

2. 维和过程中虽然我方有人员牺牲了，但我国仍然坚持向外派遣维和部队。为什么要这样？谈谈你的看法。

专家点评

1. 中国海军第一批索马里护航编队于2008年12月26日从海南三亚军港启航，并于2009年1月6日到达索马里亚丁湾海域，正式开始护航。护航期间，海军护航编队共为近万艘中外船舶实施了安全护航，近百次对海盗袭击的中外船只实施了营救行动，对遭海盗袭击和劫持的几十艘中外船只实施了护航行动，并多次圆满完成了与外军联合护航、联合演习以及友好访问等任务，充分展示了我国负责任大国和我军和平文明之师的良好形象，受到国际社会的广泛好评。在国际海域执行护航任务，是中国使用军事力量赴海外维护国家战略利益的需要，也是履行国际人道主义的义务。国际海域护航是中国海军应对多种安全威胁、遂行多样化军事任务的成功实践，对于加快海军建设与发展起到了巨大的促进作用。

2. 随着中国综合国力的提高，为了维护正常的国际政治、经济秩序和维护中国自己的国家利益，中国势必逐渐加强在国际事务中的影响力。随着中国参与国际维和任务的逐渐成熟，中国会根据国际社会的需要以及自己的需要，有计划地对外派遣维和作战部队。中国人民解放军作战部队走出国门参与维和任务，无论是在政治上还是在军事上都具有重大的意义。国外维和将全面提升中国的国际形象，向世界宣示中国已经成为以联合国为核心的国际体系的参与者、维护者和建设者，可以更加有效地维护中国在全球的利益，将会有力地推动现有的国际政治经济秩序朝公正合理的方向发展。

知识讲堂

国防建设是出于维护国家安全利益的需要，建立和发展国防力量的措施和行为，是国家建设的重要组成部分。我国有着四千多年的国防建设历史，有过声威远播、天下归附的显赫，有过隐而不发、强虏驻足的宁静，有过遍体创伤、不堪回首的屈辱，也有过抗敌卫国的巨大胜利。改革开放以来，我国国防力量得到进一步加强，国防现代化建设特别是军队建设有了突破性进展，取得了一系列重大成绩。

一、我国国防工业和国防科研的主要成就

新中国成立后，国防工业从无到有，从小到大，逐步建立了具有一定教学、科研、试制和生产能力的国防科研体系，国防工业和国防科研得到迅速发展，并取得了重大成就。

（一）建设了一批新的科研、生产、试验等重要基地，改善了战略布局，使后方建设得到巩固和新的发展。

（二）研制出大批性能达到或接近世界先进水平的常规武器，为陆、海、空军实现武器装备现代化提供了重要保障。

（三）独立自主地研制了战略武器，增强了我国自卫能力。1964年，成功爆炸了第一颗原子弹；1966年，成功发射了中程导弹；1967年，爆炸了氢弹；1970年，第一颗人造卫星发射成功；1981年，一箭三星发射成功；1982年，潜射导弹成功；2011年，成功研制第四代战机歼–20；2012年，辽宁号航母正式加入中国人民解放军海军序列，“辽宁号”的服役结束了中国没有航母的历史，标志着中国进入拥有航母的国家之列；2017年4

月26日，我国首艘国产航母下水仪式在大连造船厂举行，进一步说明中国海洋战略逐步强大起来。

（四）培养锻炼了一支坚强的善于攻关的国防科研队伍，在许多新兴科学技术领域不断创新和发展，获得大批科技成果、重大发明。

（五）军工各部门服从国家经济建设大局，坚持平战结合、军民结合，建立和完善国防工业的运行机制，提高军民融合程度，增强平战转换能力，在保证军队需要的前提下，努力为经济建设和社会发展服务。

二、我国的武装力量建设发展史

1984年5月由全国人民代表大会通过的《兵役法》，正式确立了由中国人民解放军、中国人民武装警察部队和民兵组成的武装力量新体制。1997年《中华人民共和国国防法》规定："中华人民共和国的武装力量，是由中国人民解放军的现役部队和预备役部队、中国人民武装警察部队、民兵组成。"

（一）中国人民解放军

中国人民解放军是中华人民共和国武装力量的主要组成部分，是抵抗侵略、保卫祖国、维护国家主权和安全的主要力量，是中华人民共和国武装力量的主要组成部分，是我国人民民主专政的坚强柱石。中国人民解放军的主要任务是：巩固国防，抵抗侵略，保卫祖国，保卫人民的和平劳动，参加国家建设。

新中国成立后，中国人民解放军由单一陆军发展到包括陆军、海军、空军和火箭军在内的诸军兵种合成的军队。中国人民解放军现已发展成为诸军兵种合成、具有超高技术条件下作战能力的现代化部队。以新型主战坦克、航母、导弹驱逐舰、隐身战机和机动战略导弹等为标志的一批高新技术兵器陆续装备部队，表明我军的武器装备已经有了新的、质的飞跃。

中国人民解放军由现役部队和预备役部队组成，总兵力保持在230万左右。

1. 陆军

陆军，是以步兵、装甲兵、炮兵为主体，主要在陆地上执行作战任务的军种，是陆地战场上决定胜负的主要力量。它具有强大的火力、突击力和快速的机动能力，既能独立作战，又能与海军、空军协同作战。

我国陆军始建于1927年8月1日，是与我军同时建立和产生的，是我军的基础。我国陆军的主要任务是：抗敌军事入侵，在一定地区和方向上打赢局部战争，维护国家和平统一和社会稳定。

经过数十年的建设和发展，我国陆军已经成为一只装备有先进的坦克、装甲车、火炮、武装直升机和导弹的部队，是一支具有强大火力、突击能力和高度机动能力合成军队，是一只世界上任何国家都不敢小觑的强大武装力量。

2. 海军

海军是以舰艇部队为主体，主要在海洋执行作战任务的军种。它具有在水面、水下和空中作战的能力，既能单独在海上作战又能协同陆军、空军作战。

我国海军成立于1949年4月23日，现役兵力23.62万人，占解放军总人数的10%，其中包括海军航空兵2.5万人、海军岸防部队2.5万人、海军陆战队4万人。

我国海军是一个战略性军种，具有多层国防功能。其主要任务是独立或协同陆军、空军防御敌人从海上的入侵，收复敌占岛屿，保卫领海主权，维护祖国统一和海洋权益。目前我国海军共有三大舰队，即北海舰队、东海舰队和南海舰队。我国海军共分为五大兵种，即潜艇部队、水面舰艇部队、海军航空兵、海军岸防兵和海军陆战队。近十年来，我海军国产新一代战舰密集下水，快速形成战斗力。“广州号”“武汉号”“海口号”“兰州号”等新型导弹驱逐舰先后服役，因其出色的区域防空和超视距打击能力，被军迷网友誉为“中华神盾”；“徐州号”“舟山号”“巢湖号”等十余艘新型导弹护卫舰陆续入列，是兼具防空、对海、反潜的“海上多面手”；新型导弹快艇隐蔽性、机动性强，突击威力大，被称为“海上无影利剑”；“昆仑山号”“井冈山号”两栖船坞登陆舰、新型气垫登陆艇、新型猎扫雷舰、大型保障船陆续入列……中国制造的海上“钢铁长城”蔚为壮观。经过数十年的建设和发展，我国海军部队已经成为一支兵种齐全、常规和尖端武器兼备、具有立体攻防能力、能有效保卫国家领海的战斗力量。

3. 空军

空军是现代战争中首先使用的一支重要力量，具有高速机动远程作战和猛烈突击的能力。它既能协同陆军、海军作战，又能单独发起作战行动，对战争的进程和结局产生重大影响。中国人民解放军空军，于1949年11月11日正式成立，为保卫祖国领空和社会主义建设做出了重大贡献。主要任务是担负国土防空，支援陆军、海军作战，对敌后方实施空袭，进行空运和航空侦察。中国空军总兵力约42.07万人，占解放军总人数的17%，装备有作战飞机3200架，并且大多数是新式战机。2017年服役的歼-20是中国现代空中力量的代表作，标志着中国进入了世界上最先进的第五代战机行列，是中国国防能力高速发展的一个象征。经过60余年的发展，中国空军的规模仅次于美国空军和俄罗斯空军，位列世界第三。人民空军已经发展成为一支由航空兵、地空导弹兵、高射炮兵、雷达兵、空降兵、电子对抗兵、气象兵等多兵种合成，由歼击机、强击机、轰炸机、预警机、运输机等多机种组成的现代化高技术军种，是一支既能独立完成国土防空任务，又能协同陆军、海军作战的战斗力量。空军的任务是组织国土防空，夺取制空权，协同陆军、海军作战，保卫祖国领土、领空、领海主权和国家利益，维护国家统一和安全，保障我国改革开放和经济建设的顺利进行。

4. 火箭军

火箭军是中国人民解放军战略导弹部队的代称，以地地战略导弹为基本装备。它是一支具有一定规模和实战能力的主要核威慑和战略核反击力量，由近程、中程、远程和洲际导弹部队，工程部队，作战保障、装备技术保障和后勤保障部队组成。

中国人民解放军火箭军前身是第二炮兵，成立于 1966年7月1日，是在极其秘密的情况下组建的，是我国反对超级大国的核威慑、完成核反击能力的主要力量。它与海军潜地战略导弹部队和空军战略轰炸机部队构成我国三位一体的战略核力量（其中火箭军

是主要力量）。可单独作战，或与其他军种协同作战。火箭军由近程、中程、远程洲际导弹部队组成，按导弹基地、旅、营编成。火箭军的任务是平时发挥威慑作用和遏制敌国可能对我国发动核战争和局部入侵，打破敌核讹诈，为我国的和平外交政策服务；战时遏制常规战争升级为核战争，遏制核战争升级，实施核反击。经过50余年的建设和发展，我国火箭军部队已经成为一支装备多种型号导弹、配套齐全的合成兵种，具有一定规模和实战能力的主要战略核反击的作战力量。

5. 战略支援部队

中国人民解放军战略支援部队是中国陆、海、空、火箭军之后的第五大军种。中国人民解放军战略支援部队是维护国家安全的新型作战力量，是我军新质作战能力的重要增长点，主要是将战略性、基础性、支撑性都很强的各类保障力量进行功能整合后组建而成的。成立战略支援部队，有利于优化军事力量结构、提高综合保障能力。

（二）中国人民武装警察部队

中国人民武装警察部队，是以武装的形式执行国内安全保卫任务的现役部队，是中华人民共和国武装力量的重要组成部分，是保卫社会主义现代化建设的一支重要力量。它组建于1982年6月19日，由内卫、边防、消防、警卫部队，以及黄金、水电、交通、森林警察部队组成，目前约120万人。

《中华人民共和国国防法》规定，中国人民武装警察部队担负国家赋予的安全保卫任务，维护社会秩序。它是人民民主专政的重要工具之一。中国人民武装警察部队的主要任务是：维护国家主权和尊严，维护社会治安，保卫党政领导机关、重要目标和人民生命财产的安全。

中国人民武装警察部队依其任务不同分为三类：第一类是内卫部队，是武警部队的主要组成部分；第二类是边防、消防和警卫部队；第三类是黄金、水电、交通和森林部队。

中国人民武装警察部队自重新组建以来，在巩固和加强人民民主专政、维护社会治安、维护国家主权和尊严、参加社会主义现代化建设等各项任务中，发挥了重要作用。中国人民武装警察部队是国家必不可少的人民武装力量。它的存在直接关系到国家和社会的稳定，关系到人民财产的安全和人民民主专政的巩固。

（三）中国民兵

中国民兵，是不脱离生产的群众武装组织，是中华人民共和国武装力量的组成部分，是中国人民解放军的强大后备力量。

中国民兵的主要任务是：积极参加社会主义现代化建设，带头完成生产任务；担负战备勤务，保卫边疆，维护社会治安；随时准备参军作战，抵抗侵略，保卫祖国。

中国人民解放军是中华人民共和国武装力量的骨干，是抵抗侵略、保卫祖国、维护国家主权和安全的主要力量。中国人民武装警察部队是中华人民共和国武装力量的重要组成部分，是保卫社会主义现代化建设的一支重要力量。中国民兵是中华人民共和国武装力量的组成部分，是中国人民解放军的强大后备力量。

三、党的十八大以来，我国全面实施改革强军战略，坚定不移走中国特色强军之路

2015年11月24日至26日，中央军委改革工作会议在北京举行，中共中央总书记、国家主席、中央军委主席、中央军委深化国防和军队改革领导小组组长习近平出席会议并发表重要讲话。习近平强调，深化国防和军队改革是实现中国梦、强军梦的时代要求，是强军兴军的必由之路，也是决定军队未来的关键一招。要深入贯彻党在新形势下的强军目标，动员全军和各方面力量，坚定信心、凝聚意志，统一思想、统一行动，全面实施改革强军战略，坚定不移走中国特色强军之路。

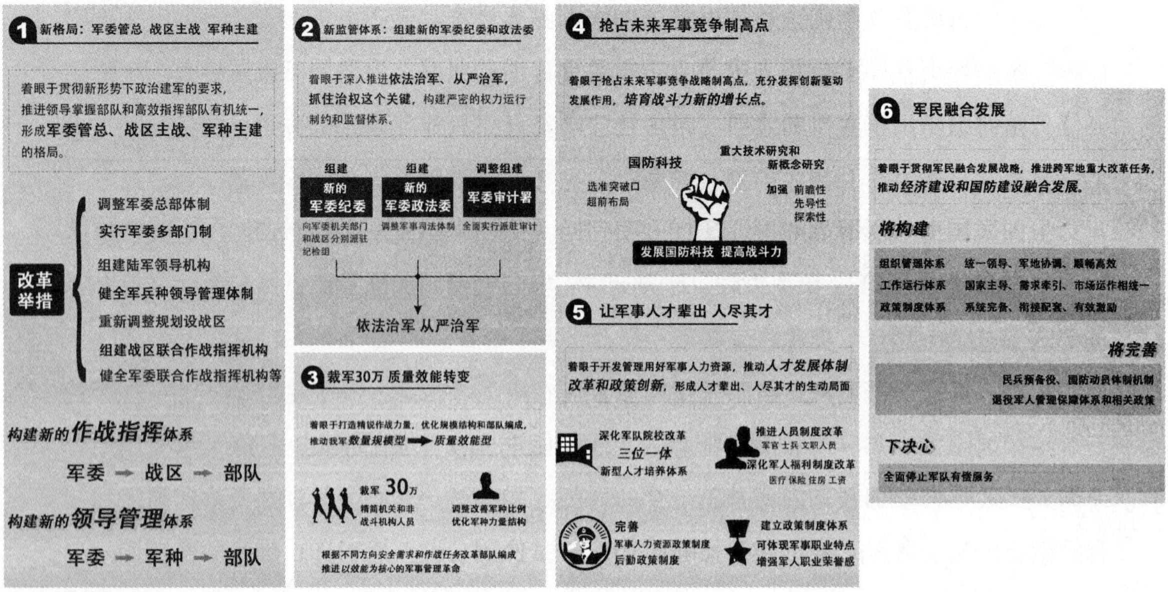

1 新格局：军委管总 战区主战 军种主建
着眼于贯彻新形势下政治建军的要求，推进领导掌握部队和高效指挥部队有机统一，形成军委管总、战区主战、军种主建的格局。
改革举措
调整军委总部体制
实行军委多部门制
组建陆军领导机构
健全军兵种领导管理体制
重新调整规划设战区
组建战区联合作战指挥机构
健全军委联合作战指挥机构等
构建新的作战指挥体系
军委 → 战区 → 部队
构建新的领导管理体系
军委 → 军种 → 部队
2 新监管体系：组建新的军委纪委和政法委
着眼于深入推进依法治军、从严治军，抓住治权这个关键，构建严密的权力运行制约和监督体系。
组建 新的军委纪委
向军委机关部门和战区分别派驻纪检组
组建 新的军委政法委
调整军事司法体制
调整组建 军委审计署
全面实行派驻审计
依法治军 从严治军
3 裁军30万 质量效能转变
着眼于打造精锐作战力量，优化规模结构和部队编成，推动我军数量规模型 → 质量效能型
裁军 30万
精简机关和非战斗机构人员
调整改善军种比例
优化军种力量结构
根据不同方向安全需求和作战任务改革部队编成
推进以效能为核心的军事管理革命
4 抢占未来军事竞争制高点
着眼于抢占未来军事竞争战略制高点，充分发挥创新驱动发展作用，培育战斗力新的增长点。
国防科技
选准突破口
超前布局
重大技术研究和新概念研究
加强 前瞻性 先导性 探索性
发展国防科技 提高战斗力
5 让军事人才辈出 人尽其才
着眼于开发管理用好军事人力资源，推动人才发展体制改革和政策创新，形成人才辈出、人尽其才的生动局面
深化军队院校改革
三位一体
新型人才培养体系
推进人员制度改革
军官 士兵 文职人员
深化军人福利制度改革
医疗 保险 住房 工资
完善
军事人力资源政策制度
后勤政策制度
建立政策制度体系
可体现军事职业特点
增强军人职业荣誉感
6 军民融合发展
着眼于贯彻军民融合发展战略，推进跨军地重大改革任务，推动经济建设和国防建设融合发展。
将构建
组织管理体系 统一领导、军地协调、顺畅高效
工作运行体系 国家主导、需求牵引、市场运作相统一
政策制度体系 系统完备、衔接配套、有效激励
将完善
民兵预备役、国防动员体制机制
退役军人管理保障体系和相关政策
下决心
全面停止军队有偿服务

知行合一

1. 习近平总书记提出的全面实施改革强军战略的意义是什么？

2. 分组讨论各国核武器的发展情况。

3. 探讨我国海军赴亚丁湾、索马里海域进行护航的意义。

模块三 维护国家安全，树立国家安全的意识

古人云：“天下虽安，忘战必危。”国家自产生以来，总是处于不安全之中。历史上没有任何国家拥有绝对的安全。安全是相对的，而不安全则是常态。然而，安全又是国家最基本的需求之一，须臾不可或缺。

典型事例

1. 帮“记者”收集“新闻素材”

辽宁的韩某通过网络发布求职信息，很快被自称“记者”的境外间谍情报机关人员盯上。对方告诉韩某需要新闻素材，让他去某涉军目标附近就业。为了表达诚意，该

“记者”给韩某汇来了1万多元作为定金。在这名境外谍报人员的直接指令下，韩某顺利进入某单位应聘成功，之后多次利用工作之便，用手机偷拍大量某重大军工项目照片，传给境外的“记者”。拿到钱款后，韩某又遵照指示，先赴北京参加国防技术项目推介会，现场搜集大量录音、照片等资料，接着又去辽西某地拍摄了另一组重要军事目标的照片。短短数月，这份“兼职”为韩某赢来近10万元的巨额报酬。

2014年8月，国家安全部门依法对韩某采取强制措施。2015年1月29日，大连市中级人民法院一审判决被告人韩某犯为境外窃取、非法提供国家秘密罪，判处有期徒刑8年，剥夺政治权利4年，依法追缴其违法所得。

2. 非法调查农业基础数据

上海某商务咨询公司受国外某机构委托，在全国20个粮食主产区开展了一系列农业基础数据调查，包括我国农作物的种植习惯、农药购买、国家补贴、是否转基因等多达百余项内容。经专家评估，这些数据若被境外企业或组织掌握，有可能对我粮食及农业贸易安全构成威胁。农业部、国家统计局据此在全国范围部署开展专项整治，依法对有关单位的非法调查行为进行了处罚。

3. 2014年4·30乌鲁木齐火车站恐怖袭击

2014年4月30日晚七点，新疆维吾尔自治区乌鲁木齐市火车南站发生暴力恐怖袭击案件。暴徒在乌鲁木齐市火车南站出站口接人处持刀砍杀群众，同时引爆爆炸装置，截至2014年5月1日凌晨3点，造成3人死亡（其中1名群众，2名暴徒），79人受伤，其中4人重伤。

各抒己见

1. 对于间谍案你有哪些认识？
2. 恐怖袭击事件对于国家安全的危害有哪些？
3. 近几年恐怖事件频发，各国政府如何应对威胁？

专家点评

1. 随着我国综合国力的不断上升，中国已经成为境内外间谍情报机关策反、渗透、窃密的主战场。加强反间谍工作，抵御境外间谍情报机关发动的谍战攻势，挫败其策反、渗透、窃密的阴谋，这既是每一位国家安全干警的神圣使命，也是每位公民的法定义务。职业院校的学生应该深入认真地学习国家安全法律法规，提升国家安全意识。

2. 新疆恐怖事件危害了人民群众的生命健康和财产安全，造成了社会恐慌，威胁了地区安宁，不利于人民安居乐业，影响了国家形象，损害了国家利益，更不利于国家安定团结的大好局面。暴力恐怖犯罪是对人民群众生存权和发展权的严重侵犯，暴力恐怖分子是各族人民共同的敌人。暴恐分子的残忍行径动摇不了各族人民维护团结、稳定、发展局面的信心。全力打击暴力恐怖犯罪，坚决依法惩处暴恐分子，为人民群众创造安定有序、繁荣和谐的社会环境，是民心所盼、众望所归。

知识讲堂

美国所谓的“中国威胁论”，持续79天的2014年香港非法“占中”事件，“藏独”分子达赖喇嘛制造的打砸抢烧事件和阻挠、破坏奥运圣火的传递等非法活动，2014年3月1日昆明火车站暴力恐怖案，无一不证明国际、国内局势的复杂和不安定。国家安全是国家的基本利益，每一位中国人都应坚定不移地树立国家安全意识，自觉维护国家安全。

一、国家安全

（一）国家安全的概念、内容、法规

1. 国家安全的概念

国家安全就是一个国家处于没有危险的客观状态，也就是国家既没有外部的威胁和侵害又没有内部的混乱和疾患的客观状态。

2. 国家安全的内容

当代国家安全包括10个方面的基本内容，即国民安全、领土安全、主权安全、政治安全、军事安全、经济安全、文化安全、科技安全、生态安全、信息安全。

3. 国家安全委员会

2014年1月24日，为了进一步完善国家安全体制和国家安全战略，确保国家安全，中共中央决定设立国家安全委员会。

中央国家安全委员会由中共中央总书记习近平任主席，国务院总理李克强、全国人大常委会委员长张德江任副主席，下设常务委员和委员若干名。中央国家安全委员会作为中共中央关于国家安全工作的决策和议事协调机构，向中央政治局、中央政治局常务委员会负责，统筹协调涉及国家安全的重大事项和重要工作。

4.《中华人民共和国国家安全法》

（1）中华人民共和国国家安全法，是为了维护国家安全、保卫人民民主专政的政权和中国特色社会主义制度、保护人民的根本利益、保障改革开放和社会主义现代化建设的顺利进行、实现中华民族伟大复兴，根据《中华人民共和国宪法》制定的法规。

（2）2015年7月1日，第十二届全国人民代表大会常务委员会第十五次会议通过新的《中华人民共和国国家安全法》。国家主席习近平签署第29号主席令并予以公布。法律对政治安全、国土安全、军事安全、文化安全、科技安全等11个领域的国家安全任务进行了明确，共7章84条，自2015年7月1日起施行。

（3）新的《中华人民共和国国家安全法》有以下亮点：具有综合性、全局性、基础性的特点；维护了国家经济安全；确保了文化安全；维护了国家网络空间主权；为太空、深海和极地等新型领域国家安全提供了法律支撑。

（二）我国应对国家安全危机的策略

1. 树立新型安全观，制定适应时代要求的国家安全战略

面对当今时代和国家安全形势，确立怎样的安全观是解决国家发展和安全难题时首先要认真研究和切实解决的重大问题。大国要有大国的气魄，大国要有大国的风范，非此不足以与和平崛起的大国地位和形象相适应。新的安全观必须在主权安全的基础之上，把综合安全、合作安全纳入一体，形成三位一体的国家安全观。

2. 开展全民国家安全教育，强化民族生存的忧患意识

“生于忧患，死于安乐。”一个国家、一个民族缺少了忧患意识，就会停止前进的步伐，最终将会被历史所抛弃。为此，我们必须全面开展国家安全教育，着力培养人民的社会责任意识，强化民族生存的忧患意识。

3. 加强党的执政能力建设，增强政府应对危机、抵御风险的能力

我们党历经革命、建设和改革，已经从领导人民为夺取全国政权而奋斗的党，成为领导人民掌握全国政权并长期执政的党；已经从受到外部封锁和实行计划条件下的领导国家建设的党，成为对外开放和发展社会主义市场经济条件下领导国家建设的党。这两大变化，既集中地反映了我们党九十多年历史发展所取得的全部胜利、成就和进步，又集中地反映了我们党今天所面临的全部挑战和考验。今天我们必须认真解决好提高党的领导能力和领导水平、提高拒腐防变和抵御风险能力两大历史性课题，创新执政党的建设，使国家长治久安。

4. 构建安全预警机制和保障体系，研究各种危机预防策略与应急预案

构建安全预警机制和保障体系主要是基于被预警对象运动的必然性、连续性、

可预见性及其先行表现行为，对未来发展的不确定性确定一套预警措施。目前主要着眼于国防安全、经济安全、国家文化安全、公共安全突发事件四个方面的预警机制的建设。

5. 健全体制，防微杜渐，努力消除国家安全问题上的危害根源

大国的兴衰史给我们最多的警示就是“凡事预则立，不预则废”。明治维新让日本走向了世界，而清政府的固步自封则使中国沦为列强刀俎上的肉。中国要想真正和平崛起，就必须根治人治的沉疴，借助体制的力量，把中国变得更加强大。

二、中国新一代领导集体的国家安全战略思想

习近平总书记的“总体国家安全观”是在继承和发扬我们党和国家历届领导人有关国家安全思想的基础上，结合当前国内外安全形势的总体特点，创造性地提出的富有中国特色的国家安全价值观念、工作思路与机制路径。

（一）内外兼顾，以内保外

一般来说，各国的国家安全机制都有内外重点之分，多数西方国家的国家安全机制一般都以对外为重点（如美国的国家安全委员会即是如此）。从我国的国家安全委员会机构设置、人员组成和运行特点来看，其机制特点应是内外兼顾，以内保外，国际国内两个大局互补互动，缺一不可。习近平总书记强调以国内安全稳定为本，先内后外，内外互补，战略思路十分明确。内部和平安全了，国家才能更好地发展；国家发展好了，国际安全与和平的基础才更稳固。

（二）包容共赢，命运共同

中国领导人深信，惟有开放、包容、共享、多赢，尊重各地区和各国人民的愿望和选择，中国人才能在世界上得到各国人民发自内心的尊重，中国的全球影响力和领导力才能得到确立，“中国梦”才能牢固地构筑。强调包容共赢、命运共同，正是“中国梦”及中国特色国家安全观在国际上的生命力和号召力之所在。此外，中国正在认真地推动各大国客观理性地看待彼此战略意图，尊重各自利益关切，加强协调合作，着力构建面向21世纪的新型大国关系。这也体现了包容共赢、命运共同的中国国家安全理念。

（三）经济优先，核心不让

中国与国际社会的互动关系是立体化的，涵盖经济、社会、文化等诸多领域，而在未来的较长一段时间里，其核心部分仍然是经济因素。当前，我国发展仍处于大有作为的重要战略机遇期，“要牢牢把握机遇、沉着应对挑战”，“以经济建设为中心是兴国之要，发展仍是解决我国所有问题的关键”。也就是说，开始塑造国际体系的中国，仍

是一个需要不断壮大和完善自身力量尤其是经济力量的国家，经济建设是惟一可行的、低风险的和平崛起方式。这既反映出以习近平为总书记的新一届国家领导集体对我们国家目标和国力现状的清醒认识，又是对“韬光养晦，有所作为”原则的战略坚守和灵活运用。习近平总书记指出，在发展国家经济力量的同时，绝不会以牺牲国家核心安全利益为代价。也就是说，在国家核心安全利益问题上，中国特色的国家安全观是明确的，那就是绝不退让。

（四）义利并举，有所作为

中国主流的儒家传统强调重义轻利，义大于利，而西方现实主义传统则强调国家利益优先，利大于义。习近平总书记的总体国家安全观则吸收借鉴了这两种价值观，形成了中国特色的“义利观”——义利并举，有所作为，既坚持道义原则，又要以国家利益为重，而日益和平崛起的中国应对国际安全有所贡献。胸怀天下的中国人民，在有效利用国际和平环境和经济全球化带来的历史机遇发展自己的同时，也正以自身的繁荣和稳定回馈着当代世界。中国要同国际社会一道，推动实现持久和平、共同繁荣的世界梦，为人类和平与发展的崇高事业做出新的更大贡献。

习近平的中国特色国家安全观体现了中国最高领导层对当前国际国内安全形势的战略判断与未来保障国家安全工作思路的战略前瞻。这将成为未来相当长一段时间内，中国国家安全工作的战略思路与指导方针，其意义之重大不言而喻。这也正如习近平总书记所指出的，中国特色的社会主义，需要有中国特色的国家安全道路，它是推进国家治理体系和治理能力现代化、实现国家长治久安的迫切要求，是全面建成小康社会、实现中华民族伟大复兴的“中国梦”的重要保障。

三、我国国家安全概况

（一）相对和平

我国面临着十分复杂的国际与地区安全环境。从目前来看，宏观上讲，世界多极化趋势不断加强，有利于我国发展同世界各国的友好关系。和平与发展依然是当今世界的主题，和平与繁荣依然是亚太各国的共同愿望。这与我国走和平发展道路，和平崛起的发展战略是相契合的。微观上讲，随着经济全球化程度的不断加深及我国与周边国家在政治、经济、外交方面合作的不断深入，我国在处理与周边国家关系问题上的手段更加灵活与丰富多样，减轻了我国国防安全的压力与负担。因此，无论从历史上来看还是从当今世界形势来看，我国的国防安全处在一个相对和平的环境之中。

（二）来自美国和周边国家的挑战

面对中国的迅速崛起，“中国威胁论”再度甚嚣尘上，相关国家与中国在领土、领海和海洋权益等方面的矛盾和冲突日益激化，周边国家时而发生摩擦、武装冲突甚至战争，美国重返亚太的“亚太再平衡战略”无疑使我国所在的东亚地区的国际安全形势雪上加霜。因此，中国的国防环境仍然存在着诸多的现实挑战和潜在威胁。

1. 美国重返亚太，剑锋直指中国

一方面，美国继续大肆鼓吹所谓的“中国威胁论”，为其制华政策提供理论依据，同时为拉拢和绑架其他国家参加制华行动造势。美国还针对中国的反卫星武器实验、网络数据安全和人民币汇率问题分别提出“中国太空威胁论”“中国网络威胁论”和“中国经济威胁论”。

另一方面，美国以经济合作、军事援助和政治支持为诱饵，拉拢中国周边邻国，加强围堵中国的前沿战略部署。为了应对中国崛起对地区乃至全球政治经济格局产生的震荡效应，美国正在加快全球战略部署，通过实施“亚太再平衡”战略加快战略重心东移的步伐，进一步加强在亚太地区的军事部署。不难看出，中国与越南、菲律宾、马来西亚等邻国在南海岛礁、领海和海洋权益方面的争端背后都有美国的影子。

美国对中国的战略遏制是全方位多领域的，具体来看有三个方面：第一，通过日本、韩国、中国台湾、菲律宾、新加坡等地缘支点继续强化传统的海上军事围堵，巩固对第一岛链与第二岛链的控制权，密切监控中国军事力量在太平洋地区的活动；第二，通过经济和军事援助拉拢包括蒙古、印度、越南和缅甸等中国的周边邻国以加强对中国陆上的围堵；第三，除了军事的围堵以外，美国还以政治干预、经济援助、文化交流为幌子持续扩大在亚太国家的影响力，以抵消中国在亚太的优势，防止中国的影响力持续外溢。

2. 朝核问题难以达成共识，半岛局势紧张

从地缘政治的角度看，朝鲜是典型的“地缘边缘”国家，是中国在东北亚地区重要的战略缓冲地带，因此一个和平稳定的朝鲜半岛符合中国的国家利益。

自从20世纪90年代以来，朝鲜核问题日益成为国际社会关注的热点问题，朝鲜公开进行核试验，美国多次宣扬对朝鲜实施武力打击。而中国为和平解决危机，先后组织了六轮“六方会议”，期间虽就一些问题取得过一定的共识，但由于美朝之间互不信任，谈判很难取得实质性成果。

美韩定期举行的联合军事演习更是对本已脆弱的朝韩关系产生了严重的影响。美韩的挑衅、朝鲜的过度反应很有可能给东北亚地区的和平稳定带来严重挑战，朝鲜半岛成为当今东北亚地区的“火药桶”。

（三）来自内部的潜在威胁

1.“台独”势力抬头，台海局势复杂

台湾问题关系到中国的国家主权和领土完整，是国家和民族的核心利益所在。近年来，“台独”分裂势力进一步抬头，在岛内外活动频繁。前台湾地区领导人马英九坚持“不统、不独、不武”的政策，试图维持两岸现状，2016年5月20日任职的台湾地区领导人蔡英文的两岸政策更是模棱两可。美国和日本也积极插手台湾问题，竭力阻挠两岸关系。因此，目前的台海形势仍然十分复杂和严峻。

2. 民族和地区分裂势力活动猖獗，国内安全与统一面临挑战

中国自古以来就是一个统一的多民族国家，幅员辽阔，民族众多。由于历史原因以及国际反华势力的干涉和当前国际大环境的影响，产生了多个民族分裂主义和地区分裂主义势力，其中活动比较猖獗的主要是“疆独”势力、“藏独”势力和“港独”势力。

“港独”势力在2014年的香港“占中”事件中揭开了其分裂国家的真正面目。“港独”势力在以美国为首的国际反华势力的支持下，鼓励学生和民间团体参与“占领中环”的大规模非法集会，以香港“自主”“自决”为口号，企图实现其“港独立”的阴谋。这严重违背了“一国两制”原则和《中华人民共和国香港特别行政区基本法》，是分裂国家的危险行为，已经触碰了国家和民族利益的底线。

知行合一

1. 组织学生开展关于国家安全问题的讨论。

2. 专题研讨：美国所谓“中国威胁论”的发展历程及实质。

3. 结合中国国家安全战略，讨论叙利亚危机给我们的启示。

模块四 爱国拥军，保卫国家主权、统一和领土完整

在战争年代，沂蒙山区有一个伟大的女性群体，她们送子参军、送夫支前，缝军衣、做军鞋、抬担架、推小车，舍生忘死救伤员，不遗余力抚养革命后代，谱写了一曲曲水乳交融的军民鱼水情——她们就是“沂蒙红嫂”明德英、祖秀莲、许来英……她们身上的“红嫂精神”，是激励一代又一代人牺牲奉献、报效国家的宝贵精神财富。拥军优属、拥政爱民，是我党我军我国人民的优良传统和特有的政治优势，也是关系到国家经济建设和国防建设大局的一项重要工作。

典型事例

1. 香港回归

1997年7月1日，中华人民共和国香港特别行政区成立。香港结束了长达155年的殖民历史，正式回归祖国。回归祖国的香港由香港特别行政区政府管理，以香港特别行政区行政长官为政府首长。绝大部分香港华裔居民自动成为中华人民共和国公民，同时有350万香港居民终身保留英国国民身份。

2. 澳门回归

1999年12月20日凌晨零时整，中国政府恢复对澳门行使主权，中华人民共和国澳门特别行政区成立。

各抒己见

1. 如何实现两岸统一？“一国两制”是否适合解决两岸问题？

2. 和平年代，怎样继承和发扬爱国拥军的优良传统？

专家点评

香港、澳门回归祖国是中华民族发展史上的重大事件，也是20世纪世界历史上的重大事件。它开创了香港、澳门和祖国内地共同发展的新纪元，标志着中国在完成祖国统一大业的道路上迈出了重要一步，并为国际社会以和平方式解决历史遗留问题提供了新的范例。“一国两制”的伟大构想，使我们解决了香港问题和澳门问题。要运用“一国两制”解决台湾问题，我们必须在实践中探索出一条符合台湾地区实际的新道路。

知识讲堂

一、国家主权的含义和特殊性

（一）国家主权

国家主权，又称主权，指的是一个国家独立自主处理自己内外事务、管理自己国家的最高权力。主权是国家区别于其他社会集团的特殊属性，是国家的固有权力。全体国民及其生活的地域一起形成国家，国家主权的根源存在于全体国民。所以国家主权的目的是保护国家的完整性，保护全体国民的利益。任何团体或个人都不得行使非直接来自于国民授予的权力，更不可利用国家主权进行其他目的的交易。

（二）国家主权的特点

1. 管辖权

即国家对它领土内的一切人（享有外交豁免权的人除外）和事物以及领土外的本国人实行管辖的权力，有权按照自己的情况确定自己的政治制度和社会经济制度。

2. 对外独立权

即国家完全自主地行使权力，排除任何外来干涉。

3. 自卫权

即国家为维护政治独立和领土完整而对外来侵略和威胁进行防卫的权力。主权是国家作为国际法主体所必备的条件，互相尊重国家主权是现代国际法确认的一条基本原则。丧失主权，就会沦为其他国家的殖民地和附属国。主权和领土有着密切的联系，国家根据主权对属于它的全部领土行使管辖权，反过来，主权也必须有领土才能存在和行使。

4. 平等权

主权国家不论大小、强弱，也不论政治、经济、意识形态和社会制度有何差异，在国际法上的地位一律平等。

（三）全球化对传统意义国家主权的影响

东欧巨变、苏联的解体标志着冷战的结束及国际格局的重大变化，作为国际法基石的国家主权原则也受到了巨大的冲击，围绕国家主权的争论也再度兴起并且出现了许多诸如主权演变论、主权可分论、主权弱化论、主权让渡论、人权高于主权论等挑战国家主权的新思潮。这些新思潮的出现与我们所面临的国际格局与全球化这一背景是密不可分的。

不容否认，全球化乃是我们这个时代的首要特点。全球化对传统意义的主权国家或国家主权产生了极大的影响或冲击。

1. 所谓“无边界经济”，资本的流动无视边界的阻隔，从而冲淡了传统的领土主权，以领土主权为屏障维护单方面的经济利益已越来越困难。

2. 互联网的发展使国家行使主权的能力受到制约，国家已不能以绝对的权威控制信息的传播，干预国际间的交流。

3. 由于互相依赖关系的不断加强，许多共同问题的处理，如环境、疾病、恐怖活动等，已不是一国主权范围内的事，不能由单个国家来承担，需要加强国际合作。

4. 一国领土内的动乱往往影响到邻近国家，因而一国政府同人民的关系如何，能否维持法律和秩序，已不能只视为一国的内政，不容别国干涉。

二、领土完整

（一）国家领土的概念和意义

1. 国家领土是指处于国家主权支配之下的地球的特定部分。国家领土的重要性在于它是国家行使主权的空间，表现在国际关系上，就要尊重国家领土的完整和不可侵犯。国家领土的完整，不仅仅是一个地理上的概念，而是整个领土范围的完整性和不可侵犯性。

2. 国家领土是由各种不同的部分组成的。通常，国家领土包括领陆、领水、领空和底土。领陆是最基本的部分，其他部分是领陆的附属部分，与领陆不能分离。

（二）我国边界争端与周边冲突缓和

目前，除了与周边国家的边界争端外，在我国周围还存在印巴矛盾、台湾问题、朝鲜半岛问题等。由于印巴关系缓和，印巴相互间核威慑及中巴全面战略合作伙伴关系形成，南亚大陆爆发大规模军事冲突的可能性降低。在朝鲜半岛，朝韩关系依然紧张，需要密切关注。在钓鱼岛与南海诸岛问题上，我国一直保持着和平解决问题的态度，与日本及南海国家保持密切磋商。目前各方都希望通过谈判解决问题。台湾问题目前十分复杂，也需密切关注。

目前，我国坚持“与邻为善，以邻为伴”“睦邻、安邻、富邻”的周边外交方针，开展“亲、诚、惠、容”的周边外交，推动与周边国家的关系进一步发展，创造了和平稳定的周边环境。

三、爱国主义

（一）爱国主义的概念、内容及主要表现

1. 爱国主义的概念：爱国主义是指个人或集体对祖国的一种积极和支持的态度，是个人所应该具有的公民道德之一。

在我国，爱国主义就是民族精神的核心要义，体现了中国人民对自己祖国最深厚、最纯洁、最高尚、最神圣的情感。

2. 爱国主义包含的基本内容：对祖国的成就和文化感到自豪；强烈希望保留祖国的特色和文化基础；对祖国其他同胞的认同感。

3. 爱国主义的主要表现：个人爱国主义是一种自愿的情绪，爱国者忠于爱国主义的某一价值，比如对国旗的尊重。政府推行的官方爱国主义含有高度象征化和仪式化的内容。这些内容的陈述与爱国主义的推行有着逻辑性的关联，并通过对政治团体利益的表述来获得合法性。国家纪念碑、阵亡将士纪念日等都是典型的例子。官方爱国主义通常有着严格的仪式，比如对升降国旗的规定、致敬礼和忠诚的形式。

（二）爱国主义的时代价值

1. 爱国主义是中华民族继往开来的精神支柱。

2. 爱国主义是维护祖国统一和民族团结的纽带。

3. 爱国主义是实现中华民族伟大复兴的动力。

4. 爱国主义是个人实现人生价值的力量源泉。

（三）社会主义核心价值观

1. 社会主义核心价值观是社会主义核心价值体系的内核，体现社会主义核心价值体系的根本性质和基本特征，反映社会主义核心价值体系的丰富内涵和实践要求，是社会主义核心价值体系的高度凝练和集中表达。

2. 党的十八大提出，倡导富强、民主、文明、和谐，倡导自由、平等、公正、法治，倡导爱国、敬业、诚信、友善，积极培育和践行社会主义核心价值观。

富强、民主、文明、和谐是国家层面的价值目标，自由、平等、公正、法治是社会层面的价值取向，爱国、敬业、诚信、友善是公民个人层面的价值准则，这24个字是社会主义核心价值观的基本内容。

（四）“中国梦”和“两个一百年”

1.“中国梦”

实现中华民族伟大复兴是中华民族近代以来最伟大的梦想。这个梦想，凝聚了几代中国人的夙愿，体现了中华民族和中国人民的整体利益，是每一个中华儿女的共同期盼。

实现“中国梦”的实践基础是中国特色社会主义道路，理论基础是中国特色社会主义理论体系，制度基础是中国特色社会主义制度，动力基础是不断增强人民群众的幸福感。

2.“两个一百年”

第一个一百年，到中国共产党成立100年（2021年）时全面建成小康社会的目标一定能实现；第二个一百年，到新中国成立100年（2049年）时建成富强、民主、文明、和谐的社会主义现代化国家。

3.“中国梦”和“两个一百年”的关系

“两个一百年”是在党的十八大会议上提出的一项奋斗目标，和“中国梦”相辅相成，是我们国家我们党未来的发展、奋斗目标。

四、双拥共建和拥军优属

1. 双拥共建

双拥即地方拥军优属，军队拥政爱民。这是密切军政军民关系、加强军政军民团结的根本大计，对于维护社会稳定、加强国防建设具有举足轻重的作用。共建就是共建精神文明和物质文明，共同搞好学习生产和训练。

2. 拥军优属

拥军优属意思是拥护爱戴人民的子弟兵——解放军，优待军人家属。

3. 新时期拥军模范事迹

泰山有极顶，拥军无极限。贾美荣在拥军事业上数十年如一日，与时俱进，开拓创新。作为20世纪40年代军人的女儿、60年代军人的妻子、80年代军人的母亲、21世纪战士慈祥的“兵奶奶”，贾美荣把真情和爱心奉献给了一代代军人，用慈母般的博大胸怀教育和感化了一茬茬官兵。几十年来，贾美荣进军营做报告数百次，与1600多名官兵保持书信往来或电话联系，收到全国各地官兵来信1万余封，结缘1600多名“兵儿子”；她与战士们交心谈心，化解思想矛盾，在她的帮助下，先后有1000多人当上了部队骨干，140余人考上军校或提升为军官；她为数百位官兵介绍对象，其中有100多位喜结良缘；为了让“兵儿子”感受到慈母的关爱和家的温暖；她连续28年到部队与“兵儿子”共度除夕夜，并拿出个人资金资助困难战士；她开通了全国首条拥军服务热线，创建全国首支“拥军妈妈队”，开办全国首家拥军服务中心，开通全省首家个人拥军网站、拥军婚姻介绍所、拥军影社和拥军旅行社，自费到军营为入伍新兵、退伍老兵拍摄军营写真集。

在贾美荣的带动下，全家都加入了拥军的行列，成为名副其实的拥军家庭。2011年，女儿李玉也被山东省政府授予爱国拥军模范，母女俩成为全国少见的爱国拥军“双模范”。贾美荣先后被评为全国拥军优属模范、山东省国防教育先进个人、山东好人、泰安市道德模范等。

拓展一步

一、国家领导人关于维护国家主权和领土完整的重要讲话

1. 新中国成立后，毛泽东庄严地宣布：“我们的国防将获得巩固，不允许任何帝国主义者再来侵略我们的国土。”他号召“提高警惕，保卫祖国”，领导制定了积极防御的战略方针。他除了决定并亲自领导了抗美援朝战争外，还决定和指挥了多次对外国侵略者的自卫反击战，粉碎国民党军的颠覆窜扰活动，平息分裂主义者的武装叛乱。他始终坚定地维护国家的独立和安全，维护祖国的统一和领土主权的完整。

2. 习近平：绝不允许把任何一块中国领土从中国分裂出去

2016年11月11日，中共中央总书记、国家主席、中央军委主席习近平在纪念孙中山先生诞辰150周年大会上发表了重要讲话。以下为讲话实录摘要：

实现祖国完全统一，是中华民族根本利益所在，也是全体中华儿女的共同愿望和神圣职责。确保国家完整不被分裂，维护中华民族根本利益，是全体中华儿女共同意志，是不可阻挡的历史潮流。

两岸同胞是血脉相连的骨肉兄弟。两岸是割舍不断的命运共同体。两岸关系和平发展是维护两岸和平、促进共同发展、造福两岸同胞的正确道路。我们坚持“九二共识”的共同政治基础，深化两岸经济社会融合，增进同胞福祉和亲情。台湾任何党派、团体、个人，无论过去主张过什么，只要承认“九二共识”，认同大陆和台湾同属一个中国，我们都愿意同其交往。

两岸同胞前途命运同中华民族伟大复兴密不可分。两岸同胞以及海内外全体中华儿女要携起手来，共同反对“台独”分裂势力，共同为两岸关系和平发展、实现祖国完全统一而努力，共同创造所有中国人的幸福生活和美好未来。

近代以来，中国经历了长达百余年的国破山河碎、同胞遭蹂躏的悲惨历史，所有中华儿女对此刻骨铭心。维护国家主权和领土完整，绝不容忍国家分裂的历史悲剧重演，是我们对历史和人民的庄严承诺。一切分裂国家的活动都必将遭到全体中国人民坚决反

对。我们绝不允许任何人、任何组织、任何政党、在任何时候、以任何形式、把任何一块中国领土从中国分裂出去！

二、习近平在中共中央政治局集体学习时关于“大力弘扬伟大爱国主义精神，为实现中国梦提供精神支柱”的讲话

2015年12月30日下午，中共中央总书记习近平在主持学习时强调，伟大的事业需要伟大的精神。实现中华民族伟大复兴的中国梦，是当代中国爱国主义的鲜明主题。要大力弘扬伟大爱国主义精神，大力弘扬以改革创新为核心的时代精神，为实现中华民族伟大复兴的中国梦提供共同精神支柱和强大精神动力。

习近平在主持学习时发表了重要讲话。他指出，爱国主义是中华民族精神的核心。爱国主义精神深深植根于中华民族心中，是中华民族的精神基因，维系着华夏大地上各个民族的团结统一，激励着一代又一代中华儿女为祖国发展繁荣而不懈奋斗。5000多年来，中华民族之所以能够经受住无数难以想象的风险和考验，始终保持旺盛生命力，生生不息，薪火相传，同中华民族有深厚持久的爱国主义传统是密不可分的。

习近平强调，中国共产党是爱国主义精神最坚定的弘扬者和实践者，始终把实现中华民族伟大复兴作为自己的历史使命。90多年来，我们党团结带领全国各族人民进行的革命、建设、改革实践，是爱国主义的伟大实践，写下了中华民族爱国主义精神的辉煌篇章。

习近平指出，弘扬爱国主义精神，必须把爱国主义教育作为永恒主题。要把爱国主义教育贯穿国民教育和精神文明建设全过程。要深化爱国主义教育研究和爱国主义精神阐释，不断丰富教育内容、创新教育载体、增强教育效果。要充分利用我国改革发展的伟大成就、重大历史事件纪念活动、爱国主义教育基地、中华民族传统节庆、国家公祭仪式等来增强人民的爱国主义情怀和意识，运用艺术形式和新媒体，以理服人、以文化人、以情感人，生动传播爱国主义精神，唱响爱国主义主旋律，让爱国主义成为每一个中国人的坚定信念和精神依靠。要结合弘扬和践行社会主义核心价值观，在广大青少年中开展深入、持久、生动的爱国主义宣传教育，让爱国主义精神在广大青少年心中牢牢扎根，让广大青少年培养爱国之情、砥砺强国之志、实践报国之行，让爱国主义精神代代相传、发扬光大。

习近平强调，弘扬爱国主义精神，必须坚持爱国主义和社会主义相统一。我国爱国主义始终围绕着实现民族富强、人民幸福而发展，最终汇流于中国特色社会主义。祖国

的命运和党的命运、社会主义的命运是密不可分的。只有坚持爱国和爱党、爱社会主义相统一，爱国主义才是鲜活的、真实的，这是当代中国爱国主义精神最重要的体现。今天我们讲爱国主义，这个道理要经常讲、反复讲。

习近平指出，弘扬爱国主义精神，必须维护祖国统一和民族团结。在新的时代条件下，弘扬爱国主义精神，必须把维护祖国统一和民族团结作为重要着力点和落脚点。要教育引导全国各族人民像爱护自己的眼睛一样珍惜民族团结，维护全国各族人民大团结的政治局面，不断增强对伟大祖国、中华民族、中华文化、中国共产党、中国特色社会主义的认同，坚决维护国家主权、安全、发展利益，旗帜鲜明反对分裂国家图谋、破坏民族团结的言行，筑牢国家统一、民族团结、社会稳定的铜墙铁壁。

习近平强调，弘扬爱国主义精神，必须尊重和传承中华民族历史和文化。对祖国悠久历史、深厚文化的理解和接受，是人们爱国主义情感培育和发展的重要条件。中华优秀传统文化是中华民族的精神命脉。要努力从中华民族世世代代形成和积累的优秀传统文化中汲取营养和智慧，延续文化基因，萃取思想精华，展现精神魅力。要以时代精神激活中华优秀传统文化的生命力，推进中华优秀传统文化创造性转化和创新性发展，把传承和弘扬中华优秀传统文化同培育和践行社会主义核心价值观统一起来，引导人民树立和坚持正确的历史观、民族观、国家观、文化观，不断增强中华民族的归属感、认同感、尊严感、荣誉感。

习近平指出，弘扬爱国主义精神，必须坚持立足民族又面向世界。中国的命运与世界的命运紧密相关。我们要把弘扬爱国主义精神与扩大对外开放结合进来，尊重各国的历史特点、文化传统，尊重各国人民选择的发展道路，善于从不同文明中寻求智慧、汲取营养，增强中华文明生机活力。我们要积极倡导求同存异、交流互鉴，促进不同国度、不同文明相互借鉴、共同进步，共同推动人类文明发展进步。

三、国家领导人关于双拥工作的重要讲话

2016年7月29日，习近平总书记在会见全国双拥模范代表的讲话中强调：双拥运动是我党我军我国人民特有的优良传统和政治优势。坚如磐石的军政军民团结，永远是我们战胜一切艰难险阻、不断从胜利走向胜利的重要法宝。“军民团结如一人，试看天下谁能敌”，永远是颠扑不破的真理。

习近平指出，当今世界正在发生深刻复杂的变化，我们党、国家、军队建设事业站在了新的历史起点上，需要全党全军全国各族人民同心同德、团结奋进。我们要充分

认清加强军政军民团结的重要意义，发扬光大爱国拥军、爱民奉献优良传统，根据时代变化和工作要求，不断改进创新、与时俱进，全面提高新形势下双拥工作水平，发挥双拥工作联系军地军民的桥梁纽带作用，更好服务党和国家工作大局、国防和军队建设全局。要通过内涵丰富、多彩多姿的双拥工作积极支持党和国家工作大局、国防和军队建设全局。

四、《反分裂国家法》简介

《反分裂国家法》由中华人民共和国第十届全国人民代表大会第三次会议于2005年3月14日通过，主要条款如下：

第一条　为了反对和遏制“台独”分裂势力分裂国家，促进祖国和平统一，维护台湾海峡地区和平稳定，维护国家主权和领土完整，维护中华民族的根本利益，根据宪法，制定本法。

第二条　世界上只有一个中国，大陆和台湾同属一个中国，中国的主权和领土完整不容分割。维护国家主权和领土完整是包括台湾同胞在内的全中国人民的共同义务。

台湾是中国的一部分。国家绝不允许“台独”分裂势力以任何名义、任何方式把台湾从中国分裂出去。

第三条　台湾问题是中国内战的遗留问题。解决台湾问题，实现祖国统一，是中国的内部事务，不受任何外国势力的干涉。

第四条　完成统一祖国的大业是包括台湾同胞在内的全中国人民的神圣职责。

第五条　坚持一个中国原则，是实现祖国和平统一的基础。以和平方式实现祖国统一，最符合台湾海峡两岸同胞的根本利益。国家以最大的诚意，尽最大的努力，实现和平统一。国家和平统一后，台湾可以实行不同于大陆的制度，高度自治。

…………

第八条　“台独”分裂势力以任何名义、任何方式造成台湾从中国分裂出去的事实，或者发生将会导致台湾从中国分裂出去的重大事变，或者和平统一的可能性完全丧失，国家得采取非和平方式及其他必要措施，捍卫国家主权和领土完整。

知行合一

1. 为什么要有中国梦？怎么实现中国梦？

2. 怎样看海峡两岸关系？如何实现海峡两岸和平统一？

思维导图

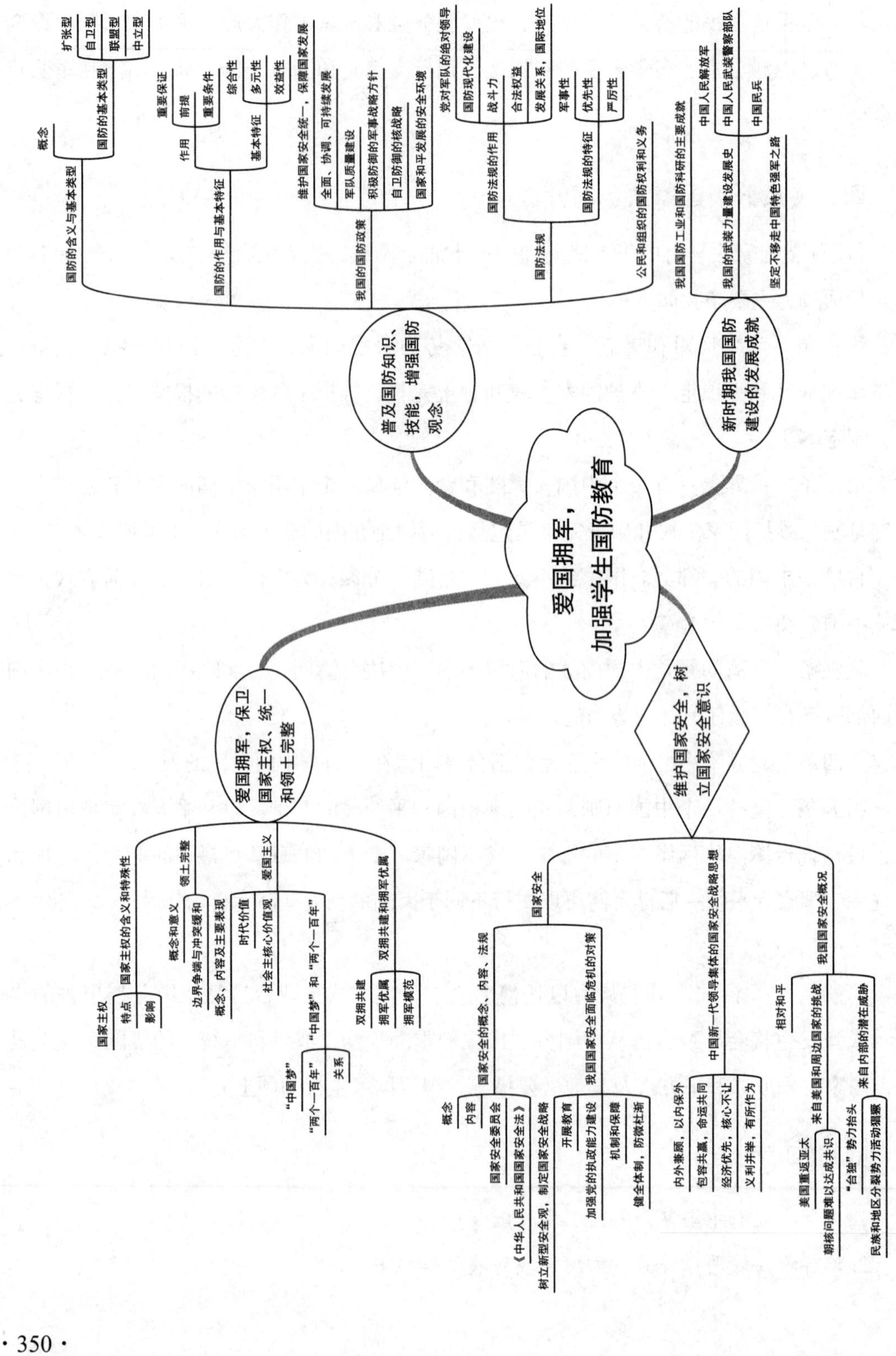
爱国拥军，加强学生国防教育
普及国防知识、技能，增强国防观念
国防的含义与基本类型
概念
国防的基本类型
扩张型
自卫型
联盟型
中立型
国防的作用与基本特征
作用
重要保证
前提
重要条件
基本特征
综合性
多元性
效益性
我国的国防政策
维护国家安全统一，保障国家发展
全面、协调、可持续发展
军队质量建设
积极防御的军事战略方针
自卫防御的核战略
国家和平发展的安全环境
国防法规
国防法规的作用
党对军队的绝对领导
国防现代化建设
战斗力
合法权益
发展关系，国际地位
国防法规的特征
军事性
优先性
严厉性
公民和组织的国防权利和义务
新时期我国国防建设的发展成就
我国国防工业和国防科研的主要成就
我国的武装力量建设发展史
中国人民解放军
中国人民武装警察部队
中国民兵
坚定不移走中国特色强军之路
爱国拥军，保卫国家主权、统一和领土完整
国家主权的含义和特殊性
国家主权
特点
影响
领土完整
概念和意义
边界争端与冲突缓和
概念、内容及主要表现
爱国主义
时代价值
社会主义核心价值观
“中国梦”和“两个一百年”
“中国梦”
“两个一百年”
关系
双拥共建和拥军优属
双拥共建
拥军优属
拥军模范
维护国家安全，树立国家安全意识
国家安全
国家安全的概念、内容、法规
概念
内容
国家安全委员会
《中华人民共和国国家安全法》
树立新型安全观，制定国家安全战略
我国国家安全面临危机的对策
开展教育
加强党的执政能力建设
机制和保障
健全体制，防微杜渐
中国新一代领导集体的国家安全战略思想
内外兼顾，以内保外
包容共赢，命运共同
经济优先，核心不让
义利并举，有所作为
我国国家安全概况
相对和平
来自美国和周边国家的挑战
美国重返亚太
朝核问题难以达成共识
来自内部的潜在威胁
“台独”势力抬头
民族和地区分裂势力活动猖獗

参考文献

1. 王焕斌. 高校安全警示教育教程. 北京：科学技术文献出版社，2016.

2. 李峥嵘. 大学生安全教育. 北京：教育科学出版社，2014.

3. 魏荣庆，邓学平，谢力军. 中职学生安全教育. 北京：新华出版社，2014.

4. 罗进强，朱建国，理阳阳. 大学生安全教育. 陕西：陕西人民教育出版社，2011.

5. 维权帮，食品安全法看图一点通. 北京：中国法制出版社，2016.

6. 樊孟. 黄帝内经养生智慧全书. 新疆：新疆人民出版社，2015.

7. 曹宏，周朋. 无忧无虑养孩子. 北京：中国中医药出版社，2011.

8.《收藏经典版》编委会. 急救方法大全集. 长沙：湖南美术出版社 ，2011.

9. 王焕斌. 大学生安全警示教育. 长沙：国防科技大学出版社，2014.

10. 陈秀香，罗殿红. 大学生廉洁教育读本. 北京：中国书籍出版社，2013.

11. 王兆晶. 安全用电. 北京：中国劳动社会保障出版社，2014.

12. 时杰. 交通事故防范与应急. 北京：化学工业出版社，2016.

13. 时杰. 灾害预防和逃生. 北京：化学工业出版社，2015.

14. 陈翻红，熊娟梅. 大学生心理素质训练教程. 北京：北京师范大学出版社，2013.

15. 张驰，田宝伟，郑日昌. 团体心理训练. 北京：开明出版社，2012.

16. 孙武令. 大学生职业生涯规划与心理健康教育. 济南：山东人民出版社，2015.

17. 宋彩玲，徐传庚. 大学生心理健康教育. 济南：山东人民出版社，2009.

18. 陈玮. 微人格心理学. 北京：中央编译出版社，2015.

19. 唐文彰，姜红明. 当代中国国家安全问题. 北京：中国社会科学出版社，2010.

20. 艾跃进，李凡路. 大学军事课教程. 北京：国防大学出版社，2015.

21. 周若涛，徐强. 高校军事理论与国防交通课程. 北京：人民交通出版社，2015.

22. 江苏省高等教育学会高校保卫学研究委员会. 大学生安全教育读本——案例与分析. 南京：东南大学出版社，2011.

23. 刘凤云，等. 安全知识教育. 北京：中国商业出版社，2008.

图书在版编目（CIP）数据

安全与国防教育／孙文永，张承斌，王占东主编．—济南：山东教育出版社，2017

职业（技工）院校核心素养教育系列教材

ISBN 978-7-5328-9963-0

Ⅰ.①安… Ⅱ.①孙… ②张… ③王… Ⅲ.①安全教育—职业教育—教材 ②国防教育—职业教育—教材 Ⅳ.①X925 ②G641.8

中国版本图书馆CIP数据核字（2017）第215386号

安全与国防教育

孙文永 张承斌 王占东 主编

主　　管：山东出版传媒股份有限公司
出 版 者：山东教育出版社
（济南市纬一路321号　邮编：250001）
电　　话：（0531）82092663　传真：（0531）82092663
网　　址：www.sjs.com.cn
发 行 者：山东教育出版社
印　　刷：山东泰安新华印务有限责任公司
版　　次：2017年9月第1版第1次印刷
规　　格：880mm × 1230mm　16开本
印　　张：22.25印张
字　　数：300千字
书　　号：ISBN 978-7-5328-9963-0
定　　价：39.00元